일본어능력시험 N3・N4

日本語能力試験

著者　尹 鎬淑・寺田庸平

Publishing Company

この本で学ぶ人たちへ

　皆さんたちは、自分がどの程度日本語ができるようになったら、日本語能力試験N3、N4に合格できると思いますか。2010年から実施されている新しい日本語能力試験では、「聞くこと」「話すこと」「読むこと」「書くこと」それぞれの目標が明確に示されています。今、皆さんたちはこの中でどれを日本語で話したり、読んだり、聞いたり、書いたりすることができますか。まずはチェックしてみてください。

聞くこと

01　周りの人との雑談や自由な会話で、だいたいの内容が理解できる。
02　簡単な道順や乗り換えについての説明を聞いて、理解できる。
03　身近で日常的な話題(例：趣味、食べ物、週末の予定)についての会話がだいたい理解できる。
04　簡単な指示を聞いて、何をすべきか理解できる。
05　先生からのお知らせを聞いて、集合時間や場所などがわかる。
06　店、郵便局、駅などでよく使う言葉を聞いて理解できる。
07　教室で簡単な自己紹介を聞いて、理解できる。

話すこと

01　よく知っている場所の道順や乗り換えについて説明することができる。
02　準備をしていれば、自分の送別会などフォーマルな場で短いスピーチをすることができる。
03　店で買いたいものについて質問したり、希望や条件を説明したりすることができる。
04　電話で遅刻や欠席の連絡ができる。
05　身近で日常的な話題について会話ができる。
06　相手の都合を聞いて、会う日時を決めることができる。
07　驚き、嬉しさなどの自分の気持ちと、その理由を簡単な言葉で説明することができる。
08　自分の部屋について説明することができる。

09 趣味や興味のあることについて、話すことができる。
10 店、郵便局、駅などでよく使われる言葉を使って、簡単なやりとりができる。
11 自己紹介をしたり、自分についての簡単な質問に答えたりすることができる。

読むこと

01 一般日本人向けの国語辞典を使って言葉の意味を調べられる。
02 商品のパンフレットを見て、知りたいことがわかる。
03 短い物語を読んで、だいたいのストーリーが理解できる。
04 知人や友人から来たはがきやメールを読んで、理解できる。
05 学校、職場などの掲示板を見て、必要な情報がとれる。
06 新聞の広告やチラシを見て、安売り期間や値段などがわかる。
07 駅の時刻表や案内板を見て、自分が乗る電車の時間がわかる。
08 年賀状や誕生日のカードを読んで、理解できる。
09 簡単なメモを読んで、理解できる。
10 絵の付いた簡単な指示がわかる。
11 学校などで面談の予定表を見て、自分の面談の曜日と時間がわかる。

書くこと

01 知人に、感謝や謝罪を伝える手紙やメールを書くことができる。
02 自分の日常生活を説明する文章を書くことができる。
03 将来の計画や希望について簡単に書くことができる。
04 短い日記を書くことができる。
05 友人や同僚に日常の用件を伝える簡単なメモを書くことができる。
06 自分の家族や街などの身近な話題について簡単に書くことができる。
07 予定表やカレンダーに、短い言葉で自分の予定を書くことができる。
08 誕生日のカードや短いお礼のカードを書くことができる。
09 簡単な自己紹介の文を書くことができる。
10 書類に、名前や国名を書くことができる。

いくつチェックを入れることが出来ましたか。あまりチェックを入れることが出来なかった人、半分ぐらいチェックを入れることが出来た人、ほとんどチェックを入れることが出来た人、それぞれだと思います。この本では、このチェックリストを基に問題が作られています。つまり、この本を勉強することで、チェックリストの内容を学ぶことができるということです。

　この本の構成は、チェックリストをしっかりと学習しN3・N4に合格するために、前半は名詞・動詞・副詞などの品詞に関する基礎文法を一つづつ丁寧に説明し、後半は、前半で学習した内容を実践トレーニングできるようになっています。また、それぞれの問題では、語彙・文法・表現の説明を一つづつ細かく解説しています。つまり、ただ問題を解くための問題集ではなく、合格するために必要な項目が全て盛り込まれ、初めて見る表現でも理解しやすくなっています。

　この本で学んだ人が日本語能力試験に合格できるように、心をこめてこの本を作りました。この本で学ぶ皆さんたちも、楽しく勉強ください。そして、必ず合格してください。

　それでは、私達と一緒に楽しい日本語の勉強を始めましょう。

著者　尹　鎬淑・寺田庸平

차 례

01 시험 문제 출제 경향 및 대비 요령 7
실전대비
실전테스트
어휘포인트

02 명사 83
실전테스트
어휘포인트
문법포인트
청해연습

03 조사 101
실전테스트
어휘포인트
문법포인트
어휘연습/청해연습

04 형용사 125
실전테스트
어휘포인트
문법포인트
청해연습

05 부사·접속사·감동사 147
실전테스트
어휘포인트
문법포인트
청해연습

06 동사 169
실전테스트
어휘포인트
문법포인트
청해연습

07 조동사 191
실전테스트
어휘포인트
문법포인트
청해연습

08 동화문 215
실전테스트
어휘포인트
독해연습
청해연습

09 일기문 239
실전테스트
어휘포인트
독해연습
청해연습

10 설명문 263
실전테스트
어휘포인트
독해연습
청해연습

11 일기예보 287
실전테스트
어휘포인트
독해연습
청해연습

12 편지문 311
실전테스트
어휘포인트
독해연습
청해연습

13 JLPT총정리 335
실전테스트
심화학습
어휘포인트

문제해설 383

日本語能力試験 N3・N4
시험 문제 출제 경향 및 대비 요령

01

▌새롭게 개정된 JLPT ▌
기존의 3급, 4급에 해당되는 부분에 대한 안내

1. 개정 포인트

(1) 과제수행을 위한 언어소통 능력을 측정합니다.

일본어에 관한 지식과 함께 실제 운용 가능한 일본어능력을 중시합니다.
따라서 문자·어휘·문법 등의 언어지식과 그 언어지식을 이용한 소통 상의 과제를 수행하는 능력을 측정합니다.
※ 해답은 현행시험과 마찬가지로 선택지에 의한 마크시트 방식으로 이루어집니다. 또한 말하기, 쓰기능력을 직접 측정하는 시험 과목은 없습니다.

(2) 레벨을 세분화하였습니다.

레벨을 기존 시험의 4단계 (1급, 2급, 3급, 4급)에서 5단계 (N1, N2, N3, N4, N5)로 늘렸습니다. 새로운 시험의 레벨과 기존 시험의 레벨을 비교해 보면 다음과 같습니다.

N3	현행시험 2급과 3급 사이에 해당하는 레벨입니다. (신설)
N4	현행시험 3급과 거의 같은 레벨입니다.
N5	현행시험 4급과 거의 같은 레벨입니다.

'N'은 'Nihongo(일본어)', 'New(새로운)'을 의미합니다.

(3) '득점등화'를 실시합니다.

문제작성 시, 아무리 배려해도 매년 시험의 난이도를 완전히 동일하게 하는 것은 어렵습니다. 현재 JLPT가 1년에 2회 시행되는 만큼 수험시기가 다른 시험의 결과 비교를 가능하게 할 필요가 있습니다. 이렇게 함으로써 수험자는 어느 시기의 (문제가 다른) 시험에 응시해도 불이익을 당하는 일이 없어집니다. 이것은 테스트의 통계 분석의 수법으로 '득점등화'라고 하며, 같은 능력이라면 언제 시험을 봐도 거의 같은 점수가 된다는 것입니다.

예를 들면, Z씨가 어느 해의 7월과 12월에 같은 수준의 N2를 수험했을 경우, 득점 구분의 「청해」의 결과를 아래표에 나타냅니다. 이 2회의 시험은 7월보다 12월 쪽이 어려웠다고 가정합니다. Z씨가 어느 쪽의 회라도 전체 20문제 중 10문제를 정답으로 맞췄을 경우, 정답 수만을 비교하면 Z씨의 능력에는 변화가 없어 보입니다. 하지만 등화에 의해 얻을 수 있었던 척도득점은 7월은 30점, 12월은 35점으로 더 어려웠던 12월 시험의 득점이 높게 나타나게 되는 것입니다. 이렇게 시험의 결과를 척도득점으로 표시함으로써 시험의 난이도에 영향을 받지 않고 수험자가 본인 능력의 신장 여부를 확인할 수 있게 됩니다.

[Z씨의 N2「청해」시험의 결과]

	7월	12월
청해의 정답수	20문제 중 10문제	20문제 중 10문제
등화된 청해의 척도득점	30점	35점

※ 표중의 문제수 및 득점의 숫자는 설명을 위해서 낸 예로, 실제의 척도 득점 표시에 의한 것이 아닙니다.

(4) '일본어능력시험 Can-do 리스트'(가칭)를 제공합니다.

새로운 시험에서는 "이 레벨에 합격하면 ○○이 가능하다."라는 참고정보를 공표합니다. 이 참고정보는 합격여부, 득점과 함께 수험자가 현재의 자신을 파악하거나, 이후의 학습목표를 세우는데 도움을 줄 것입니다. 취직이나 진학 등에 있어서도 그 사람이 무엇을 어느 정도 가능한지 구체적인 이미지 예를 나타낼 수 있게 됩니다.

01 日本語能力試驗 N3・N4 일본어능력시험

■ '일본어능력시험 Can-do 리스트'(가칭) 기술 예

듣 기	학교나 직장, 공공 장소의 안내방송을 듣고 대략적인 내용을 이해할 수 있다.
말하기	아르바이트나 취직 면접 등에서 자신의 희망 사항과 경험을 자세하게 말할 수 있다.
읽 기	관심 있는 화제에 대한 신문 또는 잡지 기사를 읽고 내용을 이해할 수 있다.
쓰 기	감사 또는 사죄, 감정을 전하는 편지, 메일을 쓸 수 있다.

2. 인정 기준

각 레벨의 인정 기준은 다음과 같습니다. 인정 기준을 '읽기', '듣기'의 언어행동으로 나타냅니다. 각 레벨에는 이들 언어행동을 실현하기 위한 언어지식이 필요합니다.

N3	일상적인 장면에서 사용되는 일본어를 어느 정도 이해할 수 있다. **읽기** • 일상적인 화제에 대해 쓰인 구체적인 내용을 나타낸 문장을 읽고 이해할 수 있다. • 신문 기사 제목 등을 통해 정보의 개요를 파악할 수 있다. • 일상적인 장면에서 접하는 범위의 난이도가 다소 높은 문장은 유의 표현이 제시되면 요지를 이해할 수 있다. **듣기** • 일상적인 장면에서 다소 자연스러운 속도에 가까운 체계적 내용의 회화를 듣고 이야기의 구체적인 내용을 등장인물의 관계 등과 더불어 거의 이해할 수 있다.
N4	기본적인 일본어를 이해할 수 있다. **읽기** • 기본적인 어휘나 한자로 쓰인 일상생활 속에서도 가까운 화제에 대한 글을 읽고 이해할 수 있다. **듣기** • 일상적인 장면에서 조금 느린 속도의 회화라면 내용을 거의 이해할 수 있다.
N5	기본적인 일본어를 어느 정도 이해할 수 있다. **읽기** • 히라가나, 가타카나, 일상생활에서 사용되는 기본적인 한자로 쓰인 정형적인 어구, 문장, 글을 읽고 이해할 수 있다. **듣기** • 교실이나 주변 등 일상생활 속에서도 자주 접하는 장면에서 느리고 짧은 회화로부터 필요한 정보를 얻어낼 수 있다.

3. 시험과목과 시험시간

각 레벨의 시험과목과 시험시간은 다음과 같습니다.

레벨	시험과목 (시험시간)		
N3	언어지식(문자·어휘) (30분)	언어지식(문법)·독해 (70분)	청해 (40분)
N4	언어지식(문자·어휘) (30분)	언어지식(문법)·독해 (60분)	청해 (35분)
N5	언어지식(문자·어휘) (25분)	언어지식(문법)·독해 (50분)	청해 (30분)

4. 시험문제의 구성 및 문제 수

시험과목		대문제	N3	N4	N5
언어지식 · 독해	문자·어휘	한자읽기	8	9	12
		표기	6	6	8
		단어형성	-	-	-
		문맥규정	11	10	10
		유의 표현	5	5	5
		용법	5	5	-
		문제 수 합계	35	35	35
	문법	문장의 문법 1 (문법형식 판단)	13	15	16
		문장의 문법 2 (문장 만들기)	5	5	5
		글의 문법	5	5	5
		문제 수 합계	23	25	26
	독해	내용이해 (단문)	4	4	3
		내용이해 (중문)	6	4	2
		내용이해 (장문)	4	-	-
		통합이해	-	-	-
		주장이해 (장문)	-	-	-
		정보검색	2	2	1
		문제 수 합계	16	10	6
청해		과제이해	6	8	7
		포인트이해	6	7	6
		개요이해	3	-	-
		발화표현	4	5	5
		즉시응답	9	8	6
		통합이해	-	-	-
		문제 수 합계	28	28	24

5. 시험 결과

(1) 시험결과의 표시

레벨	득점구분	득점 범위
N3	언어지식(문자·어휘·문법)	0 ~ 60
	독해	0 ~ 60
	청해	0 ~ 60
	종합득점	0 ~ 180
N4	언어지식(문자·어휘·문법)·독해	0 ~ 120
	청해	0 ~ 60
	종합득점	0 ~ 180
N5	언어지식(문자·어휘·문법)·독해	0 ~ 120
	청해	0 ~ 60
	종합득점	0 ~ 180

(2) 합격과 불합격 판정

종합득점과 각 득점구분의 기준점, 이 두 가지로 합격/불합격 판정을 내립니다. 기준점이란 각 득점구분에서 '적어도 이 이상은 필요한' 득점을 말합니다. 득점구분의 득점이 하나라도 기준점에 달하지 못한 경우는 종합득점이 아무리 높아도 불합격으로 처리됩니다.

각 득점구분에 기준점을 설정한 것은 학습자의 일본어능력을 종합적으로 평가하기 위해서입니다. 종합득점과 각 득점구분의 기준점에 따른 합격/불합격 판정에 대한 상세한 내용은 2010년에 결정됩니다.

(3) 시험결과의 통지

다음 예와 같이 ① '득점구분 별 득점'과 득점구분 별 득점을 합계한 ② '종합득점', 앞으로의 일본어 학습을 위한 ③ '참고정보'를 통지합니다. ③ '참고정보'는 합격/불합격 판정 대상이 아닙니다.

■ 예 N3을 수험한 Y씨의 '합격/불합격 통지서'의 일부성적정보
(실제 서식은 변경될 수 있습니다.)

①

득점구분 별 득점			종합득점 ②
언어지식 (문자·어휘·문법)	독해	청해	
50/60	30/60	40/60	120/180

③

참고정보	
문자·어휘	문법
A	B

A 매우 잘했음 (정답률 67% 이상)
B 잘했음 (정답률 34%이상 67% 미만)
C 그다지 잘하지 못했음 (정답률 34% 미만)

※ '언어지식(문자·어휘·문법)'에 대한 참고정보를 살펴보면 '문자·어휘'는 A(정답률 67% 이상)이므로 '매우 잘했음', '문법'은 C로(정답률 34% 미만으로 '그다지 잘하지 못했음'임을 알 수 있습니다.

01 日本語能力試験 N3・N4 일본어능력시험

실전테스트

문자 · 어휘

問題1 ＿＿＿＿の言葉の読み方として最もよいものを1・2・3・4から一つえらびなさい。

01. プレゼントはきれいな紙で<u>包ん</u>であった。
　　1) つつんで　　2) つづんで　　3) つうつんで　　4) つうづんで

02. 彼はダンスが<u>得意</u>だ。
　　1) どおくい　　2) とおくい　　3) どくい　　4) とくい

03. 新しい星が<u>発見</u>された。
　　1) はっけん　　2) はけん　　3) はつけん　　4) ばつけん

04. このグラフは人口の変化(へんか)を<u>表して</u>います。
　　1) しめして　　2) ふやして　　3) うごかして　　4) あらわして

05. 山田さんから、来週の会議の<u>件</u>で電話がありました。
　　1) けん　　2) あん　　3) ほう　　4) よう

06. <u>通勤</u>にとても時間がかかります。
　　1) つうがく　　2) つうきん　　3) つうやく　　4) つうしん

07. この海岸は<u>岩</u>が多い。
　　1) かい　　2) いわ　　3) すな　　4) なみ

08. <u>努力</u>することは大切だと思います。
    1) どうりょく   2) とうりょく   3) どりょく   4) とりょく

問題2 ＿＿＿＿＿＿のことばを漢字で書くとき最もよいものを1・2・3・4から一つえらびなさい。

09. 機械が<u>せいじょう</u>かどうかチェックした。
    1) 盛情   2) 威常   3) 正情   4) 正常

10. 健康診断で<u>けつえき</u>検査を受けた。
    1) 皿液   2) 皿壓   3) 血液   4) 血壓

11. 母親が子どもの後ろを<u>おって</u>走っている。
    1) 送って   2) 追って   3) 押って   4) 折って

12. 電車を<u>おりる</u>ときに、かさを忘れてしまった。
    1) 移りる   2) 移る   3) 降りる   4) 降る

13. 大学に入ってから、<u>しんちょう</u>が変わっていない。
    1) 背中   2) 背後   3) 身長   4) 身張

14. この<u>ものがたり</u>は誰でも知っている。
    1) 物語   2) 物化   3) 物記   4) 物源

01 日本語能力試験 N3・N4 일본어능력시험

問題3 (　　)に入れるのに最もよいものを1・2・3・4から一つえらびなさい。

15. 新しい車を買うために、店で(　　)をもらってきた。
　　1) カタログ　　2) オーダー　　3) レシート　　4) セール

16. 田中さんの服装はとても上品な(　　)がする。
　　1) 関心　　2) 気分　　3) 考え　　4) 感じ

17. このあたりでアパートを借りるには、毎月の(　　)として五万円必要だ。
　　1) 価格　　2) 代金　　3) 会費　　4) 家賃

18. テストを始めますから、辞書をかばんの中に(　　)ください。
　　1) ためって　　2) とじて　　3) しまって　　4) たたんで

19. 日本の若者の(　　)のファッションを知りたい。
　　1) 最大　　2) 最新　　3) 最中　　4) 最多

20. いらない新聞や雑誌を重ねて、ひもで(　　)捨てた。
　　1) しばって　　2) かこんで　　3) しめて　　4) あんで

21. 急に用事ができたので、レストランの予約を(　　)した。
　　1) チェックアウト　　2) カット　　3) キャンセル　　4) オーバー

22. 私の部屋は東(　　)だ。
　　1) 沿(ぞ)い　　2) 向(む)き　　3) 込(こ)み　　4) 建(だ)て

23. 昨日映画を見たとき、(　　)して泣いてしまった。
　　1) 歓迎　　2) 応援　　3) 期待　　4) 感動

24. 急いでいたので、（　　）違うバスに乗ってしまった。
    1) びったり　　2) ぐっすり　　3) うっかり　　4) がっかり

25. 森さんは一生懸命(いっしょうけんめい)勉強して、（　　）医者になった。
    1) りっぱな　　2) さかんな　　3) まんぞくな　　4) しんせんな

問題4 _____に意味が最も近いものを、1・2・3・4から一つえらびなさい。

26. 今回の仕事はとても<u>きつい</u>。
    1) 大変(たいへん)だ　　　　2) 簡単(かんたん)だ
    3) つまらない　　　　　　　4) おもしろい

27. 今日はとても<u>くたびれた</u>。
    1) いそがしかった　　　　　2) つかれた
    3) はずかしかった　　　　　4) こまった

28. 休みが<u>明けたら</u>、また連絡します。
    1) とれたら　　2) きまったら　　3) おわったら　　4) はじまったら

29. この店はいつも<u>混雑(こんざつ)</u>している。
    1) 客があまりいない　　　　2) 品物があまりない
    3) 客がたくさんいる　　　　4) 品物がたくさんある

30. このスポーツのルールは<u>単純(たんじゅん)</u>だ。
    1) よく知られている　　　　2) わかりやすい
    3) あまり知られていない　　4) わかりにくい

問題5 つぎのことばの使い方として最もよいものを1・2・3・4から一つえらびなさい。

31. 落(お)ち着(つ)く
   1) 電車が駅に落(お)ち着(つ)いたら電話をください。
   2) この商品(しょうひん)は人気がなくて、棚にずっと落(お)ち着(つ)いている。
   3) 家のかぎが穴(あな)に落(お)ち着(つ)いた。
   4) 火事のとき落(お)ち着(つ)いて行動しよう。

32. はかる
   1) りんごの数をはかってみたら、17個(こ)あった。
   2) 小麦粉(こむぎこ)やバターをきちんとはかってケーキを作った。
   3) この宿題(しゅくだい)は一時間ぐらいで終わるとはかっています。
   4) 先月の生活費(せいかつひ)を電卓(でんたく)ではかってみた。

33. ユーモア
   1) 私は映画が好きでユーモアした映画をよく見る。
   2) 木村(きむら)さんはユーモアがあっていっしょにいると楽しい。
   3) きのう友達(ともだち)が貸してくれた車はとてもユーモアだった。
   4) 彼はユーモアに自己紹介(じこしょうかい)をして、名前を覚えてもらった。

34. 未来(みらい)
   1) 地球(ちきゅう)の未来(みらい)のために環境問題について考えよう。
   2) 山本(やまもと)さんは未来(みらい)は何になりたいですか。
   3) いつ来られるか、未来(みらい)の都合を教えてください。
   4) 未来(みらい)の今ごろ、大学が建つ予定です。

35. そっくり
   1) 父は毎朝そっくりの時間に会社に行きます。
   2) 私にそっくりのサイズの服が見つかった。
   3) 私と祖母(そぼ)の誕生日(たんじょうび)はそっくりです。
   4) 夫(おっと)と息子(むすこ)は顔だけでなく声までもそっくりです。

問題1 つぎの文の（　　　）に入れるのに最もよいものを一つえらびなさい。

01. A：「田中さんは今日もアルバイトでしょうか。」
　　B：「今日はない（　　　）言ってましたよ。」
　　1) を　　　　2) って　　　　3) のを　　　　4) だ

02. わたしは山田さんに会う（　　　）すてきな人だといつも思う。
　　1) うちに　　2) はじめに　　3) たびに　　　4) だけに

03. 本を読んでいたら、（　　　）5時間も経ってしまった。
　　1) そろそろ　2) だんだん　　3) ようやく　　4) いつの間にか

04. 今日は7時に東京駅で友達と（　　　）ことになっているので、そろそろ出ます。
　　1) 会おう　　2) 会う　　　　3) 会った　　　4) 会って

05. 医者からたばこを（　　　）ように言われているのだが、なかなかやめられない。
　　1) やめる　　2) やめた　　　3) やめない　　4) やめ

06. 山田先生の講演の（　　　）、皆熱心に話を聞いていた。
　　1) あいだと　2) あいだに　　3) あいだ　　　4) あいだで

07. A：「かばん売り場はどこ。」
　　B：「5階に（　　　）。」
　　1) ございます　2) いらっしゃいます　　3) いる　　4) おります

08. (喫茶店で)
    A：「何たべようか。」
    B：「わたし、スパゲッティとコーヒー。」
    C：「わたしは、おなかすいてないから、コーヒー（　　　）する。」
    1) だけ　　　　2) だけで　　　　3) だけを　　　　4) だけに

09. 勉強して、ある程度日本語が話せる（　　　）日本語の授業がおもしろくなった。
    1) ようになってから　　　　2) ことができてから
    3) ようになるまで　　　　　4) ことができるまで

10. A社の商品が腰の痛みにどのくらい効果が（　　　）詳しくしりたい。
    1) あるのかによって　　　　　　2) あるのかについて
    3) あるのかどうかによって　　　4) あるのかどうかにとって

11. 昨日、わたしと妹でスープを作ったんですが、塩の量を間違えて味が（　　　）いました。
    1) 濃くなりやすくなって　　　2) 濃くしやすくなって
    3) 濃くなりすぎて　　　　　　4) 濃くしすぎて

12. A：「あれ、財布がない。」
    B：「え、本当ですか。」
    A：「あ、ありました。ありました。」
    B：「もう、びっくり（　　　）よ。でも、よかったですね。」
    1) させないでください　　　　　　　2) させてください
    3) させないことにしてください　　　4) させることにしてください。

13. 今朝からひどく歯が痛い。すぐに歯医者に（　　　）、行きたくない。
    1) 行かなくてもいいのだろうが　　2) 行かなくてもいいようだが
    3) 行けばいいのだろうが　　　　　4) 行ければいいようだが

問題2 つぎの文の＿＿★＿＿に入る最もよいものを、1・2・3・4から一つ選びなさい。

14. A：「じゃあ、あしたはコンサート会場の入り口に5時に集まりませんか。」
    B：「コンサートは7時からですから、そんなに＿＿＿ ★ ＿＿＿ ＿＿＿と思いますよ。」
    1) 早く　　　2) 開いていない　　3) まだ　　　4) 行っても

15. (田中先生の研究室で)
    学生「田中先生はいらっしゃいますか。」
    秘書「今、ほかの学生と話して＿＿＿ ＿＿＿ ★＿＿ ＿＿＿ください。」
    1) すこし　　2) から　　　3) 待って　　　4) いらっしゃいます

16. 父も私も、今日はかさがなくても＿＿＿ ＿＿＿ ★ ＿＿＿が雨に降られてしまった。
    1) だろう　　2) と思って　　3) 大丈夫　　　4) 出かけた

17. 昨日動物園に行ったら、先月＿＿＿ ★＿＿ ＿＿＿ ＿＿＿見ることができました。
    1) 生まれた　　2) ライオンの　　3) ばかりの　　4) 赤ちゃんを

18. ジョン：「この「りかい」という言葉はどういう意味ですか。」
    アリ：「ああ、確か「わかる」＿＿＿ ★＿＿ ＿＿＿ ＿＿＿んですけど。」
    1) 意味だった　　2) という　　3) と思う　　4) ような

01 日本語能力試験 N3・N4 일본어능력시험

問題3 つぎの文章を読んで、19から23の中に入る最もよいものを、1・2・3・4から一つえらびなさい。

下の文章は、留学生のヤンさんが、「最近びっくりしたこと」についてスピーチするために書いた作文です。

しゃべる自動販売機

みなさんは、自動販売機がしゃべったと聞いたら、信じられますか。ほとんどの人は、自動販売機がしゃべるはずはないと言って、笑うでしょう。 19-a 、しゃべる自動販売機は本当に 19-b 。

わたしの家の近所には一台の自動販売機があります。ふつうの飲み物の自動販売機に見えますが、 20 自動販売機は話すことができます。例えば、朝、自動販売機の隣に立つと、「おはようございます」と話しかけてきたり、買った後には、「いってらっしゃい」と言ってくれたりします。それから、夜、飲み物を買った人に、「おつかれさまでした」と 21 のを見たこともあります。

最初は、とてもびっくりしました。機械がしゃべるのは、アニメや映画の中だけだと思っていたからです。わたしがよく見るアニメの中では、機械も人間と同じようにしゃべったり、歩いたりしています。 22 、自動販売機に話しかけられるなんて、まるでアニメの世界にいるようだと思いました。

今は、自動販売機が「いってらっしゃい」と話しかけてくるのにも慣れて、心で「いってきます」と答えています。もしいつか、歩く自動販売機ができても、今はもう 23 かもしれません。

19.
1) a ところが　　b あるのです
2) a なぜなら　　b あるからです
3) a でも　　　　b あるでしょうか
4) a たとえば　　b あるとしましょう

20.
1) ある　　2) 一台の　　3) この　　4) ふつうの

21.
1) 言っている　2) 言って帰る　3) 言われている　4) 言われて帰る

22.
　　1) 一方　　　　2) ですから　　　3) それなのに　　　4) そのうえ

23.
　　1) 信じない　　2) 言い返さない　3) しゃべらない　　4) おどろかない

問題4 次の（1）から（4）の文章を読んで、質問に答えなさい。答えは、1. 2. 3. 4. から最もよいものを1つ選びなさい。

> (1)
> 　朝日市は、市民全員が力を合わせて美しい町を作り、気持ちのいい生活が送れるように新しい規則を作った。その規則では、次の三つのことを禁止している。①ゴミ箱などの決められた場所以外にゴミを捨てること、②歩きながらたばこを吸うこと、③指定の場所以外に自転車を止めること、である。守らなかった場合は、お金を払わされることもあるそうだ。

24. この規則について、正しいものはどれか。
　　1) 自分の家以外では、ごみを捨ててはならない。
　　2) 道を歩きながら、たばこを吸ってはいけない。
　　3) 自転車は、決められた場所以外走ってはいけない。
　　4) 規則を守らない人は、全員お金を払わなければならない。

(2)
　いい病院とは、どんな病院だろう。医師がよく話を聞いてくれる、最新の機械があるかどうかと、人によって考えは様々だ。結局、自分にとって安心できる病院がいい病院だと言えるだろう。では、どうやっていい病院を見つけるか。人に聞いたり、本や雑誌、インターネットなどで調べたり、いくらでも方法はある。しかし、最終的に選ぶのは自分である。いい病院を選ぶための物差しを自分の中にしっかり持っていることが重要だ。

25．この文章では、病院を選ぶ時に大切なのはどんなことだと言っているか。
1) その病院の医者がよく話を聞いてくれること
2) その病院に新しい機械がたくさんおいてあること
3) その病院が本や雑誌などで紹介されていること
4) その病院がよいと自分で確かに思えること

(3)
下のメールは鈴木さんが和田さんに送ったものである。

あて先：wada@nihonnote.co.jp
件名：「新学期向け文房具」について

日本ノート社
営業部　和田様
　いつもお世話になっております。
　先日送っていただきました「新学期向け文房具」のカタログを拝見しました。
　ぜひ一度、お話をうかがいたいので、こちらに来ていただけますでしょうか。
ご都合のよい日をお知らせください。
　よろしくお願いいたします。

　　　　　　　　　　　　　　　　　　　　　　　　　　川村デパート
　　　　　　　　　　　　　　　　　　　　　　　　文房具担当　鈴木みどり

26. 鈴木さんが和田さんにこのメールを送った目的は何か。
　　1) 文房具のカタログを送るように頼むこと
　　2) 文房具のカタログを見るように頼むこと
　　3) 文房具の説明にいつ来られるか聞くこと
　　4) 文房具の説明にいつ行ったらいいか聞くこと

---

(4)
あなたのかいた絵が切手になります！

　川田美術館の開館10年を記念して、記念切手を2種類発売します。そこで、切手に使用する絵を募集します。
　テーマは「平和」と「環境」の2つです。どちらかを選んで応募してください。
　紙は指定の大きさ(20X25cm)のものを使ってください。絵の具、色えんぴつなど、何を使ってかいてもかまいません。
　絵が選ばれた方には、5万円を差し上げます。
　詳しくは美術館のホームページ(http://www.knwada.art.or.jp)をご覧ください。

　　　　　　　　　　　　　　　　　　　　　　　　　　　　　　　川田美術館

---

27. 応募する人は、どうしなければならないか。
　　1) 「平和と環境」というテーマで絵をかいて送る。
　　2) 2つのテーマから一つ選んで絵をかいて送る。
　　3) 好きな大きさの紙に絵をかいて送る。
　　4) 決められた絵の具で絵をかいて送る。

問題5 つぎの(1)と(2)の文章を読んで質問に答えなさい。答えは、1・2・3・4から最もよいものを一つ選びなさい。

---

(1)

　最近、近所の花屋が閉店した。20年以上も「町の花屋さん」として愛着されてきた店だ。この店がオープンしたのは、わたしがまだ小学校に入る前だった。わたしにとって、①店の思い出はそのまま子どものころの思い出と重なる。家族の誕生日や家にお客さんが来る時などには、母と一緒にこの店で花を買っていた。

　小学校を卒業する時には、こんなことがあった。クラス全員でお金を出し合い、担任の先生に花束をおくることになった。「お礼の気持ちを表すために、見たこともないほど大きいのをおくろう」とわたしたちは話し合った。しかし、小学生のおこづかいの中集まったお金は少しだけだった。それで、②わたしたちはどきどきしながら、「大好きな先生にあげるから、できるだけ大きい花束を作ってください」とお願いした。おじさんは嫌な顔もしないで、特別大きなバラの花束を作ってくれた。

　30年以上もきれいな花束を作り続け、あたたかい思い出を作ってくれたおじさんに、「ありがとう、お疲れ様でした」と言いたい。

---

28. ①<u>店の思い出はそのまま子どものころの思い出と重なる</u>とあるが、それはどんな思い出か。

1) わたしが小学校に入学した時に、この花屋が開店したこと
2) 小学校を卒業する時に、先生といっしょにこの花屋で花を買ったこと
3) 特別なことがある時には、よくこの店で花を買っていたこと
4) おじさんが大好きだったので、よくこの店で花を買っていたこと

29. ②<u>わたしたちはどきどきしながら</u>とあるが、どうしてどきどきしたのか。

1) もうすぐ開店する花屋のおじさんに、無理なお願いをするから
2) いやそうな顔をしているおじさんに、無理なお願いをするから
3) お店に花があまりないのに、おじさんに無理なお願いをするから
4) お金が少ししかないのに、おじさんに無理なお願いをするから

30. この文章を書いた人が一番伝えたいことは何か。
   1) 小学校時代にとてもお世話になった先生へのお礼の気持ち
   2) よい思い出を作ってくれた花屋のおじさんへの感謝の気持ち
   3) 大好きだった花屋さんが閉店するので、きびしいと思う
   4) 近所の花屋さんが閉店したので、とても不便だと思う

---

(2)
　環境問題では「リサイクル」という言葉をよく聞く。リサイクルとは、いらない物を壊して、別の物に作り変えることだ。例えば、読み終わった新聞紙からトイレペーパーを作ったりする。物を捨てればゴミになるが、リサイクルすればゴミを出さないことができる。だが、リサイクルが形を変えるのにお金がかかるし、エネルギーも使う。
　また、「再利用」という方法もある。再利用というのは、ものを壊さないで、何度も使うことを言う。例えば、飲んだ後のペットボトルを洗ってまた使う。それで、再利用するペットボトルは何回も使えるように、少し厚くしっかりと作られている。ドイツでは一本のペットボトルをだいたい15~30回くらい使うそうだ。
　以前は、お金やエネルギーの点で、リサイクルより再利用の方がいいと考えられていた。しかし、実際に調べてみると、場合によっては再利用のほうがお金やエネルギーを使うことがわかってきた。それで、最近はどちらの方が環境にいいとは単純には言えなくなっている。

---

31. この文章では、リサイクルとはどのようなことだと言っているか。
   1) いらなくなった物から新しい物を作ること
   2) いらなくなった物を壊して捨てること
   3) 物を壊さないで、ゴミの量を減らすこと
   4) 物を捨てないで、そのままもう一度使うこと

32. ペットボトルの再利用について、この文章で言っていることはどれか。
   1) 再利用には全然お金がかからない。
   2) 再利用した物はリサイクルできない。
   3) 再利用できるのはペットボトルだけである。
   4) 再利用するものは丈夫に作られている。

33. この文章では、リサイクルと再利用を比較してどのように言っているか。
   1) リサイクルは再利用より、エネルギーを使わないから環境にいい。
   2) リサイクルより再利用の方が、ゴミが減って環境に与える影響が少ない。
   3) リサイクルと再利用では、どちらが環境にいいか簡単には決められない。
   4) リサイクルも再利用も、環境に問題があるから中止したほうがいい。

問題6 次の文章を読んで、質問に答えなさい。答えは1・2・3・4から最もよいものを一つえらびなさい。

> 　最近、長い間働いた会社をやめて、日本そば屋を始める人が増えているそうだ。今年の4月、奥さんと二人で中村駅前に小さな店を開いた、「そば屋　しんしゅう」のご主人、森さんもその一人だ。「収入は減ったけど、今はやってよかったと思っています」と、森さんは言う。
> 　そば屋を開く人が多いのはなぜか。そば屋は、てんぷら屋やすし屋、中国料理店やフランス料理店などに比べると、あつかう材料の種類も少なく、作り方もそれほど難しくない。また、最近は健康に気をつける人が増え、外食の時にそばのような体にいい食べ物を選ぶ人も多くなっているからだ。
> 　森さん夫婦は、1年ぐらい知り合いのそば屋を手伝いながらそばの作り方を勉強し、自分の店を開いた。だが、いつも同じ味のおいしいそばを作り続けることは本当に難しいそうだ。
> 　「そば屋　しんしゅう」の開店は午前10時だが、森さんは朝6時には店に入り、準備を始める。そして、店が終わってからも、毎晩おいしいそばの作り方を熱心に研究している。
> 　「お客さんの『おいしかったよ』という言葉を聞くと、疲れも消えるんですよ」と、森さん。その横で「大変ですよ。夫とけんかをしても、店ではにこにこしていなければなりませんから」と、奥さんが笑う。
> 　サラリーマン時代にはできなかった経験をしている森さんは、今、そば屋の経験を心から楽しんでいる様子だ。いろいろ苦労はありそうだが、これも人生の一つの選択だろう。

34. 森さんもその一人だとあるが、それはどのような意味か。
　　1) 森さんも会社をやめてそば屋を開いた人の一人である。
　　2) 森さんも今年の4月にそば屋を開いた人の一人である。
　　3) 森さんも奥さんと二人で店を開いた人の一人である。
　　4) 森さんも中村駅近くに店を開いた人の一人である。

35. そば屋を開く人が多いとあるが、その理由は何だと言っているか。
　　1) 最近、長い間働いていた会社をやめさせられる人が増えているから
　　2) 会社員をしているより、そば屋を開いたほうが確実に収入が増えるから
　　3) そばは、ほかの料理に比べると簡単にできるし、外食の中で人気があるから
　　4) 天ぷらやすしなどに比べると、そばは値段が安いので、食べる人が多いから

36. 大変ですよとあるが、ここでは何が大変なのか。
　　1) いつも同じ味でおいしいそばを作り続けなければならないこと
　　2) 朝6時から店を開けるための準備を始めなければならないこと
　　3) おいしいそばの作り方を毎晩研究しなければならないこと
　　4) どんなことがあっても店では笑顔でいなければならないこと

37. 森さんは今、そば屋を開いたことをどう言っているか。
　　1) 毎日楽しいが、収入が減ったので、やらないほうがよかった。
　　2) 忙しいし、夫婦げんかも増えたので、やらないほうがよかった。
　　3) 特に大変なことや、難しいこともないので、やってよかった。
　　4) いろいろ苦労があったから、やってよかった。

日本語能力試験 N3・N4 일본어능력시험

問題7 右のページは、「デジタルカメラ教室」の案内である。これを読んで、下の質問に答えなさい。答えは、1・2・3・4から最もよいものを一つえらびなさい。

38. この案内によると、参加者が必ず持って来なければならないものは何か。

    1) 参加書とはがき
    2) 参加書と昼食
    3) 昼食だけ
    4) 参加書だけ

39. 小学校6年生小林一郎くんは、この教室に参加したいと思っている。デジタルカメラを持っていないので、写真館で借りるつもりだ。申し込みのはがきの正しい書き方はどれか。

    1) デジタルカメラ教室への参加を申し込みます。

       ① 中川市大田2-5-1

       ② 小林花子

         小林一郎(6年生)

       ③ 031-849-8713

       ④ カメラを借ります

    2) デジタルカメラ教室への参加を申し込みます。

       ① 中川市大田2-5-1

       ② 小林花子

         小林一郎(6年生)

       ③ 031-849-8713

    3) デジタルカメラ教室への参加を申し込みます。

       ① 中川市大田2-5-1

       ② 小林一郎(6年生)

       ③ 031-849-8713

       ④ カメラを借ります

4) デジタルカメラ教室への参加を申し込みます。
   ① 中川市大田2-5-1
   ② 小林一郎(6年生)
   ③ 031-849-8713

◇◇ **デジタルカメラ教室のご案内** ◇◇

デジタルカメラを使ったことがある方もない方も、この教室に参加すると楽しみが広がります。きっとあなたの撮った写真をだれかに見せたくなるでしょう。

- 内容 上手な写真の撮り方をわかりやすくお教えします。
  景色などを撮って、その写真をはがきに印刷します。
  *デジタルカメラをお持ちの方は、ご持参ください。
    持っていない方には、お貸しします。
  *はがきはこちらで用意します(無料)。
- 講師：山本たかし（写真家）
- 日時：8月 23日（土）10:00 - 15:00
- 集合場所：ひまわり写真館
  撮影は近くの大田公園で行います。
- 参加費：一人500円（当日お支払いください）
- 定員：20名
- 参加できる方：小学5年生以上
  （小学生は家族の大人の方がいっしょに参加してください。）
- 申し込み方法：はがきに、① 住所 ② 氏名(小学生も学年も) ③ 電話番号 ④ デジタルカメラの貸し出しを希望するかどうかお申し込みください。
  家族でお申し込みの場合は、全員お書きください。
- お申し込み先：ひまわり写真館 デジタルカメラ教室係
- 締め切り：8月 8日(金)（当日の消印があるものに限り有効とする）
- その他：動きやすい服装でご参加ください。
  昼食はご持参ください。（公園のまわり）

01 日本語能力試験 N3・N4 일본어능력시험

問題1 では、まず、質問を聞いてください。それから、話を聞いて、問題用紙の1~4の中から最もよいものを一つ選んでください。

🎧 01番

女 ： デパートで、女の人が、父親の誕生日プレゼントを母親と選んでいます。
女の人は、どのセーターを買いますか。

> 女1：ねえねえ、お母さん。お父さんて、どんなセーターが好きだと思う？
> 女2：そうねぇ。首の周りは、開いているほうが楽だって言っているわね。
> 女1：へぇ、そうなの。色は、白と黒、どっちが好き？
> 女2：そうねぇ。黒は、あまり好きじゃないみたいね。
> 女1：じゃあ、これにしよう。

1) タートルネックの黒のセーター
2) タートルネックの白のセーター
3) 首周りの開いた黒のセーター
4) 首周りの開いた白のセーター

02番

女：プールの受付で、男の人が係りの人と話しています。このあと、男の人は、いくら支払いますか。

男：こちらのプールを利用したいんですが。
女：初めてですか。
男：はい。
女：それでは、利用カードをお作りしますね。プールをご利用になるときは、利用カードを見せて、400円払ってください。本日は、カード代の200円もお願いします。
男：分かりました。
女：それから、泳ぐときには水泳用の帽子が必要で、こちらは、100円でお貸ししています。
男：あ、帽子はあります。
女：あ、そうですか。

1) 500円
2) 600円
3) 700円
4) 800円

01 日本語能力試験 N3・N4 일본어능력시험

🎧 03番

女 : 留守番電話のメッセージを聞いています。メッセージを聞いた人は、このあと、何をしますか？

> 男 :（ピー）あ、もしもし、鈴木です。先週のパーティーに来てくれて、ありがとう。ところで、あの日、うちに帽子忘れていったでしょう。今度送るので、住所教えてもらえる？あ、でも、今ファックスが壊れてるんで、メールでお願い。あと、パーティーのときの写真もできたので、一緒に送るね。じゃ、またね。（ピー）

1) 住所をファックスで送る。
2) 住所をメールで送る。
3) 住所に帽子を送る。
4) 住所に写真を送る。

🎧 04番

女 : 大学で、男の学生と先生が、今日の研究会の準備について話しています。男の学生は、このあと何をしなければなりませんか。

> 男：先生、研究会のポスターは、会場の建物の入り口と正面に張っておきましたが、その2ヶ所でよろしいでしょうか。
> 女：あぁ、ありがとう。それで大丈夫でしょう。あとは、次の研究会の案内を配らないといけないから、コピーしておいて。それから、発表者のための飲み物ですね。
> 男：飲み物は、昨日買って冷蔵庫に入れておきました。
> 女：あ、ありがとう。
> 男：コピーは何部ぐらい必要でしょうか。
> 女：そうですね。20部お願いできますか。会場のパソコンは私のほうでセットしておきますから。コピーが終わったら、会場に持ってきてください。
> 男：はい、分かりました。

1) ポスターをはる。
2) 飲み物を冷蔵庫に入れる。
3) コピーする。
4) パソコンをセットする。

🎧 05番

女：男の人と女の人が話しています。男の人は、これからどうしますか。

> 男：今朝、ラジオを聞いていたら、懐かしい曲がかかっててねぇ。
> 女：へぇ、なんて曲なの？
> 男：それがね、どうしても思い出せなくってね。気になってしょうがないんだ。大学時代によく歌ってたんだけど。
> 女：ずいぶん前の話ね。じゃ、そのラジオ局に電話して、聞いたらわかるんじゃない？
> 男：うん。でも、なんて聞けばいいんだろう。歌が歌えればいいんだけど。
> 女：そうね。あ、そのラジオ局のホームページに、曲名が載ってるんじゃないかな。
> 男：あ、そうだね。ありがとう。

1) ラジオを聞く。

2) 歌を歌う。

3) ラジオ局に電話をかける。

4) ラジオ局のホームページに入る。

🎧 06番

女 ： 会社で、男の人と女の人が話しています。男の人はこの後、まず、何をしなければなりませんか。

> 男 ： 課長、田中さんから電話がありまして、熱があって、今日はお休みだそうです。
> 女 ： あぁ、そう。最近忙しかったから。あ、明日、田中さんと二人で、ひかり電気の会議に出てもらうことになってましたね。その準備はどうなってますか。
> 男 ： 私のほうの準備は終わっています。田中さんは、家でやるって言ってました。
> 女 ： そう。じゃ、田中さんに電話して、書類ができているかどうか、ちょっと聞いてみてください。もしまだだったら、すぐに準備してもらえますか。
> 男 ： はい。
> 女 ： それから、明日来られそうかどうかも聞いてみてもらえますか。無理そうだったら、悪いけど、一人で行ってくださいね。
> 男 ： はい、分かりました。

1) 田中さんに電話をかける。
2) ひかり電気の会議に出る。
3) 書類の準備をする。
4) 田中さんと病院に行く。

問題2 では、まず、質問を聞いてください。そのあと、問題用紙を見てください。読む時間があります。それから話を聞いて、問題用紙の1~4の中から最も良いものを1つ選んでください。

🎧 07番
女：留守番電話のメッセージを聞いています。加藤さんは、何時ごろ着くと言っていますか。加藤さんです。

> 男：(ピー)あ、加藤です。今日、4時半に田中さんと3人で会う約束でしたが、1時間ぐらい遅れそうなんです。事故があって、もう30分も電車が駅に止まったままで。さっき連絡があったんですが、田中さんは授業が早く終わったんで、4時には着くそうです。すいません。とにかく、急いで行きます。(ピー)

1) 4時
2) 4時半
3) 5時
4) 5時半

🎧 08番
女：女の人と男の人が話しています。男の人は今、どのスポーツをしていますか。

> 女：ねぇ、田中君、サッカー好き？
> 男：うん。ボールを使うスポーツっていいよね。サッカーとか、バスケットとか。山田さんは？
> 女：私？私も小さい頃からサッカーが好きで、今でも時々観に行くのよ。
> 男：そう。何かスポーツしないの？
> 女：ううん。スポーツは見るだけ。田中君は、何かスポーツしている？
> 男：僕は高校時代テニスをしてたんだけど、最近は卓球をしてるんだ。やってみたら、結構面白くてね。
> 女：へぇ、そうなんだ。私もやってみようかな。

1) 卓球
2) サッカー
3) バスケット
4) テニス

01 日本語能力試験 N3・N4 일본어능력시험

🎧 09番

女：男の留学生が、お世話になった人と話しています。留学生は、何が最高の思い出だと言っていますか。

> 男：いろいろお世話になりました。
> 女：短かったけど、楽しかったわ。
> 男：僕もです。作ってくださった料理は、とてもおいしかったです。それに、日本の習慣も色々教えてくださって、ありがとうございました。
> 女：こちらこそ、マイクさんには、子供と遊んでもらって。
> 男：僕には兄弟がいませんから、忘れられない、最高の思い出になりました。
> 女：寂しくなりますね。また、遊びに来てくださいね。
> 男：はい、ありがとうございます。帰ったら、メールで写真を送ります。
> 女：ありがとう。じゃ、メール、楽しみに待っていますね。

1) 料理を食べたこと
2) 日本の習慣を学んだこと
3) 子どもと遊んだこと
4) メールで写真を送ること

🎧 10番

女：男のアナウンサーが、女の人にインタビューしています。女の人は、どうしてこのグループのコンサートに来ましたか。

> 男：あの、みなみテレビですが、ちょっとインタビューいいですか。
> 女：あ、はい。
> 男：このグループのコンサートには、よくいらっしゃいますか。
> 女：そうですね、時々来ています。このグループの歌、私は、まぁ、悪くないかなぁ、位なんですけど、とにかく、友達が毎回一緒に行こうって言うんで。
> 男：お友達は、このグループのファンなんですか。
> 女：ええ、CD、全部持ってるんですよ。歌も好きみたいですけど、とにかく、グループのリーダーに夢中で、部屋中に彼のポスターがあって、それに、ダンスが最高って言ってます。
> 男：なるほど、そうですか。どうもありがとうございました。

1) 友達に誘われたから
2) CDを持っているから
3) 歌が好きだから
4) グループのリーダーに夢中だから

🎧 11番
女：スーパーで、店員がりんごの説明をしています。りんごはなぜ安いのですか。

> 男：さぁ、安いよ、安いよ。このりんご、今日は特別、一つ50円です。安さの秘密は表面の傷。虫に食べられた傷じゃありませんよ。このりんご、先日の台風で落ちてしまったりんごで、表面に多少の傷や汚れはありますが、味は普通のりんごと全くかわりません。それに、薬を使っていませんから、安心ですよ。さぁ、いかがですか。

1) 虫に食べられたから
2) 台風で落ちて傷ついたから
3) 今日は特別な日だから
4) 薬を使ったりんごだから

🎧 12番
女：夫婦が話をしています。女の人が、遠くのスーパーに行くのはどうしてですか。

> 男：今日、花子、喜んでたよ。お母さんに猫の形のパンを買ってもらったって。
> 女：花子、あのパンが大好きなんだけど、遠くのスーパーにしか売ってなくて。近くのスーパーのほうが何でも安くていいんだけど。
> 男：君が最近、遠くのスーパーに歩いてくのは、健康のためかと思ってたよ。本当は花子のためだったんだね。
> 女：うーん、そういうわけじゃないんだけど…。ほら、花子に、後で猫のパン買ってあげるからねって言うと、買い物している間、大人しくしていてくれるのよ。
> 男：あぁ、なるほど。そうすれば、落ち着いて買い物ができるんだ。
> 女：そう。小さい子が一緒だと、ほんと大変。

1) 自分の健康のため
2) なんでも安いから
3) 花子が猫の形のパンが好きだから
4) 落ち着いて買い物ができるから

問題3 では、問題用紙に何も印刷されていません。この問題は、全体としてどんな内容かを聞く問題です。話の前に、質問はありません。まず、話を聞いてください。それから、質問と選択肢を聞いて、1~4の中から最も良いものを一つ選んでください。

🎧13番
女：女の人と男の人が話しています。

> 女：あの、お願いって何でしょうか。
> 男：あのう、田中さんは、歌やピアノを教えていらっしゃるって聞いたんですが。実は、来月、知り合いの結婚式があって、私がピアノを演奏して、友達が歌を歌うことになったんです。でも、私、そんなにひけるわけじゃなくて、困っているんですが…。あの、お時間のあるときに、教えていただけないでしょうか。

男の人は女の人にどのようなことをお願いしていますか。
1) 結婚式で歌ってもらうこと
2) 結婚式でピアノを弾いてもらうこと
3) 歌を教えてもらうこと
4) ピアノを教えてもらうこと

🎧 14番
女：アナウンサーが、スーパーからリポートしています。

> 女：こちら、スーパーの野菜売り場です。ご覧ください。珍しい野菜が並んでいますね。
> この黄色いの、何だと思いますか？形はきゅうりですが…。ちょっと、いただきます。うん、きゅうりの味です。おいしいです。実は、技術が進んで、簡単に野菜の色を変えられるようになったそうです。面白いですね。ところが、このような野菜はあまり売れていません。値段は普通の野菜と変わらないのですが、やはりおいしそうに見えないのでしょうか。それが原因かもしれません。

アナウンサーは、何についてリポートしていますか？
1) 面白い形の野菜
2) 珍しい色の野菜
3) 変わった味の野菜
4) 値段の高い野菜

🎧 15番
女：中学生の男の子が、友達についてスピーチしています。

> 男：よくみんな、友達は多ければ多いほどいいって言いますよね。僕は前から、そのことに疑問を感じていました。どうして友達がそんなにたくさん必要なのかわからないのです。数が少なくても、お互いに心を開いて何でも話せるような付き合いをするのが、理想的なのではないでしょうか。友達が多いと、一人一人としっかり向き合うことが難しくなると思います。

男の子はどんな付き合い方がいいと言っていますか。
1) 多くの友達と浅く付き合う。
2) 多くの友達と深く付き合う。
3) 少数の友達と浅く付き合う。
4) 少数の友達と深く付き合う。

問題4　では、絵を見ながら質問を聞いてください。矢印の人は、何と言いますか。1~3の中から、最も良いものをひとつ選んでください。

🎧 16番

女：会社で、後輩が先に帰ります。先輩に何と言いますか。
1) お世話になりました。
2) お疲れ様。
3) お先に失礼します。

🎧 17番

女：前の人のハンカチを拾いました。何と言いますか。
1) ハンカチ、どうぞ。
2) ハンカチ、いりますか。
3) ハンカチ、落としましたよ。

🎧 18番

女：辞書を忘れたので、クラスメートに借りたいです。何と言いますか。
1) 辞書、貸してくれない。
2) 辞書、貸しましょう。
3) 辞書、どうですか。

🎧 19番

女：自分たちの写真を撮ってもらいたいので、近くの人に頼みます。
　　何と言いますか。
1) 写真を撮っていただけませんか。
2) 写真を撮らせていただけませんか。
3) 写真を撮ってもいいですか。

問題5 では、問題用紙に何も印刷されていません。まず、文を聞いてください。それから、その返事を聞いて、1~3の中から、最も良いものを一つ選んでください。

🎧 20番
女：コーヒー、もう一杯いかがですか。
1) 結構だと思います。
2) おかげさまで。
3) いただきます。

🎧 21番
女：いつ、日本にいらっしゃったんですか。
1) 3ヶ月前にまいりました。
2) 3年の予定です。
3) 来年の3月までいます。

🎧 22番
お久しぶりです。お元気ですか。
1) 結構です。
2) お構いなく。
3) おかげさまで。

🎧 23番
女：風邪、どう？治った？
1) そう、お大事に。
2) まだ、調子悪くて。
3) 風邪引いちゃった。

01 日本語能力試験 N3・N4 일본어능력시험

🎧 24番
女：あのう、明日のテスト、どうしても受けなくちゃいけませんか。
1) 受けられますよ。
2) 必ず、受けてください。
3) 明日のほうが、よかったですか。

🎧 25番
女：この仕事、ぜひ、私にやらせてもらえませんか。
1) ええ、お願いします。
2) そういわずに、がんばってください。
3) じゃあ、引き受けましょう。

🎧 26番
男：ねぇ、田中君のこと、聞いた？
1) そうなんだ。
2) 何かあったの？
3) そんなことないよ。

🎧 27番
男：すいません、部長。この書類、見ていただけませんか。
1) ご覧になってください。
2) 会議の後でなら、いいですよ。
3) すぐに見せましょう。

🎧 28番
女：明日、3時にお伺いしてもよろしいでしょうか。
1) そうですか、伺います。
2) よくいらっしゃいました。
3) もう少し、早く来られませんか。

어휘포인트

JLPT를 보기 위해 필요한 단어입니다. 확인하고 익혀 보세요.

あ	読み方	意味
相手	あいて	상대, 경쟁자, 짝
あいまい		애매모호, 분명하지 않음
アイロン		다리미
あう		만나다
あがる		오르다
アクセル		액셀(가속장치)
あくび		하품
揚げる	あげる	튀기다. 게양하다.
あげる		올리다
あこがれる		동경하다
味見	あじみ	맛을 봄
明日	あした	내일
預ける	あずける	맡기다, 위탁하다
汗	あせ	땀
汗くさい	あせくさい	땀냄새
与える	あたえる	주다, (손해등을)끼치다.
暖める	あたためる	따뜻하게 하다.
温める	あたためる	데우다, 덥히다
あて先	あてさき	수신인, 수신처
あて名	あてな	(우편물, 서류 등에 쓰는)상대의 이름, 주소
アドレス		주소
アドレス帳	あどれすちょう	주소장
穴	あな	구멍
アナウンス		아나운스, 방송
あばれる		날뛰다, 난폭하게 굴다
浴びる	あびる	끼얹다, 쬐다
油	あぶら	기름
あふれる		넘치다

01 日本語能力試験 N3・N4 일본어능력시험

	読み方	意味
雨戸	あまど	(비바람을 막는)빈지문, 덧문
甘やかす	あまやかす	응석을 받아 주다, (응석을 받아주어)버릇없게 만들다
あやしい		불가사의하다, 이상하다, 괴상하다
アルバイト		아르바이트
(アルミ)ホイル		(알루미늄)쿠킹호일
アレルギー		알레르기
泡	あわ	거품
暗記する	あんきする	암기하다
暗証番号	あんしょうばんごう	비밀번호
安全	あんぜん	안전

い	読み方	意味
胃	い	위
いいかげん		알맞음, 적당함
言い直す	いいなおす	고쳐 말하다, 다시 말하다
医学部	いがくぶ	의학부
~行き	~いき(ゆき)	(목적지)행, ~로 가는
息	いき	호흡, 숨
いきなり		돌연, 갑자기, 느닷없이
育児	いくじ	육아
イコール		같음, 동등함
医師	いし	의사
意地悪	いじわる	심술궂음, 짓궂음, 심술쟁이
いたずら		장난, 장난질
痛み	いたみ	아픔, 통증
いためる		다치다, 상하다, 아프게 하다
一度に	いちどに	한 번에, 한꺼번에, 동시에
一気に	いっきに	단숨에, 단번에
一昨日	いっさくじつ	그저께
一昨年	いっさくねん	재작년
いっぺんに		한 번에, 동시에, 단번에
一方通行	いっぽうつうこう	일방통행
いとこ		사촌
居眠り	いねむり	앉아서 졺, 말뚝잠
違反	いはん	위반

いびき		코골이, 코고는 소리를 냄
居間	いま	거실
いや		싫음, 바라지 않음
いやがられる		미움받다
いやがる		싫어하다
イヤリング		귀걸이
いらいら		안절부절못하는 모양, 초조해하는 모양
入れる		넣다, 들어가게 하다
印鑑	いんかん	인감
インストールする		인스톨 하다
(インター)ネット		인터넷
インフルエンザ		유행성 독감

う	読み方	意味
ウィスキー		위스키
ウール		울
ウエーター		웨이터
ウエートレス		웨이트리스
うがい		입 안을 물로 가셔냄, 양치질
受かる	うかる	(시험에)합격하다
浮く	うく	뜨다, 떠오르다, 들뜨다
受付	うけつけ	접수, 접수처
受け付ける	うけつける	접수하다
受け取り	うけとり	받음, 수취, 수령
受け取る	うけとる	받다, 수취하다
受ける	うける	받다
動かす	うごかす	움직이다
薄い	うすい	얇다, (맛이)싱겁다
薄暗い	うすぐらい	어스레하다, 어둑하다
うそ		거짓말
うそつき		거짓말함, 거짓말쟁이
内側	うちがわ	안쪽, 내면, 내측
うっかり		깜빡, 무심코
うなる		(사람이)끙끙거리다, 신음하다, (맹수가)어르렁거리다
生まれ	うまれ	태어나다, 만들어지다

うめる		묻다, (구멍등)메우다, 막다.
裏返す	うらがえす	뒤집다
うらやましい		부럽다, 샘이 나다
売り切れ	うりきれ	매진, 매절
売り切れる	うりきれる	매진되다, 다 팔리다
うろうろ		어슬렁어슬렁
上着	うわぎ	상의, 겉옷
運賃	うんちん	웁임
運転席	うんてんせき	운전석
運転免許証	うんてんめんきょしょう	운전면허증

え	読み方	意味
エアコン		에어컨
英会話講師	えいかいわこうし	영어회화강사
栄養	えいよう	영양
えさ		모이, 먹이, 사료
エプロン		앞치마, 에이프런
えらい		훌륭하다, 위대하다, 장하다
得る	える	얻다, 손에넣다, 획득하다
宴会	えんかい	연회, 잔치
エンジン		엔진, 발동기

お	読み方	意味
甥	おい	조카, 생질
追い越す	おいこす	앞지르다
横断する	おうだんする	횡단하다
横断歩道	おうだんほどう	횡단보도
往復	おうふく	왕복
オークション		옥션, 경매
大さじ	おおさじ	큰숟가락
おかけになる		앉으시다(앉다의 존경표현)
おかず		반찬, 부식물
(お)金持ち	(お)かねもち	부자, 재산가
おかわり		같은 음식을 더 먹음, 또는 그 음식
お気に入り	おきにいり	마음에 듦, 또는 그 사람이나 물건

遅れる	おくれる	늦다, 지각하다
(お)化粧	(お)けしょう	화장
おごり		한턱냄
おごる		한턱내다
(お)酒	(お)さけ	술
(お)礼	(お)れい	표찰
幼い	おさない	어리다
おじ		부모의 형제 총칭
おしゃれ		멋부림, 치장, 멋쟁이
(お)尻	(お)しり	엉덩이
おすすめ		권고, 권유
お住まい	おすまい	사는곳, 집
恐ろしい	おそろしい	무섭다, 두렵다
教わる	おそわる	배우다, 가르침을 받다
(お)互い	(お)たがい	서로, 피차, 상호간
おたま		국자
落ち着いている	おちついている	안정되어 있다, 진정되어 있다
落ち着く	おちつく	안정되다, 진정되다
落ちる	おちる	떨어지다, 하락하다
(お)つまみ		술안주
(お)つり		거스름돈
(お)年寄り	(お)としより	노인, 늙은이
落とす	おとす	떨어뜨리다, 낙하시키다
おとなしい		얌전하다, 온순하다
おなら		방귀
おば		아주머니, 아줌마
お昼	おひる	낮, 점심
オフ		오프
(お)弁当	(お)べんとう	도시락
(お)見舞い	(お)みまい	문안, 문병
お目にかかる	おめにかかる	만나뵙다
(お)湯	(お)ゆ	끓인 물, 더운물, 뜨거운 물
下ろす	おろす	내리다, 내려놓다
温泉	おんせん	온천
おんぶする		업다

01 日本語能力試験 N3・N4 일본어능력시험

か	読み方	意味
カード		카드
カーナビ		카 네비게이션
カーペット		카펫, 양탄자
海外	かいがい	해외
開業する	かいぎょうする	개업하다
改札口	かいさつぐち	개찰구
会社員	かいしゃいん	회사원
外食	がいしょく	외식
回数券	かいすうけん	회수권
買う	かう	사다
かかる(手数料がかかる)	てすうりょうがかかる	들다(수수료가 들다)
かかる(迷惑がかかる)	めいわくがかかる	끼치다(폐가되다, 누를 끼치다)
かかる(費用がかかる)	ひようがかかる	들다(비용이 들다)
かかる(風邪にかかる)	かぜにかかる	걸리다(감기에 걸리다)
かかる(病気にかかる)	びょうきにかかる	걸리다(병에 걸리다)
かかる(医者にかかる)	いしゃにかかる	진찰 받다(의사에게 진찰받다)
書き取り	かきとり	받아 씀, 받아쓰기
書き取る	かきとる	받아 쓰다
書き直す	かきなおす	다시 쓰다, 고쳐 쓰다
かく(汗をかく)	あせをかく	흘리다(땀을 흘리다)
かく(目をかく)	めをかく	눈을 긁다
家具	かぐ	가구
各駅停車	かくえきていしゃ	각역정차
学者	がくしゃ	학자
確認(する)	かくにん(する)	확인하다
学年	がくねん	학년
学費	がくひ	학비
学部	がくぶ	학부
かけ算	かけざん	덧셈
かける(ラップをかける)		씌우다(랩을 씌우다)
かける(なべに火をかける)	なべにひをかける	올려놓다(냄비를 불에 올려놓다)
かける(エプロンをかける)		두르다(앞치마를 두르다)
かける(アイロンをかける)		다리다(다림질을 하다)
かける(エンジンをかける)		걸다(엔진을 걸다)

50

かける(ブレーキをかける)		걸다(브레이크를 걸다)	
かける(迷惑をかける)	めいわくをかける	끼치다(폐를 끼치다)	
かける(4かける2は8)		곱하다(4곱하기 2는 8)	
かける(鍵をかける)	かぎをかける	잠그다(열쇠를 잠그다)	
かける(ボタンをかける)		채우다(단추를 채우다)	
かける(CDをかける)		듣다(CD를 듣다(올려놓다))	
かける(毛布をかける)	もうふをかける	덮다(담요를 덮다)	
かける(声をかける)	こえをかける	걸다(말을 걸다)	
かける(心配をかける)	しんぱいをかける	끼치다(걱정을 끼치다)	
かご		소쿠리	
かしこい		현명하다	
ガスレンジ		가스레인지	
かせぐ		벌다	
片づく	かたづく	정리정돈 하다	
片道	かたみち	편도	
課長	かちょう	과장	
学科	がっか	학과	
がっかり		낙심하다, 맥풀리다	
学期	がっき	학기	
かっこいい		모양새 좋은, 멋진	
かっこ悪い	かっこわるい	볼품없다	
~カップ		컵	
かなり		꽤, 제법	
金持ち	かねもち	부자, 재산가	
彼女	かのじょ	그녀, 그 여자	
かび		곰팡이	
かぶせる		덮다, 씌우다	
花粉症	かふんしょう	화분증	
がまんする		참다, 참고 견디다	
かむ(鼻をかむ)	はなをかむ	풀다(코를 풀다)	
画面	がめん	화면	
科目	かもく	과목	
かゆい		가렵다	
柄	がら	무늬	
からい		맵다, 얼얼하다	

01 日本語能力試験 N3・N4 일본어능력시험

がらがら		텅텅(비어있는 모양)	
ガラス		글라스	
空っぽ	からっぽ	속이 빔, 텅 빔	
彼	かれ	그, 그 남자	
彼氏	かれし	남자친구	
枯れる	かれる	마르다, 시들다	
カロリー		칼로리	
皮	かわ	가죽, 껍질	
かわいがる		귀여워하다	
かわいそう		가엾다, 가여워하다	
かわいらしい		귀엽다	
乾かす	かわかす	말리다	
乾く	かわく	마르다	
歓迎会	かんげいかい	환영회	
看護師	かんごし	간호사	
元日	がんじつ	설날	
患者	かんじゃ	설날, 원일	
勘定	かんじょう	셈, 계산	
乾燥機	かんそうき	건조기	
元旦	がんたん	원단, 설날(아침)	
カンニングする		컨닝하다	
乾杯する	かんぱいする	건배하다	
完了する	かんりょうする	완료하다	

き	読み方	意味	
キー		키, 열쇠	
キーボード		키보드	
気がある	きがある	할 의사가 있다, 관심이 있다	
着替え	きがえ	갈아입음	
着替える	きがえる	갈아입다	
聞き取り	ききとり	듣기	
聞き取る	ききとる	들어 알다, 청취하다	
聞きなおす	ききなおす	다시듣다, 고쳐듣다	
効く	きく	듣다, 효력이 있다	
期限	きげん	기한	

刻む(野菜を刻む)	きざむ(やさいをきざむ)	잘게 썰다
傷	きず	상처
きちんと		깔끔히, 정확히
きつい		다기차다, 심하다, 엄하다
喫煙席	きつえんせき	흡연석
キッチン		키친, 부엌
気に入る	きにいる	마음에 들다, 만족하다
気になる	きになる	걱정이되다, 마음에 걸리다
記入する	きにゅうする	기입하다
希望する	きぼうする	희망하다
決まる	きまる	결정하다
気味が悪い	きみがわるい	징그럽다, 기색이 나쁘다
気持ち(が)悪い	きもち(が)わるい	기분 나쁘다
(キャッシュ)カード		(현금)카드
キャンセルする		캔슬하다, 취소하다
休暇	きゅうか	휴가
休学する	きゅうがくする	휴학하다
急行	きゅうこう	급행
給食	きゅうしょく	급식
急ブレーキ	きゅうブレーキ	급브레이크
給料	きゅうりょう	급여
教科	きょうか	교과
行儀	ぎょうぎ	행위
教師	きょうし	교사
教授	きょうじゅ	교수
行列	ぎょうれつ	행렬
きらい		싫음, 싫어함
嫌われる	きらわれる	미움받다
ぎりぎり		빠듯함
切る	きる	자르다
気をつける	きをつける	신경을 쓰다, 주의하다
禁煙席	きんえんせき	금연석
緊張する	きんちょうする	긴장하다
勤務	きんむ	근무

日本語能力試験 N3・N4 일본어능력시험

く	読み方	意味
具合	ぐあい	형편, 상태
クーラー		에어컨
くさる		썩다, 상하다
くしゃみ		재채기
くずす		무너뜨리다, 허물어뜨리다
くずれる		붕괴하다, 무너지다
くせ		버릇, 습관
くだらない		시시하다, 하찮다
下り	くだり	내려감
下る	くだる	내려가다
くちびる		입술
口紅	くちべに	립스틱
ぐっすり		푹(깊은 잠을 자는 모양)
首になる	くびになる	해고되다
くむ		따르다(술 등을)
グラス		글라스
クリーニング		세탁, 클리닝
くり返し	くりかえし	되풀이함, 반복함
くり返す	くりかえす	되풀이하다
クリックする		클릭하다
苦しい	くるしい	답답하다, 괴롭다
苦しむ	くるしむ	괴로워하다, 고생하다
暮れ	くれ	해질 무렵
(クレジット)カード		(신용)카드
加える	くわえる	보태다, 더하다
くわしい		소상하다, 정통하다

け	読み方	意味
経済学	けいざいがく	경제학
経済学部	けいざいがくぶ	경제학부
計算	けいさん	계산
携帯電話	けいたいでんわ	휴대전화
下車する	げしゃする	하차하다

下旬	げじゅん	하순
化粧	けしょう	화장
けずる		깎다
けち		인색함, 구두쇠
結果	けっか	결과
結局	けっきょく	결국
けっこう		꽤, 제법
欠席する	けっせきする	결석하다
げっぷ		트림
月末	げつまつ	월말
煙い	けむい	냅다
煙たい	けむたい	냅다, 거북하다
険しい	けわしい	가파르다, 험하다
けんかする		싸우다
現金	げんきん	현금
言語学	げんごがく	언어학
件名	けんめい	건명

こ	読み方	意味
濃い	こい	짙다, 진하다
恋	こい	사랑, 연애
恋人	こいびと	연인, 애인
コインランドリー		코인세탁소
硬貨	こうか	주화
合格する	ごうかくする	합격하다
合格発表	ごうかくはっぴょう	합격발표
後期	こうき	후기
講義	こうぎ	강의
公共料金	こうきょうりょうきん	공공요금
合計	ごうけい	합계
高校生	こうこうせい	고등학생
口座	こうざ	구좌
交際する	こうさいする	교제하다
交差点	こうさてん	교차로
工事中	こうじちゅう	공사중

高速(道路)	こうそく(どうろ)	고속(도로)
(交通)事故	(こうつう)じこ	(교통)사고
交通費	こうつうひ	교통비
後輩	こうはい	후배
公立	こうりつ	공립
越える	こえる	넘다, 넘어가다
コード		코드
コーヒーカップ		커피잔
氷	こおり	얼음
凍る	こおる	얼다
国語	こくご	국어
国立	こくりつ	국립
国内	こくない	국내
こげる		눋다, 타다
小さじ	こさじ	작은 숟가락
腰	こし	허리
ご主人	ごしゅじん	남편
こしょう		후추
こする(ブラシでこする)		빗다
こする(目をこする)	めをこする	비비다
子育て	こそだて	육아
小包	こづつみ	소포
子供連れ	こどもづれ	어린이동반
断る	ことわる	거절하다
好み	このみ	기호, 취향
好む	このむ	좋아하다, 흥미를 가지다
こぼす		흘리다, 엎지르다
こぼれる		넘쳐흐르다, 흘러내리다
こる		응고하다, 열중하다
今学期	こんがっき	이번학기
混雑	こんざつ	혼잡
コンセント		콘센트
混んでいる	こんでいる	붐비다
コンビニ		편의점

さ	読み方	意味
祭日	さいじつ	축일
サイズ		사이즈
サイドミラー		사이드밀러
採用	さいよう	채용
材料	ざいりょう	재료
サイン		싸인
探す	さがす	찾다
下がる(白線の内側に下がる)	はくせんのうちがわにさがる	물러서다(흰선의 안쪽으로 물러서다)
下がる(熱が下がる)	ねつがさがる	내려가다(열이 내려가다)
下がる(評判が下がる)	ひょうばんがさがる	떨어지다(평판이 떨어지다)
下がる(カーテンが下がる)	カーテンがさがる	드리워지다(커텐이 드리워지다)
一昨昨日	さきおととい	그끄저께
咲く	さく	꽃피다
昨日	さくじつ	어제
削除する	さくじょする	삭제하다
昨年	さくねん	작년
酒	さけ	술
下げる(かごを下げる)	かごをさげる	내리다(소쿠리를 내리다)
下げる(一字下げて書く)	いちじさげてかく	내리다(한 때 내려서 쓰다(신중히 쓰다))
下げる(音を下げる)	おとをさげる	줄이다(소리를 줄이다)
下げる(評判を下げる)	ひょうばんをさげる	떨어뜨리다(평판을 떨어뜨리다)
下げる(カーテンを下げる)	カーテンをさげる	드리우다(커텐을 드리우다)
差出人	さしだしにん	발송인
差出人名	さしだしにんめい	발송자명
座席	ざせき	좌석
さそう		권유하다, 권하다
札	さつ	지폐
ざっと		대강, 대충
さっぱり		산뜻이, 시원히, 담백한(맛)
さびる		녹슬다, 녹이나다
サボる		게으름을 피우다
さまざま		여러 가지, 가지각색
冷ます	さます	식히다
冷める	さめる	식다

日本語能力試験 N3・N4 일본어능력시험

再来月	さらいげつ	다음다음달
再来週	さらいしゅう	다음다음주
再来年	さらいねん	후년
サラダ油	サラダゆ/サラダあぶら	샐러드 오일
サラリーマン		샐러리맨
さわがしい		시끄럽다, 소란스럽다
さわぐ		떠들다
さわる		닿다, 손을 대다
参加する	さんかする	참가하다
算数	さんすう	산수
三男	さんなん	삼남
散歩	さんぽ	산책

し	読み方	意味
仕上がる	しあがる	완성되다, (일이) 다되다
仕上げる	しあげる	일을 끝내다, 완성하다
明々後日	しあさって	글피
シートベルト		안전벨트
ジーンズ		청바지
塩からい	しおからい	짜다
仕送りする	しおくりする	생활비나 학비(의 일부)를 보내다
時間割	じかんわり	(수업)시간표, (공사)예정표
自給	じきゅう	자급
敷く	しく	깔다, 펴다
事故	じこ	사고
時刻	じこく	시각
時刻表	じこくひょう	시각표
自習する	じしゅうする	자습하다
次女	じじょ	차녀
沈む	しずむ	가라앉다, (해, 달이)지다
時速	じそく	시속
下書き	したがき	초고, 초안
下着	したぎ	속옷
したく		채비, 준비
親しい	したしい	친하다, 사이가 좋다

しっかり		견고한모양, 단단히
しつこい		집요하다, 끈덕지다
じっと		꼼짝않고, 가만히
しっぽ		꼬리
指定する	していする	지정하다
指定席	していせき	지정석
私鉄	してつ	민영 철도
支店	してん	지점
品物	しぶつ	물품
次男	じなん	차남
始発	しはつ	시발, 첫차
始発駅	しはつえき	시발역
支払い	しはらい	지불
支払う	しはらう	지불하다
しびれる		마비되다, 저리다
紙幣	しへい	지폐
しぼる		(물기가 빠지게)짜다, 쥐어짜다
しま		섬
姉妹	しまい	자매
地味	じみ	수수함, 검소함
事務	じむ	사무
しめきり		마감
しめきる		마감하다
湿る	しめる	축축해지다, 눅눅해지다
しめる		
社会	しゃかい	사회
蛇口	じゃぐち	수도꼭지
車掌	しゃしょう	차장
借金	しゃっきん	빚, 빚냄
しゃっくり		딸꾹질
車内アナウンス	しゃないアナウンス	차내방송
しゃもじ		주걱, 국자
シャワー		샤워
従業員	じゅうぎょういん	종업원
ジュース		쥬스

01 日本語能力試験 N3・N4 일본어능력시험

自由席	じゆうせき	자유석
渋滞	じゅうたい	정체
じゅうたん		융단, 양탄자
終点	しゅうてん	종점
終電	しゅうでん	마지막 열차(막차)
授業料	じゅぎょうりょう	수업료
祝日	しゅくじつ	축일, 경축일
宿泊する	しゅくはくする	숙박하다
受験する	じゅけんする	대학수험
手術	しゅじゅつ	수술
受信する	じゅしんする	수신하다
出身	しゅっしん	출신
出席する	しゅっせきする	출석하다
出品する	しゅっぴんする	출품하다
主婦	しゅふ	주부
純粋	じゅんすい	순수
使用	しよう	사용
奨学金	しょうがくきん	장학금
小学生	しょうがくせい	초등학생
定規	じょうぎ	정규
消極的	しょうきょくてき	소극적
上司	じょうし	상사
正直	しょうじき	정직
乗車券	じょうしゃけん	승차권
乗車する	じょうしゃする	승차하다
上旬	じょうじゅん	상순
上々	じょうじょう	최상임
症状	しょうじょう	증상
商品	しょうひん	상품
職場	しょくば	직장, 근무처
食費	しょくひ	식비
食品	しょくひん	식품
助手席	じょしゅせき	조수석
初旬	しょじゅん	초순
初心者	しょしんしゃ	초심자, 풋내기

食器	しょっき	식기
白髪	しらが	백발
尻	しり	궁둥이, 엉덩이
知り合い	しりあい	서로 앎, 아는 사이, 친지
知り合う	しりあう	서로알다, 아는 사이가 되다
私立	しりつ	사립
しわ		주름
進学	しんがく	진학
新幹線	しんかんせん	신칸센
新規作成する	しんきさくせいする	신규작성하다
信号	しんごう	신호
信号無視	しんごうむし	신호무시
診察	しんさつ	진찰
新製品	しんせいひん	신제품
親せき	しんせき	친척
新品	しんぴん	신품
親友	しんゆう	친우, 친구, 벗
心理学	しんりがく	심리학
親類	しんるい	친척, 집안

す	読み方	意味
酢	す	식초
スイッチ		스위치
炊飯器	すいはんき	전기밥솥
ずうずうしい		뻔뻔스럽다, 낯두껍다
末っ子	すえっこ	막내
好かれる	すかれる	사랑받다
好き	すき	좋아함
スケジュール		스케줄
スタートボタン		스타트버튼
頭痛	ずつう	두통
すっかり		완전히, 매우
すっきり		말쑥이, 산뜻이
すっぱい		

日本語能力試験 N3・N4 일본어능력시험

ストレス		스트레스
素直	すなお	순진함, 솔직함
スピード		스피드
スマート		스마트
住まい	すまい	거주함
済ます	すます	끝내다, 마치다
済ませる(勘定を済ませる)	かんじょうをすませる	끝내다(계산을 끝내다)
済ませる(宿題を済ませる)	しゅくだいをすませる	마치다(숙제를 마치다)
済む	すむ	끝나다, 완료되다
ずらす		겹치지 않도록 옮기다
する		하다
ずるい		꾀바르다, 교활하다
鋭い	するどい	날카롭다, 예리하다

せ	読み方	意味
生活費	せいかつひ	생활비
請求書	せいきゅうしょ	청구서
精算する	せいさんする	정산하다
政治学	せいじがく	정치학
清書する	せいしょする	정서하다
成績	せいせき	성적
ぜいたく		사치, 사치스러움
成長する	せいちょうする	성장하다
整理する	せいりする	정리하다
セール		세일
せき		기침
積極的	せっきょくてき	적극적
節約する	せつやくする	절약하다
ぜひとも		꼭, 반드시
ゼミ		세미나
前期	ぜんき	전기
専攻する	せんこうする	전공하다
洗剤	せんざい	세제
先日	せんじつ	전일

先々月	せんせんげつ	지지난달
先々週	せんせんしゅう	저저번주
洗濯物	せんたくもの	세탁물
センチ		센티
先輩	せんぱい	선배
線路	せんろ	선로

そ	読み方	意味
ぞうきん		걸레
送金する	そうきんする	송금하다
掃除機	そうじき	청소기
送信する	そうしんする	송신하다
送信者	そうしんしゃ	송신자
そうぞうしい		소연하다, 시끄럽다
挿入する	そうにゅうする	도입하다
送別会	そうべつかい	송별회
送料	そうりょう	배송료
速達	そくたつ	속달
注ぐ	そそぐ	붓다, 따르다
育つ	そだつ	자라다, 성장하다
卒業式	そつぎょうしき	졸업식
そっくり		전부, 모조리, 몽땅
そっと		살짝, 조용히
そで		소매, 소맷자락
そでなし		민소매
外側	そとがわ	바깥쪽
ソファー		소파
ソフト(ウェア)		소프트(웨어)
そめる		물들이다, 염색하다
そる		휘다
そろう		갖추어지다, 구비되다
それる		빗나가다, 빗맞다
そろそろ		이제 곧
損	そん	손, 손해

01 日本語能力試験 N3・N4 일본어능력시험

た	読み方	意味
体育	たいいく	체육
ダイエット		다이어트
大学生	だいがくせい	대학생
代金	だいきん	대금
大したことがない	たいしたことがない	별 것 없다, 대수롭지 않다
体重	たいじゅう	체중
たいてい		대개, 대부분
態度	たいど	태도
台ぶきん	だいぶきん	행주
タイヤ		타이어
倒す	たおす	쓰러뜨리다, 넘어뜨리다
タオル		타올
倒れる	たおれる	쓰러지다
互い	たがい	서로, 쌍방
炊く	たく	밥을 짓다
抱く	だく	안다
確かめる	たしかめる	확인하다, 분명히하다
足し算	たしざん	덧셈
足す	たす	더하다, 보태다
出す(合計を出す)	ごうけいをだす	내다(합계를 내다)
出す(食事を出す)	しょくじをだす	내놓다, 제공하다(식사를 대접하다)
出す(結論を出す)	けつろんをだす	내다(결론을 내다)
出す(元気を出す)	げんきをだす	발휘하다(기운을 내다)
出す(新製品を出す)	しんせいひんをだす	내다, 발표하다(신제품을 내다)
出す(芽を出す)	めをだす	트다(싹이 트다)
出す(ボーナスを出す)	ボーナスをだす	치르다, 지급하다(보너스를 지급하다)
ただ		공짜, 무료
たたく		때리다, 두드리다
たたむ		개다, 개키다
立ち上がる	たちがる	일어서다
立ち止まる	たちどまる	멈추어 서다
たつ		서다
抱っこする	だっこする	안다

	読み方	意味
たてる		세우다
食べ放題	たべほうだい	음식뷔페
~玉(100円玉)	100えんだま	옥, 보석
たまたま		가끔, 간혹
たまに		간혹, 이따금
たまる(ほこりがたまる)		
たまる(洗濯物がたまる)	せんたくものがたまる	쌓이다(빨래가 쌓이다)
たまる(ストレスがたまる)		쌓이다(스트레스가 쌓이다)
ため息	ためいき	한 숨
ためる(洗濯物をためる)	せんたくものをためる	
ためる(お金を貯める)	おかねをためる	
だらしない		단정하지 않다, 칠칠하지 못하다
足りない	たりない	부족하다, 충분하지 않다
足りる	たりる	충분하다, 족하다
単位	たんい	단위
だんだん		차츰차츰, 점점
担当	たんとう	담당
暖房	だんぼう	난방

ち	読み方	意味
チーズ		치즈
チェックする		체크하다
近道	ちかみち	지름길, 가까운 길
ちかん		치한
遅刻する	ちこくする	지각하다
縮む	ちぢむ	줄다, 오그라들다
ちゃんと		착실하게, 꼼꼼히
中学生	ちゅうがくせい	중학생
中古	ちゅうこ	중고
注射	ちゅうしゃ	주사
駐車違反	ちゅうしゃいはん	주차위반
中旬	ちゅうじゅん	중순
昼食	ちゅうしょく	점심
注文(する)	ちゅうもん(する)	주문(하다)
調子	ちょうし	상태, 컨디션

日本語能力試験 N3・N4 일본어능력시험

調整する	ちょうせいする	조정하다
長男	ちょうなん	장남
長女	ちょうじょ	장녀
調味料	ちょうみりょう	조미료
貯金する	ちょきんする	저금하다
散らかす	ちらかす	흩뜨리다, 어지르다
散らかる	ちらかる	흩어지다, 널리다
ちりとり		쓰레받기
散る	ちる	지다, 떨어지다

つ	読み方	意味
追加する	ついかする	추가하다
ついていく		따라가다
ついていない		운이 없다, 재수 없다
ついている		운이 좋다, 재수 좋다
ついに		마침내, 드디어
通学する	つうがくする	통학하다
通過する	つうかする	통과하다
通勤する	つうきんする	통근하다
通行止め	つうこうどめ	통행금지
通帳	つうちょう	통장
通帳記入	つうちょうきにゅう	통장기입
通訳(する)	つうやく(する)	통역(하다)
通路側	つうろがわ	통로측
つかまる		잡히다
付き合い	つきあい	교재,사귐
付き合う	つきあう	교재하다
突き当たり	つきあたり	막다른곳
つく(都合がつく)	つごうがつく	해지다(형편이 좋아지다(되다))
つく(うそをつく)		하다(거짓말을 하다)
つく(くせがつく)		생기다(버릇이 생기다)
つく(泥がつく)	どろがつく	묻다(흙탕이 묻다)
つく(傷がつく)	きずがつく	나다(상처가 나다)
つく(連絡がつく)	れんらくがつく	닿다(연락이 닿다)
つく(おまけがつく)		붙다(덤이 붙다)

つく(火がつく)	ひがつく	붙다(불이 붙다)
注ぐ	つぐ	붓다, 따르다
つける(味をつける)	あじをつける	내다(맛을 내다)
つける(エプロンをつける)		입다(앞치마를 입다)
つける(ライトをつける)		켜다(불을 켜다)
つける(都合をつける)	つごうをつける	내다(틈을 내다)
つける(口紅をつける)	くちべにをつける	바르다(립스틱을 바르다)
つける(印をつける)	しるしをつける	남기다(표시를 남기다)
つける(たばこに火をつける)	たばこにひをつける	붙이다(담배에 불을 붙이다)
つける(日記をつける)	にっきをつける	쓰다(일기를 쓰다)
都合	つごう	형편
つながる		이어지다, 연결하다
つなぐ		잇다, 연결하다
つぶす		부수다, 으깨다
つぶれる		부서지다, 깨지다
つまみ		손잡이
つまる		가득차다, 막히다
積む	つむ	쌓다, 거듭하다
つめ		손톱, 발톱
つめる		채우다, 채워 넣다
つもる		쌓이다, 모이다
つらい		괴롭다
つり		매닮
つるす		매달다, 달아매다
連れて行く	つれていく	데리고 가다
連れる	つれる	동반하다

て	読み方	意味
出会い	であい	만남
出会う	であう	만나다
定期(券)	ていき(けん)	정기(권)
停車する	ていしゃする	정차하다
提出(する)	ていしゅつ(する)	제출(하다)
停留所	ていりゅうじょ	정류장
テーブル		테이블

01 日本語能力試験 N3・N4 일본어능력시험

できあがり		완성됨, 완성된 것
できあがる		완성되다
デザート		디져트
デザイン		디자인
手数料	てすうりょう	수수료
デスクトップ(パソコン)		테스크탑(컴퓨터)
でたらめ		엉터리, 무책임함
手袋	てぶくろ	장갑
出迎え	でむかえ	마중
出迎える	でむかえる	마중하다
出る	でる	나가다, 나오다
店員	てんいん	점원
電源	でんげん	전원
天井	てんじょう	천정
電子レンジ	でんしレンジ	전자레인지
転送する	てんそうする	전송하다
添付する	てんぷする	첨부하다
てんぷら油	てんぷらあぶら	식용유

と	読み方	意味
問い	とい	물음
問い合わせ	といあわせ	문의
問い合わせる	といあわせる	문의하다
どうか		아무쪼록, 부디
とうとう		드디어, 마침내
同僚	どうりょう	동료
道路	どうろ	도로
登録する	とうろくする	등록하다
遠回り	とおまわり	멀리 돎, 먼 길을 돌아감
通りかかる	とおりかかる	마침 지나가다
通り過ぎる	とおりすぎる	지나가다
とかす(温めてとかす)	あたためてとかす	빗다
どきどき		두근두근
とく(問題を解く)	もんだいをとく	문제를 풀다
得	とく	이익, 이득

どく		독
得意	とくい	득의, 자신이 있음
特売品	とくばいひん	특매품
どける		치우다, 제치다
年寄り	としより	노인, 어르신
閉じる	とじる	닫히다
とたんに		하자마자
特急	とっきゅう	특급
特急券	とっきゅうけん	특급권
特急料金	とっきゅうりょうきん	특급요금
突然	とつぜん	돌연
届く	とどく	닿다, 이르다
とにかく		여하튼, 아무튼
飛び込む	とびこむ	뛰어들다
飛び出す	とびだす	뛰어나오다(나가다)
ともかく		좌우지간, 하여간
ドライブ		드라이브
ドライヤー		드라이어
トラック		트럭
トランク		트렁크
取り替える	とりかえる	바꾸다
取り消し	とりけし	취소
取り消す	とりけす	취소하다
取り出す	とりだす	꺼내다
とる(ほこりをとる)		털다(먼지를 털다)
とる(昼食をとる)	ちゅうしょくをとる	먹다(점심을 먹다)
とる(年をとる)	としをとる	먹다(나이를 먹다)
とる(財布を取る)	さいふをとる	빼앗다(지갑을 빼앗다)
とる(運転免許をとる)	うんてんめんきょをとる	취득하다(운전면허를 취득하다)
とる(新聞を取る)	しんぶんをとる	구독하다(신문을 구독하다)
とる(睡眠をとる)	すいみんをとる	취하다(숙면을 취하다)
とる(出席を取る)	しゅっせきをとる	잡다(자리를 잡다)
とる(連絡を取る)	れんらくをとる	취하다(연락을 취하다)
とる(痛みをとる)	いたみをとる	없애다(통증을 없애다)
とる(新入社員を採る)	しんにゅうしゃいんをとる	채용하다(신입사원을 채용하다)

日本語能力試験 N3・N4 일본어능력시험

とれる(ボタンが取れる)	ボタンがとれる	떨어지다(단추가 떨어지다)
とれる(連絡が取れる)	れんらくがとれる	닿다(연락이 닿다)
とれる(痛みが取れる)	いたみがとれる	사라지다(통증이 사라지다)
問われる	とわれる	추궁당하다
どんどん		척척, 착착

な	読み方	意味
治す	なおす	병을 고치다, 치료하다
仲	なか	(사람과의)사이, 관계
ワイングラス		와인글라스
流し	ながし	흐르게 함, 흐르게 하는 것
流す	ながす	흘리다, 흐르게하다
長そで	ながそで	긴 소매
仲直りする	なかなおりする	화해하다
仲間	なかま	동료, 동아리
仲良し	なかよし	단짝, 사이가 좋음
なくす		여의다, 사별하다
亡くなる	なくなる	돌아가시다, 죽다
なだらか		완만함, 가파르지 않음
なでる		쓰다듬다, 어루만지다
ななめ		비스듬함, 경사짐
なべ		냄비
生意気	なまいき	건방짐, 주제넘음
なまけ者	なまけもの	게으름뱅이
なまける		게으름 피우다
生ゴミ	なまゴミ	음식쓰레기
涙	なみだ	눈물
なれる		길들다
慣れる	なれる	숙달되다

に	読み方	意味
似合う	にあう	어울리다, 잘 맞다
におう		향내가 나다, 풍기다
苦手	にがて	젊은이
にきび		여드름

に	読み方	意味
にぎやか		번화함, 떠들썩함
にぎる		쥐다, 잡다
にこにこ		생글생글, 싱글벙글
にせ物	にせもの	위조품, 짝퉁
にっこり		생긋, 방긋
日程	にってい	일정
鈍い	にぶい	무디다
入学式	にゅうがくしき	입학식
入学する	にゅうがくする	입학하다
入門講座	にゅうもんこうざ	입문강좌
入力する	にゅうりょくする	입력하다
煮る	にる	삶다, 조리다
人気	にんき	인기척

ぬ	読み方	意味
ぬける		(빠진물건이)빠지다
ぬらす		적시다
塗る	ぬる	칠하다, 바르다
ぬるい		미지근하다, 미적지근하다
ぬれる		젖다

ね	読み方	意味
ネックレス		네크리스, 목걸이
熱する	ねっする	뜨거워지다
ネット		인터넷
年賀状	ねんがじょう	연하장
年末年始	ねんまつねんし	연말연시

の	読み方	意味
ノートパソコン		노트북
残す	のこす	남기다, 남게하다
残り物	のこりもの	남은물건
乗せる	のせる	태우다, 싣다
伸ばす	のばす	늘이다
伸びる	のびる	자라다, 늘다

01 日本語能力試験 N3・N4 일본어능력시험

	読み方	意味
上り	のぼり	오름, 상승
上る	のぼる	오르다, 올라가다
飲み会	のみかい	술 마시고 즐기는 모임(술자리)
飲み放題	のみほうだい	무제한 마시기(무한리필)
乗り遅れる	のりおくれる	놓치다
乗り換え	のりかえ	환승
乗り換える	のりかえる	환승하다
乗り越し	のりこし	하차역을 지나침
乗り越す	のりこす	하차역을 지나치다
乗り過ごす	のりすごす	하차역을 지나치다
のろい		무디다, 둔하다
のろのろ		느릿느릿, 꾸물꾸물
のんき		느긋함, 무사태평함
のんびり		한가로이, 태평스레

は	読み方	意味
バーゲン		바겐세일
パーセント		퍼센트
パート		파트타이머(시간제 근무자)
歯医者	はいしゃ	치과의사
売店	ばいてん	매점
バイト		아르바이트
はえる(ひげがはえる)		나다, 자라다(수염이 나다)
はえる(カビがはえる)		피다(곰팡이가 피다)
はかり		계량, 계측
量る	はかる	(무게를)달다
測る	はかる	(길이를)재다
吐き気	はきけ	토기, 구역질
はきはき		시원시원, 또렷또렷, 확실한 모양
掃く	はく	쓸다, 비질하다
~泊	~はく(ぱく)	박, 숙박한 수
吐く	はく	뱉다, 토하다
白線	はくせん	백선, 흰 줄
バケツ		양동이
はげる		머리가 벗어지다

外す	はずす	떼다, 떼어 내다
バス停	バスてい	버스 정류장
パソコン		컴퓨터
働き者	はたらきもの	부지런한 사람(일꾼)
~発	~はつ	출발, 발
はっきり		뚜렷이, 분명히, 똑똑히
バックミラー		백미러
発車する	はっしゃする	발차하다
発売	はつばい	발매
はで		(색깔, 옷차림등이)화려함, 화사함
花柄	はながら	꽃무늬, 꽃문양
話し合い	はなしあい	서로 이야기함, 의논, 교섭
話し合う	はなしあう	이야기를 나누다, 의논하다
話しかける	はなしかける	말을 걸다, 말을 붙이다
はなす		말하다, 이야기하다
鼻(水)	はな(みず)	콧물
幅	はば	폭, 너비, 나비
母親	ははおや	모친, 어머니
省く	はぶく	줄이다, 덜다, 생략하다
歯みがき	はみがき	양치질
歯みがき粉	はみがきこ	치약
はめる		끼다, 끼우다, (수갑)채우다
はやっている		유행하다
はやり		유행
腹	はら	배, 복부
払い戻し	はらいもどし	환급, 환불
払い戻す	はらいもどす	되돌려 주다, 환불하다
バランス		밸런스, 균형
パンクする		펑크가 나다
はんこ		도장, 인감
ハンサム		핸섬, 미남
半そで	はんそで	반소매
パンツ		팬츠
ハンドル		핸들, 손잡이

01 日本語能力試験 N3・N4 일본어능력시험

ひ	読み方	意味
日当たり	ひあたり	볕이 듦, 양지바른 곳
ヒーター		히터
ビール		맥주
ビールびん		맥주병
冷えている	ひえている	차갑다(차가운 맥주)
日帰り	ひがえり	당일치기
控える	ひかえる	대기하다, 기다리다
ピカピカ		번쩍번쩍, 반짝반짝
ひかれる		끌리다
引き算	ひきざん	뺄셈
引き出す	ひきだす	꺼내다, 끌어내다
ひく(車でひく)	くるまでひく	끌다, 당기다(차로 끌어 당기다)
引く	ひく	끌다, 끌어당기다
ひげ		수염
美人	びじん	미인
ひたい		이마
ひっくり返す	ひっくりかえす	뒤집다, 뒤엎다
ひとなつ(っ)こい		붙임성이 있다
一人っ子	ひとりっこ	외아들, 독자
一人息子	ひとりむすこ	외아들, 독자
一人娘	ひとりむすめ	독녀
日にち	ひにち	날, 날짜, 기일
ひねる		비틀다, 틀다, 꼬다
ひも		끈
冷やす	ひやす	식히다, 차게 하다
費用	ひよう	비용
開く	ひらく	열리다
貧乏	びんぼう	가난, 빈궁

ふ	読み方	意味
ファイル		파일
夫婦	ふうふ	부부
増える	ふえる	늘다, 증가하다
部下	ぶか	부하

ふきん		행주
ふく		닦다, 훔치다
不合格	ふごうかく	불합격
不自由	ふじゆう	부자유
不足する	ふそくする	부족하다
ふた		뚜껑
ふだん(は)		일상, 평소(는)
部長	ぶちょう	부장
ぶつ		물, 물건
ふつう(は)		보통(은)
ぶつかる		부딪치다, 충돌하다
ぶつける		부딪치다
ぶつぶつ		중얼중얼, 투덜투덜
物理学	ぶつりがく	물리학
ふと		문득, 우연히
踏切	ふみきり	건널목
ふむ		밟다
増やす	ふやす	늘리다, 불리다
フライ返し	フライがえし	뒤집게
フライパン		프라이팬
ブラシ		브러시
プラス		플러스
(プラット)ホーム		플랫폼
ぶらぶら		대롱대롱, 흔들흔들
ふられる		퇴짜맞다, 차이다
振り込み	ふりこみ	계좌이체
振り込む	ふりこむ	(계좌등에)돈을 불입하다
振る	ふる	(몸의 어떤 부위를)움직이다, 흔들다
ふる(相手をふる)	あいてをふる	거절하다, 퇴짜놓다(상대를 퇴짜놓다)
ふるえる		흔들리다
ブレーキ		브레이크
ブログ		블로그
フロントガラス		앞 유리창
雰囲気	ふんいき	분위기
文学部	ぶんがくぶ	문학부

01 日本語能力試験 N3・N4 일본어능력시험

へ	読み方	意味
平日	へいじつ	평일
ぺこぺこ		배가 몹시 고품
別々	べつべつ	따로따로임, 제각기임
減らす	へらす	줄이다, 덜다, 감하다
ぺらぺら		술술, 줄줄
へる(おなかがへる)		허기지다(배가 고프다)
減る	へる	줄다, 적어지다
ベルト		벨트
変	へん	변(바뀜, 변화)
変換する	へんかんする	변환하다
変更する	へんこうする	변경하다
返信する	へんしんする	회신하다
弁当	べんとう	도시락

ほ	読み方	意味
ホイル		쿠킹호일
法学部	ほうがくぶ	법학부
ほうき		비
~放題	~ほうだい	마음대로 함, 하고 싶은 대로 함
包丁	ほうちょう	부엌칼
~方面	~ほうめん	방면
ほえる		짖다, 으르렁거리다
ほお		뺨, 볼
ボーナス		보너스
ホーム		홈
ホームページ		홈페이지
ホームヘルパー		홈 헬퍼
補講	ほこう	보강
ほこり		먼지
補習	ほしゅう	보습, 보충
干す	ほす	말리다
ほぞんする		보존하다
ほっと		한숨짓는 모양
ほどく		풀다, 뜯다

ほほ		뺨, 볼	
ほほえむ		미소짓다	
ほる		파다	
本店	ほんてん	본점	
ボンネット		보닛	
本物	ほんもの	진짜	
翻訳(する)	ほんやく(する)	번역(하다)	

ま	読み方	意味
まあまあ		그저 그런 정도임
迷子	まいご	미아
マイナス		
マウス		(컴퓨터)마우스
巻く	まく	말다, 감다
孫	まご	손자
まし		더 나음, 더 좋음
まじめ		성실함, 착실함
まず		우선
貧しい	まずしい	가난하다
ますます		
混ぜる	まぜる	섞다, 혼합하다
待ち合わせ	まちあわせ	(시일, 장소를 정해 놓고) 거기서 상대를 기다림
待ち合わせる	まちあわせる	상대를 기다리다
間違う	まちがう	틀리다, 실수하다
間違える	まちがえる	잘못하다, 틀리게 하다
真っ黒	まっくろ	새까맘
まつげ		속눈썹
真っ白	まっしろ	새하얌
窓ガラス	まどガラス	창유리
窓側	まどがわ	창가
窓口	まどぐち	창구
まとめる		한데 모으다, 정리하다
まな板	まないた	도마
間に合う	まにあう	시간에 늦지 않게 대다
まぶしい		눈부시다

日本語能力試験 N3・N4 일본어능력시험

	読み方	意味
まぶた		눈꺼풀
マフラー		머플러
守る	まもる	지키다, 수호하다
まゆ/まゆげ		눈썹
回り道	まわりみち	길을 돌아서 감, 우회로
満員	まんいん	만원
満席	まんせき	만석

み	読み方	意味
見上げる	みあげる	우러러보다, 올려다보다, 쳐다보다
見送り	みおくり	전송, 배웅
見送る	みおくる	전송하다, 배웅하다
見下ろす	みおろす	내려다보다, 얕보다
みがく		광을 내다, (학문이나 기능을)수련하다.
水玉	みずたま	물방울
水割り	みずわり	(위스키등에)물을 타서 묽게 함.
みそ汁	みそしる	된장국
見直し	みなおし	다시 봄, 재검토
見直す	みなおす	다시 보다, 재점검하다
見舞い	みまい	문병
見る	みる	보다
みる(医者にみてもらう)	いしゃにみてもらう	진찰하다(의사한테 진찰 받다)

む	読み方	意味
むく		향하다, (몸, 얼굴을)돌리다
無地	むじ	무지
蒸し暑い	むしあつい	무덥다
無視する	むしする	무시하다
虫歯	むしば	충치
蒸す	むす	찌다
結ぶ	むすぶ	매다, 묶다
無責任	むせきにん	무책임
むだ		보람이 없음, 쓸데없음, 헛됨
むだづかい		낭비, 허비

むちゃくちゃ		당치않음, 터무니없음, 엉망임
夢中	むちゅう	열중함, 몰두함
無料	むりょう	무료, 공짜

め	読み方	意味
~め(大きめに切る)	おおきめにきる	형용사에 붙어, 그와 같은 성질이나 경향을 가지고 있음을 나타냄 (크다 싶게 자르다)
姪	めい	질녀, 조카딸
~名	~めい	명
迷惑	めいわく	폐, 귀찮음, 성가심
メール		메일
(メール)アドレス		(메일)주소
目立つ	めだつ	눈에 띄다, 두드러지다
めちゃくちゃ		형평없음, 엉망진창임, 뒤죽박죽임
めまい		현기증, 어질증
面接	めんせつ	면접
面倒/面倒くさい	めんどう/めんどうくさい	건거로움, 귀찮음, 몹시 귀찮다(성가시다)

も	読み方	意味
もうかる		벌리다, 벌이가되다
もうける		마련하다, 준비하다
申し込み	もうしこみ	신청
申し込む	もうしこむ	신청하다, 제기하다
申し訳ありません	もうしわけありません	죄송합니다
燃えないゴミ	もえないゴミ	안타는 쓰레기
燃えるゴミ	もえるゴミ	타는 쓰레기
もったいない		황송하다, 과분하다, 아깝다
もてる		인기가 있다
もともと		원래, 본디
物置	ものおき	광, 곳간(창고)
ものさし		자
ものすごく		굉장히, 대단히
模様	もよう	무늬, 도안
盛り上がる	もりあがる	부풀어오르다, 두두룩해지다, 고조되다

や	読み方	意味
やかましい		시끄럽다, 떠들썩하다
やけど		화상, 또는 그 상처
家賃	やちん	집세
やっと		겨우, 간신히
やっぱり		(やはり의 변한말)역시, 과연
やとう		고용하다
やとわれる		고용되다
やはり		역시, 결국, 예상대로
やめさせられる		해고되다
やりとり		(물건이나 말을)주고받음
やる		주다

ゆ	読み方	意味
湯	ゆ	끓인 물, 뜨거운 물
勇気	ゆうき	용기
有効期限	ゆうこうきげん	유효기간
夕食	ゆうしょく	저녁 식사, 석식
優先席	ゆうせんせき	우선석(경로석, 노약자석)
床	ゆか	마루
雪	ゆき	눈
~行き	~ゆき	(목적지)행
ゆずる		물려주다, 양도하다
ゆでる		데치다, 삶다
湯飲み(茶わん)	ゆのみ(ちゃわん)	찻잔, (찻종, 밥공기)
指輪	ゆびわ	반지
ゆるい		느슨하다, 헐렁하다
ゆれる		흔들리다, 요동하다

よ	読み方	意味
よう(お酒によう)	おさけによう	취하다(술에 취하다)
幼児	ようじ	유아, 어린아이
預金する	よきんする	예금하다
よく(よく食べにくる)	よくたべにくる	곧잘, 종종(종종 먹으로 온다)
横切る	よこぎる	가로지르다, 횡단하다

汚す	よごす	더럽히다
汚れ	よごれ	더러워짐, 더러워진 곳
汚れる	よごれる	더러워지다, 때묻다
よだれ		침, 군침
四つ角	よつかど	네 귀, 네모퉁이
よっぱらい		취객, 술주정꾼
よっぱらう		만취하다, 곤드레만드레 취하다
予定	よてい	예정
寄る	よる	다가서다, 접근하다

ら	読み方	意味
ライト		라이트, 빛, 조명
ラップ		(식품포장)랩
ランチ		런치, 점심

り	読み方	意味
理科	りか	요리
履行	りこう	이행
理工学部	りこうがくぶ	이공학부
~リットル		리터
リビング		리빙, 거실
リモコン		리모컨
留学する	りゅうがくする	유학하다
流行	りゅうこう	유행
量	りょう	량
両替	りょうがえ	외환
領収書	りょうしゅうしょ	영수증
旅館	りょかん	여관
履歴書	りれきしょ	이력서

れ	読み方	意味
礼儀正しい	れいぎただしい	예의바르다
冷凍する	れいとうする	냉동하다
冷房	れいぼう	냉방
レジ		레지스터의 준말

日本語能力試験 N3・N4 일본어능력시험

	読み方	意味
レシート		영수증
列	れつ	열, 행렬, 줄
列車	れっしゃ	열차
レバー		레버, (기계조작용의)손잡이
レポート		리포트
レンタカー		렌터카

ろ	読み方	意味
老人	ろうじん	노인
ローマ字	ローマじ	로마자

わ	読み方	意味
ワイシャツ		와이셔츠
ワイパー		와이퍼
沸かす	わかす	끓이다, 데우다
わがまま		제멋대로 굶, 버릇없음
沸く	わく	끓다, 비등하다
わざと		일부러, 고의로, 짐짓
割り勘	わりかん	각추렴, 각자 부담
割り算	わりざん	나눗셈
~割引き	~わりびき	할인, 값을 깎음
割る(コップを割る)	コップをわる	깨다, 깨뜨리다(컵을 깨다)
割る(6割る2は3)	6わる2は3	나누다(6나누기2는 3)
割れる	われる	깨지다, 부서지다

日本語能力試験 N3・N4
명 사

02

02 日本語能力試験 N3・N4 일본어능력시험

실전테스트

문자·어휘

問題1 _____の言葉の読み方として最もよいものを1・2・3・4から一つえらびなさい。

01. 道をわたるときは、横断歩道をわたりましょう。
    1) きだん 2) おうだん 3) こうだん 4) よこだん

02. このビルから飛行場が見える。
    1) くうこう 2) ひごうば 3) ひこうき 4) ひこうじょう

03. 1500円以上本を買うと、送料無料になります。
    1) むりょう 2) ないりょう 3) むか 4) ないか

04. 本屋へ英語の教材を買いに行く。
    1) きゅうざい 2) きゃうざい 3) きょうざい 4) きゅうぜい

05. 会議資料を20部コピーしてください。
    1) ぷ 2) ばい 3) べ 4) ぶ

06. 外国の本屋で、医学の本を買った。
    1) くがく 2) いがく 3) やがく 4) やくがく

07. 印鑑は、引き出しの上から2番目に入ってるよ。
    1) いんがん 2) いんかがみ 3) いんかん 4) いんどん

84

08. 今日は寒いから、上着をもう一枚着ていきなさい。
　　1) うわぎ　　　2) うえぎ　　　3) じょうぎ　　　4) かみぎ

問題2 ＿＿＿＿＿のことばを漢字で書くとき最もよいものを1・2・3・4から一つえらびなさい。

09. この公園は、みどりが少ない。
　　1) 緑　　　2) 縁　　　3) 録　　　4) 禄

10. インターネットは、早くてべんりです。
　　1) 更利　　　2) 便科　　　3) 便利　　　4) 便所

11. お世話になった人に、おれいのはがきを書いた。
　　1) お札　　　2) お礼　　　3) お例　　　4) お折

12. 運動したからたくさんあせをかいた。
　　1) 汁　　　2) 汗　　　3) 干　　　4) 涙

13. 1月1日はがんたんです。
　　1) 元日　　　2) 元亘　　　3) 元旦　　　4) 元恒

14. 東京は、ちかてつが多くてむずかしいです。
　　1) 地下鉄　　　2) 他下鉄　　　3) 地下失　　　4) 地価鉄

問題3 （　　）に入れるのに最もよいものを1・2・3・4から一つえらびなさい。

15. 車に乗ったら、かならず(　　)をしましょう。
    1) サイドミラー　　2) シートベルト　　3) セール　　4) コンセント

16. 昨日きたメールを、田中さんに(　　)します。
    1) 受信　　2) 作成　　3) 削除　　4) 転送

17. さとうさんは、大学で経済学を(　　)している。
    1) 留学　　2) 専攻　　3) 専門　　4) 希望

18. クレジットカードの(　　)が切れそうだ。
    1) 日時　　2) 料金　　3) 有効期限　　4) 代金

19. 頭が痛いのは風邪の(　　)の一つです。
    1) 症状　　2) 具合　　3) 状態　　4) 調子

20. 急に仕事が入ったので、映画の予約を(　　)した。
    1) チケット　　2) チェックイン　　3) クリーニング　　4) キャンセル

21. ユンさんは、いろいろなことを知っている。まるで生き(　　)だ。
    1) 足　　2) 本　　3) パソコン　　4) じびき

22. ケーキはとても(　　)が高いです。
    1) カーナビ　　2) カロリー　　3) レシート　　4) サラダ油

23. 今日はとても天気がいいから(　　)を干そう。
    1) 洗濯物　　2) 洗剤　　3) 洗濯機　　4) 掃除機

24. 先週の土曜日、彼氏の車で(　　)に行きました。
    1) パンク　　2) ボンネット　　3) ドライブ　　4) トランク

25. この服はとても(　　　)な人にしか着られないと思う。
　　1) スイート　　　2) スパゲッティ　　　3) スマート　　　4) スマイル

問題4 ＿＿＿＿＿に意味が最も近いものを1・2・3・4から一つえらびなさい。

26. この紙の大きさを定規で測る。
　　1) はさみ　　　2) はかり　　　3) マウス　　　4) ものさし

27. 大学の授業料は年々高くなって大変だ。
　　1) 学費　　　2) 受験料　　　3) 奨学金　　　4) ボーナス

28. このゲームのルールは複雑だ。
　　1) わかりやすい　　　2) 単純だ　　　3) 難しい　　　4) 有名じゃない

29. この交差点は、いつも渋滞している。
　　1) 混戦　　　2) 混雑　　　3) 混乱　　　4) 混同

30. 前の人がのろいので追い越しをした。
　　1) ブレーキをかける　　　2) おそい　　　3) 速い　　　4) スピードを出す

問題5 つぎのことばの使い方として最もよいものを1・2・3・4から一つえらびなさい。

31. くせ
    1) 寒くなると、インフルエンザになるというくせがでます。
    2) 日本では、お中元というくせがあります。
    3) 彼はいつも物をなくすくせがある。
    4) 毎日くせを洗ったほうがいいですよ。

32. 方面
    1) 座席の方面を確認しないで座っていたら、別の人がきた。
    2) 夏休みには、京都大阪方面に遊びに行く予定です。
    3) ここまで方面を使ってきました。
    4) 私はラーメンと一緒に方面を食べます。

33. 勘定
    1) すみません。お勘定をお願いします。
    2) ここは、勘定しませんか。
    3) 田中さんは、家に帰るときに勘定に乗って帰る。
    4) 毎月、勘定はどれぐらいかかっていますか。

34. キッチン
    1) かべにキッチンがかかっています。
    2) 私の彼はキッチンでアルバイトをしています。
    3) パソコンにキッチンをインストールしてください。
    4) あねは今キッチンで料理をしています。

35. 味見
    1) 新入社員は、いつも味見してくるので困る。
    2) ねぇ、あなた、ちょっと味見してくれない。
    3) 店で味見という調味料を買ってきた。
    4) 旅行に行くときには、必ず味見を持っていくほうがいい。

問題1 つぎの文の( )に入れるのに最もよいものを一つえらびなさい。

01. 週末友だちと映画を見に行く(　　　)しました。
    1) ことに　　　2) ところを　　　3) のに　　　4) ものが

02. 彼女の話し方は(　　　)アナウンサーのようだ。
    1) まさか　　　2) まことに　　　3) まるで　　　4) とても

03. のどが痛いので病院に(　　　)、インフルエンザにかかっていると言われた。
    1) 行くところ　　2) 行ったところ　　3) 行こうところ　　4) 行かないところ

04. 部長は今会議に出席中だから、席にいない(　　　)。
    1) つもりだ　　　2) べきだ　　　3) ものだ　　　4) はずだ

05. A：「かぐ売り場はどこですか。」
    B：「7階に(　　　)。」
    1) います　　　2) おられます　　　3) ございます　　　4) ありました

06. あなたのお国のお話を(　　　)。
    1) 聞かせてください　　　2) お聞きてください
    3) 聞きせてください　　　4) 聞いさせてください

07. A：「来週の旅行のこと(　　　)。」
    B：「いや、聞いてないけど。」
    1) はなしましょう　2) はなしました　3) はなしたよ　4) はなしたっけ

08. 車に乗せていただいた(　　　)、約束の時間に間に合いました。
　　1) せいで　　　　2) おかげで　　　　3) かわりに　　　　4) からでは

09. パソコンがこわれてしまったから、レポートを手で書く(　　　)。
　　1) ものか　　　　2) ことか　　　　3) しかない　　　　4) ことはない

10. 彼女はお風呂に入った(　　　)ワイシャツも洗っている。
　　1) ついでに　　　2) ところ　　　　3) きり　　　　　　4) とおりに

11. 息子は野球やサッカーを見る(　　　)大好きです。
　　1) のに　　　　　2) のが　　　　　3) ので　　　　　　4) のに

12. コーヒーがさめない(　　　)どうぞ召し上がってくださいね。
　　1) ところに　　　2) そとに　　　　3) だけに　　　　　4) うちに

13. 勉強しなさい(　　　)言われると、勉強したくなくなる。
　　1) と　　　　　　2) の　　　　　　3) に　　　　　　　4) から

問題2　つぎの文の　___★___　に入る最もよいものを、1・2・3・4から一つ選びなさい。

14. _____ _____ ___★___ _____日本語の勉強が楽しい。
　　1) ユン先生に　　2) はじめて　　　3) ならうように　　4) なって

15. 明日は _____ _____ ___★___ _____家のそうじをしないといけないんです。
　　1) いる　　　　　2) いますが　　　3) ことは　　　　　4) 家に

16. もしも一年後に_____ _____ ___★___ _____しますか。
　　1) としたら　　　2) ちきゅうが　　3) どう　　　　　　4) なくなる

17. たとえ ＿＿＿ ＿＿＿ ★ ＿＿＿ 留学します。
　　1) 家族に　　　2) されても　　　3) 日本へ　　　4) 反対

18. とつぜん 雨が降った ★ ＿＿＿ ＿＿＿ ＿＿＿ しまいました。
　　1) ものが　　　2) クリーニングした　　　3) ぬれて　　　4) せいで

問題3　つぎの文章を読んで、19から23の中に入る最も良いものを、1・2・3・4から一つえらびなさい。

　　コンビニでよく買い物をする 19 なった。スーパーに買い物に行くのに 20 、楽に買い物ができる。24時間、いつでもお弁当やジュース、お茶などが買え、 21 、公共料金も払える。
　　最近、家の近所にあるコンビニに夜遅く子どもをつれてくる親の姿をよく 22 なった。子どもが夜寝ないのはよくあることだ。でも、コンビニに来るのはあまり良くないと思う。
　　 23 子どもにとって寝ることは大人よりも大切なことだからだ。

19.
　　1) からに　　　2) ように　　　3) ために　　　4) ことに

20.
　　1) くらべて　　2) からめて　　3) ついて　　　4) とって

21.
　　1) だから　　　2) とても　　　3) そのうえ　　4) そのため

22.
　　1) みたから　　2) みるように　3) みたこと　　4) みても

23.
　　1) なんで　　　2) ながら　　　3) どうして　　4) なぜなら

02 日本語能力試験 N3・N4 일본어능력시험

問題1 では、まず質問を聞いてください。それから、話を聞いて、問題用紙の1から4の中から最も良いものを一つ選んでください。

🎧 01番
お店の人と女の人が話をしています。女の人は、全部でいくら払いましたか。

> 男：この魚、4匹で400円ですよ。奥さん、どう？いかがですか？
> 女：そうね。じゃ、うちは3人家族だから、3匹だと300円よね。はい、300円。
> 男：奥さん、これ、一匹だと150円なんですよ。4匹だったら400円で200円の割引になるんですよ。4匹でどうです。
> 女：どうしようかしら。やっぱり4匹は多いわね。一匹120円にまけてくれない。
> 男：うーん。しょうがないですね。分かりました。一匹120円にしましょう。
> 女：ありがとう。じゃ、あと60円ね。
> 男：はい。まいどありがとうございます。

1) 60円
2) 150円
3) 360円
4) 400円

問題2 では、まず、質問を聞いてください。そのあと、問題用紙を見てください。読む時間があります。それから、話を聞いて、問題用紙の1から4の中から最も良いものを一つ選んでください。

🎧 02番
男との人と女の人が話をしています。女の人は、どうしてうれしそうですか。

> 男：その帽子、とてもかわいいね。
> 女：うん。先週、姉がこの洋服と一緒に買ってくれたの。
> 男：そうなんだ。よかったね。でも今日はなんかうれしそうだね。何かあった?
> 女：そう?じつはね、夫からカバンをプレゼントされたの。とても軽くて、便利だし、ちょうどいい大きさなの。ふだんは、携帯電話と財布だけ持って歩くことが多いから。
> 男：そっか。良かったね。

1) 男友達に帽子がかわいいと言われたから
2) 夫からカバンをプレゼントされたから
3) 姉が帽子と洋服を買ってくれたから
4) ふだん、携帯電話と財布だけを持って歩くから

問題3　では、問題用紙に何も印刷されていません。まず話を聞いてください。それから、質問を聞いて、正しい答えを1から4の中から一つ選んでください。

🎧03番
男の人と女の人が話しています。

> 男：せっかくの夏休みだし、どこか遊びにいきたいな。
> 女：そうね。私もどこか遊びにいきたいな。
> 男：そうだ。今度の休みに一緒に新幹線で旅行でもいかない。大阪とか広島とか。
> 女：そうね。どっちか一つだけと言うのもいいけど、両方行って見たいな。
> 男：うん、そうだね。でも、両方は無理だから大阪はどう。
> 女：いいよ。分かった。なら、大阪に行こう。

二人はどこへ遊びにいきますか。

1) どこにも行きません。
2) 大阪と広島に行きます。
3) 広島に行きます。
4) 大阪に行きます。

問題4　では、絵を見ながら質問を聞いてください。それから正しい答えを1から3の中から一つ選んでください。

04番

　　　男：パソコンが壊れています。なんといいますか。
　　1) パソコンをつけてもいいですか。
　　2) パソコンを買ってもいいですか。
　　3) パソコンが動かないのですが。

問題5　では、問題用紙に何も印刷されていません。まず、文を聞いてください。それから、その返事を聞いて、1から3の中から正しいものを一つ選んでください。

05番

　　　男：彼女、前からあんなにきれいだったっけ。
　　1) 彼氏ができたんだって。
　　2) 彼氏と別れたんだって。
　　3) 彼氏とけんかしたんだって。

어휘 포인트

JLPT를 보기 위해 필요한 단어입니다. 확인하고 익혀 보세요

	読み方	意味
横断歩道	おうだんほどう	횡단보도
元旦	がんたん	설날(아침)
医学	いがく	의학
印鑑	いんかん	도장
上着	うわぎ	겉옷
(お)礼	(お)れい	사례
手数料	てすうりょう	수수료
転送する	てんそうする	전송하다
経済学	けいざいがく	경제학
専攻する	せんこうする	전공하다
症状	しょうじょう	증상
有効期限	ゆうこうきげん	유효기간
サラダ油	サラダゆ/サラダあぶら	식용유
洗濯物	せんたくもの	빨래 감(세탁물)
洗剤	せんざい	세제
スマート		스마트
定規	じょうぎ	자
測る	はかる	(길이를)재다
奨学金	しょうがくきん	장학금
渋滞	じゅうたい	정체
交差点	こうさてん	교차로
追い越す	おいこす	추월하다
のろい		느리다
勘定	かんじょう	계산
味見	あじみ	맛을 봄
インフルエンザ		독감
冷める	さめる	식다
クリーニング		세탁, 클리닝
公共料金	こうきょうりょうきん	공공요금

02 日本語能力試験 N3・N4 일본어능력시험

連れて行く	つれていく	데리고 가다
~割引き	わりびき	할인
カロリー		칼로리
(インター)ネット		인터넷
シートベルト		안전벨트
ブレーキをかける		걸다(브레이크를 걸다)
インストールする		인스톨 하다

MEMO

一. 의미

명사는 사물·사람·때·장소·사항 등의 이름을 나타내는 단어로 「が」「を」「に」「で」「と」 등의 조사와 결합하여 주어나 보어를 만들며 「だ」「です」와 함께 쓰여 술어를 만들기도 한다. 명사와 명사를 연결할 때는 「日本の料理(りょうり)」와 같이 「の」를 사용한다.

- 学校は3時からです。　학교는 3시부터입니다.
- 韓国の首都はソウルだ。　한국의 수도는 서울이다.

二. 종류

명사에는 보통명사, 고유명사, 대명사, 수사, 형식명사가 있다.

1. 보통명사

보통의 사물이나 사항을 나타내는 명사를 말한다. 최근에는 한자, 고유어 외에 외래어도 많이 쓰이고 있다.

・愛(あい)	・石(いし)	・電話(でんわ)	・勉強(べんきょう)
・会社(かいしゃ)	・エレベーター	・オイル	・ニュース

2. 고유명사

인명(人名)이나 지명(地名) 등 고유한 것에 붙인 명사.

・村上(むらかみ)春樹(はるき)	・日本	・東京	・京都大学	・雪国(ゆきぐに)

3. 대명사

사물이나 사람의 이름 대신 직접 가리켜 나타내는 것을 말한다. 대명사는 사람을 가리키는 '인칭대명사'와 사물·장소·방향 등을 가리키는 '지시대명사'로 나뉜다.

인칭대명사에는 1인칭 대명사 わたし ぼく おれ, 2인칭 대명사 あなた きみ おまえ, 3인칭 대명사 かれ かのじょ 등이 있고 지시대명사에는 물건을 가리키는 これ/それ/ あれ/どれ, 장소를 가리키는 ここ/そこ/あそこ/どこ, 방향을 가리키는 こちら/そちら/あちら/ どちら 등이 있다.

4. 수사

수사에는 二つ 三個 四本 五人등의 수량과 一番 二等 三位 등의 순서를 나타내는 말이 있다. 「一, 二, 三…」에 「~個 ~本 ~人 ~冊 ~枚 ~足 ~台 ~匹」와 같이 붙여 쓰이는 접미사를 '조수사(助数詞)'라고 하며 앞에 오는 숫자에 따라 「さんぞく(三足), ろっぽん(六本)」 와 같이 탁음이나 반탁음이 되기도 하는데 보통 1, 3, 6, 8, 10의 뒤에 오는 조수사에서 일어난다.

· 一つ 한개	· ~人(にん) ~명	· ~本(ほん) ~개, ~자루	· ~枚(まい) ~장
· ~足(そく) ~켤레	· ~匹(ひき) ~마리	· ~冊(さつ) ~권	

5. 형식명사(形式名詞)

본래의 실질적인 의미를 잃고 형식적으로 쓰이는 명사. 단독으로 쓰이지 못하고 반드시 수식어와 함께 사용되며 히라가나로 표기.

- 日本へ行ったことがありますか。일본에 간 적이 있습니까? 〈경험〉
- そんなことを言うわけが分かりません。그런 말을 하는 이유를 모르겠습니다. 〈이유〉
- 今帰るところです。지금 돌아가는 길입니다. 〈직전의 단계〉
- 今日は、風邪のため、会社を休みました。오늘은 감기 때문에 회사를 쉬었습니다. 〈원인〉
- 子供は早く寝るものです。아이는 일찍 자는 법이다(자야 한다). 〈본성〉
- 私の言ったとおりにしてください。제가 말한 대로 해 주세요. 〈~대로, ~과 같이〉
- 健康(けんこう)のために早く寝たほうがいいです。〈선택〉
  건강을 위해 일찍 자는 게 좋습니다.
- 来年は日本へ旅行するつもりです。내년에는 일본으로 여행갈 생각입니다. 〈의지, 의도〉
- 山田さんも明日の会議には来るはずです。야마다씨도 내일 회의에는 올 겁니다. 〈판단, 납득〉
- 暑いのでドアを開けたまま寝てしまった。더워서 문을 연채로 자 버렸습니다. 〈~한 채로〉

자주 출제되는 명사

- 安心(あんしん) 안심
- 意見(いけん) 의견
- 火事(かじ) 화재
- 計画(けいかく) 계획
- 今度(こんど) 이번에
- 品物(しなもの) 물건, 물품
- 人口(じんこう) 인구
- 世界(せかい) 세계
- 台風(たいふう) 태풍
- 都合(つごう) 형편, 사정
- 場所(ばしょ) 장소
- 森(もり) 숲

- 以外(いがい) 이외
- 屋上(おくじょう) 옥상
- 近所(きんじょ) 근처
- 研究(けんきゅう) 연구
- 産業(さんぎょう) 산업
- 住所(じゅうしょ) 주소
- 水道(すいどう) 수도
- 説明(せつめい) 설명
- 力(ちから) 힘
- 店員(てんいん) 점원
- 発音(はつおん) 발음
- 用事(ようじ) 볼일

- 医学(いがく) 의학
- 会話(かいわ) 회화, 대화
- 首(くび) 목
- 工業(こうぎょう) 공업
- 時代(じだい) 시대
- 出発(しゅっぱつ) 출발
- 西洋(せいよう) 서양
- 祖母(そぼ) 조모, 할머니
- 中止(ちゅうし) 중지
- 特急(とっきゅう) 특급, 특별 급행 열차
- 光(ひかり) 빛
- 旅館(りょかん) 여관

MEMO

청해연습

誰も知らない ─ 中田喜直・作曲 谷川俊太郎・詞

お星さま　ひとつ　별님 하나
プッチンと　もいで　똑 따서
こんがり焼いて　急いで食べて　노리끼리하게 구워서 서둘러 먹다가
おなか　こわした　배탈이 났네
オコソトノ　ホ　오소코토노 호
誰も　知らない　ここだけの話　아무도 모르는 이곳만의 이야기
とうちゃんの　ぼうし　아버지의 모자
空飛ぶ　えんばん　하늘을 나는 원판
三日月　めがけて　초승달을 향해
空へ投げたら　帰ってこない　하늘로 던졌더니 돌아오지 않네
エケセテネ　ヘ　에케세테 헤
誰も　知らない　ここだけの話　아무도 모르는 이곳만의 이야기
年寄りの　みみず　나이 든 지렁이
やつでの　下で　팔손이나무 아래서
数字の　踊り　숫자 춤
そっと　宿題　教えてくれた　살짝 숙제를 가르쳐 주었다
ウクスツヌ　フ　우쿠수쿠누추 후
誰も　知らない　ここだけの話　아무도 모르는 이곳만의 이야기
でたらめの　ことば　말도 안되는 이야기
ひとりごと　言って　혼자말로 하고
うしろをみたら　뒤를 보았더니
大きな象が　笑って立ってた　커다란 코끼리가 웃고 서 있었다
イキシチニ　ヒ　이키시치니 히
誰も　知らない　ここだけの話　아무도 모르는 이곳만의 이야기

日本語能力試験 N3・N4
조 사

03

03 日本語能力試験 N3・N4 일본어능력시험

실전테스트

○ 문자・어휘

問題1 ＿＿＿＿＿の言葉の読み方として最もよいものを1・2・3・4から一つえらびなさい。

01. 関係者以外の<u>駐車</u>をお断りします。
    1) じゅうしゃ　　2) じゅうちゃ　　3) ちゅうちゃ　　4) ちゅうしゃ

02. 昨日の夜、<u>震度</u>4の地震が起きた。
    1) しんど　　2) じんど　　3) ゆれど　　4) ふるど

03. すみませんが、車をビルの後ろに<u>移動</u>させてください。
    1) たどう　　2) ほどう　　3) いどう　　4) うつどう

04. しんせきのおじは、この山の<u>奥</u>にすんでいました。
    1) いく　　2) おく　　3) ろく　　4) もく

05. わたしの妹のしゅみは<u>乗馬</u>です。
    1) じょうば　　2) のりうま　　3) じょうま　　4) のりば

06. 息子は来年<u>米国</u>に留学に行く予定だ。
    1) こめこく　　2) めいこく　　3) べいこく　　4) みこく

07. あまり人にうそばかり言っていると<u>信用</u>をなくすよ。
    1) しんにょう　　2) しんよう　　3) じんよう　　4) しんよん

08. 社長は毎日自分の車ではなくバスで通勤しているそうだ。
   1) とんくん   2) つうくん   3) とんきん   4) つうきん

問題2 ＿＿＿＿＿＿のことばを漢字で書くとき最もよいものを1・2・3・4から一つえらびなさい。

09. ITを日本語では、じょうほう技術といいます。
   1) 状報   2) 情方   3) 情報   4) 青報

10. 日本の特急列車は、してい席と自由席に分かれている。
   1) 指定   2) 指宿   3) 旨定   4) 詣定

11. そんなに痛いなら、早くはいしゃに行くほうがいい。
   1) 止医者   2) 歯医者   3) 歯区者   4) 廃車

12. 韓国は海外へ車を数多くゆしゅつしている。
   1) 輸出   2) 愉出   3) 輸出   4) 遊出

13. ごみは決められたごみぶくろに入れて捨ててください。
   1) 袋   2) 製   3) 装   4) 岱

14. 来週、この空港にしんがたの飛行機が来る予定です。
   1) 親型   2) 新形   3) 薪型   4) 新型

問題3 （　　　）に入れるのに最もよいものを1・2・3・4から一つえらびなさい。

15. 海外に住んでいると、日本へ帰る飛行機の(　　)が一番かかる。
    1) 運賃　　　　2) 運転　　　　3) 運動　　　　4) 運貨

16. 暑い日には(　　)を使わないと病気になる。
    1) ヒーター　　2) ウール　　　3) エアコン　　4) ドライヤー

17. このカバンはネット(　　)で安くで買ったんだよ。
    1) オフィス　　2) オークション　3) サイズ　　　4) コンビニ

18. 彼女のエプロン姿はまるで(　　)のようだ。
    1) 主夫　　　　2) 主帰　　　　3) 主娘　　　　4) 主婦

19. そろそろ(　　)がのびてきた。そらないといけない。
    1) まゆげ　　　2) ひたい　　　3) ひげ　　　　4) まぶた

20. きれいですてきな指輪を(　　)のね。
    1) はめている　2) かぶっている　3) ついている　4) はいている

21. 駅に親せきの子を(　　)に行く。
    1) 見迎え　　　2) 見下ろし　　3) 見来り　　　4) 見送り

22. この間の宴会は彼が来たおかげでとても(　　)。
    1) 成り上がった　2) もり上がった　3) 成り下がった　4) さわいだ

23. この間引っ越した部屋は、北(　　)でとても寒い。
    1) 建て　　　　2) 攻め　　　　3) 向き　　　　4) 沿い

24. 山田さんは、ネットで(　　　)を書いていてすごく有名です。
    1) ブログ　　　　2) プログ　　　　3) ブラグ　　　　4) フラグ

25. この前、5万円の服を(　　　)で5000円で買った。
    1) ワーゲン　　　2) バーゲン　　　3) ハーゲン　　　4) ボーゲン

問題4　　　　　　に意味が最も近いものを1・2・3・4から一つえらびなさい。

26. A:「山に登ることありますか。」
    B:「ええ、<u>ときどき</u>行きます。」
    1) よく　　　　　2) たいてい　　　3) たまに　　　　4) けっこう

27. 会社の面接では、すごく<u>あがって</u>しまってうまく答えられなかったよ。
    1) きんちょうして　2) ほっとして　　3) 落ち着いて　　4) 急いで

28. この間読んだ小説はまったく<u>面白くなかった</u>。
    1) わらえた　　　　　　　　　2) くだらなかった
    3) でたらめだった　　　　　　4) かなしくなかった

29. 工事現場の仕事は<u>つらい</u>。
    1) むずかしい　　2) 楽だ　　　　　3) きつい　　　　4) 悲しい

30. 自転車に乗るときには、車と人に<u>気をつけよう</u>。
    1) 気に入る　　　2) がまんする　　3) ついている　　4) 注意する

問題5 つぎのことばの使い方として最もよいものを1・2・3・4から一つえらびなさい。

31. にこにこ
   1) 電話を取るときにこにこと言います。
   2) かれしはいつも私の顔を見ながらにこにこ笑っている。
   3) パソコンの使い方がにこにこわからない。
   4) 子犬をにこにこ抱いた。

32. はで
   1) となりのへやの人はいつもはでな服を着ている。
   2) 私は日本の若者の最新のはでを知りたい。
   3) ズボンをはくときははでを必ずする。
   4) はでは燃えないごみに捨てましょう。

33. 大したことがない
   1) 先週の土曜日、大したことがない料理を食べに行った。
   2) 事故にあったが、大したことがなくてよかった。
   3) デパートでたいしたことがないをやっていたのでセーターを買った。
   4) 私は大したことがない人が好きです。

34. くださる
   1) これは先生にくださった辞書です。
   2) 近所の子どもがおかしをくださいました。
   3) 課長が時計をくださいました。
   4) 私は父にお土産をくださいました。

35. バランス
   1) この部屋はバランスがきいていて、あたたかいですね。
   2) さかなのバランスをはかりではかりましょう。
   3) 妹はバランスの高い食品ばかりたべている。
   4) 母は家族の栄養のバランスを考えて料理をしている。

問題1　つぎの文の(　　　)に入れるのに最もよいものを一つえらびなさい。

01. この魚はほね(　　　)食べられるよ。
    1) にも　　　2) と　　　3) まで　　　4) から

02. A：「もうかえっちゃうの？」
    B：「今日ぐらいは早く(　　　)妻に怒られるよ。」
    1) かえると　　2) かえったら　　3) かえるから　　4) かえらないと

03. もっと広い住まいが(　　　)。
    1) かえたらなあ　2) かめたらなあ　3) きめたらなあ　4) みえたらなあ

04. 父の首からかた(　　　)こっていたのでマッサージをしてあげた。
    1) にまで　　2) にかけて　　3) にかいて　　4) において

05. 今年の夏は、レンタカーをかりて九州旅行を(　　　)。
    1) せようとおもう　2) せるつもりだ　3) しようとおもう　4) している

06. 友達に注意されて(　　　)、ことわざのまちがいに気がついた。
    1) さいごに　　2) おわりに　　3) も　　4) はじめて

07. ねだんの高いものが(　　　)いいものだとはかぎらない。
    1) かならずしも　2) かならず　3) もしかしたら　4) もしもだと

08. 日本人みたいに話せたら(　　　)うれしいことか。
    1) どれが　　2) どこまで　　3) どんなに　　4) どうまで

03 日本語能力試験 N3・N4 일본어능력시험

09. 持ってくる(　　　)。メールで送ってください。
    1) ことがありません　　　　2) ことはありません
    3) ことがいません　　　　　4) ことはいません

10. A：「あなたは彼女に好かれたいの。(　　　)嫌われたいの。」
    B：「いや、好かれたくてやってるんだけど。」
    1) それと　　2) それから　　3) それは　　4) それとも

11. 今までとはちがう(　　　)新しいホームページをつくった。
    1) けっして　　2) すこしも　　3) まったく　　4) めったに

12. 夕べは、パソコンをつけた(　　　)寝てしまい、気がついたら朝だった。
    1) まま　　2) きり　　3) ぱなし　　4) と

13. 月末になる(　　　)、携帯電話の通話料金の請求書が届く。
    1) ついでに　　2) たびに　　3) さいちゅうに　　4) とたん

問題2 つぎの文の＿＿＿★＿＿＿に入る最もよいものを、1・2・3・4から一つ選びなさい。

14. 昔は 母に＿＿＿ ＿＿＿ ★ ＿＿＿ 今は父に良くしかられます。
    1) しかられた　　2) よく　　3) ですが　　4) もの

15. 家にかえったら すぐに ＿＿＿ ★ ＿＿＿ ＿＿＿いられない。
    1) でんげんを　　2) には　　3) テレビの　　4) いれず

16. おじは人の何倍も努力した。＿＿＿★＿＿＿ ＿＿＿ ＿＿＿。
    1) お金持ちに　　2) その結果　　3) なった　　4) たいへんな

17. この作家の サイン会は、_____ _____ ★____ ____。
    1) いますね   2) ほとんど   3) ばかり   4) 女性

18. ダイエットをしているので、_____ _____ ★____ ____つい飲んでしまった。
    1) ビールを   2) だった   3) つもり   4) のまない

問題3 つぎの文章を読んで、19から23の中に入る最も良いものを、1・2・3・4から一つえらびなさい。

> 私の家には犬が2ひきいる。犬 __19__ 世話をするのが大変だと言う人もいるが、__20__。犬も子どもとおなじで、「だめ」と注意するとすぐにやめるし、呼ぶとよろこんで走ってくる。犬はきびしくしないといけないという人がいるが、犬も人間の4さいの子どもと同じ__21__。子どもでも悪いことをしたらおこらないといけないが、いつも__22__というのはよくない。犬もおなじ__23__いつもおこられるとストレスがたまるだろう。

19.
　　1) という　　2) というより　　3) というと　　4) によれば

20.
　　1) そうだろうとおもう　　2) そのとおりだ
　　3) そうかもしれない　　4) そんなことはない

21.
　　1) ことにする　　2) らしい　　3) おもわれる　　4) わけがない

22.
　　1) おこられてばかり　2) おこりばかり　3) おこれてばかり　4) おこるてばかり

23.
　　1) だから　　2) だけに　　3) ように　　4) つつ

03 日本語能力試験 N3・N4 일본어능력시험

問題1 問題1では、まず質問を聞いてください。それから、話を聞いて、問題用紙の1から4の中から最もよいものを一つ選んでください。

🎧 01番
女の人が話しています。明日、学校に何を持っていきますか。

> 女：明日は、英語とパソコンの授業があるのよね。英語は、教科書と辞書、パソコンの授業は、何もいらなかったはずよね。あ、そうそう。図書館から借りていた本を返さないと。返さないといけない日から3日も過ぎてるから急いで返さないと。忘れないようにカバンに入れておかないと。あれ、カバンの中にかさと雑誌が入ってる。これはいらわないわね。

1) パソコン
2) 英語の教科書
3) かさ
4) ざっし

問題2 問題2では、まず、質問を聞いてください。そのあと、問題用紙を見てください。読む時間があります。それから、話を聞いて、問題用紙の1から4の中から最もよいものを一つ選んでください。

🎧 02番
留守番電話のメッセージを聞いています。メッセージを聞いた人は、このあと何をしますか。

> 男：(ピー)あ、もしもし、伊藤です。この間はお見舞いありがとうございました。そのお礼をしたいんですが、都合のいい日を教えてもらえませんか。まだ携帯電話が壊れているので、パソコンのメールでお願いします。あと、この間うちにハンカチを忘れていたのでもって行きます。では、ご連絡お待ちしています。(ピー)

1) 何もしない。
2) おれいをする。
3) メールをおくる。
4) ハンカチをもっていく。

問題3 問題3では、問題用紙に何も印刷されていません。まず話を聞いてください。それから、質問を聞いて、正しい答えを1から4の中から一つ選んでください。

🎧 03番
男の人と女の人が話しています。

> 男：どうしたんですか。元気がぜんぜんなさそうですよ。
> 女：このあいだ、かぜをひいちゃって。そして、仕事も忙しくてつかれちゃって。
> 　　できれば、会社を休んでずっと家で休んでいたいんだけど。
> 男：大変ですね。でも、会社へ行かないと。
> 女：そうね。仕事がたくさん残ってるから行くけど。会社のエアコンの温度が低くて、それでかぜが治らないのよ。
> 男：かなり寒いですもんね。
> 女：うん。とても。

女の人はなぜ会社へ行きたくないと言っていますか。
1) 元気がないからです。
2) かぜをひいたからです。
3) エアコンの温度が低いからです。
4) とてもつかれているからです。

問題4　問題4では、絵を見ながら質問を聞いてください。それから正しい答えを1から3の中から一つ選んでください。

🎧 04番

男：お客様に注文を聞きたいです。なんといいますか。
1) ご注文はおきまりですか。
2) 何名様ですか。
3) おすすめはなんですか。

問題5　問題5では、問題用紙に何も印刷されていません。まず、文を聞いてください。それから、その返事を聞いて、1から3の中から正しいものを一つ選んでください。

🎧 05番

男：すいません。課長。このメール、見ていただけませんか。
1) お先に失礼します。
2) この書類の確認の後ならいいですよ。
3) おかまいなく。

어휘 포인트

JLPT를 보기 위해 필요한 단어입니다. 확인하고 익혀 보세요.

	読み方	意味
駐車	ちゅうしゃ	주차
断る	ことわる	양해를 구하다, 거절하다, 사절하다
震度	しんど	진도
乗馬	じょうば	승마
米国	べいこく	미국
信用をなくす	しんようをなくす	신용을 잃다
通勤	つうきん	통근
情報	じょうほう	정보
技術	ぎじゅつ	기술
指定	してい	지정
自由席	じゆうせき	자유석
輸出	ゆしゅつ	수출
輸入	ゆにゅう	수입
新型	しんがた	신형
運賃	うんちん	운임
そる		(수염,머리등을 면도로)깎다, 밀다
指輪をはめる	ゆびわをはめる	반지를 끼다
見送り	みおくり	배웅
もり上がる	もりあがる	고조되다
事故にあう	じこにあう	사고를 당하다
栄養	えいよう	영양
請求書	せいきゅうしょ	청구서
叱る	しかる	꾸짖다, 나무라다
返す	かえす	(빌린 것을)돌려주다
お見舞い	おみまい	문병
歯医者	はいしゃ	치과의사
配車	はいしゃ	폐차
見下ろす	みおろす	내려다봄
迎え	むかえ	마중

03 日本語能力試験 N3·N4 일본어능력시험

문법포인트

一. 조사(助詞)

조사는 단어나 문을 접속하며 격조사, 특립조사(取り立て助詞), 접속조사, 종조사로 나뉜다.

1. 격조사
명사에 붙어 술어와 어떤 관계인지를 나타내며 が, を, の, に, から, と, で, へ, まで, より가 있다.

1) ガ
동작과 상태의 주체, 상태의 대상을 나타내며 상태의 대상에는 가능, 소유, 필요, 감정을 나타내는 동사와 형용사가 있다.

- もうそろそろ会議が始まります。 이제 곧 회의가 시작됩니다. 〈동작의 주체〉
- キムチが本当にからいですね。 김치가 정말로 맵군요. 〈상태의 주체〉
- 中田さんは韓国語ができる。 나카타씨는 한국어를 할 수 있다. 〈가능〉
- 一生あなたが必要です。 평생 당신이 필요합니다. 〈필요〉

2) ヲ
동작과 감정의 대상, 이동의 장소, 이동의 기점을 나타낸다.

- 今から授業を始めます。 지금부터 수업을 시작하겠습니다. 〈동작의 대상〉
- 毎朝近くの公園を歩いています。 매일 아침 가까운 공원을 걷고 있습니다. 〈이동의 장소〉
- 山川さんは今電車を降りました。 야마카와씨는 지금 전철을 내렸습니다. 〈이동의 기점〉

  ※ 의지적인 동작에 한하며 무의지적인 동작인 경우에는 쓰지 못한다.
  本が机を落ちた。 책이 책상을 떨어졌다.
  本が机から落ちた。 책이 책상에서 떨어졌다.

114

3) ノ

소속, 성질, 동격, 동작의 주체, 대상을 나타낸다.

- もしもし、こちらは○○大のキムミジンです。 여보세요. 저는 ○○대의 김미진입니다.〈소속〉
- 病気の友だちを見舞いに病院へ行ってきた。 아픈 친구를 병문안하러 병원에 다녀왔다.〈성질〉
- 社長の木村さんをご紹介します。 사장님인 키무라씨를 소개합니다.〈동격〉
- コンピューターの上手な人を探しています。 컴퓨터를 잘 하는 사람을 찾고 있습니다.〈동작대상〉

4) ニ

존재 장소, 이동의 도착지점, 동작과 상태의 상대, 대상, 원인, 이동 동작의 목적, 사태의 때, 소유자를 나타낸다.

- タクシーの中に運転手さんがいます。 택시 안에 운전사가 있습니다.〈존재 장소〉
- さっき駅に着いた。 조금 전 역에 도착했다.〈이동의 도착지점〉
- 進路のことを先生に相談した。 진로에 관해 교수님께 상담했다.〈동작의 상대〉
- 母は父にもよく小言を言う。 어머니는 아버지한테도 자주 잔소리를 한다.〈동작의 대상〉
- 彼はお年寄りに親切だ。 그는 어른들에게 친절하다.〈상태의 대상〉
- 彼の態度に失望した。 그의 태도에 실망했다.〈원인〉
- お見舞いに行く。 병문안 간다.〈이동 동작의 목적〉
- 土曜日に映画を見る。 토요일에 영화를 본다.〈사태의 때〉
- あなたには兄弟がいますか。 당신에게 형제가 있습니까.〈소유자〉

5) カラ

- 子供が桃の中から出てきた。 아이가 복숭아에서 나왔다.〈이동의 기점〉
- 父から歴史について教えてもらった。 아버지로부터 역사에 대해 배웠다.〈동작의 상대〉
- 明日の試験のことはあなたから彼に伝えてください。〈이동 기점의 동작주체〉
  내일 시험에 관해서는 당신이 그에게 전해주세요.
- 3時からコンサートが始まります。 3시부터 콘서트가 시작됩니다.〈때의 기점〉
- たばこの消し忘れから火事になった。 담뱃불을 끄지 않아서 불이 났다.〈원인·근거〉
- 豆腐は大豆から作る。 두부는 콩으로 만든다.〈원료〉

6) ト

- 明日5時に友達と約束した。　내일 5시에 친구와 약속했다.〈공동작업의 상대〉
- 僕の背は彼と同じだ。　나의 키는 그와 같다.〈대칭적인 관계에 있어 상대〉

7) デ

- 友だちを学校で会った。　친구를 학교에서 만났다.〈사건・동작의 장소〉
- レポートをメールで提出した。　리포트를 메일로 제출했다.〈도구・수단〉
- この建物は大理石で作られた。　이 건물은 대리석으로 만들어졌다.〈재료〉
- 風邪で休んだ。　감기로 쉬었다.〈원인〉
- 日本では夏に雨がたくさん降る。　일본에는 여름에 비가 많이 내린다.〈범위〉
- 試験は木曜日で終わる。　시험은 목요일로 끝난다.〈한도〉
- 三本でいくらですか。　세 자루에 얼마입니까.〈기준〉
- 会社では山登りを計画しています。　회사에서는 등산을 계획하고 있습니다.〈동작의 주체〉

8) ヘ

- この船は北へ向かっています。　이 배는 북쪽으로 향해 가고 있습니다.〈방향・목적지〉

9) マデ

- ここまで来ると安心です。　여기까지 오면 마음이 놓입니다.〈이동이 끝나는 장소〉
- 朝の5時まで酒を飲んだ。　아침 5시까지 술을 마셨다.〈사태가 끝나는 때〉

10) ヨリ

- ソウルはテグより涼しかった。　서울은 대구보다 서늘했다.〈비교의 상대〉

2. 특립조사(取り立て助詞)/부조사

의미를 한정하거나 첨가한다. 부조사(副助詞)라고도 한다. は, も, さえ, でも, すら, だって, まで, だけ, ばかり, のみ, しか, こそ, など, なんか, なんて, くらい 등이 있다.

1) は …주제, 대비를 나타낸다.
- 犬は動物だ。　개는 동물이다. 〈주제〉
- 佐藤さんのことはすきだ。　사토우씨는 좋아한다. 〈대비〉

2) も …동일함, 병립, 많음을 나타낸다.
- 兄も日本語がよく分かりません。　형도 일본어를 잘 모릅니다. 〈동일함〉
- 彼氏は背が高くも低くもない人です。　그는 키가 크지도 작지도 않은 사람입니다. 〈병립〉
- パーティーにはお客さんが100人も来ていた。　파티에는 손님이 100명이나 왔다. 〈많음〉

3) でも …가벼운 예시, 선택의 대상, 극단적인 예를 들어 나타낼 때 쓰인다.
- お酒でも飲みませんか。　술이라도 마시지 않을래요? 〈가벼운 예시〉
- 寒いときはお茶でもコーヒーでもいいです。　추울 때는 차도 커피도 좋습니다. 〈선택의 대상〉
- それは子供でもできることです。　그것은 어린이라도 가능한 일입니다. 〈극단적인 예〉

4) だけ
- それだけ食べれば十分だ。　그 정도 먹으면 충분하다. 〈정도〉
- パーティーには君だけ来なかった。　파티에는 너만 안 왔다. 〈한정〉

5) ばかり
- もう三日ばかり待ってください。　이제 3일 정도 기다려 주세요. 〈정도〉
- 勉強はせずにゲームばかりやっている。　공부 안하고 게임만 하고 있다. 〈한정〉
- ちょうど雨が止んだばかりです。　막 비가 그친 참입니다. 〈동작·상태의 완료 직후〉

6) さえ

- 最後の望み<u>さえ</u>なくなった。 마지막 바람조차 사라졌다. 〈첨가〉
- 食べること<u>さえ</u>できない。 먹는 것소차 불가능하나. 〈극단적인 예로 다른 것을 유추〉
- 君<u>さえ</u>よければこれから食事にいこう。 〈그것으로 충분 함〉
  너만 좋다면 지금부터 밥 먹으러 가자.

7) か

- 何<u>か</u>言ってください。 무언가 말해주세요. 〈불확실한 것을 제시〉
- 明日天気がよければ山へ行く<u>か</u>海へ行く<u>か</u>しましょう。
  내일 날씨가 좋으면 산에 가든가 바다에 가든가 합시다. 〈선택의 대상〉

8) くらい(ぐらい)

- うちには古いレコードが120枚<u>ぐらい</u>あります。
  집에는 오래된 레코드가 120장 정도 있습니다. 〈대개의 분량〉
- たまには電話<u>ぐらい</u>しなさい。 가끔 전화 정도 주세요. 〈최저의 정도〉
- 少なくともカレーライス<u>ぐらい</u>は作れます。 〈정도의 기준〉
  적어도 카레라이스 정도는 만들 수 있습니다.

9) 기타

- 試合まで二日<u>しか</u>残っていない。 시합까지 이틀밖에 남지 않았다. 〈부정의 한정〉
- あとは返事を待つ<u>のみ</u>だ。 이제는 답장만 기다릴 뿐이다. 〈한정〉
- 二人<u>きり</u>で遊ぶ。 둘이서만 논다. 〈한정〉
- 今度<u>こそ</u>絶対勝つぞ！ 이번에야말로 절대 이겨야지. 〈강조〉
- 立っていられない<u>ほど</u>疲れた。 서있지 못할 정도로 피곤하다. 〈정도〉
- ローマやミラノ<u>など</u>がイタリアの有名な都市です。 〈예시〉
  로마나 밀라노 등이 이탈이아의 유명한 도시입니다.
- この着物<u>なんか</u>お似合いです。 이 키모노 같은 게 잘 어울리네요. 〈예시〉
- うれしい<u>やら</u>悲しい<u>やら</u>複雑な気持ちだ。 〈나열〉
  기쁘기도 하고 슬프기도 하고 복잡한 기분이다.

3. 접속조사

단어와 절을 접속하는 조사를 접속조사라 한다. 접속조사에는 と、や、も、に、か、し、が、ば、と、から、けれども、なら、ので、のに、ながら 등이 있다.

1) と

- もし雨が降ると、試合は中止になります。〈가정조건〉
  만약 비가 내리면 시합은 중단됩니다.
- 年をとると、しわができます。 나이가 들면 주름이 생깁니다. 〈일반 조건〉
- トンネルを出ると、そこは銀世界だった。 터널을 나오니, 그곳은 은세계였다. 〈확정조건〉
- 新しい車を見ると、つい買いたくなる。〈반복・습관〉
  새로운 차를 보면 그만 사고 싶어진다.
- 君が何をしようとしまいと僕には関係ない。 네가 무엇을 하든 말든 나와는 상관없다. 〈방임〉

2) ば

- 成績が悪ければ父に怒られる。 성적이 나쁘면 아버지에게 혼난다. 〈가정조건〉
- 春が来れば暖かくなる。 봄이 오면 따뜻해진다. 〈일반 조건〉
- 言われて見ればその方法もいいかもしれない。 〈확정조건〉
  들어보니 그 방법도 좋을지 모른다.
- 父は天気がよければ毎朝近所を散歩します。〈반복・습관〉
  아버지는 날씨가 좋으면 매일아침 근처를 산책하십니다.
- お金があれば買えたのに。お金がなくて買えなかった。 〈반사실(反事実)〉
  돈이 있으면 살 수 있었을 텐데. 돈이 없어서 못 샀다.
- そんなに会社がいやなの？やめれば。 그렇게 회사가 싫어? 그만 두는 게 어때. 〈권유〉

3) ても

- 時間がかかっても健康のため歩いていきます。 〈역조건〉
  시간이 걸리더라도 건강을 위해 걸어갑니다.
- 天気が良くても悪くても、雨が降っても風邪を引いても休めない。 〈병렬조건〉
  날씨가 좋으나 나쁘나, 비가 오거나 감기에 걸려도 쉴 수 없다.

4) けれども・が

- 疲れた<u>けれども(が)</u>、もうちょっと頑張ります。　피곤하지만, 더욱 분발하겠습니다. 〈역접〉
- 運動もうまい<u>けれども(が)</u>、それ以上に歌もうまい。　〈대비〉
  운동도 잘하지만, 그 이상 노래도 잘한다.

5) のに

- 秋<u>なのに</u>冬のように寒い。　가을인데도 겨울처럼 춥다. 〈반대 원인〉
- 父は洋食好き<u>なのに</u>、母は和食好きだ。　〈대비〉
  아버지는 양식을 좋아하는데 어머니는 일식을 좋아한다.
- 彼氏だけは来てくれると思った<u>のに</u>。　남자친구만은 와 줄 거라고 생각했었는데. 〈예상외〉

6) ので/から

「ので」는 주로 현실적으로 있거나 있었던 행동과 상황의 원인, 이유를 나타내는데 비해 「から」는 말하는 사람의 의지나 생각 등의 원인, 이유(근거)를 나타낼 때 사용한다.

- もう遅い<u>ので</u>これで失礼いたします。　〈원인・이유〉
  벌써 늦었으므로 이쯤에서 실례하겠습니다.
- お土産を買ってきてあげる<u>から</u>、待っていてね。　〈원인・이유〉
  선물을 사다 줄 테니 기다리고 있어.

7) し

- この部屋は日当たりもいい<u>し</u>、静かだ<u>し</u>、なかなかいいですね。〈병렬〉
  이 방은 햇볕도 잘 들고, 조용하니 꽤 좋군요.
- もう遅くなった<u>し</u>、そろそろ帰りましょう。　벌써 늦어졌으니 이제 귀가합시다. 〈이유〉

8) ながら

- お茶でも飲み<u>ながら</u>話しましょう。　차라도 마시면서 이야기 합시다. 〈동시〉
- いつも<u>ながら</u>元気だね。　언제나 건강하네. 〈양태〉
- 何もかも知ってい<u>ながら</u>知らないふりをしていたのか。　〈역접〉
  뭐든 알면서 모르는 척 했었는가.

4. 종조사

문의 끝이나 문절 사이에 쓰여 의문, 금지, 감동, 강조 등 말하는 사람의 태도를 나타낸다. 종조사에는 か、よ、ね、よね、ぞ、ぜ、さ、なあ、な、かな、わ、の 등이 있다.

1) か

- これは何をするものです<u>か</u>。 이것은 무엇에 쓰는 것입니까. 〈의문과 질문〉
- 明日も来よう<u>か</u>。 내일도 올까. 〈불확실한 의사〉
- 二度とやるもの<u>か</u>。 두 번 다시 할까. 〈반어〉
- あれからもう三十年になるの<u>か</u>。 그 이후로 벌써 30년이 되었구나. 〈감동〉

2) ね

- 毎日寒いです<u>ね</u>。 오늘은 춥네요. 〈동의〉
- 会議は8時からです<u>ね</u>。 회의는 8시부터지요. 〈확인〉
- このキムチ本当にからいです<u>ね</u>。 이 김치 정말로 맵군요. 〈감탄〉

3) よ

- もしもし、これ落されました<u>よ</u>。 이보세요. 이거 떨어뜨렸네요. 〈주의환기〉
- しっかり勉強しなさい<u>よ</u>。 착실하게 공부하세요. 〈명령・의뢰〉
- 時間はきっちり守りましょう<u>よ</u>。 시간은 정확히 지킵시다. 〈권유〉

4) 기타

- 今年は必ず大学に入る<u>ぞ</u>。 올해는 반드시 대학에 들어간다. 〈다짐・강조〉
- この書類頼んだ<u>ぜ</u>。 이 서류 부탁했어. 〈다짐・강조〉
- この中には入る<u>な</u>。 이 안에는 들어가지 마. 〈금지〉
- ニューヨークの夜景は素敵だ<u>なあ</u>。 뉴욕의 야경은 멋지구나. 〈감탄〉
- あの映画、絶対見に行く<u>わ</u>。 저 영화, 꼭 보러 가야지. 〈의지〉
- アルバイト明日もある<u>の</u>? 아르바이트 내일도 하니? 〈질문〉

日本語能力試験 N3・N4 일본어능력시험

어휘연습

- だれか、私の宿題を手伝ってくれないかな。　누구 내 숙제 도와주지 않으려나?
- 田中さんがパーティーにくるかどうかわからない。　다나카씨가 올지 어떨지 모르겠다.
- もう晩ご飯は食べたのかい。　벌써 저녁 먹었니?
- 荷物は、明日ぐらいには届くでしょう。　짐은 내일 정도에는 도착하겠지.
- 旅行をしたけれど、仕事が忙しくてあまり見られなかった。

  여행을 했지만 일이 바빠서 별로 못 봤다.
- テストの点数は悪いし、先生からは怒られるし、最悪の1日だった。

  시험점수는 나쁘지 선생님한테는 야단맞았지 최악의 하루였다.
- キムさんは、いつも少ししか食べない。　김○○씨는 항상 조금밖에 안 먹는다.
- 毎日、少しずつやっていけばいいと思うよ。　매일 조금씩 해 나가면 좋을 거라 생각해.
- もし、今度約束をまもらなかったら、どうなるかわかってるよね。

  만약 이번에 약속을 지키지 않으면 어떻게 될지 알고 있겠지?
- 夏休みは、ずっと海で泳いだり友達と遊んだりしていた。

  여름휴가 때는 줄곧 바다에서 수영하거나 친구와 놀거나 했다.
- その日本語の意味について教えてください。　그 일본어 의미에 대해 가르쳐 주세요.
- 今度、一緒に食事でもしませんか。　이번에 함께 식사라도 하지 않겠습니까?
- 息子は、どこでも寝ることができる。　아들은 아무데서나 잘 수 있다.
- 本を読むことと音楽を聴くことが一番好きです。

  책을 읽는 것과 음악을 듣는 것을 제일 좋아합니다.
- 新聞を読むとか部屋のそうじをするとか何かすることがあるでしょ。

  신문을 읽는다든지 방 청소를 하든지 뭔가 할 일이 있겠지요.
- 乗るなら飲むな。飲んだら乗るな。　탈거면 마시지마. 마셨으면 타지마.
- 私は毎日音楽を聴きながら学校へ行きます。

  나는 매일 음악을 들으면서 학교에 갑니다.
- 部屋の中に机やいすなどがあります。　방 안에 책상과 의자 등이 있습니다.

- あなたがそんなことを言うの**なら**、もう会いたくない。

  당신이 그런 말을 한다면 이제 만나고 싶지 않아.
- この新聞は、いつのな**の**？ 이 신문은 언제 거니?
- 父は毎日忙しい**ので**、一緒に過ごす時間がない。

  아버지는 매일 바빠서 함께 지내는 시간이 없다.
- いっしょうけんめい勉強した**のに**、テストの結果はよくなかった。

  열심히 공부했는데 시험 결과는 좋지 않았다.
- せっかく来たんだから、遊んでいけ**ば**いいのに。 모처럼 왔으니 놀고 가면 좋을 텐데.
- 母は、いつも弟**ばかり**かわいがる。 어머니는 항상 동생만 귀여워한다.
- 私は食べれば食べる**ほど**、太ってしまいます。 나는 먹으면 먹을수록 살이 찝니다.
- 勉強もしたいし、彼女と遊びに**も**行きたい。 공부도 하고 싶고 애인과 놀러도 가고 싶다.
- かばんの中に、ノート**や**本があります。 가방 안에 노트와 책이 있습니다.
- 山田さんは、サンドイッチ**より**もステーキが好きですよ。

  야마다씨는 샌드위치보다도 스테이크를 좋아해요.

03 日本語能力試験 N3・N4 일본어능력시험

청해 연습

『それいけ!アンパンマン』より ― アンパンマンのマーチ ―
『가라! 호빵맨』-호빵맨 행진곡-

   そうだ!うれしいんだいきるよろこび   그래! 기쁘다 살아가는 기쁨
   たとえむね**の**きず**が**いたんでも   비록 마음속 상처가 아프더라도
1. なん**の**ため**に**うまれて   무엇을 위해 태어나고
   なに**を**していきる**のか**   무엇을 하며 살아가는 것일까
   こたえられないなんて   대답할 수 없다니
   そんな**のは**いやだ!   그런 건 싫어!
   いま**を**いきること**で**   현재를 살아가는 것만으로
   あついこころもえる   뜨거운 가슴 불타오르네
   だからきみ**は**いく**ん**だほほえんで   그래서 너는 가는 거야 미소 지으며
   そうだ!うれしいんだいきるよろこび   그래! 기쁘다 살아가는 기쁨
   たとえむね**の**きず**が**いたんでも   비록 마음속 상처가 아프더라도
   ああアンパンマンやさしいきみ**は**   아~호빵맨 상냥한 너는
   いけ!みんな**の**ゆめもまもるため   가라! 모두의 꿈을 지키기 위해
2. なに**が**きみ**の**しあわせ   무엇이 너의 행복,
   なに**を**してよろこぶ   무엇을 하며 기뻐할까
   わからないままおわる   알지도 못한 채 끝나는
   そんな**のは**いやだ!   그런 건 싫어!
   わすれないでゆめ**を**   잊지 말아 꿈을
   こぼさないでなみだ   흘리지 말아 눈물을
   だからきみ**は**とぶんだどこ**までも**   그래서 너는 날아가는 거야 어디까지라도
   そうだ!おそれないでみんな**のために**   그래! 무서워하지 말고 모두를 위해
   あい**と**ゆうき**だけが**ともだち**さ**   사랑과 용기만이 친구야
   ああアンパンマンやさしいきみ**は**   아~호빵맨 상냥한 너는
   いけ!みんな**の**ゆめもまもるため   가라! 모두의 꿈을 지키기 위해
   とき**は**はやくすぎる   시간은 빨리 흐르네
   ひかるほし**は**きえる   빛나는 별은 사라지네
   だからきみ**は**いく**ん**だほほえんで   그래서 너는 가는 거야 미소 지으며
   そうだ!うれしいんだいきるよろこび   그래! 기쁘다. 살아가는 기쁨
   たとえどんなてき**が**あいて**でも**   비록 어떤 적이 상대라도
   ああアンパンマンやさしいきみ**は**   아~호빵맨 상냥한 너는
   いけ!みんな**の**ゆめもまもるため   가라! 모두의 꿈을 지키기 위해

日本語能力試験 N3・N4
형용사

04

04

問題1 ＿＿＿＿＿の言葉の読み方として最もよいものを1・2・3・4から一つえらびなさい。

01. いろいろなものが安くで買えるのは、<u>消費者</u>にとっていいことだ。
    1) しょひしゃ　　2) しょうひしゃ　　3) そびじゃ　　4) そうひしゃ

02. 日本では、台風が来ると<u>雨戸</u>を閉めます。
    1) あみど　　2) うど　　3) あまと　　4) あまど

03. 銀行にお金を貯金することを<u>預金</u>するという。
    1) あずきん　　2) ぼきん　　3) よきん　　4) ゆきん

04. サイズが小さいので、大きいのに<u>交換</u>してください。
    1) こうかん　　2) きょはん　　3) こうかえ　　4) こうかい

05. 彼のおべんとうにはいつもおいしそうな<u>卵焼き</u>が入っている。
    1) らんやき　　2) たこやき　　3) たまごまき　　4) たまごやき

06. 日本語のテストに<u>備えて</u>毎日勉強をしています。
    1) そろえて　　2) むかえて　　3) そなえて　　4) となえて

07. 携帯電話の<u>優先席</u>でのご使用はおやめください。
    1) うんてんせき　　2) ゆうせんせき　　3) うそんせき　　4) よやくせき

08. 会議に遅れてすみません。
1) おくれて　　2) おきれて　　3) おかれて　　4) おそれて

問題2 ＿＿＿＿のことばを漢字で書くとき最もよいものを1・2・3・4から一つえらびなさい。

09. 写真をとりますから、みなさんわらってくださいね。
1) 芙って　　2) 笛って　　3) 笑って　　4) 天って

10. せんもんかはこれからの世界経済はよくなると見ている。
1) 博問家　　2) 専門家　　3) 薄門化　　4) 諮問家

11. 今度の日本のしゅしょうは女性らしいよ。
1) 首日　　2) 主唱　　3) 首泪　　4) 首相

12. この場であらためて会議の報告をさせてください。
1) 改めて　　2) 己めて　　3) 革めて　　4) 忌めて

13. 先生の研究室にいつうかがえばよろしいでしょうか。
1) 何えば　　2) 向えば　　3) 伺えば　　4) 司えば

14. むすめさんとこうさいさせてください。
1) 交際　　2) 交祭　　3) 校際　　4) 咬蔡

問題3 （　　　）に入れるのに最もよいものを1・2・3・4から一つえらびなさい。

15. あたらしい携帯電話の使い方が（　　　）わからない。
    1) がっかり　　2) うっかり　　3) やっぱり　　4) さっぱり

16. ジョンさんは（　　　）生活を送っているらしい。
    1) どんたくな　　2) ぜいたくな　　3) そっくりな　　4) かなりな

17. このちかくで（　　　）男を見ませんでしたか。
    1) あいしい　　2) あやしい　　3) おいしい　　4) あよしい

18. 昨日新幹線の中で君と（　　　）人がとなりに座ってたよ。
    1) はっきりな　　2) しっかり　　3) そっくりな　　4) のんびり

19. 今夜はとても（　　　）夜になるでしょう。
    1) 蒸し暑い　　2) 蒸し寒い　　3) 蒸す暑い　　4) 暑い蒸す

20. 面倒（　　　）宿題はしないといけないよ。
    1) からくても　　2) においでも　　3) きらいでも　　4) くさくても

21. 先生は子どもに（　　　）教育をしてはいけない。
    1) 純粋な　　2) 無責任な　　3) のんきな　　4) おとなしい

22. そんなに（　　　）してると、隣の部屋の人にめいわくがかかるよ。
    1) にぎやかに　　2) よっぱらい　　3) さわがしく　　4) かんぱい

23. となりの席の人がタバコをたくさん吸うのでとても（　　　）。
    1) けむたかった　　2) けむりたかった
    3) けぶかかった　　4) かわいかった

24. 祖父は日曜日に日本で一番(　　　)山を登ってきたと言っていました。
　　1) たのしい　　　2) くわしい　　　3) あやしい　　　4) けわしい

25. (　　　)お金の使い方をおぼえないといけないよ。
　　1) わるい　　　2) かしこい　　　3) おもしろい　　　4) かっこいい

問題4 ＿＿＿＿に意味が最も近いものを1・2・3・4から一つえらびなさい。

26. 彼の言っていることは全部<u>でたらめだ</u>。僕は何もやっていない。
　　1) うそつきだ　　2) すなおだ　　3) ただしい　　4) いいかげんだ

27. 最近忙しくて、とても<u>きつい</u>。
　　1) かなしい　　2) たいへんだ　　3) がまんする　　4) たのしい

28. ピザにチーズを<u>ふろうか</u>。
　　1) かける　　2) つつむ　　3) しく　　4) あたためる

29. 今朝はめずらしく道路が<u>がらがらだった</u>。
　　1) とてもきたなかった　　　　2) とてもおそかった
　　3) とてもすいていた　　　　　4) とてもこんでいた

30. 私たち夫婦は<u>むだを省いて</u>、貯金するようにしています。
　　1) たくさん使う　　　　　　2) 節約する
　　3) お金を借りる　　　　　　4) 貧乏で

問題5 つぎのことばの使い方として最もよいものを1・2・3・4から一つえらびなさい。

31. ぶつ
   1) 父さんにもぶたれたことないのに。
   2) 昼休みにぶたれたを食べに行こう。
   3) あなたをぶたれたところでした。
   4) 姉は、ぶたれた花柄のワンピースが好きだ。

32. ワイパー
   1) 黒板に書かれた字を消すのにワイパーを使います。
   2) このワイパーでうがいをしてください。
   3) 雨が降り出したので、ワイパーを動かす。
   4) 来月18日にワイパーで結婚式をあげるの。

33. したく
   1) きょうはさむいので、したくを着ていこう。
   2) きょうはしたくでしごとをしなくちゃ。
   3) バケツに水をしたくして来てちょうだい。
   4) 早くしたくしないと学校におくれますよ。

34. けち
   1) ケーキがけちになってしまって食べられない。
   2) 山下君はとてもけちな人だからあまり付き合いたくない。
   3) 熱いお湯をけちってしまって、手にやけどをしてしまった。
   4) すぐにしつれいしますので、どうぞけちしてください。

35. こい
   1) この店の料理はすごく味がこくておいしくない。
   2) らーめんとこくてが食べたいな。
   3) ご飯を食べたあと歯をきれいにこくてましょう。
   4) あ、フライパンがこくてるよ

問題1 つぎの文の(　　　)に入れるのに最もよいものを一つえらびなさい。

01. さいきん息子が(　　　)ので、今日は早く帰ります。
　　1) さびしい　　　　　　　　　2) さびしがっている
　　3) さびしいがっている　　　　4) さびしかった

02. このラーメン、たかい(　　) おいしくないね。
　　1) だけ　　　2) から　　　3) くせに　　　4) のわりに

03. この新製品のデザインを私に手伝わ(　　　)ください。
　　1) せて　　　2) かけて　　　3) くらべて　　　4) れて

04. 私にこの電子レンジのカタログを一部(　　　)。
　　1) させていただきませんか　　2) させてもらえませんか
　　3) あげませんか　　　　　　　4) いただけませんか

05. 私の祖父は、年の(　　)若く見られる。
　　1) せいで　　　2) わりには　　　3) ほどには　　　4) ついでに

06. A：「あの、よければ(　　　)で話をしたいんだけど。」
　　B：「いいけど、どうしたの。」
　　1) ふたりっきり　　2) ふたりまま　　3) ふたっきり　　4) ふたりなの

07. かのじょはまるで母親(　　　)にとてもやさしくしてくれる。
　　1) ように　　　2) つもり　　　3) みたい　　　4) らしく

08. A:「パクさん、テストの成績がよくなかったみたいだよ。」
　　B:「なるほど、それで元気がない(　　　)。」
　　1) からだ　　　2) わけだ　　　3) までだ　　　4) そうだ

09. やっと大変な仕事がおわったから、今日は(　　　)。
　　1) のむじゃおう　2) のまじゃおう　3) のみじゃおう　4) のんじゃおう

10. (　　　)その話はすごくもうかる話かもしれない。
　　1) もしかすると　2) まるで　3) もしも　4) それにしては

11. 10時から体育館(　　　)大学の入学式を行います。
　　1) にとって　　　2) によって　　　3) において　　　4) にかぎって

12. もっと部屋の家賃が(　　　)。
　　1) やすいならばなあ　　　　2) やすければなあ
　　3) やすくとならばなあ　　　4) やすくなくならなあ

13. このカーナビは古いから、もし(　　　)すぐに壊れると思うよ。
　　1) しゅうりすると　　　　2) しゅうりするなら
　　3) しゅうりしたら　　　　4) しゅうりしたとしても

問題2　つぎの文の＿＿＿★＿＿＿に入る最もよいものを、1・2・3・4から一つ選びなさい。

14. 明日は＿＿＿ ＿＿＿ ＿＿＿ ★＿＿＿大雨がふるでしょう。
　　1) から　　　2) 東京　　　3) 九州　　　4) にかけて

15. 忘れると＿＿＿ ＿＿＿ ★＿＿＿ ＿＿＿落としちゃった。
　　1) 書いといた　2) その紙を　3) いけないから　4) のに

16. あなた＿＿★＿＿ ＿＿＿＿ ＿＿＿＿ ＿＿＿＿誰ですか。
    1) ひとは　　　　2) 一番　　　　3) にとって　　　4) たいせつな

17. ＿＿＿＿ ＿★＿＿ ＿＿＿＿ ＿＿＿＿、あっちに行って遊んでなさい。
    1) じゃま　　　　2) いられると　　3) そこに　　　　4) だから

18. ＿＿＿＿ ＿＿＿＿ ＿＿＿＿ ＿＿★＿医者に言われた。
    1) ゆっくり　　　2) かんで　　　　3) よく　　　　　4) たべるように

問題3 つぎの文章を読んで、19から23の中に入る最も良いものを、1・2・3・4から一つえらびなさい。

> 祖父は道を渡っていたときに事故にあったことがある。それ以来、祖父は_19_信号のある横断歩道をわたる_20_。
> でも、信号が黄色から赤に変わったのに入ってくる車や、まだ青に_21_前に動き出す車など危険な運転をする人が多い。_22_飛び出してくる猫のみたいだ。車は便利_23_危険な乗り物だということを忘れてはいけない。

19.
　　1) たぶん　　　　2) きっと　　　　3) とても　　　　4) かならず

20.
　　1) ようにしている　2) ようになる　　3) ようとしない　　4) わけにはいかない

21.
　　1) かわった　　　2) かわる　　　　3) かわれる　　　4) かわらない

22.
　　1) とても　　　　2) もしかしたら　　3) まるで　　　　4) なぜならば

23.
　　1) ことか　　　　2) だけど　　　　3) だから　　　　4) けれど

04 日本語能力試験 N3・N4 일본어능력시험

問題1　問題1では、まず質問を聞いてください。それから、話を聞いて、問題用紙の1から4の中から最もよいものを一つ選んでください。

🎧 01番

男の人が電話で女の人に道をたずねています。男の人は、どこへ行きますか。

男：あ、もしもし、ちょうど今駅の改札口を出たところなんだけど、道が分からなくて。
女：駅の前にいるの?
男：うん。
女：駅前の交差点にクリーニング屋があるんだけど、見える?
男：クリーニング屋?いや、コインランドリーは見えるけど。
女：そのコインランドリーの反対側なんだけど。
男：ああ、あった、あった。
女：私の家はそのクリーニング屋の2階なんだけど、コインランドリーの隣の銀行に来ているの。こっちのほうにきてくれない?
男：分かった。すぐに行くよ。

1) クリーニング屋
2) コインランドリー
3) 家
4) 銀行

問題2 問題2では、まず、質問を聞いてください。そのあと、問題用紙を見てください。読む時間があります。それから、話を聞いて、問題用紙の1から4の中から最もよいものを一つ選んでください。

🎧02番

女の人と男の人が話しています。女の人はどうしてソファーを買いませんでしたか。

> 男：買い物はどうだったの？ソファーを買うって出かけていったけど。いいソファーがあった？
> 女：うん。あったんだけど、結局いすを買ったのよ。
> 男：え？なんで？気に入るのが無かった？
> 女：いや、デザインは良かったんだけど値段が高くて。
> 男：そっか。値段があわなかったのか。
> 女：そうなの。似たようなデザインでほかのソファーがあるか見たんだけど、もうほかの人が買っちゃってて。
> 男：いいなあと思うものって、値段があわなかったり、もう売れてたりすることが多いよね。今度は一緒に見に行こう。

1) いすを買ったから
2) デザインが良かったから
3) 値段が高かったから
4) 今度見に行くことになったから

問題3 問題3では、問題用紙に何も印刷されていません。まず話を聞いてください。それから、質問を聞いて、正しい答えを1から4の中から一つ選んでください。

🎧03番

女の人が町の中でのことについて話をしています。

> 女：街中を歩いているときにいつも思っているのですが、歩きながらタバコを吸うのはどうなのでしょうか。街中にはタバコを吸わない人もいますし、子どもや赤ちゃんもたくさんいます。特に大人の手の高さが子どもの顔の位置と同じなので、タバコの火でやけどをするのではといつも思っています。それにタバコを道に捨てるのもよくないと思います。タバコを吸う人は歩いて吸うのをやめて、そして携帯用の灰皿を必ず持って歩くようにするほうがいいと思います。それを守らなかったら、タバコを禁止するほうがいいんじゃないでしょうか。

女の人はどう考えていますか。

1) タバコを吸う人は携帯用の灰皿をもって歩くのがいい。
2) 歩きながらタバコを吸うほうがいい。
3) 子どもや赤ちゃんがたくさんいるほうがいい。
4) タバコはどんどん売るほうがいい。

問題4　問題4では、絵を見ながら質問を聞いてください。それから正しい答え
　　　　を1から3の中から一つ選んでください。

🎧 04番

男：会社の仕事がおわりました。帰るときに会社の人たちに何と言いますか。

1) お邪魔しました。
2) お元気でしたか。
3) お疲れ様でした。

🎧 05番

女：お世話になった先生のお宅へ遊びに行くときに、ケーキを買っていきました。ケーキを渡すときになんといいますか。

1) つまらないものですが、召し上がってください。
2) 私が食べたいものです。
3) 先生にたべさせてください。

🎧 06番

男：車がよごれているので、車を洗いに行こうと思っています。友達に場所を教えてもらいたいです。なんといいますか。

1) どこで車を洗えばいい？
2) いい車を紹介しようか？
3) 車を洗ってあげようか？

🎧 07番

女：うるさくて人に迷惑をかけている人がいます。なんと言って注意しますか。

1) もっとうるさくしてください。
2) すみませんが、少し静かにしていただけませんか。
3) 一緒に迷惑をかけませんか。

問題5 問題5では、問題用紙に何も印刷されていません。まず、文を聞いてください。それから、その返事を聞いて、1から3の中から正しいものを一つ選んでください。

🎧 08番

女：ねえ、就職決まった？

1) うん、この間決まったよ。
2) 早く決まるといいね。
3) 決まってよかったね。

🎧 09番

男：結婚してもうどのぐらいになりますか。

1) 夏に結婚しました。
2) :もうすぐ子どもが生まれます。
3) そろそろ2年になります。

🎧 10番

女：このスーツケース重いですね。何が入っているんですか。

1) そうですね。重いですね。
2) お土産や洋服などが入っています。
3) 20キロぐらいありますね。

🎧 11番

男：あのう、隣の席よろしいですか。

1) 席はありませんよ。
2) あ、どうぞ。
3) その席ですか。

어휘 포인트

JLPT를 보기 위해 필요한 단어입니다. 확인하고 익혀 보세요.

	読みかた	意味
消費者	しょうひしゃ	소비자
雨戸	あまど	덧문
台風	たいふう	태풍
閉める	しめる	닫다
貯金	ちょきん	저금
交際	こうさい	교제
使い方	つかいかた	사용방법
支度	したく	채비, 준비
家賃	やちん	집세
備える	そなえる	대비하다
携帯電話	けいたいでんわ	휴대전화
優先席	ゆうせんせき	우선석
専門家	せんもんか	전문가
改める	あらためる	고치다, 바꾸다, 변경하다
省く	はぶく	줄이다
ぶつ		치다, 때리다
壊れる	こわれる	부서지다
純粋な	じゅんすいな	순수한
のんきな		무사태평한, 낙천적인
騒がしい	さわがしい	시끄럽다, 소란스럽다, 떠들다
煙たい	けむたい	냅다, 거북하다
険しい	けわしい	가파르다, 험하다
あやしい		불가사의하다, 이상하다, 괴상하다
でたらめだ		터무니없다, 엉터리다
がらがら		(속이 비어있는 모양)텅텅
交差点	こうさてん	교차로
横断歩道	おうだんほどう	횡단보도
コインランドリー		코인런드리

日本語能力試験 N3・N4 일본어능력시험

문법포인트

一. 형용사 총정리

형용사에는 い형용사와 な형용사가 있다.

1. い형용사

1) 정중표현(～いです)

い형용사는 기본형과 종지형은「い」로 끝난다. 여기에「です」를 붙이면 '～합니다'란 정중표현이 된다. い형용사의 정중의문문은「～いですか」.

- ビビンバは からい。   비빔밥은 맵다.
- ビビンバは からいです。   비빔밥은 맵습니다.
- ビビンバは からいですか。   비빔밥은 맵습니까?

2) 부정정중표현(～くありません/くないです)

い형용사의 기본형 끝 어미의「い」를 떼고「くありません」「くないです」를 붙이면 '～지 않습니다'란 뜻의 부정정중표현이 된다. 부정정중표현의 의문문은「くありません/くないです」에「か」를 붙인다.

- ビビンバは からくありません。   비빔밥은 맵지 않습니다.
- ビビンバは からくないです。   비빔밥은 맵지 않습니다.
- ビビンバは からくありませんか。   비빔밥은 맵지 않습니까.

3) 명사 수식형/연체형(～い 名です)

い형용사는 기본형 그대로 명사를 수식할 수 있다. 다시 말해「からい」는 단독으로 쓰이면 '맵다'가 되지만 뒤에 명사가 오면「からいキムチ(매운 김치)」와 같이 명사 수식형이 된다.
- ビビンバは辛い料理です。　비빔밥은 매운 것입니다.
- これは高いものです。　이것은 비싼 것입니다.

4) 과거형(~かった/かったです)

い형용사의 과거형은 어미의「い」를 떼고「かった」를 붙인다. 과거정중형은「~かったです」이다. 부정과거형은「~くなかった」이며 부정과거정중형은「~くなかったです」나「~くありませんでした」이다.
- 昨日はとても寒かった/さむかったです。　어제는 몹시 추웠다/추웠습니다.

5) 중지형/연결형(~く/くて)

다른 문장과 연결하거나 중지할 경우「い」를「く」로 바꾸거나「く」에「て」「(て)も」「ては」등을 연결해서 쓴다.
- く
- くて
- ても

6) 추측형

추측의 의미를 나타낼 경우「い」에「だろう」를 붙여「~いだろう」로 쓰거나「い」대신「~かろう」를 쓴다. 정중형은「~いでしょう」이다.
- あしたは暑いだろう。　내일은 추울 것이다.

7) 가정형

어미「い」를 떼고「ければ」를 붙인다.

2. な형용사

1) 정중표현(- です)

な형용사는 기본형이 「だ」로 끝난다. 「だ」를 뗀 어간에 「です」를 붙이면 정중표현이 된다. 사전에는 어간의 형태로 실려 있다. 정중의문문은 「어간+ですか」

- 図書館は静かです。　도서관은 조용합니다.
- ボアさんはきれいです。　보아씨는 예쁩니다.

2) 부정정중표현(~ ではありません/ではないです)

な형용사의 어간에 「ではありません」「ではないです」를 붙이면 '~지 않습니다'란 뜻의 부정정중표현이 된다. 부정정중표현의 의문문은 「ではありません/ではないです」에 「か」를 붙인다.

- まだ日本語が上手ではありません。　아직 일본어를 잘 하지 못합니다.
- ビビンバが好きではありません。　비빔밥을 좋아하지 않습니다. (~くありません/くないです)

3) 명사 수식형/연체형(~ な名です)

な형용사는 い형용사와는 달리 기본형 그대로 명사를 수식할 수 없고 「어간+な」의 형태로 수식한다. 그래서 い형용사와 구분하기 위해 な형용사라 하는 것이다.

- 静かな図書館ですね。　조용한 도서관이군요.
- きれいなボアさん。　예쁜 보아씨.
- 好きな料理は何ですか。　좋아하는 요리는 무엇입니까.

4) 과거형(~だった/だったです)

な형용사의 과거형은 어미「だ」에「った」를 붙인다. 과거정중형은 「だったです」이다. 부정과거형은 「~ではなかった」이며 부정과거정중형은 「~ではなかったです」나 「~ではありませんでした」이다.

5) 중지형/연결형(~く/くて)

다른 문장과 연결하거나 중지할 경우 「だ」를 「で」로 바꾸거나 「で」에 「も」「は」등을 연결해서 쓴다. 동사에 연결될 때는 어미「だ」를 「に」로 바꾸고 부사처럼 쓴다.
- で
- でも
- に

6) 추측형
추측의 의미를 나타낼 경우「だ」대신「だろう」를 쓴다. 정중형은 「~でしょう」이다.
- だろう
- でしょう

7) 가정형
어미 「だ」를 떼고「なけれ(ば)」를 붙인다.
- なければ

※ 주의 : な형용사 가운데 「好きだ/嫌いだ」「ほしい」등 기호, 희망의 의미를 나타내는 경우 조사 「が」를 쓴다.
・ ~がすきだ
・ ~がほしい

〈주요형용사〉 い형용사

あ
- 青(あお)い 파랗다, 창백하다
- 赤(あか)い 빨갛다
- 明(あか)るい 밝다, 정통하다, 명랑하다
- 浅(あさ)い 얕다
- 暖(あたた)かい 따뜻하다
- 新(あたら)しい 새롭다
- 暑(あつ)い 덥다
- 熱(あつ)い 뜨겁다
- 厚(あつ)い 두껍다
- 危(あぶ)ない 위험하다, 위태롭다
- 甘(あま)い 달다, 후하다
- いい/よい 좋다
- 忙(いそが)しい 바쁘다
- 痛(いた)い 아프다
- 薄(うす)い 얇다, 싱겁다, 희박하다
- 美(うつく)しい 아름답다
- うまい 맛있다, 잘하다
- うるさい 시끄럽다, 까다롭다
- うれしい 기쁘다
- おいしい 맛있다
- 大(おお)きい 크다
- 多(おお)い 많다
- おかしい 우습다, 이상하다
- 遅(おそ)い 늦다, (행동이) 느리다
- 重(おも)い 무겁다
- 面白(おもしろ)い 재미있다, 우습다

か
- かたい(堅い/硬い/固い) 견고하다, 굳다, 단단하다
- 悲(かな)しい 슬프다
- 辛(から)い 맵다, 짜다
- 軽(かる)い 가볍다, 경솔하다
- かわいい 귀엽다, 사랑스럽다
- 黄色(きいろ)い 노랗다, 미숙하다
- 厳(きび)しい 엄하다, 엄격하다
- 暗(くら)い 어둡다, 우울하다
- 黒(くろ)い 검다, 음흉하다
- 細(こま)かい 잘다, 상세하다
- 怖(こわ)い 무섭다, 두렵다

さ
- 寂(さび)しい 쓸쓸하다, 허전하다
- 寒(さむ)い 춥다
- 白(しろ)い 희다
- 少(すく)ない 적다
- すごい 굉장하다, 무시무시하다
- 涼(すず)しい 시원하다, 선선하다
- 素晴(すば)らしい 매우 훌륭하다, 멋있다
- 狭(せま)い 좁다

た
- 高(たか)い 높다, 비싸다
- 正(ただ)しい 바르다, 옳다
- 楽(たの)しい 즐겁다, 유쾌하다
- 小(ちい)さい 작다
- 近(ちか)い 가깝다
- つまらない 재미없다, 보잘것없다
- 冷(つめ)たい 차갑다, 냉정하다
- 強(つよ)い 힘이 세다, 강하다
- 遠(とお)い 멀다, 소원하다

な
- 無(な)い 없다
- 長(なが)い 길다
- 苦(にが)い (맛이) 쓰다, 괴롭다
- 温(ぬる)い 미지근하다, 미온적이다
- 眠(ねむ)い 졸리다

は
- 恥(は)ずかしい 부끄럽다, 창피하다
- 早(はや)い (시간이) 이르다
- 速(はや)い (속도가) 빠르다
- 低(ひく)い 낮다
- ひどい 심하다, 지독하다

〈주요형용사〉 い형용사

- 広(ひろ)い 넓다
- 深(ふか)い 깊다
- 太(ふと)い 굵다
- 古(ふる)い 낡다, 오래되다
- 欲(ほ)しい 갖고 싶다, 필요하다
- 細(ほそ)い 가늘다, 좁다

ま
- まずい 맛이 없다, 서투르다
- まるい(丸い/円い) 둥글다, 원만하다
- 短(みじか)い 짧다
- 難(むずか)しい 어렵다
- 珍(めずら)しい 드물다, 희귀하다

や
- 易(やさ)しい 쉽다, 간단하다
- 優(やさ)しい 상냥하다, 우아하다
- 安(やす)い 싸다
- 柔(やわ)らかい 부드럽다, 나긋나긋하다
- よろしい 좋다, 괜찮다
- 弱(よわ)い 약하다

わ
- 若(わか)い 어리다, 젊다
- 悪(わる)い 나쁘다, 좋지 않다, 못되다

〈주요형용사〉 な형용사

- 安全(あんぜん) 안전함
- 一生懸命(いっしょうけんめい) 열심히 함
- 嫌(いや) 싫음, 좋지 않음
- 同(おな)じ 같음, 동일함
- 簡単(かんたん) 간단함
- 嫌(きら)い 싫음
- きれい 아름다움, 깨끗함
- 元気(げんき) 건강함, 활기참
- 盛(さか)ん 성함, 활발함, 한창임
- 残念(ざんねん) 유감스러움
- 静(しず)か 조용함, 차분함
- 十分(じゅうぶん) 충분함
- 上手(じょうず) 능숙함, 잘함
- 丈夫(じょうぶ) 튼튼함, 단단함
- 親切(しんせつ) 친절함
- 好(す)き 좋아함
- 大事(だいじ) 중요함, 소중함
- 大丈夫(だいじょうぶ) 괜찮음, 안전함
- 大好(だいす)き 대단히 좋아함
- 大切(たいせつ) 소중함, 중요함
- 大変(たいへん) 굉장함, 대단함, 힘듦
- たくさん 많음, 충분함
- 確(たし)か 확실함, 틀림없음
- だめ 쓸모 없음, 해서는 안 됨
- 丁寧(ていねい) 정중함, 예의바름
- 適当(てきとう) 적당함, 적합함, 적절함
- 特別(とくべつ) 특별함
- にぎやか 흥청거림, 떠들썩함
- 熱心(ねっしん) 열심임
- 久(ひさ)しぶり 오래간만임
- 必要(ひつよう) 필요함
- 複雑(ふくざつ) 복잡함
- 不便(ふべん) 불편함
- 下手(へた) 서투름, 어설픔
- 変(へん) 이상함
- 便利(べんり) 편리함
- 本当(ほんとう) 정말임, 진짜임
- 真面目(まじめ) 성실함, 착실함, 진지함
- まっすぐ 똑바름, 정직함
- 有名(ゆうめい) 유명함
- りっぱ 훌륭함, 충분함

청해연습

大きな古時計 크고 낡은 시계
— 平井堅 (hirai ken)-

おおきなのっぽの古時計 おじいさんの時計
커다란 큰 키의 오래된 시계, 할아버지의 시계

百年いつも動いていたご自慢の時計さ
100년 동안 계속 움직이고 있었던 자랑거리인 시계예요

おじいさんの生まれた朝に買ってきた時計さ
할아버지가 태어난 날 아침에 사 온 시계죠

いまはもう動かないその時計
지금은 이제 움직이지 않는 그 시계

百年休まずにチクタクチクタク
100년 동안 쉬지 않고 똑딱 똑딱

おじいさんといっしょにチクタクチクタク
할아버지와 함께 똑딱 똑딱

いまはもう動かないその時計
지금은 이제 움직이지 않는 그 시계

でも知ってる古時計おじいさんの時計
뭐든지 알고 있는 오래된 시계, 할아버지의 시계

きれいな花嫁やってきたその日も動いてた
아름다운 신부가 온 그 날도 움직이고 있었지

うれしいことも悲しいこともみな知ってる時計さ
기쁜 일도, 슬픈 일도 모두 알고 있는 시계죠

いまはもう動かないその時計
지금은 이제 움직이지 않는 그 시계

うれしいことも悲しいこともみな知ってる時計さ
기쁜 일도, 슬픈 일도 모두 알고 있는 시계죠

いまはもう動かないその時計
지금은 이제 움직이지 않는 그 시계

日本語能力試験 N3・N4
부사・접속사・감동사

05

05

실전테스트

문자·어휘

問題1 ＿＿＿＿＿の言葉の読み方として最もよいものを1・2・3・4から一つえらびなさい。

01. 大山君は学校を辞めたそうですよ。
    1) とめた　　　2) なめた　　　3) やめた　　　4) ほめた

02. 毎年必ず税金の申告を行ってください。
    1) しんこく　　2) つうこく　　3) もうしこみ　4) ゆこく

03. このぎゅうにゅうは、賞味期限が1週間もすぎている。
    1) さんみ　　　2) しょうあじ　3) じょうみ　　4) しょうみ

04. このデパートでは、午後6時になると商品が半額になります。
    1) はんぶん　　2) はんがく　　3) はんひたい　4) ぱんがぷ

05. 来年から、アメリカの支社に勤めることになった。
    1) じいしゃ　　2) かいしゃ　　3) ししゃ　　　4) じんじゃ

06. このソファーの価格は税込となっております。
    1) ぜいこみ　　2) えつのみ　　3) ぜえこみ　　4) えつこみ

07. 僕は大きくなったら外科の先生になるんだ。
    1) そとか　　　2) ほかか　　　3) がいか　　　4) げか

08. ピッチャー第一球投げました。
   1) とう　　　2) やく　　　3) な　　　4) あ

問題2 ＿＿＿＿＿＿のことばを漢字で書くとき最もよいものを1・2・3・4から一つえらびなさい。

09. この赤いくだものはなんという名前ですか。
   1) 課物　　　2) 果物　　　3) 菓惣　　　4) 管物

10. 明日は南風がふいて暖かくなるでしょう。
   1) 吹いて　　2) 呼んで　　3) 欠いて　　4) 拭いて

11. 銀行の通帳と印かんはきんこの中に入れておきましょう。
   1) 金粉　　　2) 金庫　　　3) 金蔵　　　4) 金倉

12. 弟の友達はそくど違反で警察につかまってしまったらしい。
   1) 早度　　　2) 束度　　　3) 測度　　　4) 速度

13. かないはただいま旅行に出かけております。
   1) 嫁内　　　2) 娘内　　　3) 家内　　　4) 家無

14. この信号機はおしボタン式信号だから、ボタンを押さないと信号は変わらないよ。
   1) 押し　　　2) 推し　　　3) 指し　　　4) 引し

05 日本語能力試験 N3・N4 일본어능력시험

問題3 (　　　)に入れるのに最もよいものを1・2・3・4から一つえらびなさい。

15. 休日は(　　　)家でネットゲームをします。
    1) たいてい　　2) たまたま　　3) とたんに　　4) がらがら

16. このベルトは(　　　)安かったから、こわれても仕方ないな。
    1) さまざま　　2) はきはき　　3) もともと　　4) そろそろ

17. 今朝急いで電車に乗ったら、(　　　)違うのに乗ってしまった。
    1) がっかり　　2) ぽっかり　　3) ぐっすり　　4) うっかり

18. 向こう側の席の人が(　　　)こっちを見てるよ。
    1) じっと　　2) ざっと　　3) ほっと　　4) がっと

19. 冷蔵庫に入れるときには、ラップで(　　　)入れましょう。
    1) からんで　　2) くるんで　　3) きって　　4) ひねって

20. A：「なんでそんなに(　　　)してるの。」
    B：「昨日、彼氏とけんかしちゃって。」
    1) あらあら　　2) うろうろ　　3) いろいろ　　4) いらいら

21. 今日は11日だから、(　　　)は14日だね。
    1) あした　　2) あさって　　3) しあさって　　4) 四日後

22. 妻にこづかいを先月より5000円も(　　　)、友達と飲みにいけない。
    1) へらされて　　2) もらえて　　3) かえして　　4) まずしくて

23. ノートパソコンが(　　　)動かなくなってしまった。
    1) やっと　　2) しっかり　　3) とつぜん　　4) ときどき

24. たまねぎを(　　　)幅に切ってください。
　　1) 1カップ　　　2) 1センチ　　　3) 1グラム　　　4) 1リットル

25. 財布は無くすし、試験には落ちるし、最近全然(　　　)。
　　1) そろってない　　　　　　　2) おちついてない
　　3) すんでない　　　　　　　　4) ついてない

問題4　＿＿＿＿に意味が最も近いものを1・2・3・4から一つえらびなさい。

26. ここは駐車禁止です。そこの車、早く車を<u>どけなさい</u>。
　　1) そろえる　　　2) 移動する　　　3) かたづける　　　4) もって行く

27. 救急車が通ると犬が<u>ほえる</u>。
　　1) なく　　　2) とぶ　　　3) おこる　　　4) なでる

28. 今日のデートの約束を明日に<u>ずらして</u>もらえませんか。
　　1) 取り消して　　　2) 変更して　　　3) ひかえて　　　4) 帰って

29. ここでの喫煙は<u>おひかえください</u>。
　　1) 見上げてください　　　　　2) すわってください
　　3) やめてください　　　　　　4) くりかえしてください

30. 小川さんと金さんは、先月から<u>付き合ってる</u>らしいよ。
　　1) 交際している　　　2) 似合ってる　　　3) 仲直りした　　　4) 分かれた

05 부사·접속사·감동사

問題5 つぎのことばの使い方として最もよいものを1・2・3・4から一つえらびなさい。

31. すっきり
    1) 子猫を<u>すっきり</u>と抱いた。
    2) 電子レンジでおかずを<u>すっきり</u>しといてね。
    3) 東京は、人や車が多くて<u>すっきり</u>しています。
    4) 部屋の大掃除をしたら<u>すっきり</u>した。

32. とかす
    1) 妹は、毎日会社で化粧を<u>とかします</u>。
    2) ドライヤーを使った後、くしでかみを<u>とかす</u>。
    3) 私のいとこはよく<u>とかす</u>で買い物をしてるよ。
    4) この間交差点で車を<u>とかして</u>しまった。

33. 別々に
    1) 課長に映画を誘われたが、好きな映画じゃなかったので<u>別々</u>にした。
    2) 分からない言葉は、<u>別々</u>に辞書で調べてください。
    3) 今日は<u>別々に</u>払いませんか。
    4) この店のケーキって有名だけど<u>別々</u>においしくない。

34. 終点
    1) 新幹線に乗って<u>終点</u>のひろしま駅で降りてください。
    2) 子どもが急に<u>終点</u>してきたので、急ブレーキをかけた。
    3) 文の最後に書く記号を<u>終点</u>と言います。
    4) 卒業するために、全部で124<u>終点</u>取らないといけない。

35. 立ち上がる
    1) 急に空を<u>立ち上がって</u>どうしたの。
    2) 一日中部屋から外を<u>立ち上がる</u>のが好きだ。
    3) 近くを<u>立ち上がった</u>ので寄ってみました。
    4) 彼はいきなりイスから<u>立ち上がって</u>大声を出しながら店を出て行った。

問題1　つぎの文の(　　　)に入れるのに最もよいものを一つえらびなさい。

01. ぼくも旅行について(　　　)よかった。
    1) いこうと　　　2) いくのに　　　3) いけば　　　4) いかないと

02. 住民の協力に(　　)、道路がきれいになりました。
    1) より　　　　2) よれば　　　3) よる　　　4) よると

03. 私の家族は(　　　)のご飯が好きです。
    1) たきかけ　　　2) たききれ　　　3) たけて　　　4) たきたて

04. そんなに人が持っているものを(　　　)ください。
    1) ほしがろう　　2) ほしがって　　3) ほしがらないで　4) ほしがりて

05. 子どもが生まれて(　　)、親の大切さが分かった。
    1) はじめて　　　2) はじめから　　3) はじめに　　　4) はじめの

06. (　　　)、彼はうそをついているかもしれないね。
    1) まるで　　　2) もしかしたら　　3) だから　　　4) もし

07. (　　　)給料が高くても、土日休めない仕事はしたくない。
    1) めったに　　　2) なぜなら　　　3) ところが　　　4) たとえ

08. 30分遅れるとは聞いていたけど、(　　　)川田さんおそいですね。
    1) それにしても　2) それから　　　3) それとも　　　4) それに

09. この新製品に(　　　)お問い合わせはこちらの番号にどうぞ。
　　1) さえ　　　　2) つまる　　　　3) 関する　　　　4) とっての

10. 水を(　　　)にしないでくださいね。
　　1) だしたとおり　2) だしっぱなし　3) だしたかも　4) だしたっきり

11. A：「今夜友達と食べ放題に行くんだよ。」
　　B：「(　　　)お昼は食べなかったんだね。」
　　1) その上　　　2) それとも　　　3) そして　　　4) そのために

12. 晩ご飯を食べてる(　　　)、友だちが遊びに来た。
　　1) 最中に　　　2) とたんに　　　3) たびに　　　4) ことに

13. おばの病気が早く(　　　)。
　　1) なおりましょう　　　　　2) なおってごらん
　　3) なおりますように　　　　4) なおしわすれた

問題2　つぎの文の＿＿＿★＿＿＿に入る最もよいものを、1・2・3・4から一つ選びなさい。

14. A：「どうして食べないの。」
　　B：「＿＿＿ ＿＿＿ ＿＿＿ ＿★＿。」
　　1) 好きじゃ　　2) もん　　3) だって　　4) ないんだ

15. 今年の夏は、＿＿＿ ＿★＿ ＿＿＿そうだ。
　　1) 暑くない　　2) 昨年に　　3) あまり　　4) 比べて

16. あなた＿★＿ ＿＿＿ ＿＿＿ ＿＿＿誰ですか。
　　1) ひとは　　2) 一番　　3) にとって　　4) たいせつな

17. 分からなかったら、_____★_____ _____ _____。
    1) ごらん   2) しらべて   3) なさい   4) ネットで

18. みんな、_____ _____ _____ ★_____。
    1) 焼き   2) あがり   3) ケーキが   4) ましたよ

問題3 つぎの文章を読んで、19から23の中に入る最もよいものを、1・2・3・4から一つえらびなさい。

> 今朝、バスがとても混んでいました。でも、中のほうは <u>19</u>。そこに <u>20</u> が、行けませんでした。バスの出入り口に立っている人たちが <u>21</u> しなかったのです。「すみません」と言いながらやっと行くことができました。混んでいるときにはなかなか <u>22</u> としても降りられないので、出入り口にいるのでしょうが、ほかの人のことを考えて、なるべく中に <u>23</u> ほうがいいと思います。

19.
   1) 空きました   2) 空けました   3) 空いていました   4) 空こうとしました

20.
   1) 行きません
   3) 行こうとしません
   2) 行こうとしました
   4) 行きたくないですが

21.
   1) 動かれた   2) 動かせた   3) 動くように   4) 動こうと

22.
   1) 降りよう   2) 降りる   3) 降ります   4) 降りたい

23.
   1) 入れ   2) 入る   3) 入り   4) 入ろう

05 日本語能力試験 N3・N4 일본어능력시험

問題1　問題1では、まず質問を聞いてください。それから、話を聞いて、問題用紙の1から4の中から最もよいものを一つ選んでください。

🎧 01番

男の人と女の人が話しています。女の人は何点だと思っていますか。

男：昨日の試験は、どうだった。
女：全然だめ。忙しくてなかなか勉強する時間がなかったから。
男：ぼくも同じ。合格していればいいけど。
女：そうね。ところで何点ぐらいだと思う。
男：難しいな。75点かな。友だちは80点以上だと言ってた。
女：そっか。すごいわね。私は70点ぐらいかしら。65点以上は大丈夫と聞いたけど。
男：じゃ、たぶん大丈夫だろうね。

1) 65点
2) 70点
3) 75点
4) 80点

問題2 問題2では、まず、質問を聞いてください。そのあと、問題用紙を見てください。読む時間があります。それから、話を聞いて、問題用紙の1から4の中から最もよいものを一つ選んでください。

🎧 02番
男の人と女の人が話しています。女の人の子どものころの思い出は何ですか。

> 男：田中さん、子どものころの思い出って何ですか。
> 女：子どものころの思い出ですか。そうですね。兄からよくいじめられて泣いていましたね。
> 男：へー。僕は、よく宿題をせずに学校へ行って、先生から怒られてました。
> 女：ははは。今と変わってないですね。今でも教授からよく怒られているということを聞きますけど。
> 男：え？そうですか。恥ずかしいな。でも、田中さんは彼氏をよくいじめているじゃないですか。
> 女：そう？ちょっときびしく言うとすぐに泣くから、兄がいじめているように見えるんですよ。
> 男：本当ですか？

1) 彼氏をよくいじめていた。
2) 先生からよく怒られていた。
3) 兄にいじめられてよく泣いていた。
4) 宿題をしないで、学校へ行っていた。

問題3

問題3では、問題用紙に何も印刷されていません。まず話を聞いてください。それから、質問を聞いて、正しい答えを1から4の中から一つ選んでください。

🎧 03番

男の人と女の人が話しています。

> 女：どうしたの。その花。
> 男：いや、あのう。
> 女：なに？男だったら、はっきり言いなさい。
> 男：この間作ってくれたケーキがおいしかったから、そのお礼がしたくて。
> 女：そうだったの。あれ？でも私が作ったのってカレーじゃなかった？
> 男：いや、ケーキだったよ。
> 女：おかしいわね。私、ケーキなんか作れないけど、カレーとサンドイッチなら。
> 男：あ、間違えた。別の友達だった。
> 女：でも、私にくれるつもりで持ってきたんでしょ。なら、もらってあげるわよ。
> 男：いや、でも。

男の人はどうして花を持ってきましたか。

1) ケーキのお礼がしたかったからです。
2) カレーのお礼がしたかったからです。
3) サンドイッチのお礼がしたかったからです。
4) 別の人にお礼がしたかったからです。

問題4 問題4では、絵を見ながら質問を聞いてください。それから正しい答えを1から3の中から一つ選んでください。

04番

男：私に届いたメールを別の人に送ります。なんと言いますか。

1) メールを転送しますね。
2) メールを返送しますね。
3) メールを発送しますね。

05番

女：来週、バイトを休みたいです。なんといいますか。

1) すみません、来週バイトを休みましょう。
2) すみません、来週バイトを休ませてください。
3) すみません、来週バイトを休んでください。

06番

男：お店にお客さんが来ました。人数を聞きたいです。なんといいますか。

1) いらっしゃいませ。何人様ですか。
2) いらっしゃいませ。何名様ですか。
3) いらっしゃいませ。何様ですか。

07番

女：相手に座って待っていてもらいたいです。なんといいますか。

1) こちらで座って待ってください。
2) こちらでお座りになって待ってください。
3) こちらでおかけになってお待ちください。

問題5

問題5では、問題用紙に何も印刷されていません。まず、文を聞いてください。それから、その返事を聞いて、1から3の中から正しいものを一つ選んでください。

🎧 08番

女：お茶をお持ちします。
1) どうぞかまってください。
2) どうぞかまいください。
3) どうぞおかまいなく。

🎧 09番

男：寺山さんのご主人、なくなったそうですよ。
1) そうですか。お気の毒に。
2) そうですか。ご苦労様です。
3) そうですか。苦しいですね。

🎧 10番

女：おなかすいた。何かない。
1) クーラーが効いてるよ。
2) ビールが冷やしているよ。
3) 残りものならあるよ。

🎧 11番

男：どうしましたか。
1) 今朝から頭痛がするんです。
2) お大事に。
3) お世話になりました。

어휘 포인트

JLPT를 보기 위해 필요한 단어입니다. 확인하고 익혀 보세요.

	読み方	意味
辞める	やめる	사직하다, 사임하다, 그만두다
税金	ぜいきん	세금
賞味期限	しょうみきげん	유통기간
勤める	つとめる	근무하다, 일하다
税込み	ぜいこみ	세금포함
外科	げか	외과
投げる	なげる	던지다
捕まる	つかまる	잡히다, 붙잡히다
押す	おす	밀다
ネットゲーム		온라인게임
じっと		가만히, 물끄러미
いらいら		안절부절 못하는 모양, 초조해하는 모양
包む	つつむ	휘감아싸다
明明後日	しあさって	글피
通る	とおる	지나가다, 통과하다
ずらす		늦추다, 연기하다
取り返す	とりかえす	되찾다, 돌이키다
仲直り	なかなおり	화해
すっきり		산뜻이, 상쾌해지다
終点	しゅうてん	종점
立ち上がる	たちあがる	일어서다
給料	きゅうりょう	월급, 급여
お問い合わせ	おといあわせ	문의
治る	なおる	낫다
比べる	くらべる	비교하다
混む	こむ	혼잡하다
思い出	おもいで	추억
頭痛	ずつう	두통
お大事に	おだいじに	몸조심하세요

05 부사 · 접속사 · 감동사

문법포인트

一. 부사

1. 의미·용법

동사와 형용사를 수식하여 동작·상태의 모습이나 정도, 혹은 말하는 사람의 기분을 나타내는 단어를 부사라 한다. 부사는 다음과 같이 동사, 형용사, 명사, 다른 부사를 수식하며 술어로 쓰이기도 한다.

- 昨日お酒を<u>たくさん</u>飲みすぎて、おなかを壊した。〈동사 수식〉
  어제 술을 너무 많이 마셔서 배탈이 났다.
- ソウルも冬は<u>とても</u>寒いです。〈형용사 수식〉
  서울도 겨울에는 몹시 춥습니다.
- それは<u>ずっと</u>昔のことです。 〈명사 수식〉
  그것은 훨씬 옛날 일입니다.
- この料理は<u>さっぱり</u>した味ですね。〈명사 수식〉
  이 요리는 담백한 맛이군요.
- 入試まではあともう<u>少し</u>ですね。〈부사 수식〉
  입시까지는 이제 얼마 안남았군요.
- も<u>っと</u>ゆっくり歩いてください。 〈술어 용법〉
  더 천천히 걸으세요.

2. 종류

(1) 양태부사(様態副詞)

동작・작용의 상태를 한정하고 きっぱり, こっそり, すぐ, すっかり, かつて, のんびり, ゆっくり, まだ, みんな, にっこり 등이 있으며 의성어・의태어나, 같은 말이 반복되는 첩어(疊語), 시제를 수식하는 단어도 이에 포함된다. 「と」를 붙여 쓰는 경우도 있다.

- キム先生はいつも<u>ゆっくり</u>歩いている。　김선생님은 항상 천천히 걷는다.
- <u>そろそろ</u>帰りましょう。　(이제) 슬슬 돌아갑시다.

(2) 정도부사(程度副詞)

동작・상태의 정도를 한정하며 형용사와 양・정도를 나타내는 동사, 위치, 방향, 거리, 시간, 수량을 나타내는 명사를 수식한다. かなり, 少し, ちょっと, いっそう, ずっと, もっと, わずか, たいそう, だいたい 등이 있다.

- 母は<u>だいたい</u>6時ごろ起きる。　어머니는 대개 6시 경에 일어난다.
- 日本に行ったらおすしを<u>たくさん</u>食べたい。　일본에 가면 스시를 잔뜩 먹고 싶다.

(3) 진술부사(陳述副詞)

말하는 사람의 심적 태도를 직접 표시하는 것으로 추량, 부정, 비유, 의문, 희망 등의 특정한 술어와 호응한다.

① 부정「ない」와 호응 : 決して, たいして, ちっとも, ろくに, めったに, ぜんぜん, 少しも
  - 昔のことは<u>ぜんぜん</u>覚えていません。　옛날 일은 전혀 기억하지 못합니다.

② 추측「だろう」와 호응 : たぶん, おそらく
  - 彼は<u>たぶん</u>来ないだろう。　그는 아마 안올 것이다.

③ 부정추측「ないだろう」와 호응 : まさか
  - <u>まさか</u>父がそんなことをするはずがないだろう。　설마 아버지가 그런 일을 할 리가 없다.

④ 비유「ようだ」와 호응 : まるで, ちょうど
  - ここは<u>まるで</u>天国のようですね。　여기는 마치 천국과 같습니다.

⑤ 의문「か」와 호응 : なぜ, どうして
  - <u>なぜ</u>こんなに遅くなったのですか。　왜 이렇게 늦어진 것입니까?

⑥ 의뢰・희망 「ください」「たい」와 호응 : どうぞ, ぜひ, どうか
- ぜひ遊びに来てください。　꼭 놀러 와 주세요.

⑦ 단정 「に違いない」와 호응 : きっと, 必ず
- この薬を飲んだら必ずなおるに違いありません。　이 약을 먹으면 반드시 나을 것입니다.

⑧ 가정 「たら」와 호응 : もし, 仮に
- もしお金があったらこの車を買いたいです。　만약에 돈이 있다면 이 차를 사고 싶습니다.

(4) 평가부사(評価副詞)

말하는 사람의 판단이나 의견, 느낌 등을 나타내는 부사로 すなわち, 幸い, あいにく, もちろん, 当然, むしろ, せめて, まして, たとえば 등이 있다.
- あいにく兄は今出かけています。　공교롭게 형은 지금 나갔습니다.
- たとえば私が死んだらどうする。　예를 들어 내가 죽으면 어떻게 할래?

二. 접속사

두 개 이상의 단어나 구, 절, 문을 연결하며 다음과 같은 의미로 쓰인다.

1. 순접

주로 원인과 이유를 나타내며 だから, それで, そのために, すると, それなら, したがって 등이 있다.
- 明日は日曜日です。だから、部屋の掃除をするつもりです。
  내일은 일요일이라 방 청소를 할 생각입니다.
- あなたが、彼女にそんなことを言ったから、それで怒っていたんですね。
  당신이 그녀에게 그런 말을 했기 때문에, 그래서 화가 난 것이군요.

2. 역접

앞의 내용과 다른 이야기를 할 때 사용되며 が, けれども, しかし, でも 등이 있다.
- 明日、試験がある。けれども、勉強していない。　내일 시험이 있다. 하지만 공부를 안했다.
- 田中さんは、いつも明るくて楽しい人です。しかし、今日はとても悲しそうです。
  다나카씨는 항상 밝고 즐거운 사람입니다. 그러나 오늘은 아주 슬퍼 보입니다.

3. 이유(설명)
이유나 설명을 할 때 사용되며 つまり, すなわち, たとえば, なぜかというと 등이 있다.

- 今、すごく眠いです。<u>なぜなら</u>、昨日あまり寝ていないからです。
  지금 아주 졸립습니다. 왜냐하면 어제 별로 자지 못했기 때문입니다.
- 今日はお昼を食べません。<u>なぜかというと</u>、夜友だちとおいしいものを食べにいくからです。
  오늘은 점심을 안먹었습니다. 왜냐하면 밤에 친구와 맛있는 것을 먹으러 가기 때문입니다.

4. 병렬·첨가
여러 가지 사물이나 사항을 나열할 때 쓰이며 そして, それから, それに, また, そのうえ, しかも 등이 있다.

- 田中さんといっしょにデパートへ行きました。<u>そして</u>、近くの食堂で晩ご飯を食べました。
  다나카씨와 함께 백화점에 갔습니다. 그리고 근처 식당에서 저녁을 먹었습니다.
- 私はお酒を飲みません。<u>それに</u>タバコも吸いません。
  나는 술을 마시지 않습니다. 게다가 담배도 피우지 않습니다.

5. 선택
선택을 할 때 사용하며 それとも, または, あるいは 등이 있다.

- 来週、山へ行きますか。<u>それとも</u>海へ行きますか。
  다음주에 산에 갑니까? 아니면 바다에 갑니까?
- このレポートは、月曜日に郵便で送ってください。<u>または</u>水曜日までに直接持ってきてください。
  이 레포트는 월요일에 우편으로 보내 주세요. 또는 수요일까지 직접 가져 와 주세요.

6. 보충
보충의 의미를 나타내며 ただし, なぜなら, だって 등이 있다.

- 遊びに行ってもいいですよ。<u>ただし</u>、宿題を終わらせてからね。
  놀러 가도 되요. 단 숙제를 마치고나서요.
- お金が欲しいです。<u>なぜなら</u>、はやく彼女と結婚したいからです。
  돈이 필요합니다. 왜냐하면 빨리 그녀와 결혼하고 싶기 때문입니다.

7. 전환
화제나 장면을 전환할 때 사용하며 では, さて, なお, もっとも 등이 있다.

- <u>では</u>、来週の月曜日に学校で会いましょう。 그러면 다음 주 월요일에 학교에서 만납시다.
- <u>さて</u>、週末は彼女と何をしようかな。 그런데 주말에는 그녀와 무엇을 할까.

三. 감동사

ああ, まあ등 놀람과 영탄의 감정을 직접 나타내는 말과 はい, もしもし, こんにちは등 응답이나 부를 때, 인사에 쓰인다.

- <u>ああ</u>、彼と一緒に映画を見に行きたいなぁ。 아아, 그와 함께 영화를 보러 가고 싶구나.
- <u>もしもし</u>、田中です。こんにちは。 여보세요, 다나카입니다. 안녕하세요.

〈자주 쓰는 **부사** 어휘〉

・あまり 그다지, 몹시, 대단히	・例えば(たとえば) 예를 들면, 예컨대
・いっぱい 가득, 충분히	・たまに 가끔, 드물게, 이따금
・必ず(かならず) 반드시, 꼭	・ちっとも 조금도, 전혀
・代わりに(かわりに) 대신	・とうとう 드디어, 마침내
・きっと 꼭, 틀림없이	・特に(とくに) 특히, 특별히
・決して(けっして) 결코, 절대로	・どんどん 술술, 계속해서, 자꾸자꾸
・これから 이제부터, 지금부터, 앞으로	・なかなか 꽤, 상당히, 좀처럼
・しっかり 확실히, 똑똑히, 착실히, 제대로	・なるべく 가능한 한, 되도록
・しばらく 잠시, 잠깐	・なるほど 과연, 정말
・ずいぶん 몹시, 대단히	・はっきり 분명히, 틀림없이
・すっかり 완전히, 남김없이	・非常に(ひじょうに) 대단히, 매우
・ずっと 훨씬, 줄곧, 계속	・ほとんど 거의
・ぜひ 꼭, 반드시	・まず 우서
・ぜんぜん 전혀, 완전히	・もうすぐ 이제, 곧
・それほど 그렇게, 그만큼, 그다지	・もし 만약, 만일
・そろそろ 슬슬, 이제 곧	・もちろん 물론
・大体(だいたい) 대개, 대충, 도대체	・やっと 겨우, 간신히
・大抵(たいてい) 대개, 대체로, 아마	・やはり/やっぱり 역시, 예상대로
・だいぶ 꽤, 상당히	・ゆっくり(と) 천천히, 여유 있게
・確か(たしか) 아마, 틀림없이	・割合に(わりあいに) 비교적

청해연습

たんぽぽのちえ －うえむら としお

春になると、たんぽぽの黄色いきれいな花が咲きます。二、三日経つとその花は自分で**だんだん**黒っぽい色に変わっていきます。**そして**たんぽぽの花の軸は**ぐったりと**地面に倒れてしまいます。**けれども**たんぽぽは枯れてしまうのではありません。花と軸を静かに休ませて種に**たくさん**の栄養を送っているのです。こうしてたんぽぽは種を**どんどん**太らせるのです。**やがて**花は**すっかり**かれてその後に白い綿毛ができてきます。この綿毛の一つ一つは広がると**ちょうど**らっかさんのようになります。たんぽぽはこの綿毛についている種を**ふわふわと**飛ばすのです。この頃になるとそれまで倒れていた花の軸が**また**起き上がります。**そして**背伸びをするように**ぐんぐん**伸びていきます。**なぜ**こんなことをするのでしょう。それは背を高くする方が綿毛に風がよくあたって種を遠くまで飛ばすことができるからです。良く晴れて風のある日には綿毛のらっかさんは**いっぱいに**開いて遠くまで飛んでいきます。**でも**湿り気の多い日や雨降りの日には綿毛のらっかさんはすぼんでしまいます。それは綿毛が湿って重くなると種を遠くまで飛ばすのができないからです。このようにたんぽぽは色々なちえをはたらかせていきます。**そして**あちらこちらに種を飛ばして新しい仲間を増やしていくのです。

봄이 되면, 노랗고 예쁜 민들레꽃이 핍니다. 2, 3일이 지나면, 그 꽃은 점점 저절로 거무스름한 색으로 변해갑니다. 그리고 민들레꽃 줄기는 축 늘어져 땅에 쓰러져 버립니다. 하지만, 민들레는 시들어버린 것이 아닙니다. 꽃과 줄기를 조용히 쉬게 해서 씨앗에게 많은 영양분을 보내고 있는 것입니다. 이렇게 해서 민들레는 씨앗을 점점 살찌웁니다. 이윽고 꽃은 완전히 시들고, 그 후에 하얀 솜털이 생깁니다. 이 솜털 하나하나는 펴지면 꼭 낙하산과 같이 됩니다. 민들레는 이 솜털이 붙어있는 씨앗을 둥실둥실 날립니다. 이 때가 되면 여태 쓰러져 있던 꽃줄기가 다시 일어섭니다. 그리고 기지개를 펴듯이 쭉쭉 자랍니다. 왜 이런 일을 하는 것일까요? 그것은 키를 크게 하는 편이 솜털에 바람이 잘 닿아서 씨앗을 멀리까지 날려 보낼 수 있기 때문입니다. 화창하게 개이고 바람이 부는 날에는 솜털의 낙하산은 활짝 펴져 멀리까지 날아갑니다. 하지만 습기가 많은 날이나 비가 내리는 날에는 솜털의 낙하산이 오므라집니다. 이 것은 솜털이 축축해져서 무거워지면 씨앗을 멀리까지 날려 보낼 수 없기 때문입니다. 이처럼 민들레는 여러 가지 지혜를 발휘합니다. 그리고 여기저기로 씨앗을 날려 보내어 새로운 친구를 늘려갑니다.

MEMO

日本語能力試験 N3・N4
동 사

06

06 日本語能力試験 N3・N4 일본어능력시험

실전테스트

문자 · 어휘

問題1 _____の言葉の読み方として最もよいものを1・2・3・4から一つえらびなさい。

01. 子どもたちが海岸で<u>砂</u>遊びをやっているよ。
    1) すこし   2) すな   3) いし   4) こな

02. 明日の朝、<u>耳鼻科</u>に行ってから学校に行きます。
    1) いみか   2) みみはなか   3) じみか   4) じびか

03. この会議で決まらなかったので、次回まで結論を<u>保留</u>することにする。
    1) ほりゅう   2) ほうりゅう   3) ほしょう   4) ほうしょう

04. テスト前で<u>睡眠</u>不足だよ。
    1) さいみん   2) とうみん   3) すいみん   4) けんみん

05. 私の夫は車に<u>関</u>する仕事をしています。
    1) せきする   2) かいする   3) もんする   4) かんする

06. 私の家では都会のスーパーに野菜を<u>出荷</u>している。
    1) しゅっか   2) しゅつに   3) しゅつなに   4) にもつ

07. 母の誕生日に母の好きな<u>口紅</u>をプレゼントしようかな。
    1) こうあか   2) くちべに   3) こうべに   4) くちあか

08. 2, 3日前から息切れがしたり、せきが出たりします。
    1) せききれ　　　2) そくきれ　　　3) いききれ　　　4) いきぎれ

**問題2　＿＿＿＿＿＿のことばを漢字で書くとき最もよいものを1・2・3・4か
らーつえらびなさい。**

09. 最近の大学生にはこうむいんが人気がある。
    1) 工務買　　　2) 公務員　　　3) 公預員　　　4) ム務員

10. 食べ物と洋服をたくはいで送っておいたわよ。
    1) 配達　　　2) 速達　　　3) 宅配　　　4) 配布

11. インフルエンザに注意して手を洗うなどのよぼうをしましょう。
    1) 予防　　　2) 矛防　　　3) 了防　　　4) テ防

12. 弟は今たんき留学中です。
    1) 短朋　　　2) 短気　　　3) 短間　　　4) 短期

13. 毎日運動をして体重を5キロへらした。
    1) 感らした　　　2) 減らした　　　3) 流らした　　　4) 増らした

14. あの本を読んでどれだけ多くの人がすくわれたのだろうか。
    1) 巣食われた　　　2) 求われた　　　3) 救われた　　　4) 球われた

問題3 （　　　）に入れるのに最もよいものを1・2・3・4から一つえらびなさい。

15. ワイシャツにアイロンを（　　　）から持って来てくれない。
　　1) ほす　　　2) あらう　　　3) たたむ　　　4) かける

16. A：「また顔に（　　　）が増えてるわ。」
　　B：「それにしらがもね。」
　　1) しわ　　　2) げっぷ　　　3) あくび　　　4) まゆげ

17. 今日は駅で3か月間の電車の（　　　）を買わないと。
　　1) 停車券　　2) 定期券　　3) 入場券　　4) 奨学金

18. チェさんが来週国に帰るから（　　　）してあげよう。
　　1) 送迎会　　2) 特別会　　3) 送信会　　4) 送別会

19. 旅行に行くときには家族に（　　　）するホテルの電話番号をわたして行く。
　　1) 温泉　　　2) 予定　　　3) 宿泊　　　4) 祝日

20. お年寄りや体の不自由な方が座るところを（　　　）といいます。
　　1) 優先席　　2) 専用席　　3) 指定席　　4) 自由席

21. 母は早く孫をこの腕で（　　　）たいと毎日言っている。
　　1) つなぎ　　2) なで　　　3) おぶ　　　4) だき

22. ぞうきんをよく（　　　）から、ゆかをふいてください。
　　1) くんで　　2) しぼって　　3) すって　　4) はいて

23. つかわなくなったものは（　　　）にしまっておく。
　　1) 物置　　　2) 掃除機　　3) トランク　　4) ゴミ

24. ほしかった服が安いと言って、デパートの(　　　)に出かけていきました。
   1) ボーガン　　　2) ワーゲン　　　3) バーゲン　　　4) パーセント

25. 空いているお皿を(　　　)よろしいでしょうか。
   1) おかわりして　2) おそろえして　3) のこして　　　4) おさげして

問題4　_____に意味が最も近いものを1・2・3・4から一つえらびなさい。

26. すごく緊張してしまって、うまく質問に答えられなかったよ。
   1) わらって　　　2) あがって　　　3) ないて　　　　4) 急いで

27. 自転車に乗るときは車に気をつけなさい。
   1) 近くに行く　　2) きらわれる　　3) かたづける　　4) 注意する

28. 田中君は良く学校をサボるから授業の内容が分からないんだわ。
   1) なまける　　　2) けずる　　　　3) かわる　　　　4) あそぶ

29. 洗濯したら、大切なウールのセーターが縮んでしまった。
   1) のびて　　　　2) ちいさくなって　3) やぶれて　　　4) ふるくなって

30. 後ろからそっと近づいていく。
   1) たのしく　　　2) しずかに　　　3) うるさく　　　4) くらく

問題5 つぎのことばの使い方として最もよいものを1・2・3・4から一つえらびなさい。

31. そうぞうしい
    1) このウイスキーは値段がそうぞうしい。
    2) 隣の部屋の人は毎日夜遅くまでそうぞうしいので困る。
    3) 今年は雨がそうぞうしい間降っていた。
    4) 彼のことを考えるだけでとてもそうぞうしい気持ちになる。

32. ちりとり
    1) 12月31日をちりとりと言います。
    2) 会社のともだちととてもちりとりのいい店に行ってきた。
    3) キーボードのちりとりと書いてあるところを押してください。
    4) ほうきとちりとりを使って部屋のそうじをしなさい。

33. たまたま
    1) たまたま高校のときの友達に会った。
    2) 車をたまたまになるまでみがいた。
    3) 何もすることがないので、街をたまたま歩いた。
    4) ジョンさんは、日本語をたまたま話します。

34. 開く
    1) 銀行で新しい口座を開く。
    2) 改札口で切符を開く。
    3) この季節は食べ物がすぐに開く。
    4) アメリカの友達に久しぶりにメールを開く。

35. こぼさない
    1) 靴はこぼさないで脱ぎましょう。
    2) そんなにのこしたら、こぼさないですよ。
    3) ジュースをこぼさないように飲んでね。
    4) いらっしゃいませ。こぼさないですか。

問題1　つぎの文の(　　　)に入れるのに最もよいものを一つえらびなさい。

01. 漢字はむずかしいですが、がんばればおぼえられない(　　　)ではない。
　　1) ところ　　　　2) こと　　　　3) という　　　　4) わけ

02. A：「ここは、夜はずいぶんしずかだね。」
　　B：「でも昼は(　　　)んだって。」
　　1) にぎやか　　2) にぎやかで　　3) にぎやかな　　4) にぎやかだ

03. ニュースの速報に(　　　)、特急列車が事故をしたそうですよ。
　　1) よると　　　2) とって　　　3) ついて　　　4) なら

04. 父に新しいのを買うのは(　　　)のを使い切ってからにしなさいといわれた。
　　1) 使う　　　　2) 使いたい　　3) 使いかけ　　4) 使い方

05. 彼氏が私に新しいネックレスを買って(　　　)かなあ。
　　1) のに　　　　2) くれない　　3) られない　　4) ないこと

06. 週末遊びに行くつもりだった。(　　　)、花粉症がひどくて行けなかった。
　　1) ばかりか　　2) まるで　　　3) つまり　　　4) ところが

07. 話に(　　　)、あそこのそば屋は行列ができるそうだよ。
　　1) よれば　　　2) ようと　　　3) かけて　　　4) 聞いて

08. 夫は(　　　)暑くても、エアコンと扇風機は使いません。
　　1) どうに　　　2) どうも　　　3) どんなに　　4) どこが

06 日本語能力試験 N3・N4 일본어능력시험

09. 友達に、ソンさんのメールアドレスを(　　　)とたのまれた。
   1) おしえよう　　2) おしえてくれ　　3) おしえない　　4) おしえる

10. 大丈夫ですよ、そんなに(　　　)で。
   1) こわがらない　2) こわがる　　3) こわがれ　　4) こわがろう

11. すみません。その雑誌を(　　　)ほしいんですが…。
   1) みる　　2) みせる　　3) みない　　4) みせて

12. 家をでた(　　　)、雨が降り出した。
   1) たびに　　2) とたん　　3) ついでに　　4) ことに

13. このアニメは、子ども(　　　)か、大人まで夢中になっているらしい。
   1) に比べて　　2) だけ　　3) ばかり　　4) もちろん

問題2 つぎの文の＿＿＿★＿＿＿に入る最もよいものを、1・2・3・4から一つ選びなさい。

14. そんなことはするなと＿＿★＿＿ ＿＿＿＿ ＿＿＿＿ ＿＿＿。
   1) した　　2) 注意　　3) ことか　　4) 何度

15. 新聞の記事が＿＿＿＿ ＿＿＿＿ ＿＿＿＿ ＿＿★＿。
   1) とは　　2) 限らない　　3) すべて　　4) 正しい

16. この歌を多くの＿＿＿＿ ＿＿＿＿ ＿＿＿＿ ＿＿★＿。
   1) ように　　2) 聞いて　　3) くれます　　4) 人が

17. 夫は ＿＿＿＿ ＿＿＿＿ ＿＿★＿ ＿＿＿。
   1) 人です　　2) 子ども　　3) っぽい　　4) すごく

18. 昨日は＿＿＿＿ ★ ＿＿＿＿ ＿＿＿＿でした。

　　1) らしい　　　2) 寒い　　　3) 冬　　　4) 一日

問題3　つぎの文章を読んで、19から23の中に入る最もよいものを、1・2・3・4から一つえらびなさい。

> 　週末は、天気が良かったので彼女とデートをしました。12時に駅前で会う約束をしたのですがなかなか来ませんでした。電話を 19 出ませんでした。彼女と行く約束をしていたレストランに 20 しました。
> 　そしたら、彼女がそこで待っていました。約束は駅前じゃなくてレストラン 21 。駅前で待ってたことを話すと、彼女は笑いながら「あなたがこのレストランで 22 といったのよ。」と言いました。自分で言ったことを忘れて 23 ことがはずかしかったです。

19.
　　1) かける　　2) かけた　　3) かけよう　　4) かけても

20.
　　1) 行ってみることに　　2) 行こうと
　　3) 行ってきました　　　4) 行ってみた

21.
　　1) だそうです　　　2) だったそうです
　　3) だからです　　　4) だからでした

22.
　　1) 会う　　2) 会います　　3) 会いません　　4) 会おう

23.
　　1) しまった　　2) しまい　　3) しまえば　　4) しまう

06 日本語能力試験 N3・N4 일본어능력시험

청해

問題1 問題1では、まず質問を聞いてください。それから、話を聞いて、問題用紙の1から4の中から最もよいものを一つ選んでください。

🎧 01番

男の人が話しています。駐車場に車を何台駐車することができますか。

> 男：午前中、駐車場に車が10台とまっていました。1時ごろ2台の車が駐車していきました。そして、3時ごろに3台の車が駐車場から出て行きました。夕方、車が1台きて駐車して行き、夜にはまた2台の車が駐車していきました。私が帰ろうとしたときに、車が1台来ましたが、もう駐車場はいっぱいでした。

1) 10台
2) 11台
3) 12台
4) 13台

問題2 問題2では、まず、質問を聞いてください。そのあと、問題用紙を見てください。読む時間があります。それから、話を聞いて、問題用紙の1から4の中から最もよいものを一つ選んでください。

🎧 02番

男の人と女の人が話しています。男の人はどうしてステーキを食べませんか。

> 女：このレストランのステーキは、とてもおいしいんですよ。
> 男：そうなんですか。でも、今日はステーキは。
> 女：そうですか。もしかして、好きじゃないんですか。
> 男：いいえ。実は、昨日娘の誕生日だったので、このレストランに家族で食べに行ったんですよ。
> 女：あ、そうだったんですか。じゃ、スパゲッティはどうですか。
> 男：いいですね。

1) 昨日、ステーキを食べたから
2) 娘の誕生日だから
3) ステーキが好きじゃないから
4) このレストランがおいしくないから

問題3 問題3では、問題用紙に何も印刷されていません。まず話を聞いてください。それから、質問を聞いて、正しい答えを1から4の中から一つ選んでください。

🎧 03番

男の人が電話をしています。

> 男： もしもし。うん。ぼくだけど。今日、早く家に帰ると言ったけど遅くなりそうなんだ。課長から、飲みに行こうと誘われて行くことになったんだよ。だから、夕飯はいらないよ。ひろしと今夜一緒に銭湯に行くって約束してたのに。明日は必ず一緒に行くから、今日は家でお風呂に入ってと伝えて。じゃ、帰る前にまた電話するよ。

男の人は会社が終わったら何をすると言っていますか。

1) うちへ帰ります。
2) 課長とお酒を飲みに行きます。
3) 子どもと銭湯に行きます。
4) うちで、夕飯を食べます。

06

日本語能力試験 N3・N4 일본어능력시험

問題4 　問題4では、絵を見ながら質問を聞いてください。それから正しい答えを1から3の中から一つ選んでください。

🎧 04番

男：ほかの会社の人が社長に会いに行きました。受付でなんと言いますか。

1) 社長はいらっしゃいますか。
2) 社長いる？
3) 社長はいりますか。

🎧 05番

女：バスの中にノートパソコンを忘れてしまいました。バス会社の人になんと言いますか。

1) すいませんが、ノートパソコンを探してきてください。
2) すいませんが、ノートパソコンを探してもいいですか。
3) すいませんが、ノートパソコンを探してもらえませんか。

🎧 06番

男：飛行機の予約をしましたが、行けなくなりました。電話でなんといいますか。

1) 飛行機の予約ができませんでした。
2) 予約のキャンセルをお願いします。
3) 飛行機はもう飛びません。

🎧 07番

女：料理の味が少し濃いです。なんといいますか。

1) すこし、塩からいんだけど。
2) すこし、すっぱいんだけど。
3) すこし、あまいんだけど。

問題5　問題5では、問題用紙に何も印刷されていません。まず、文を聞いてください。それから、その返事を聞いて、1から3の中から正しいものを一つ選んでください。

🎧 08番
女：あ、なべがこげてるよ。
1) 大変、面白いわね。
2) 大変、忘れてた。
3) 大変、煮てないと。

🎧 09番
男：すみません。コーヒーのおかわりをください。
1) はい。少々お待ちください。
2) うん。ちょっと待ってね。
3) なんだって？

🎧 10番
女：このデザインは今年一番売れているんですよ。
1) じゃ、これいただくわ。
2) じゃ、これきらいなの。
3) じゃ、これはやってるの。

🎧 11番
男：ご無沙汰しています。お元気でいらっしゃいますか。
1) おかまいなく。
2) おじゃまします。
3) ええ、おかげさまで。

日本語能力試験 N3·N4 일본어능력시험

어휘 포인트

JLPT를 보기 위해 필요한 단어입니다. 확인하고 익혀 보세요.

	読み方	意味
覚える	おぼえる	느끼다, 기억하다
賑やか	にぎやか	번화함, 떠들썩함
速報	そくほう	속보
花粉症	かふんしょう	화분증, 꽃가루 알레르기
行列	ぎょうれつ	행렬
砂遊び	すなあそび	모래장난
耳鼻科	じびか	이비인후과
保留	ほりゅう	보류
出荷する	しゅっかする	출하하다
息切れ	いきぎれ	숨이 참, 헐떡임
速達	そくたつ	속달
配布	はいふ	배부
インフルエンザ		독감
減らす	へらす	줄이다, 덜다, 감하다
救う	すくう	구하다
定期券	ていきけん	정기권
優先席	ゆうせんせき	우선석
バーゲン		바겐세일
サボる		게을리하다, 게으름 피우다
縮む	ちぢむ	줄다, 오그라들다
値段	ねだん	가격
ステーキ		스테이크
スパゲッティ		스파게티
濃い	こい	(빛깔, 맛, 냄새 등이)진하다
ご無沙汰	ごぶさた	격조, 무소식

문법포인트

一. 동사

동사에는 동작과 상태를 나타내는 종류가 있고 의지성 여부나 동작의 모습에 따라 의지동사와 무의지동사, 자동사와 타동사로 분류할 수 있다.

모든 동사는 「う단」으로 끝나며, 활용형을 기준으로 u동사, ru동사, 불규칙동사로 분류된다.

1. 활용형에 따른 분류

1) ru동사(1단 동사)

기본형이 「る」로 끝나고 그 바로 앞 글자가 「い」단이거나 「え」단인 동사. 즉 「る」의 앞 글자가 「い・き(ぎ)・し(じ)・ち(ぢ)・に・ひ(び)・み・り」거나 「え・け(げ)・せ(ぜ)・て(で)・ね・へ(べ)・め・れ」이면 ru동사(1단 동사)이다.

| ・いる(있다) | ・きる(입다) | ・みる(보다) | ・かける(걸다) | ・たべる(먹다) | ・ねる(자다) |

2) 불규칙 동사

불규칙 동사는 「くる」와 「する」, 두 동사뿐이다.

3) u동사(5단 동사)

ru동사와 불규칙동사를 제외한 모든 동사를 말한다.

기본형이 「う・く(ぐ)・す・つ・ぬ・ぶ・む・る」등 3단으로 끝난다.

| ・いう(말하다) | ・かく(쓰다) | ・はなす(이야기하다) | ・もつ(가지다) |
| ・しぬ(죽다) | ・あそぶ(놀다) | ・やすむ(쉬다) | ・のる(타다) |

※ 주의 : 기본형이 「る」로 끝나더라도 「る」바로 앞 자가 「い」단이나 「え」단이 아닌 경우는 u동사이다. 「のる」의 경우 「る」의 앞 글자가 「の」이므로 「お」단이다. 그러므로 ru동사가 아닌 u동사이다.

2. 동작성의 유무에 따른 분류

1) 동작동사

동작이나 변화를 나타내는 동사로 동사의 기본형이 현재 시제를 나타내지 못하고 동사의 「ている」로 현재를 나타내게 된다.

うごく、なぐる、たたく、たべる、あるく、いく、はたらく、(雨が)ふる、こわす、きる、こわれる、こげる、おれる、ふえる、かわく、かわかす、さます등이 있다.

2) 상태동사

상태・존재를 나타내는 동사로, 기본형이 현재시제를 나타낼 수 있다.

みえる、そだつ、ある、ぞくする、所有する、かかわる등이 있다.

- すぐ行きます。 금방 가겠습니다. 〈동작동사-미래, 의지〉
- よく見えます。 잘 보입니다. 〈상태동사-현재〉
- いっしょに食べよう。 같이 먹자. 〈동작동사-권유〉
- どんどん育つだろう。 점점 자랄 것이다. 〈상태동사-추측〉

3. 의지성 여부에 따른 분류

1) 의지동사

의지적인 동작을 나타낸다.

いく、はしる、たべる、よむ、はたらく、きる등이 있다.

2) 무의지 동사

인간의 의지로 제어할 수 없는 사태를 나타낸다.

わすれる、おちる、(雨が)ふる、はれる、つぶれる등이 있다.

- 早く帰りましょう。 빨리 돌아갑시다. 〈의지동사-의지, 권유〉
- 今度だけは最後まで読もう。 이번만은 끝까지 읽어야지. 〈의지동사-의지〉
- 明日は雨が降るでしょう。 내일은 비가 올 것이다. 〈무의지동사-추측〉
- 今度こそ試験に受かれ。 이번에야말로 시험에 붙어라. 〈무의지동사-희망〉

4. 의미에 따른 분류

동사는 문법적 의미에 따라 자동사와 타동사로 분류할 수 있다. 형태적 특징으로 말하자면, 행위의 대상 즉 목적어를 취하지 않는 동사를 자동사, 목적어를 취하는 동사를 타동사라고 한다.

자동사에는 あるく、とぶ、すわる、ねる、わらう、ひらく、ながれる、さめる、こわれる、つく 등이 있고 타동사에는 よむ、うる、なぐる、きる、のむ、かう등이 있다.

- 太郎は毎朝1時間走ります。　다로는 매일 아침 1시간 달립니다.
- 花子はいつも同じ席に座ります。　하나코는 항상 같은 자리에 앉습니다.
- このドアは自動的に開きます。　이 문은 자동적으로 열립니다.
- 太郎が弟をなぐった。　다로가 동생을 때렸다.
- 次郎が英語の本を読んでいる。　지로가 영어책을 읽고 있다.
- 花子がスイカを二つに切った。　하나코가 수박을 둘로 잘랐다.

※ **可能動詞** : u동사를 ru동사로 활용시키면 가능의 의미를 나타내는 가능동사가 된다. 타동사의 경우 조사「を」를「が」로 바꾸는 것이 보통이다.

- 日本語の本が読めるようになりました。　일본어책을 읽을 수 있게 되었습니다.
- 一人で行けますか。혼자서 갈 수 있습니까?

〈주요동사 어휘〉

あ
- 合う(あう) 맞다, 어울리다
- 集める(あつめる) 모으다, 집합시키다
- 急ぐ(いそぐ) 서두르다
- 祈る(いのる) 빌다, 기도하다
- 受ける(うける) 받다
- 動く(うごく) 움직이다, 이동하다
- 選ぶ(えらぶ) 고르다, 선택하다
- 送る(おくる) 보내다, 배웅하다
- 怒る(おこる) 화내다, 성내다
- 踊る(おどる) 춤추다
- 驚く(おどろく) 놀라다
- 思う(おもう) 생각하다

か
- 変える(かえる) 바꾸다, 변화시키다
- 飾る(かざる) 장식하다, 꾸미다
- 片付ける(かたづける) 정리하다, 정돈하다
- 勝つ(かつ) 이기다
- 通う(かよう) 다니다, 통하다
- 考える(かんがえる) 생각하다, 헤아리다
- 聞こえる(きこえる) 들리다
- 決める(きめる) 정하다, 결정하다
- 比べる(くらべる) 비교하다, 견주다

さ
- 探す(さがす) 찾다
- 騒ぐ(さわぐ) 떠들다, 소란을 피우다
- 触る(さわる) 닿다, (손을)대다, 만지다
- 閉める(しめる) 닫다
- 知らせる(しらせる) 알리다, 통지하다
- 調べる(しらべる) 조사하다
- 過ぎる(すぎる) 지나다, 통과하다
- 捨てる(すてる) 버리다
- 育てる(そだてる) 기르다, 키우다

た
- 倒れる(たおれる) 쓰러지다, 넘어지다
- 楽しむ(たのしむ) 즐기다, 낙으로 삼다
- 足りる(たりる) 충분하다, 족하다
- 伝える(つたえる) 전하다, 전달하다
- 続ける(つづける) 계속하다, 연결하다
- 手伝う(てつだう) 돕다, 거들다
- 届ける(とどける) 보내다, 신고하다
- 止める(とめる) 세우다, 막다

な
- 治る(なおる) (병이)낫다
- 泣く(なく) 울다
- 投げる(なげる) 던지다
- 慣れる(なれる) 익숙해지다, 숙련되다
- 逃げる(にげる) 도망치다, 달아나다
- 似る(にる) 닮다
- 盗む(ぬすむ) 훔치다, 도둑질하다
- 塗る(ぬる) 칠하다, 바르다

は
- 運ぶ(はこぶ) 옮기다, 운반하다
- 始める(はじめる) 시작하다, 개시하다
- 払う(はらう) 지불하다
- びっくりする 깜짝 놀라다
- 引っ越す(ひっこす) 이사하다
- 拾う(ひろう) 줍다, 습득하다
- 増える(ふえる) 늘다, 늘어나다
- 太る(ふとる) 살찌다
- ほめる 칭찬하다

〈주요동사 어휘〉

ま
- 負ける(まける) 지다
- 間違える(まちがえる) 잘 못하다, 틀리다
- 回る(まわる) 돌다
- 迎える(むかえる) 맞다, 맞이하다
- 戻る(もどる) 되돌아가다, 되돌아오다
- もらう 받다, 얻다

や
- 焼く(やく) 굽다, 태우다
- やせる 살이 빠지다, 마르다
- やめる 그만두다, 끊다
- 揺れる(ゆれる) 흔들리다
- 寄る(よる) 다가서다, 들르다
- 喜ぶ(よろこぶ) 기뻐하다, 즐거워하다

わ
- 別れる(わかれる) 이별하다, 헤어지다
- 笑う(わらう) 웃다, 비웃다
- 割れる(われる) 깨지다, 부서지다

MEMO

06 日本語能力試験 N3・N4 일본어능력시험

청해연습

えいっ - みき たく

ナレ	くまのとうさんとくまの子どもが、町へポップコーンを買いに行きました。**歩いている**と、どうろのしんごうが、赤に**なりました**。
나레이션	아빠 곰과 아기 곰이 시내에 팝콘을 사러갔습니다. 걷고 있는데 도로의 신호가 빨간 불이 되었습니다.
とうさん	「あぶないから、**わたっては**いけないよ。」
아빠 곰	「위험하니까, 건너면 안돼요.」
ナレ	と、とうさんが**言いました**。
나레이션	라고 아빠가 말했습니다.
子ども	「うん。」
아기 곰	「응.」
ナレ	くまの子が**言いました**。車がどんどん**通っていきます**。いくら**まっても**赤です。
나레이션	아기 곰이 말했습니다. 차가 계속 지나갑니다. 아무리 기다려도 빨간 불입니다.
子ども	「とうさん、まだ**わたれないよ**。」
아기 곰	「아빠, 아직 건너면 안돼요.」
とうさん	「よし、よし。」
아빠 곰	「착하네.」
ナレ	とうさんが**言いました**。
나레이션	아빠가 말했습니다.
とうさん	「いま、青に**してあげる**から、**まっていなさい**。」
아빠 곰	「지금 파란 불로 만들어 줄테니까, 기다려봐.」
ナレ	それから、ころあいを**みはからって**、
나레이션	그리고 적당한 때를 가늠하여,
とうさん	「えいっ。」
아빠 곰	「에잇.」
ナレ	と**言いました**。しんごうは青に**なりました**。
나레이션	라고 말했습니다. 신호가 파란 불이 되었습니다.

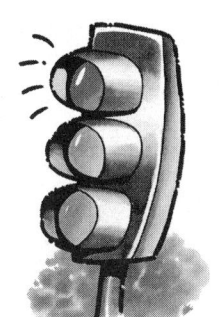

子ども	「ふうん。うちのとうさん、すごいんだ。」
아기 곰	「흐음. 우리 아빠 멋지다.」
ナレ	くまの子は、**感心しました**。
나레이션	아기 곰은 감탄하였습니다.
子ども	「えいって**言えば**、しんごう、**かわっちゃうんだ**ものな。」
아기 곰	「"에잇" 이라고 하면, 신호가 바뀌는 거구나.」
ナレ	ポップコーンを**買って**、ふたりで**食べながら歩いている**と、いい気持ちでした。
나레이션	팝콘을 사고, 먹으면서 둘이 걸으니 기분이 좋았습니다.
子ども	「とうさん、ねえ、とうさん。」
아기 곰	「아빠, 있잖아. 아빠.」
とうさん	「なんだい。」
아빠 곰	「왜 그러니?」
子ども	「じゃあ、青のしんごうを、赤に**することもできる**かい。」
아기 곰	「그럼, 파란 불을 빨간 불로 할 수도 있어.」
とうさん	「**できる**とも。」
아빠 곰	「할 수 있고말고.」
子ども	「じゃあ、**やってみせて**くれる。」
아기 곰	「그럼 해봐봐.」
ナレ	つぎのしんごうのところへ**きました**。しんごうは、青でした。とうさんは、ころあいを**みはからって**、
나레이션	다음 신호가 있는 곳으로 갔습니다. 신호는 파란 불이었습니다. 아빠는 적당한 때를 가늠하여
とうさん	「えいっ。」
아빠 곰	「에잇.」
ナレ	と、**言いました**。しんごうは黄色に**なりました**。
나레이션	라고 말했습니다. 신호가 주황 불이 되었습니다.

子ども	「あれ、黄色だよ。」
아기 곰	「어! 주황색이네.」
ナレ	くまの子は、**びっくりして言いました**。とうさんは、また、
나레이션	아기 곰은 놀라서 말했습니다. 아빠 곰은 다시
とうさん	「えいっ。」
아빠 곰	「에잇.」
ナレ	と**言いました**。しんごうは赤に**なりました**。
나레이션	라고 말했습니다. 신호는 빨간 불이 되었습니다.
子ども	「ふうん。ぼくのとうさん、えらいんだ。」
아기 곰	「흐음. 우리 아빠 대단해.」
ナレ	と、くまの子は**思いました**。
나레이션	라고 아기 곰은 생각했습니다.
子ども	「ねえ、とうさん。でも、どうして黄色なんかに**した**の。」
아기 곰	「있잖아, 아빠. 하지만 왜 주황 불로 바꿨어?」
とうさん	「いっぺんに赤だと、みんな**びっくりする**からね。一ど黄色に**して**、赤に**する**ことを、**教えてあげた**のさ。」
아빠 곰	「계속 빨간 불이면 모두 놀라니까. 한 번은 주황 불로 바꿔서, 빨간 불로 바뀔 것을 가르쳐 준거야.」

日本語能力試験 N3・N4

조동사

07

07

실전테스트

문자 · 어휘

問題1　_____の言葉の読み方として最もよいものを1・2・3・4から一つえらびなさい。

01. 若い人たちに日本酒が人気があると新聞に書いてあった。
　　1) しゅ　　　　2) さけ　　　　3) す　　　　4) ざけ

02. こわれた時計を分解して修理する。
　　1) ふんかい　　2) ふんげ　　　3) ぶんかい　　4) ぶんげ

03. 危険ですから走らないでください。
　　1) けけん　　　2) ほけん　　　3) きけん　　　4) あぶない

04. コンビニは24時間年中無休です。
　　1) なしやすみ　2) むやすみ　　3) むもく　　　4) むきゅう

05. 表面に小さいあなが空いたら裏返します。
　　1) うらかえし　2) うらがえし　3) うらへんし　4) おもてがえし

06. こどものくつのひもを結ぶ。
　　1) むすぶ　　　2) まさぶ　　　3) けつぶ　　　4) みすぶ

07. ごめん、道を間違えて教えてたよ。
　　1) かんちがえ　2) みちがえ　　3) まちがえ　　4) めちがえ

08. あなたたち夫婦の幸せを心から願うよ。
    1) めがう　　2) もがう　　3) おもう　　4) ねがう

問題2 ＿＿＿＿＿＿のことばを漢字で書くとき最もよいものを1・2・3・4から一つえらびなさい。

09. 妹は好きなドラマをよくろくがしている。
    1) 緑画　　2) 縁画　　3) 鉛画　　4) 録画

10. 一晩中子どもがないて寝られなかった。
    1) 啼いて　　2) 泣いて　　3) 鳴いて　　4) 哭いて

11. レポートを書かなかったのはあなたのじじょうでしょう。
    1) 事青　　2) 車情　　3) 事情　　4) 琴情

12. 暑い日は冷たい飲み物にかぎる。
    1) 恨る　　2) 根る　　3) 良る　　4) 限る

13. この部屋は南むきですか。
    1) 向き　　2) 同き　　3) 百き　　4) 旬き

14. このマンガは発行ぶすうが日本で一番だそうです。
    1) 倍数　　2) 培数　　3) 部数　　4) 陪数

問題3 （　　　）に入れるのに最もよいものを1・2・3・4から一つえらびなさい。

15. 夫は本を買うときには、中古ではなく(　　　)を買うようにしている。
　　1) 新品　　　2) 珍品　　　3) 使用品　　　4) 古品

16. FAXが届きました。(　　　)したければ、スタートボタンを押してください。
　　1) 送信　　　2) 返信　　　3) 配信　　　4) 受信

17. この道のほうが駅まで(　　　)ですよ。
　　1) 遠道　　　2) 遠回り　　　3) 近道　　　4) 近い道

18. A：「(　　　)はどちらですか。」
　　B：「新宿です。」
　　1) お住む　　　2) お住まい　　　3) お住まう　　　4) お住まえ

19. 使わない(　　　)は抜いて、電気を節約しましょう。
　　1) ヒーター　　　2) エアコン　　　3) テレビ　　　4) コンセント

20. お風呂が(　　　)から早く入りなさい。
　　1) わいた　　　2) わかす　　　3) わかさない　　　4) わいて

21. 外から虫が入ってこないように(　　　)を閉めます。
　　1) 窓ガラス　　　2) あみ戸　　　3) 雨戸　　　4) しょうじ

22. 先週、息子が(　　　)ネコが死にました。
　　1) かわいい　　　2) かわいがる　　　3) かわいそう　　　4) かわいがってた

23. くつひもが固く結んであって、(　　　)ことができません。
　　1) ほどいて　　　2) ほどく　　　3) ほどかない　　　4) ほどこう

24. 梅雨の時期は、食べ物に(　　　)が生えやすい。
　　1) かび　　　　2) むし　　　　3) くさ　　　　4) かふん

25. 父はいつも(　　　)格好をして出歩くなと言います。
　　1) だるい　　　2) だらしい　　3) だらしない　　4) だらだら

問題4 ＿＿＿＿に意味が最も近いものを1・2・3・4から一つえらびなさい。

26. 彼のカバンは、弟が<u>いつも</u>使っているものと似ている。
　　1) ときどき　　2) この間　　　3) ふだん　　　4) 全然

27. 母に、あなたの考えは<u>甘い</u>と良く注意される。
　　1) からい　　　2) 古い　　　　3) 問題が多い　　4) おいしい

28. パソコンに新しいソフトを<u>いれる</u>。
　　1) インストールする　　　　2) セットする
　　3) ログインする　　　　　　4) ファイルする

29. 私の趣味は、お金を<u>ためる</u>ことです。
　　1) 借金する　　2) 貸す　　　　3) 借りる　　　4) 貯金する

30. 今年最も<u>はやった</u>言葉は「すごく気持ちいい」でした。
　　1) にぎやかな　2) 流行した　　3) おもしろい　4) もうかった

問題5 つぎのことばの使い方として最もよいものを1・2・3・4から一つえらびなさい。

31. あばれる
   1) となりの部屋で子どもが大声を出しながらあばれている。
   2) パソコンがあばれてこわれてしまった。
   3) せっかくみんなでお酒をあばれようと思ったのに。
   4) 宿題のあばれるをもって行かないで先生に怒られました。

32. 断る
   1) この料理はとても断るので食べられない。
   2) 私の祖父は、毎日夕方になると断ると散歩をします。
   3) 好きな女の子に映画を誘ったが断られた。
   4) 田中さんの言い方はあまり断らない。

33. ぜひとも
   1) 冬休みに家族でぜひともに行く予定です。
   2) この仕事をぜひとも私にさせてください。
   3) 社長の部屋に入るときにぜひともと言ってから入る。
   4) ぜひとも暖めてから召し上がってください。

34. 仲
   1) 君とぼくはそんな仲じゃないだろう。
   2) パソコンをカバンの仲に入れて持っていく。
   3) どうぞ仲にしてください
   4) パクさんは、彼のことを仲がっている。

35. 注ぐ(つぐ)
   1) よっぱらっていすを注いでしまった。
   2) デパートの注いでにスーパーで買い物をして帰ろう。
   3) おちゃわんいっぱいにご飯を注ぐ。
   4) 部長にお酒を注いでください。

問題1 つぎの文の(　　　)に入れるのに最もよいものを一つえらびなさい。

01. 息子の学校では、けいたい電話を学校に持っていってはいけない(　　　)。
　　1) わけだ　　　　　　　　　2) わけにはいかない
　　3) ことになっている　　　　4) ことにしている

02. 勉強をあまりしないで経済学の試験を受けた(　　　)、合格しました。
　　1) ところ　　　2) うちに　　　3) わけ　　　4) として

03. A:「もう朝ですよ。早く起きなさい。」
　　B:「もうすこし。(　　　)5分寝かせて。」
　　1) そして　　　2) あと　　　3) もっと　　　4) より

04. この冷蔵庫はとても古いから、もし(　　　)またすぐに壊れると思う。
　　1) 修理すれば　　2) 修理して　　3) 修理するなら　　4) 修理したとしても

05. お父さんが遊びに行ってもいいと言っても、宿題が終わるまで遊びに(　　　)。
　　1) 行かせるわけにはいかない　　2) 行ってもいいわけだ
　　3) 行かせてあげよう　　　　　　4) 行かすわけだ

06. 車を運転(　　　)ことはないんだけど、10年も運転しないから不安ですね。
　　1) できた　　　2) できる　　　3) できない　　　4) できて

07. 明日の夜会議があります。(　　　)、あなたとコンサートにはいけません。
　　1) ところで　　　2) ですから　　　3) だけど　　　4) ところが

07 日本語能力試験 N3・N4 일본어능력시험

08. 休みが取れた(　　　)、どこへも行かないで家でゆっくり休みたい。
    1) から　　　　2) ばかりか　　　3) としても　　　4) わけがない

09. 絶対に医者にお酒を(　　　)と言われた。
    1) 飲みます　　2) 飲んだら　　　3) 飲んでも　　　4) 飲むな

10. キッチンに行くの?(　　　)炊飯器のスイッチを入れておいてくれない。
    1) たびに　　　2) ついでに　　　3) とたんに　　　4) いっしょに

11. A:「アメリカ留学の話が来たんだけど、どうすればいい。」
    B:「こんなチャンスは(　　　)。行ったほうがいいよ。」
    1) よくなかったよ　　　　　　　2) あまりあるよ
    3) めったにないよ　　　　　　　4) 少しはないよ

12. 僕はお酒が飲めないから、そんなパーティーに行っても(　　　)おもしろくないよ。
    1) ちっとも　　2) ちょっとは　　3) めったに　　　4) とても

13. (　　　)お客様に損はさせまん。」と銀行員は言ったが、すごく損をしてしまった。
    1) 必ず　　　　2) きめて　　　　3) どんなに　　　4) 決して

問題2　つぎの文の_____★_____に入る最もよいものを、1・2・3・4から一つ選びなさい。

14. 私が _____ ___★___ _____ _____ します。
    1) 出席　　　　2) 社長に　　　　3) 会議に　　　　4) かわって

15. _____ _____ _____ ___★___、質問はありませんか。
    1) 関して　　　2) この　　　　　3) に　　　　　　4) 問題

16. 日本では、_____ ★ _____ _____ マンガを読む。
    1) よく　　　　2) もちろん　　　3) 大人も　　　4) 子どもは

17. あまり_____ _____ ★ _____ 。
    1) です　　　　2) 無理を　　　　3) しない　　　4) こと

18. ネットで物を買うのは、_____ ★ _____ _____ 。
    1) 比べて　　　2) 店で　　　　　3) 買うのに　　4) 安い

問題3 つぎの文章を読んで、19から23の中に入る最もよいものを、1・2・3・4から一つえらびなさい。

> 先週の週末のことです。夜、散歩の帰りにおにぎりが __19__ ので、スーパーに行きました。さけ、のり、うめなどたくさんあり、どれを買おうか悩みました。2個入りのおにぎりがあったので、それを持ってレジのところに行きました。お金を __20__ 、財布がないんです。家を出たときにはポケットに __21__ と思って探しましたがありませんでした。レジの人に困った顔で「どうしましたか。」と言われとても __22__ です。結局おにぎりは買えませんでした。
> 家に帰って財布をさがした __23__ 、げんかんにおいてありました。

19.
  1) 食べたい　　2) 食べたくなった　3) 食べることになる　4) 食べたくない

20.
  1) はらったら　2) はらえば　　　3) はらうように　　4) はらおうとしたら

21.
  1) 入れた　　　2) 入れる　　　　3) 入れない　　　　4) 入れよう

22.
  1) うれしかった　2) 楽しかった　　3) はずかしかった　4) かなしかった

23.
  1) ことに　　　2) ところ　　　　3) ので　　　　　　4) から

07 日本語能力試験 N3・N4 일본어능력시험

問題1　問題1では、まず質問を聞いてください。それから、話を聞いて、問題用紙の1から4の中から最もよいものを一つ選んでください。

🎧01番

女の人と男の人が明日の会議について話しています。男の人はこのあと、何をしなければなりませんか。

> 女：明日の会議が、あさっての午前に変更になったから、明日の会議室の予約を取り消しといてくれって。
> 男：えっ、そうなの。でも、どうして。
> 女：社長が急に明日他の会社の社長と会議が入ったから、あさってにしてくれと部長に連絡があったって。
> 男：そうなんだ。でも困ったな。あさっては僕は休みをもらったんだけど…。その会議、来週にならないかな。
> 女：うーん。それは無理だと思うな。とにかく会議室の予約お願い。
> 男：はい。わかったよ。

1) 会議室を使わないので、予約をキャンセルする。
2) 会議室の予約を明日の午前中にする。
3) 会議室の予約をあさっての午前中にする。
4) 会議室の予約を来週にする。

問題2　問題2では、まず、質問を聞いてください。そのあと、問題用紙を見てください。読む時間があります。それから、話を聞いて、問題用紙の1から4の中から最も良いものを一つ選んでください。

🎧02番

妻が買い物から帰ってきました。買い物に時間がかかったのはどうしてですか。

> 妻：ただいま。
> 夫：おかえり。ずいぶん遅かったね。人が多かったの？
> 妻：ううん。そんなに多くなかったの。買うものはすぐ買ったんだけどね。
> 夫：じゃ、どうして？
> 妻：スーパーを出ようとしたら、隣の奥さんに捕まってしまって。
> 夫：スーパーの前で話してたの？
> 妻：そう。スーパーの前に毎週コーヒーを売りにくるトラックが来ててそこで。
> 夫：それで、そこでコーヒーを飲んでたのか。
> 妻：私は飲まなかったんだけど。話し始めたら長くなって。
> 夫：隣の奥さんは話が長いから仕方ないね。
> 妻：本当にごめんなさい。すぐに晩ご飯の準備しますから。

1) 人が多かったから

2) コーヒーを売りにくるトラックが来たから

3) コーヒーを飲んでいたから

4) 隣の奥さんと話していたから

問題3　問題3では、問題用紙に何も印刷されていません。まず話を聞いてください。それから、質問を聞いて、正しい答えを1から4の中から一つ選んでください。

🎧 03番

ホテルの人と客が受付で話しています。

> ホテルの人：あの、お客様にお願いがございます。
> 客：なんでしょうか。
> ホテルの人：実は、私どものホテルでは、お部屋の掃除やベッドメーキングを希望するお客様にだけさせていただいております。
> 客：あ、そうなんですか。じゃ、タオルだけ交換してもらいたいときはどうすれば。
> ホテルの人：部屋に掃除の札とベッドメーキングの札、そしてタオル・シーツの交換の3つの札がございます。入り口のドアのノブに希望される札をかけておいてください。札がある場合には、必ずうかがいます。
> 客：はい、分かりました。
> ホテルの人：大変申し訳ございませんが、札は朝10時までにお願いいたします。それ以降ですと、フロントのほうへ来ていただいてタオルを持って行っていただかなければなりません。よろしくお願いいたします。
> 客：そうですか。分かりました。

ホテルの客はどうしなければなりませんか。

1) ドアノブにタオル・シーツの札を朝10時までにかけておく。
2) フロントに掃除の札を持っていく。
3) 札を持ってフロントに行く。
4) ベッドメーキングを希望する。

問題4 問題4では、絵を見ながら質問を聞いてください。それから正しい答えを1から3の中から一つ選んでください。

🎧 04番
男：図書館までどう行けばいいか聞きたいです。なんと言いますか。
1) ちょっと。図書館ってどっちなの？
2) すみません。図書館で迷いました。
3) すみません。図書館へ行きたいんですが。

🎧 05番
女：電車でお年寄りに席を譲ります。なんと言いますか。
1) ここに座りたいの。
2) どうぞ、お座りください。
3) 座ってもらえませんか。

🎧 06番
男：地下鉄の駅で目的の場所に行く出口が分かりません。なんといいますか。
1) すみません。市役所は何番出口でしょうか。
2) 市役所ってどこ。
3) すみません、市役所の出口はここですか。

🎧 07番
女：前を歩いている人が、財布を落としました。なんといいますか。
1) あの、すみません。財布拾いましたか。
2) あの、すみません。財布落としましたよ。
3) 財布を落とすつもりですか。

07

問題5 問題5では、問題用紙に何も印刷されていません。まず、文を聞いてください。それから、その返事を聞いて、1から3の中から正しいものを一つ選んでください。

🎧 08番
男：田中君、また遅刻だってさ。
1) よく、間に合ったね。
2) うらやましいね。
3) またなんだ。困った人だね。

🎧 09番
女：女性のトイレって1階だっけ。3階だっけ。
1) うん。そうだよ。
2) 男性は1階だけど。
3) 1階だったよ。

🎧 10番
女：お客様、何かお探しですか。
1) いいえ、見ているだけです。
2) いいえ、大丈夫です。
3) いいえ、探しています。

🎧 11番
男：このお部屋はインターネットができませんが、よろしいですか。
1) いいえ、けっこうでした。
2) はい、かまいません。
3) いいえ、どういたしまして。

어휘포인트

JLPT를 보기 위해 필요한 단어입니다. 확인하고 익혀 보세요.

	読み方	意味
経済学	けいざいがく	경제학
寝かせる	ねかせる	재우다
壊れる	こわれる	깨지다, 부서지다, 파손되다
めったに		좀처럼
損	そん	손해
損をする	そんをする	손해를 보다
帰り	かえり	돌아옴, 돌아감
鮭	さけ	연어
レジ		(상점, 백화점 등의)금전 출납계
分解	ぶんかい	분해
危険	きけん	위험
年中無休	ねんじゅうむきゅう	년중무휴
裏返す	うらがえす	뒤집다
結ぶ	むすぶ	매다, 묶다
録画	ろくが	녹화
限る	かぎる	(범위를)한정하다, 제한하다.
~にかぎる		더할 나위 없다, 제일이다, 그만이다
南向き	みなみむき	남향
部数	ぶすう	부수
受信	じゅしん	수신
返信	へんしん	회신
近道	ちかみち	지름길, 샛길
遠回り	とおまわり	멀리 돎, 먼 길을 돌아 감
暴れる	あばれる	날뛰다, 난폭하게 굴다
断る	ことわる	미리알려서 양해를 구하다, 거절하다
捕まる	つかまる	(범이등이)잡히다, (가지 못하게)붙잡히다
ノブ		문의 손잡이
譲る	ゆずる	양보하다

문법포인트

一. 조동사

1. 과거・완료형 「~た」

   「~た」는 보통 과거와 완료를 나타내며 다음과 같이 접속한다.

u동사	い음편 ~く → ~いた　書く → 書いた 　　　~ぐ → ~いだ　泳ぐ → 泳いだ つ음편 ~う・つ・る → ~った　言う → 言った　立つ → 立った　取る → 取った ん음편 ~ぬ・ぶ・む → ~んだ　死ぬ → 死んだ　遊ぶ → 遊んだ　読む → 読んだ
ru동사	~る → ~た
불규칙동사	する → した　来る → 来た
예외	行く → 行った　帰る → 帰った　切る → 切った

   - 久しぶりに友だちに手紙を<u>書いた</u>。　오랜만에 친구에게 편지를 썼다.
   - 昨日は遅くまで<u>遊んだ</u>。　어제는 늦게까지 놀았다.
   - 駅の前で3時まで<u>待った</u>。　역 앞에서 3시까지 기다렸다.
   - 父は毎日12時過ぎに<u>帰った</u>。　아버지는 매일 12시 지나서 돌아오셨다.

2. 진행・상태형 「-ている」

   1) 「~ている」형이 없는 동사

      ある, いる, ~すぎる, できる 등의 상태 동사와 가능의 의미를 나타내는 동사에는 「~ている」를 붙일 수 없다.
      - 車の中に赤ちゃんが<u>いる</u>。　차 안에 아기가 있다
      - 私もフランス語が<u>できる</u>。　나도 프랑스어를 할 수 있다.

   2) 「~ている」형으로만 상태를 나타내는 동사

      すぐれる, そびえる, にる 등의 동사는 「~ている」형으로 써야 한다.
      - 彼は皆の中で一番<u>すぐれている</u>。　그는 모두 중에서 가장 뛰어나다.

- 妹は父に<u>似ている</u>。 여동생은 아빠를 닮았다.

3) 진행과 상태

「～ている」의 대표적인 용법에는 〈동작의 진행〉과 〈결과상태의 지속〉이 있다.

- 弟は今、自分の部屋でマンガを<u>読んでいる</u>。 남동생은 지금 자기 방에서 만화를 읽고 있다.
- 母は最近、とても<u>やせている</u>。 어머니는 요즈음 몹시 마르셨다.

4) 기타

이밖에도 「～ている」에는 반복과 경험의 의미 등이 있다.

- 毎年、交通事故で多くの人が<u>死んでいる</u>。 매년 교통사고로 많은 사람들이 죽고 있다.
- 日本にはもう３回も<u>行っている</u>。 일본에는 벌써 세 번이나 다녀왔다.

※「～てある」:「～ている」와 마찬가지로 〈결과상태의 지속〉의 용법이 있지만 「～ている」가 자동사에 붙는데 반해 「～てある」는 타동사에 붙으며 행위를 한 존재가 내포되어 있다는 점에서도 「～ている」와 비교된다.
- 辞書は机の上に<u>置いてあります</u>。 사전은 책상 위에 놓여 있습니다.
- 窓が<u>開いている</u>。 창문이 (저절로)열려 있다.
- 窓が<u>開けてある</u>。 창문이 (누군가에 의해)열려 있다.

3. 수동과 사역 「(ら)れる」「(さ)せる」

1) 수동

동작을 받는 대상을 주어로 하여 표현하는 것을 수동이라 하며 수동형은 동사에 따라 다음과 같이 활용한다.

u동사	어미 -u → -a+れる かく(쓰다) → かか+れる いう(말하다)れる → いわ+れる
ru동사	어미 -ru → +られる たべる → たべ+られる みる → み+られる
불규칙동사	くる → こられる する → される

① 수동의 종류

직접수동 : 능동문의 동작 대상이 수동문의 주어가 된다.
- 兄が 弟を なぐった。 형이 동생을 때렸다.
- 弟が 兄に なぐられた。 동생이 형에게 맞았다.

간접수동 : 능동문에는 없던 참여자가 주어로 나타난다.
- 雨が 降った。 비가 왔다.
- (私は) 雨に 降られた。 비가 왔다.

② 동작주 표시

일반적으로 동작주는 に로 표시되는 경우가 많지만 언어나 감정이 전달되는 경우에는 から가 사용되기도 하며 생산물인 경우에는 によって를 사용하기도 한다.
- 先生に作文を誉められました。 선생님한테 작문을 칭찬받았다.
- 太郎から次郎を紹介されました。 다로한테 지로를 소개받았다.
- 雪国は川端康成によって書かれました。 "雪国" 는 가와바타야수나리에 의해서 쓰였다.

2) 사역

사역은 어떤 행위를 하도록 시키는 표현으로 동사에 따라 다음과 같이 활용한다.

u동사	u동사: 어미 -u → -a+せる かく(쓰다) → かか+せる　いう(말하다)れる → いわ+せる
ru동사	어미 -ru → +させる たべる → たべ+させる　みる → み+させる
불규칙동사	くる → こさせる する → させる

① 동작주 표시

동작주는 「を」와 「に」로 표시되는데 「を」사역문은 사역주의 피사역자에 대한 행위가 강제성을 띠고, 「に」사역문은 피사역자의 의지를 존중하는 경우에 사용되기도 한다.
- 子供を学校まで来させた。 아이를 학교까지 오게 했다.
- 子供に学校まで来させた。 아이한테 학교까지 오게 했다.

② 사역수동

〈사역+수동〉형인「～させられる」는 다른 사람이 강제로 하게 한 일을 어쩔 수 없이 하게 되었을 경우 사용. 행위를 하게 한 자는「に」로 나타낸다.

- 夜遅くまでお酒を飲ませられました。　밤늦게까지 술을 마셨습니다.
- 友だちに3時間も待たせられました。　친구를 3시간이나 기다렸습니다.

4. 가능·자발·수수

1) 가능

어떠한 행위·동작이 가능한 상태에 있음을 나타내며 다음과 같이 활용한다.

u동사	어미 -u → -e+る いく → いける　　よむ → よめる
ru동사	어미 -ru → られる みる ⇒ みられる　おきる ⇒ おきられる
불규칙동사	する ⇒ できる くる ⇒ こられる

2) 자발

어떠한 사태·행위 등이 저절로 일어나는 사태를 나타내며 u동사는「おもわ+れる」, ru동사는「感じられる(걱정되다)」와 같이 파생된다.

- 昔の思い出される。　옛일이 생각난다.
- 心暖かく感じられる。　마음 훈훈하게 느껴진다.

3) 수수

주고받는 행위를 나타내는 것으로 동사「やる(あげる)、くれる、もらう」나 보조동사「てやる(あげる)、てくれる、てもらう」로 표현된다. 주고받는 행위의 방향에 따라 구별되어 사용된다.

① 주는 행위

(て)やる/あげる : 나/내 그룹 → 다른 사람. 제3자 → 제3자

(て)くれる : 다른 사람 → 나/내 그룹

② 받는 행위

(て)もらう

- 子供にお菓子をあげました。　아이에게 과자를 주었습니다.
- 先生が本をくれました。　선생님이 책을 주었습니다.
- 先生から本をもらいました。　선생님한테 책을 받았습니다.

5. 경어

1) 존경어

존경의 의미를 갖는 어휘「いらっしゃる(계시다, 가시다, 오시다), おっしゃる(말씀하시다), なさる(하시다), めしあがる(드시다)」와 조동사「れる/られる」, 「お(ご)동사ます형になる」등이 있다.

2) 겸양어

겸양의 의미를 갖는 어휘「申し上げる(말씀드리다), いただく(받다의 겸양), さしあげる(드리다), 拝見する(보다의 겸양), お目にかかる(뵙다)와「お(ご)동사ます형する(いたす)」등이 있다.

6. 추량·양태

1) 추량

「だろう」(~일 것이다, 추측), 「にちがいない」(~임에 틀림없다), 「かもしれない」(~일지도 모른다, 가능성이 있음) 등이 있다.

- 明日は雨だろう。　내일은 비가 오겠지.
- これから雨になるに違いない。　지금부터 비가 올 것임에 틀림없다.
- チャンさんは中国人じゃないかもしれません。　장씨는 중국인이 아닐지도 모릅니다.

2) 양태 (~인 것 같다)

① 「ようだ」: 어떠한 근거를 갖고 판단. 동사/い형용사는 기본형에, な형용사는 「な」, 명사는 「の」에 붙인다.

- 久美子さんは旅行に行くようです。　구미꼬씨는 여행을 가는 것 같다.
- 声を聞いたら元気なようですね。　목소리를 들으니 보아서 건강한 것 같다.

② 「(し)そうだ」: 금방 일어날 것 같은 상황을 나타내거나 눈으로 보아서 어떠할 것 같다는 의미를 나타낸다. 동사는 ます형, い형용사는 어간에, な형용사는 사전형(어간)에 붙인다.
- 雨が降りそうですね。   비가 올 것같다.
- あ、このケーキおいしそう。   아 이 케이크 맛있겠다.

③ 「らしい」: 소문이나 전해 들어서 추측한 표현. 동사/い형용사는 기본형에, な형용사는 사전형에, 명사는 명사에 바로 붙인다.
- あきらさんはコンパに来なかったらしい。   아키라씨는 모임에 안 나왔던 것 같다.
- この辺りも夜は静からしいですよ。   이 근처도 밤에는 조용한 것 같아요.

3) 전문(伝聞)

다른 사람에게 들은 말을 그대로 전하는 표현으로 「そうだ」(~라고 한다)가 있다. 동사/い형용사는 기본형에, な형용사/명사는 종지형 「だ」에 이어서 붙인다.
- 三上さんはドイツ語も話せるそうだ。   미카미씨는 독일어도 할 수 있다고 한다.
- 青いりんごも甘いそうです。   파란 사과도 달다고 합니다.

7. 기타

조동사에는 이밖에도 「~しなければならない/いけない(~해야 한다, 의무)」「~する(した)ほうがいい(~하는 게 좋다, 권유)」「~てもいい(~해도 좋다, 허가)」「~てはいけない (~하면 안된다, 금지)」가 있다.
- レポートは明日までに出さなければならない。   레포트는 내일까지 내야 합니다.
- 健康のために早く寝たほうがいいです。   건강을 위해 일찍 자는 게 좋습니다.
- これ食べてもいいですか。   이거 먹어도 되요?
- いいえ、食べてはいけません。   아니오, 먹으면 안되요.

〈주요 조동사 어휘〉

- お~いたす ~해 드리다(경어, 겸양)
- お~する ~하다(경어, 겸양)
- お~ください ~해 주세요(경어, 존경)
- お~になる ~하시다(경어, 존경)
- お~(ら)れる ~하시다(경어, 존경)
- ~かもしれない ~일지도 모른다(추량)
- ~する(した)ほうがいい ~하는 것이 좋다(권유)
- ~(さ)せる ~(하도록) 시키다(사역)
- ~(さ)せられる (어쩔 수 없이) ~하게 되다(사역+수동)
- ~ずに ~하지 않고(=~ないで)
- ~(し)そうだ ~일 것 같다(양태)
- ~そうだ ~라고 한다(전문)
- ~た ~했다(과거, 완료)
- ~たことがある/~たことがない ~한 적이 있다 / ~한 적이 없다(경험)
- ~だろう ~일 것이다(추측)
- ~てある ~해져 있다(결과 상태의 지속)
- ~ている ~하고 있다(진행, 상태)
- ~てはいけない ~해서는 안 된다(금지)
- ~てもいい ~해도 좋다(허가)
- ~てもかまわない ~해도 상관없다, 괜찮다(허가)
- ~な ~하지 마라(금지)
- ~(し)なくてはいけない ~하지 않으면 안된다 / 해야 한다(의무)
- ~(し)なくてもいい ~하지 않아도 된다(불필요)
- ~(し)なくてもかまわない ~하지 않아도 된다, 상관 없다(불필요)
- ~(し)なければならない/~しなければいけない ~해야 한다(의무)
- ~なさい ~하시오
- ~にちがいない ~임에 틀림없다
- ~らしい ~인 것 같다(양태)
- ~(ら)れる ~하게 되다, ~당하다(수동)
- ~ようだ ~인 것 같다

청해연습

おどるポンポコリン

なんでもかんでもみんな　おどりを**おどっているよ**
이거든 저거든 전부 춤을 추고 있어요.
おなべの中からポワッと　インチキおじさん登場
냄비 속으로부터 쾅하고 사기꾼 아저씨 등장
いつだって　**わすれない**　エジソンはえらい人
언제나 잊지 않아 에디슨은 훌륭한 사람
そんなの常識　タッタタラリラ
그런건 상식이지 닷타타라리라
ピーヒャラピーヒャラ　パッパパラパ
피햐라피햐라 팟파파라파
ピーヒャラピーヒャラ　パッパパラパ
피햐라피햐라 팟파파라파
ピーヒャラピーヒャラ　おへそがちらり
피햐라피햐라 배꼽이 살짝 보이네
ピーヒャラピーヒャラ　パッパパラパ
피햐라피햐라 팟파파라파
ピーヒャラピーヒャラ　パッパパラパ
피햐라피햐라 팟파파라파
ピーヒャラピーヒャラ　おどるぽんポコリン
피햐라피햐라 춤춰 퐁포코링
ピーヒャラピーヒャラ　お腹が**へったよー**
피햐라피햐라 배가 고파요
あの子もこの子も　みんな いそいで　**いっているよ**
이녀석도 저녀석도 모두 바쁘게 가고 있네요.
でんしんばしらのかげから　お笑い芸人登場
전봇대 뒤에서 코미디언 등장
いつだって**迷わない**　キヨスクは駅の中
언제나 헤매지 않아 매점은 역 안에
そんなの有名　タッタタラリラ
그런 거 유명해 닷타타라리라
ピーヒャラピーヒャラ　パッパパラパ
피햐라피햐라 팟파파라파

07 日本語能力試験 N3・N4 일본어능력시험

ピーヒャラピーヒャラ　パッパパラパ
피햐라피햐라 팟파파라파
ピーヒャラピーヒャラ　ニンジン**いらない**
피햐라피햐라 당근은 필요없어
ピーヒャラピーヒャラ　パッパパラパ
피햐라피햐라 팟파파라파
ピーヒャラピーヒャラ　パッパパラパ
피햐라피햐라 팟파파라파
ピーヒャラピーヒャラ　おどるポンポコリン
피햐라피햐라 춤춰 퐁포코링
ピーヒャラピーヒャラ　ブタのブータロー
피햐라피햐라 돼지 브타로
いつだって　**わすれない**　エジソンはえらい人
언제나 잊지 않아 에디슨은 훌륭한 사람
そんなの常識　タッタタラリラ
그런건 상식이지 닷타타라리라
ピーヒャラピーヒャラ　パッパパラパ
피햐라피햐라 팟파파라파
ピーヒャラピーヒャラ　パッパパラパ
피햐라피햐라 팟파파라파
ピーヒャラピーヒャラ　おへそがちらり
피햐라피햐라 배꼽이 살짝 보이네
ピーヒャラピーヒャラ　パッパパラパ
피햐라피햐라 팟파파라파

ピーヒャラピーヒャラ　パッパパラパ
피햐라피햐라 팟파파라파
ピーヒャラピーヒャラ　おどるぽんポコリン
피햐라피햐라 춤춰 퐁포코링
ピーヒャラピーヒャラ　お腹が**へったよ**ー
피햐라피햐라 배가 고파요.
ピーヒャラピーヒャラ　パッパパラパ
피햐라피햐라 팟파파라파
ピーヒャラピーヒャラ　パッパパラパ
피햐라피햐라 팟파파라파
ピーヒャラピーヒャラ　おどるぽんポコリン
피햐라피햐라 춤춰 퐁포코링
ピーヒャラピーヒャラ　お腹が**へったよ**ー
피햐라피햐라 배가 고파요.

日本語能力試験 N3・N4
동화문

08

08 日本語能力試験 N3・N4 일본어능력시험

실전테스트

○ 문자·어휘

問題1 _____ の言葉の読み方として 最もよいものを1・2・3・4から一つえらびなさい。

01. 午後7時に駅の<u>改札口</u>の前で会いましょう。
    1) かいふだぐち　2) かいさつぐち　3) かいれつぐち　4) かいけつぐち

02. 大学生のときは、安い<u>下宿</u>に住んでいた。
    1) げしゅく　2) したやど　3) げやど　4) したじゅく

03. デパートでかわいい<u>手袋</u>を孫に買ってあげました。
    1) てほころ　2) てごろも　3) てふくろ　4) てぶくろ

04. タバコは、20歳<u>未満</u>は吸ってはいけません。
    1) ままん　2) すえまん　3) みまん　4) まつまん

05. 本の<u>目次</u>を見て、読みたいページを探す。
    1) めつぎ　2) めじ　3) もくつぎ　4) もくじ

06. 着物の<u>帯</u>はとてもきれいです。
    1) たい　2) おび　3) ベルト　4) ひも

07. この映画は、全ての<u>観客</u>に感動を与えた。
    1) かんきゃく　2) かんかく　3) かんけく　4) かんしゃく

08. この食品は冷蔵庫に保存してください。
    1) れいくろじょ   2) れいあんじょ   3) れいぞうこ   4) れいくらこ

問題2 ＿＿＿＿＿＿のことばを漢字で書くとき最もよいものを1・2・3・4から一つえらびなさい。

09. あついお湯を入れて3分たってからお召し上がりください。
    1) 熱   2) 厚   3) 篤   4) 暑

10. この一歩は大変小さいが、じんるいにとっては大きな一歩だ。
    1) 入顔   2) 人顆   3) 人類   4) 入類

11. 毎週木曜日は社長との大切なかいぎがある。
    1) 会義   2) 会議   3) 会儀   4) 会犠

12. ボクシングの選手は、試合前に良くげんりょうする。
    1) 減量   2) 原料   3) 原量   4) 滅量

13. 道に迷ったら、こうばんで聞くほうがいいよ。
    1) 校番   2) 効番   3) 郊番   4) 交番

14. 次の駅でのこうしゃぐちは、右側です。お間違えのないようご注意ください。
    1) 後車口   2) 侯車口   3) 降車口   4) 下車口

問題3 （　　　）に入れるのに最もよいものを1・2・3・4から一つえらびなさい。

15. あなたのことが好きです。ぼくと（　　　）ください。
    1) 好きあって   2) 好きそって   3) 付きそって   4) 付き合って

16. 私の夫は北海道（　　）です。
    1) 出身　　　2) 出生　　　3) 出自　　　4) 進出

17. 大変。なべが（　　）よ。
    1) 煮てる　　2) こげてる　3) 焼いてる　4) ふいてる

18. 妹の部屋にはきれいなじゅうたんが（　　）あります。
    1) かいて　　2) さいて　　3) しいて　　4) といて

19. アルバイトの（　　）は、850円です。
    1) 支給　　　2) 瞬給　　　3) 自給　　　4) 時給

20. 毎晩、夫の（　　）がうるさくて寝られない。
    1) まびき　　2) いびき　　3) きびき　　4) ひびき

21. A：「その花（　　）大変お似合いですよ。」
    B：「そう。今年はこの花（　　）がはやってるわね。」
    1) 色　　　　2) 柄　　　　3) 紋　　　　4) 束

22. 車線を変わるときには、（　　）で確認してからしてください。
    1) バックミラー　2) サイドカー　3) サイドミラー　4) カーナビ

23. 雨が多くて洗濯物がかわかないので、（　　）へ行ってかわかしている。
    1) 洗濯室　　2) コインランドリー　3) クリーニング　4) 乾燥室

24. 新しく車の掃除道具を買ったので（　　）に入れておく。
    1) トランク　2) トラック　3) ドラム　　4) ボンネット

25. 11時45分発、東京行きは4番（　　）からとなっております。
    1) ホール　　2) コース　　3) 線路　　　4) ホーム

問題4 _____に意味が最も近いものを1・2・3・4から一つえらびなさい。

26. 忘れ物がないかチェックしたの？
    1) 確認　　　2) 調べる　　　3) 見る　　　4) つける

27. 久しぶりに実家でゆっくり過ごせた。
    1) のんきに　　2) にぎやか　　3) のんびり　　4) だらだら

28. A：「ねねね。今日のランチ何にする。」
    B：「そうね。ピザが食べたいな。」
    1) 朝食　　　2) 昼食　　　3) 夕食　　　4) おやつ

29. ソファにおかけになってお待ちください。
    1) すわって　　2) 立って　　3) 寝て　　4) かかって

30. 会社を首になってしまった。明日からどうやって生活しようか。
    1) やめて　　2) やめさせて　　3) やめられて　　4) やめさせられて

問題5 つぎのことばの使い方として最もよいものを1・2・3・4から一つえらびなさい。

31. こる
    1) 赤ん坊の笑顔はとてもこっている。
    2) こっていることがあればいつでも聞きに来てくださいね。
    3) 父は、最近ブログにこっている。
    4) ここにあなたのお名前と住所をこってください。

08 日本語能力試験 N3・N4 일본어능력시험

32. しっかり
    1) もういい年なんだから、少しはしっかりしなさい。
    2) 人に物を頼むときには、しっかりと言わないといけません。
    3) しっかり、別のバスに乗ってしまった。
    4) しっかりと部屋を掃除しておいてね。

33. ずらす
    1) 中学生の息子にひげがずらしてきた。
    2) 青い空に白い雲がずらしている。
    3) しゃしょうが乗車券をずらしにきた。
    4) 約束の時間を1時間ずらしてもらえませんか。

34. ふきん
    1) 僕は毎日ふきんでシャワーを浴びています。
    2) 食器をふきんでふいてもらえない。
    3) 大学の先生は、いつも研究室でふきんをしている。
    4) お母さん、疲れた。ふきんして。

35. ちぢむ
    1) セーターは乾燥機に入れるとちぢむから使わないでね。
    2) ジャガイモがやわらかくなるまでちぢんでください。
    3) 使えるものを捨てるのはちぢむから、ほしい人にゆずろうと思う。
    4) 運動不足で体重がちぢんでしまった。

問題1 つぎの文の(　　)に入れるのに最もよいものを一つえらびなさい。

01. どんな食べ物が好きかは、人に(　　)違う。
　　1) ついて　　　2) 対して　　　3) とって　　　4) よって

02. カレーは、煮れば煮る(　　)おいしくなります。
　　1) うちに　　　2) からに　　　3) ほど　　　4) まで

03. 私はいつか日本で仕事を(　　)と思っています。
　　1) しよう　　　2) するものか　　3) したら　　4) するように

04. 他の仲間の言う(　　)すれば、必ず優勝できる。
　　1) ことに　　　2) とおりに　　　3) うちに　　4) までに

05. これから準備して出かけた(　　)、約束の時間に間に合わないよ。
　　1) っけ　　　2) ても　　　3) のに　　　4) って

06. メールが送信されないから、インターネットができない(　　)。
　　1) みたいだ　　2) のようだ　　3) つもりだ　　4) だっけ

07. 夏休みになって、毎日ひまでひまで(　　)。
　　1) はずがない　2) べきではない　3) しょうがない　4) わけではない

08. 彼女ほどやさしい人は(　　)。
　　1) いるだろう　2) いてもね　　3) いたはずだ　4) いないだろう

08 日本語能力試験 N3・N4 일본어능력시험

09. 水泳大会に出るんですよ。でも、大会(　　)、参加者は5人だけなんですけどね。
　　1) といえば　　2) といっても　　3) というように　　4) とは

10. なっとう(　　)嫌いだ。絶対に食べたくない。
　　1) ないと　　2) ついで　　3) なんか　　4) ほど

11. クレジットカードは便利な(　　)、使いすぎるという危ない点もあります。
　　1) 反面　　2) あまり　　3) ところ　　4) ことか

12. 週末は、コンビニのアルバイトに(　　)、レストランでも働くつもりです。
　　1) よると　　2) たして　　3) ならって　　4) 加えて

13. A:「疲れた顔してどうしたの。」
　　B:「最近忙しくて、ちょっとかぜ(　　)なんだよ。」
　　1) がち　　2) 気味　　3) だらけ　　4) に

問題2 つぎの文の＿＿★＿＿に入る最もよいものを、1・2・3・4から一つ選びなさい。

14. 両親の意見を＿＿＿＿ ＿＿★＿＿ ＿＿＿＿ ＿＿＿＿できません。
　　1) からで　　2) ないと　　3) 返事　　4) 聞いて

15. ＿＿＿＿ ＿＿＿＿ ＿＿★＿＿ ＿＿＿＿出かけてしまった。
　　1) お風呂の　　2) まま　　3) 水を　　4) だしっぱなしの

16. こんなに＿＿＿＿ ＿＿＿＿ ＿＿★＿＿ ＿＿＿＿山田さんはすごいお金持ちだろう。
　　1) 住んでいる　　2) 家に　　3) 大きな　　4) のだから

17. 明日の遠足、_____ _____ __★__ _____。
   1) 天気が　　　2) いいのに　　　3) いいと　　　4) なあ

18. ご飯を食べた後に薬を_____ __★__ _____ _____。
   1) しまった　　　2) わすれて　　　3) のを　　　4) 飲む

問題3 つぎの文章を読んで、19から23の中に入る最も良いものを、1・2・3・4から一つえらびなさい。

> 「自由」という言葉に、私たちは何を考えるでしょうか。社会生活を 19 、不足や不満、心配などの経験は誰でも 20 でしょう。国語辞典には、「心のままであること、思う通り」などの意味があります。自由とは、その人の本当の姿だと言えます。
> しかし、原因は外にあっても、心の状態は自分自身が作り出しているのです。仕事 21 も、不足や不満、心配などの問題がおこると、いい判断ができなくなります。悪いことが 22 、一度、ゆっくりとその心から自由になるように考えてみましょう。 23 、何でもうまくいくと思いますよ。

19.
   1) 送ると　　　2) 送っていると　　　3) 送りますと　　　4) 送っていないと

20.
   1) ある　　　2) いる　　　3) あって　　　4) ない

21.
   1) においたら　　　2) におく　　　3) におこう　　　4) において

22.
   1) つづいて　　　2) かわって　　　3) おこったら　　　4) おわったら

23.
   1) きっと　　　2) だけど　　　3) ところで　　　4) まるで

08 日本語能力試験 N3・N4 일본어능력시험

問題1　問題1では、まず質問を聞いてください。それから、話を聞いて、問題用紙の1から4の中から最もよいものを一つ選んでください。

🎧 01番

男の人と女の人が話しています。二人は何について話していますか。

> 女：この間、どこか行こうって言ってたでしょ。
> 男：うん。そうだけど、まだ場所が決まってないんだ。
> 女：ここは、どう。とても涼しいし、景色もきれいだと思うんだけど。
> 男：そうだね。ここは、水もきれいだし、人も多くないと思うよ。
> 女：そう思うでしょ。じゃ、ここに決まり。
> 男：分かった。じゃ、僕は持っていくものを準備するね。

1) 山
2) プール
3) 海
4) 湖

🎧 02番

男の人と女の人がプリンターのことについて話しています。男の人はこのあと何をしますか。

> 男：また、プリンターが動かなくなった。
> 女：どうしました。
> 男：さっきまで動いてたんだけど、また動かなくなったんだよ。
> 女：このプリンター、良く動かなくなるんですよね。この間、中田さんも困ってましたよ。私の隣の席の寺川さんがプリンターのこと良く知ってるから聞いたらどうですか。
> 男：そうだね。でも、本当に困るな。会議の資料をプリントしないといけないのに。
> 女：今度、サービスセンターに電話して修理に来てもらったらどうですか。
> 男：そうだね。

1) 中田さんに連絡する。
2) 寺川さんに話をする。
3) サービスセンターに電話をする。
4) 修理の人に来てもらう。

🎧 03番

男の人と女の人が話しています。女の人は何をしなければなりませんか。

> 女 ： あの。この間引っ越してきて、燃えるごみと燃えないごみの分け方について伺いたいんですが。
> 男 ： あ、はい。何でしょうか。
> 女 ： 前住んでいたところでは、紙袋は燃えるごみだったのですが、ここではリサイクルになっていると聞きました。
> 男 ： そうですよ。あと、ペットボトルのラベルは燃えないごみですが、キャップはリサイクルです。
> 女 ： そうなんですか。
> 男 ： そうそう。ペットボトルと空き缶は水で洗ってください。
> 女 ： 分かりました。前住んでいたところと違うので、助かりました。ありがとうございます。
> 男 ： 面倒でしょうけど、お願いします。

1) 紙袋を燃えるごみに出す。
2) キャップとラベルは燃えないごみに出す。
3) ペットボトルと空き缶は水で洗う。
4) 前住んでいたところと同じようにごみを出す。

問題2 問題2では、まず、質問を聞いてください。そのあと、問題用紙を見てください。読む時間があります。それから、話を聞いて、問題用紙の1から4の中から最もよいものを一つ選んでください。

🎧 04番

女の人と男の人が電話ではなしています。女の人がスミスさんと話せなかったのはどうしてですか。

> 女：もしもし、中田ですが。
> 男：はい。どちらの中田さんですか。
> 女：中田ですよ。スミスさんの友達の。スミスさんはいませんか。
> 男：良く聞こえませんが、スミスさんですか。
> 女：スミスさんはどこか出かけたんですか。今日の夜10時に電話すると約束したのに。
> 男：どちらにおかけですか。
> 女：スミスさんの携帯ではありませんか。
> 男：あのう。ちがいますけど。
> 女：あ、すみません。間違えました。

1) スミスさんが出かけたから
2) 男の人がスミスさんと間違えたから
3) 女の人が電話番号を間違えたから
4) スミスさんが10時に電話すると約束したから

🎧 05番

男の人と女の人が話しています。男の人がコンサートに行くことにしたのは、どうしてですか。

女：あなた。今夜、コンサートに行かない。近くの公園でやってるの。
男：コンサート？なんで公園で？
女：公園のステージで毎年やってるらしいのよ。簡単な食事もできるみたいよ。それに、今日がコンサートの最終日だからあなたと行きたいなと思って。
男：うーん。あんまり行きたくないな。
女：そっか。せっかくワインが飲み放題だって言うのに。
男：なんでそれを先に言わない？
女：じゃ、一緒に行ってくれるのね？
男：当然じゃないか。

1) コンサートが好きだから
2) 食事ができるから
3) コンサートの最終日だから
4) ワインが飲み放題だから

🎧 06番

女の人と男の人が話しています。男の人はどうして顔が青いですか。

女：あれ、どうしたの。青い顔して。
男：昨日の夜、今度外国に引っ越す友達がいて、パーティーをしてあげたんだよ。
女：そうだったんだ。で、それでお酒を飲みすぎたわけ？
男：ううん。違うよ。僕がお酒飲めないの知ってるでしょ。
女：あ、そうだったわね。じゃ、どうしたの？
男：実は、昨日の料理の中に、僕が食べたらいけないものが入っていて、間違ってそれを食べちゃって。それで朝から体の調子が良くないんだよ。
女：あら、それは大変。早く病院に行かなくちゃ。

1) 友達が外国に行くから
2) お酒を飲みすぎたから
3) 食べてはいけないものを食べたから
4) 病院に行かないといけないから

問題3　問題3では、問題用紙に何も印刷されていません。まず話を聞いてください。それから、質問を聞いて、正しい答えを1から4の中から一つ選んでください。

07番

男の人と女の人が故障したテレビのことで話しています。

男：保証書見つかった？
女：ここに片付けたんだけど…。あった。あった。
男：よかった。保証書がなきゃ、修理代が高くなるからね。
女：そうね。じゃ、これからテレビを持って修理してくれない？
男：え。一緒に行ってくれるんじゃないの？
女：私は家のことをしないといけないし、それに夕方約束あるからその準備もしなきゃ。
男：なら、この重いものをもって一人で行ってこないといけないの？
女：だって、私忙しいし。
男：ちぇっ。分かったよ。一人で行ってきますよ。
女：はい。修理代。

男の人はこれからどうしますか。

1) テレビの修理に行って、自分で修理代を払ってくる。
2) テレビの修理を頼みに行く。
3) 家のことをする。
4) 約束があるから準備をする。

問題4 問題4では、絵を見ながら質問を聞いてください。それから正しい答えを1から3の中から一つ選んでください。

🎧 08番

男：映画館で、自分の席に他の人が座っています。何と言いますか。

1) すみません、ちょっとどいてくれますか。
2) すみません。ここは私の席なのですが。
3) すみません。ここはあなたの席ですね。

🎧 09番

先生に電話をかけました。先生が出たら、まず、何と言いますか。

1) もしもし、ジョンですが、ちょっといい？
2) もしもし、ジョンですが、今、話してもいいですか。
3) もしもし、ジョンですが、今、よろしいでしょうか。

🎧 10番

男：予約したレストランに来ました。入り口で店員になんと言いますか。

1) 7時予約してある野口ですが。
2) 7時に予約するつもりの野口ですが。
3) 7時に予約しなかった野口ですが。

🎧 11番

女：ファーストフード店で注文したものを店内で食べます。何と言いますか。

1) 持ち帰ります。
2) 外で食べます。
3) 店内で食べます。

日本語能力試験 N3・N4 일본어능력시험

問題5 問題5では、問題用紙に何も印刷されていません。まず、文を聞いてください。それから、その返事を聞いて、1から3の中から正しいものを一つ選んでください。

🎧 12番

男：息子さんはおいくつですか。

1) 8歳です。

2) 五人です。

3) サッカー選手です。

🎧 13番

女：風邪ですね。お薬出しておきましょうか。

1) 薬を食べたいです。

2) 薬を置かないでください。

3) 薬はちょっと。

🎧 14番

女：飛行機は速いね。もうすぐソウルだよ。

1) どこですか。

2) いや、新幹線より遅いよ。

3) ええ、そうね。

🎧 15番

男：片山君、この間の会議でのプレゼンすばらしかったよ。

1) あ、そう。ありがとう。

2) おそれいります。これからもがんばります。

3) そうでしたか。がんばりましょね。

어휘 포인트

JLPT를 보기 위해 필요한 단어입니다. 확인하고 익혀 보세요.

	読み方	意味
募集	ぼしゅう	모집
実用的	じつようてき	실용적
経験	けいけん	경험
値上げ	ねあげ	가격 인상, 값을 올림
開館	かいかん	폐관
休館	きゅうかん	휴관
重なる	かさなる	포개어지다, 거듭되다
煮る	にる	삶다, 끓이다, 조리다
間に合う	まにあう	아쉬운 대로 도움이 되다, 시간에 늦지 않게 대다
不備	ふび	불비, 구비되어 있지 않음
改札口	かいさつぐち	개찰구
下宿	げしゅく	하숙
帯	おび	(일본옷에서)허리에 두르는 띠.
減量	げんりょう	감량
降車口	こうしゃぐち	하차구
進出	しんしゅつ	진출
だらだら		완만한 경사가 이어지는 모양, 액체가 줄줄 흘러내리는 모양, 지루하게 이어지는 모양
ブログ		블로그
~にこる		몰두하다, 열중하다
ずらす		(겹치지 않도록)위치나 시간을 조금 옮기다
景色	けしき	경치
燃えるごみ	もえるごみ	가연성쓰레기
燃えないごみ	もえないごみ	불연성쓰레기
分け方	わけかた	구분방법, 구별방법
コンサート		콘서트
保証書	ほしょうしょ	보증서
持ち帰り	もちかえり	직접 들고 감

독해연습

問題1 つぎの文章を読んで、質問に答えなさい。答えは、1・2・3・4から最もよいものを一つえらびなさい。

英会話を勉強したい方へ

外国の人と外国語で話す楽しさは、日本語で日本人同士で話すのとは違う経験ができます。言葉だけではなく、文化も違いますが、英語を通してそれを理解してみませんか。年齢、職業、性別など制限はありません。初めて英語を勉強するという人も大丈夫です。アメリカ人の先生たちがやさしく簡単な英語で話しかけてくれます。毎日30分からでもOKです。今からでも英会話をはじめようと思っている方、もっと英語が上手になりたいと思っている方は、いつでも教室のとびらをノックしてくださいね。皆さんの参加をお待ちしております。

楽しい英会話教室

---

01. 楽しい英会話教室が、勉強したい人に伝えたいことはどれか。

1) 英会話をはじめようとしている人は来てもらいたくない。
2) アメリカ人の先生たちがやさしく英語を教えてくれる。
3) 毎日30分では英語はあまりうまくならない。
4) 英語を通して、日本の文化を理解する。

問題2 つぎの文章を読んで、質問に答えなさい。答えは、1・2・3・4から最もよいものを一つえらびなさい。

> 清水さんは、子どもたちが絵に描いたケーキを作ってプレゼントしようと「夢ケーキの日」をはじめました。「ケーキには人を幸せにする力がある。だから家族で夢を話す時間を作ってほしい」と「夢ケーキ」の募集を行い、昨年は850件の応募がありました。それらの絵をもとに、数十人のケーキを作る人たちが形にするのだそうです。
> 　人は何かを求めて商品やサービスを買います。それは、実用的なものだったり、おいしいものだったり、または楽しいイベントだったりします。その全てに共通するのは、「誰かが幸せになるためにお金を出す」というものです。
> 　自分のいやなものに、わざわざお金を出す人はいません。商品やサービスには「幸せになれるものかどうか」と言えるでしょう。

02. 清水さんが「夢ケーキの日」をはじめた理由は何だと言っているか。
    1) 家族で夢を話す時間を作ってほしいから
    2) ケーキを売って人を幸せにしたいから
    3) 夢ケーキの募集を行いたかったから
    4) ケーキを作る人が数十人いるから

03. 人はどんなものにお金を出すと言っているか。
    1) 実用的ではないもの
    2) おいしくないもの
    3) 自分のいやなもの
    4) 幸せになれるために

08 日本語能力試験 N3・N4 일본어능력시험

問題3 つぎの文章を読んで、質問に答えなさい。答えは、1・2・3・4から最もよいものを一つえらびなさい。

> はじめまして。韓国から来たキムともうします。どうぞよろしくお願いします。
> 今日は、私が今まで日本での生活で経験したことについてお話します。私は日本に来てちょうど1年になります。はじめて来たときは、日本語がうまく話せるかや、日本での生活は大丈夫かなど毎日心配しながら生活していました。でも、日本人の友だちがとても親切だったので、安心して生活してこれました。
> 私は、日本の料理がとてもおいしくて大好きです。特にすしとてんぷらが好きです。料理をするのが好きで、いつも日本の料理を勉強したいと思っていました。一緒に日本語を勉強している友達が通っている料理教室へ行く機会がありました。そこで、先生からかんたんに作ることができる肉じゃがを教えていただきました。今度の夏休みに韓国に帰ったら、父と母に作ってあげるつもりです。
> 日本での生活で一番大変なことが一つあります。それは、電車やバスの料金がとても高いことです。韓国では日本円で約100円でバスに乗ることができますが、日本では無理です。私は毎日バスに乗って学校へ行かなければなりません。もう少し安くなってほしいと思っています。
> 私は日本に来て良かったと思っています。それは、日本人の友だちがたくさんできて、私が大好きな日本料理を勉強することができたからです。

04. キムさんは日本に来て何が心配だったか。
　1) 日本の料理を勉強することができるか。
　2) ともだちがたくさんできるか。
　3) 一人でバスに乗ることができるか。
　4) 日本での生活ができるか。

05. 文章の内容と合わないものはどれか。
　1) 日本料理がとても好きで、特にすしとてんぷらが好きだ。
　2) 韓国に帰ったら父と母に肉じゃがを作って上げる。
　3) 日本のバス代は高くないので、もう少し値上げしてもいい。
　4) 日本の友だちがたくさんできてよかった。

問題4 つぎの文章は、図書館の利用時間の案内である。下の質問に答えなさい。
答えは、1・2・3・4から最もよいものを一つえらびなさい。

ホンさんは、図書館でレポートを書きたいと思っています。今日は第2月曜日です。レポートの提出は今週の水曜日までです。火曜日は授業が午前中に終わります。

やまだ市 中央図書館
利用案内

■ 開館時間

開館時間	平日	午前10時から午後6時 （児童図書は午後5時まで）
	土曜日 日曜日 祝日	午前10時から午後1時まで
休館日	第2月曜日	ただし祝日と重なった場合は火曜日
	年末年始	12月28日から1月3日
	特別休館日	5月3日から5月5日

---

06. ホンさんはいつ図書館でレポートを書くことができるか。
   1) 日曜日
   2) 月曜日
   3) 火曜日
   4) 水曜日

07. この案内の内容と合っているものはどれか。
   1) この図書館は、第2月曜日とその前日は開いている。
   2) この図書館は、年末年始以外は開いている。
   3) この図書館では、土曜日も午後6時まで使うことができる。
   4) この図書館は、休館日以外は開いている。

08 日本語能力試験 N3・N4 일본어능력시험

청해연습

金たろう

きょうは、みんなですもうをとることにしました。
오늘은 모두 모여서 스모를 하기로 했습니다.

金たろうは、まさかりをかついで、くまにまたがります。
긴타로는 큰 도끼를 메고 곰에 올라탔습니다.

ひろばにつくと、すぐにとりくみです。
광장에 도착하자, 바로 맞붙었습니다.

金たろうは、土ひょうのまん中に立ちました。
긴타로는 씨름판 한 가운데에 섰습니다.

「めんどうだ。みんないっしょにかかってこい。」
「귀찮아. 모두 다 함께 덤벼.」

くま、しか、さる、うさぎが一どに金たろうにくみつきました。
곰, 사슴, 원숭이, 토끼가 한 번에 긴타로에게 덤벼들었습니다.

でも、金たろうがからだをぶるんとふると、どうぶつたちははじきとばされてしまいました。
하지만 긴타로가 몸을 부르르 떨자, 동물들은 튕겨나갔습니다.

すもうをとったかえりは、ちかみちをすることにしました。
스모를 하고 돌아갈 때는 가로 질러 가기로 했습니다.

と中、がけがあって、下を川がながれていました。
돌아가던 도중, 낭떠러지가 있고 밑에는 강이 흐르고 있었습니다.

でも、はしがかかっていません。
하지만 다리가 놓여 있지 않았습니다.

金たろうは、そばの大きな木を力いっぱいおしました。
긴타로는 옆에 있는 큰 나무를 힘껏 밀었습니다.

めりめりめり。
우지직 우지직 우지직.

木がたおれて、りっぱなはしができあがりました。
나무가 쓰러져 멋진 다리가 되었습니다.

このようすを、とおくからじっと見ているさむらいがいました。
이런 모습을 멀리서 계속 보고 있던 사무라이가 있었습니다.

さむらいはうすいさだみつといいました。
사무라이는 우스이 사다미츠라고 불리었습니다.
日本一のつよい大しょう、みなもとのらいこうのけらいです。
일본에서 가장 강한 대장, 미나모토노라이코의 부하입니다.
やがてさだみつは、金たろうのいえにやってきました。
이윽고 사다미츠는 긴타로의 집에 찾아 갔습니다.
そして、金たろうに、「おじさんと力くらべをしよう。」といいました。
그리고 긴타로에게 「아저씨하고 힘을 겨뤄보지 않을래?」라고 말했습니다.
金たろうとさだみつは、がっぷりとくみあいました。
긴타로와 사다미츠는 서로 팔을 꽉 잡았습니다.
「えーい。」
「에잇」
「そーれ。」
「자아」
二人ともすごい力です。
두 사람 모두 굉장한 힘이었습니다.
やがて、さだみつがいいました。
이윽고 사다미츠가 말했습니다.
「わかった。もういいだろう。」
「알았다. 이제 됐어.」
さだみつは、金たろうのお母さんにこうもうしでました。
사다미츠는 긴타로의 엄마에게 말했습니다.
「わたしは日本中をあるいて、つよいさむらいをさがしているのです。
「저는 일본 전체를 돌며 강한 사무라이를 찾고 있습니다.」
金たろうくんは力がつよいし、心もやさしい。
긴타로는 힘이 강하고 마음도 착합니다.
みやこにつれていって、りっぱなさむらいにしたいのですが。」
수도에 데려가서 멋진 사무라이로 만들고 싶습니다만…」
これをきいて、お母さんは大よろこびです。
이 말을 듣고 긴타로의 엄마는 매우 기뻐했습니다.
「どうか、この子を、りっぱなさむらいにしてください。」
「어떻게든 이 아이를 멋진 사무라이로 만들어 주세요.」

MEMO

日本語能力試験 N3・N4
일기문

09

실전테스트

問題1 ＿＿＿＿の言葉の読み方として最もよいものを1・2・3・4から一つえらびなさい。

01. 電車や新幹線の予約は駅にあるみどりの窓口でできます。
    1) まどくち   2) まどぐち   3) まとくち   4) まとぐち

02. 本日の営業は終了しました。
    1) しゅうよ   2) おわりょう   3) おわり   4) しゅうりょう

03. 水道管の工事で、1時間断水するそうだ。
    1) だんすい   2) たちみず   3) だんす   4) たちす

04. 長い時間正座をしていたので、とても疲れたよ。
    1) しょうざ   2) ただしいすわり   3) せいざ   4) じょうざ

05. 先週から歯が痛いと思っていたら虫歯になっていた。
    1) むしは   2) むしば   3) ちゅうば   4) ちゅうじ

06. 子どものころ、母の口紅で遊んで怒られたことがたくさんあります。
    1) こうべに   2) くちこう   3) くちあか   4) くちべに

07. 早く宿題を済ませなさい。
    1) さ   2) し   3) す   4) そ

08. あの女の人は本当に細いよね。うらやましいわ。
　　1) ほそ　　　　2) こま　　　　3) うす　　　　4) なが

問題2 ＿＿＿＿＿＿のことばを漢字で書くとき最もよいものを1・2・3・4から一つえらびなさい。

09. 今日の試合は1たい2でAチームの勝ち。
　　1) 体　　　　　2) 対　　　　　3) 付　　　　　4) 太

10. 経済のせんもんかに、今年の世界の様子について伺ってきました。
　　1) 博問家　　　2) 専問家　　　3) 博門家　　　4) 専門家

11. アメリカのことを日本ではべいこくともいいます。
　　1) 米国　　　　2) 美国　　　　3) 料国　　　　4) 麦国

12. そろそろ新しいMP3プレイヤーがほしい。
　　1) 谷しい　　　2) 干しい　　　3) 欠しい　　　4) 欲しい

13. 今日の料理はちょっと味がこいね。
　　1) 農い　　　　2) 濃い　　　　3) 膿い　　　　4) 振い

14. 今日はとてもあたたかい一日でした。
　　1) 暖かい　　　2) 温かい　　　3) 温い　　　　4) 暖い

問題3 （　　　）に入れるのに最もよいものを1・2・3・4から一つえらびなさい。

15. 犬に毎朝（　　　）をあげるのは、息子の仕事です。
    1) けさ　　　　2) えさ　　　　3) くさ　　　　4) ほさ

16. 先週（　　　）を買ったので、もう道には迷わないよ。
    1) シートベルト　2) オーディオ　3) キーボード　4) カーナビ

17. 5時になったから、（　　　）家に帰ろう
    1) そろそろ　　2) うろうろ　　3) だらだら　　4) てきぱき

18. A：「今月の生活費を銀行に（　　　）くれない。」
    B：「分かった。明日銀行に行って送るね。」
    1) 送って　　　2) 振り入れて　3) 振り込んで　4) 振り替えて

19. 問題を全部解いたら、間違いがないか必ず（　　　）ください。
    1) 見始めて　　2) 見直して　　3) 見改めて　　4) 見終わって

20. お兄ちゃんの手を（　　　）だめだよ。迷子になるからね。
    1) つなぐと　　2) つないじゃ　3) はなさないと　4) はなしちゃ

21. ただいまレストランは（　　　）となっております。少しお待ちください
    1) 満席　　　　2) 満員　　　　3) 空席　　　　4) 満タン

22. 子どものころはとても人（　　　）子だったのに。
    1) なつい　　　2) なつく　　　3) なつっこい　4) なつきな

23. くつはきちんと（　　　）脱ぎましょうね。
    1) ばらばらに　2) きれいに　　3) ぐちゃぐちゃに　4) そろえて

24. 白髪が増えたので美容院へ髪を(　　　)行く。
　　1) しめに　　　2) 抜きに　　　3) そめに　　　4) のばしに

25. ユンさんの娘さんは、あいさつのできる(　　　)子どもですね。
　　1) ずうずうしい　2) 礼儀正しい　3) だらしない　4) 意地悪な

問題4　_____ に意味が最も近いものを1・2・3・4から一つえらびなさい。

26. 新しいバイクが欲しいので、食費を減らしてお金を貯めています。
　　1) やめる　　　2) けずる　　　3) きる　　　　4) こする

27. バスを待っていたら、二人組みの男にカバンを取られた。
　　1) 盗まれた　　2) 持たれた　　3) 買われた　　4) 積まれた

28. 父は家に帰ったらまず風呂に入ります。
　　1) つぎに　　　2) とくに　　　3) さいしょに　4) さいごに

29. 甘いものばかり食べてると体重が増えますよ。
　　1) 重くなりますよ　2) 軽くなりますよ　3) やせますよ　4) ふとりますよ

30. 10万円入った財布を拾うなんて、今日はすごくついている日だった。
　　1) 運がいい　　2) 運が悪い　　3) おもしろい　4) たのしい

問題5 つぎのことばの使い方として最もよいものを1・2・3・4から一つえらびなさい。

31. スマート
    1) 私はスマートな男の人が好き。
    2) 母に忘れ物をしないようにとスマートに注意された。
    3) 彼女は、毎回誰かに食事をおごらせる、スマートな人です。
    4) さっきまでけんかしていたのに、もうスマートしたようだ。

32. かせぐ
    1) 合計をかせぐと、4千円になります。
    2) この仕事をかせいでから、ご飯を食べに行こう。
    3) 大学を卒業したら、自分の力でお金をかせぎたい。
    4) 僕は大学で文学をかせいでいます。

33. こする
    1) そんなところで寝てたらこするわよ。ちょっとどいて。
    2) 夫の車をこすってしまった。
    3) 次に塩を少々こすってください。
    4) お年寄りや体の不自由な方に席をこすりましょう。

34. ぎりぎり
    1) 日本の人口がぎりぎり減っている。
    2) 彼女はぎりぎり気の弱い人だよ。
    3) おどろいて胸がぎりぎりする。
    4) 会議にぎりぎり間に合った。

35. くむ
    1) 汚れた手で目をくんではいけません。
    2) バケツに水をくんできてくれない。
    3) ペットをくむなら、毎日散歩に連れていきましょうね。
    4) よっぱらって、コップをくんでしまった。

問題1 つぎの文の(　　)に入れるのに最もよいものを一つえらびなさい。

01. 彼はいい先生だが、父(　　)どうだろうか。
　　1) としては　　2) ならば　　3) でも　　4) によって

02. この国際会議は、東京で1週間(　　)開かれます。
　　1) から　　2) ばかり　　3) にわたって　　4) によって

03. 私は大学の友達(　　)、夫と知り合って結婚しました。
　　1) について　　2) を通じて　　3) をおいて　　4) に対して

04. 父と母に心を(　　)、この言葉を送りたいと思います。
　　1) おいて　　2) ためて　　3) あげて　　4) こめて

05. 牛肉が1キロ500円だって？そんなに安い(　　)よ。
　　1) わけだ　　2) わけがない　　3) わけがある　　4) わけだった

06. 私が片付けるから、その(　　)おいていいわよ。
　　1) ままにして　　2) ままだけ　　3) ままなのに　　4) ままから

07. 社長の話はいつも長いが、毎回同じことを言っている(　　)。
　　1) にちがった　　2) によった　　3) によらない　　4) にすぎない

08. 外国を旅行するときには、その国の文化に(　　)勉強していくと楽しい。
　　1) 対して　　2) とって　　3) ついて　　4) よれば

09. ご飯を食べないでおかしばかり(　　　)だめだよ。
　　1) 食べないと　　2) 食べてちゃ　　3) 食べようと　　4) 食べて

10. いつも元気な山田さんが、病院に入院する(　　　)がない。
　　1) はず　　2) ため　　3) ばかり　　4) ところ

11. チェさんみたいにもっと背が(　　　)いいのになあ。
　　1) 高ければ　　2) 高くて　　3) 高かった　　4) 高いから

12. 年をとるに(　　　)、目や耳が悪くなって体も動かなくなる。
　　1) おいて　　2) かけて　　3) したがって　　4) ついて

13. A：「もうすぐ卒業だね。(　　　)これからどうするの。」
　　B：「そうね。もっと勉強したいけどお金ないから仕事をしようかな。」
　　1) だけど　　2) ところが　　3) ですから　　4) ところで

問題2　つぎの文の＿＿＿★＿＿＿に入る最もよいものを、1・2・3・4から一つ選びなさい。

14. 妻から家で＿＿＿＿＿　＿＿＿＿＿　＿＿★＿＿　＿＿＿＿＿います。
　　1) すわない　　2) 言われて　　3) ように　　4) たばこを

15. 日本に帰るのは、＿＿＿＿＿　＿＿＿＿＿　＿＿★＿＿　＿＿＿＿＿。
　　1) 以来　　2) 冬　　3) です　　4) 2年前の

16. 冷蔵庫に昨日＿＿★＿＿　＿＿＿＿＿　＿＿＿＿＿　＿＿＿＿＿から帰ったら食べよう。
　　1) ある　　2) ケーキが　　3) だった　　4) 食べかけ

17. 今日は晴れると言う＿＿＿＿ ＿★＿ ＿＿＿＿ ＿＿＿＿。
   1) 大雨が   2) 反して   3) 降った   4) 予報に

18. ＿＿＿＿ ＿★＿ ＿＿＿＿ ＿＿＿＿、ほしいものは必ず買う人です。
   1) いくら   2) 母は   3) ても   4) 高く

問題3 つぎの文章を読んで、19から23の中に入る最も良いものを、1・2・3・4から一つえらびなさい。

> 　今まで使っていたパソコンが壊れたから、新しいパソコンを買いに行ってきた。 19 高いものは買えない。安くていいものがあれば買おうと思っていた。私はパソコンがくわしくないので、友達のチェさんと一緒に行った。チェさんが店の人に聞いてみた 20 、希望する値段のパソコンを見つけるのはあまり難しくないようだった。店の人とパソコンがおいてあるところに行ったら、いろいろ説明してくれた。店の人の話とチェさんの意見を 21 、買うパソコンを決めた。店の人に「これください」と言ったところ、新品が店にないと 22 。どのぐらい時間がかかるのかと聞いたら1週間くらい待つことになった。あまり 23 けど、ほしいパソコンだから仕方ないと思った。

19.
   1) たぶん   2) 少しも   3) あまり   4) めったに

20.
   1) ところ   2) ことに   3) ようだ   4) かぎり

21.
   1) 聞けば   2) 聞かないで 3) 聞きながら 4) 聞いても

22.
   1) 言わされた 2) もうしあげた 3) おっしゃった 4) 言われた

23.
   1) 待たされた   2) 待たされたくない
   3) 待たされよう   4) 待たされ続ける

09 日本語能力試験 N3・N4 일본어능력시험

問題1　問題1では、まず質問を聞いてください。それから、話を聞いて、問題用紙の1から4の中から最もよいものを一つ選んでください。

🎧01番

ガイドの人が話しています。休憩後、どこに何時に集まりますか。

> 女：この後の予定についてご説明いたします。まもなく休憩所に到着します。そこで、まずお昼にいたします。そのあと、そこから歩いて5分のところにある神社に行きます。神社を見ていただいた後、その後1時間ほど自由時間となります。近くにおみやげ物屋も多いのでゆっくりご覧ください。次の目的地に向けて、バスは2時半に出発いたしますので、この休憩所ではなく休憩所の隣のお寺の前に5分前までにはお集まりください。
> 男：神社に必ず回らないといけませんか。
> 女：大変申し訳ございませんが、他の皆様のご迷惑となりますので神社まではお願いいたします。

1) 2時半にお寺の前に集まる。

2) 2時半に神社の前に集まる。

3) 2時半に休憩所に集まる。

4) 2時半におみやげ物屋の前に集まる。

🎧 02番

女の人と男の人がレストランで話しています。二人が頼まなかったものはなんですか。

> 男：あぁ、おなかすいた。何食べようかな。
> 女：肉と魚があるけど、どっちにする？
> 男：魚は昨日食べたからね。
> 女：じゃ、お肉にしよう。
> 男：うん、それとサラダとスパゲッティも頼もうよ。
> 女：そんなに食べられるの。
> 男：大丈夫。すごくおなかすいてるから。
> 女：じゃ、飲み物は？コーヒー?紅茶?
> 男：コーヒーにするよ。
> 女：私は紅茶にするわ。

1) 肉です。
2) 魚です。
3) スパゲッティです。
4) コーヒーです。

🎧 03番

女の人と男の人が話しています。男の人は、どうして昨夜よく眠れませんでしたか。

> 女：なんだか眠そうね。
> 男：うん、昨夜あまり眠れなくて。
> 女：あぁ、昨日はとても暑かったもんね。
> 男：いや、冷房をつけて寝たんだけどね。実はこの間も眠れなかったんだよ。隣の犬がほえてうるさくてさ。
> 女：それで昨日は寝られなかったの？
> 男：いや、それはこの間のことで、昼寝しすぎちゃって、テレビ見てたらそれがあまりにも面白くて。
> 女：それで寝不足なわけね。

1) あつかったから
2) 犬がうるさかったから
3) 昼寝をしたから
4) テレビが面白くなかったから

問題2 問題2では、まず、質問を聞いてください。そのあと、問題用紙を見てください。読む時間があります。それから、話を聞いて、問題用紙の1から4の中から最もよいものを一つ選んでください。

04番
妻と夫が話しています。妻は夫に朝何を出してといっていますか。

> 女：あなた、明日は雨がふるって天気予報で言ってたから、かさ忘れないでね。
> 男：うん。分かった。カバンと一緒に玄関においといて。あ、そうそう明日は弁当はいらないから。会社の人たちと一緒に食事をすることになってるんだよ。
> 女：そうなの。わかったわ。それから、お願いがあるんだけど。
> 男：なに？
> 女：明日の朝、ゴミだしお願いしたいんだけど。
> 男：ゴミ？面倒くさいな。あれ？ゴミって今日じゃなかった？
> 女：ごめん。私が出すのを忘れてたのよ。明日の朝お願いね。

1) ゴミ
2) カバン
3) 弁当
4) かさ

05番

お母さんと息子が話しています。お母さんは息子に何をしなさいと言っていますか。

> 母　：健一、部屋でマンガばかり読んでないで、部屋の掃除をしなさい。
> 息子：今日やっと期末試験が終わったばかりで疲れてるのに。
> 母　：いつも遊んでばかりで勉強なんてしてないじゃない。
> 息子：はいはい。分かりましたよ。やればいいんでしょ。母さんはいつも勉強しろとか掃除をしろとかしか言わないんだから。
> 母　：今、何か言ったかしら。
> 息子：別に。

1) 早く寝なさい。
2) 部屋の掃除をしなさい。
3) マンガを読みなさい。
4) 勉強しなさい。

06番

男の人と女の人が話しています。山内さんは、先週どうしましたか。

> 男：山内さん、どうしたの。なんか悲しそうだけど。
> 女：うん。実は、先週、彼からもらった指輪をなくしちゃって。
> 男：え、どこで？
> 女：家を出るときは、ちゃんとつけてたの。でも、家に帰ったらもうなくて。
> 男：ゆっくり思い出してみて。途中で、トイレには行かなかった？
> 女：たぶんレストランで行ったと思うけど。でも、どうして？
> 男：もしかして、手を洗ったときに一度はずしたんじゃない？
> 女：あ、そうかも。

1) 家を出るときに指輪をなくした。
2) 家に帰ってきたときに指輪をなくした。
3) 彼が指輪をくれた。
4) レストランのトイレで指輪をなくした。

問題3　問題3では、問題用紙に何も印刷されていません。まず話を聞いてください。それから、質問を聞いて、正しい答えを1から4の中から一つ選んでください。

🎧 07番

男の人がスーパーで店員と話しています。

> 男　：あの、すみません。このチラシに「牛乳を2本買ったら1本おまけ」と書いてあるんですけど。
> 店員：そちらは、水曜日の特売品でして、本日は、この火曜日のセール品のところとなっております。
> 男　：そうなんですか。
> 店員：申し訳ございません。この特売品なんですが、夕方の5時から7時までのタイムセールとなっておりますので、よろしくお願いいたします。
> 男　：あ、そう。
> 店員：どうも、すみません。でも本日はチーズとヨーグルトが半額になっておりますので、よろしければご利用ください。
> 男　：そうですか。ありがとうございます。

男の人はいつ来れば牛乳の特売品が買えますか。

1) 火曜日の朝7時まで
2) 昨日の午後4時まで
3) 水曜日の午後5時から7時まで
4) あさっての午後7時まで

問題4　問題4では、絵を見ながら質問を聞いてください。それから正しい答えを1から3の中から一つ選んでください。

🎧 08番

男：病院の待合室で待っています。自分の順番がなかなかきません。なんといいますか。

1) いつまで待たせるんですか。
2) あと何人ぐらい待ちますか。
3) 何人待てばいいんですか。

🎧 09番

女：階段で転んでしまいました。腕がとても痛いです。何と言いますか。

1) 骨が割れているようです。
2) 骨が欠けているみたいです。
3) 骨が折れてるかもしれません。

🎧 10番

男：初めて日本人の友達の家に遊びに行きました。部屋にお父さんが来ました。なんといいますか。

1) お邪魔してます。
2) ごぶさたしてます。
3) 元気でしたか。

🎧 11番

女：友達の約束の時間に間に合いそうもありません。電話でなんと言いますか。

1) ごめん、ちょっと遅くなりそう。
2) すみません、遅く来てもいい。
3) すごい、遅れてしまったよ。

09 日本語能力試験 N3・N4 일본어능력시험

問題5　問題5では、問題用紙に何も印刷されていません。まず、文を聞いてください。それから、その返事を聞いて、1から3の中から正しいものを一つ選んでください。

🎧 12番

　男：この部屋、ちょっと寒いね。

1) 暖房つけようか。

2) 暖房つけるつもりですか。

3) 暖房消そうか。

🎧 13番

　女：あのね。今度スピーチ大会に出ることになったんだよ。

1) そっか。がんばらないの？

2) そっか。すごいね。応援してるよ。

3) そっか。出られなくて残念。

🎧 14番

　女：盗まれたカバン、見つかったって？

1) ごぶさたですね。

2) いやあ、よかった。

3) 残念だったね。

🎧 15番

　男：先日は、お土産をいただきありがとうございました。

1) はい、感謝してください。

2) いいえ、別にですよ。

3) いいえ、ほんの気持ちだけです。

어휘 포인트

JLPT를 보기 위해 필요한 단어입니다. 확인하고 익혀 보세요.

	読み方	意味
宅急便	たっきゅうびん	택배
インターネット		인터넷
送料	そうりょう	송료
増える	ふえる	늘다, 늘어나다, 증가하다
暖房	だんぼう	난방
販売開始	はんばいかいし	판매개시
見つける	みつける	발견하다, 찾다
窓口	まどぐち	창구
断水	だんすい	단수
水道	すいどう	수도
正座	せいざ	정좌
虫歯	むしば	충치
済ませる	すませる	끝내다, 마치다
カーナビ		카네비게이션
うろうろ		어슬렁어슬렁
てきぱき		척척, 시원시원
生活費	せいかつひ	생활비
振り込む	ふりこむ	(대체 계좌나 예금 계좌 등에)돈을 불입하다
見直す	みなおす	다시보다, 재점검하다
満席	まんせき	만석
懐く	なつく	친숙해져서 따르다, 친해지다
染める	そめる	물들이다, 염색하다
貯める	ためる	돈을 모으다
積もる	つもる	(높이)쌓이다, 모이다. 어림잡다
休憩	きゅうけい	휴게
寝不足	ねぶそく	수면부족
期末試験	きまつしけん	기말시험
特売品	とくばいひん	특매품
待合室	まちあいしつ	대합실

09 日本語能力試験 N3・N4 일본어능력시험

독해연습

問題1 つぎの文章を読んで、質問に答えなさい。答えは、1・2・3・4から最もよいものを一つえらびなさい。

> 商品のご注文は、インターネットか電話でお願いいたします。商品は宅急便でお送りいたします。インターネットでお申し込みのお客様は、クレジットカードでお支払いいただけます。電話でのお申し込みのお客様は、商品をお受け取りになるときに代金をお支払いください。代金は、商品の値段にそれぞれの地域までの送料を加えた値段になります。なお、お買い上げの商品が5000円以上になる場合は、送料は無料となります。

01. この文の内容について、正しいのはどれか。
　1) 商品の注文はネットと電話以外でできる。
　2) 商品の代金は、クレジットカードだけで払うことができる。
　3) 送料が無料になるのは、5000円以上のときだけである。
　4) 商品を受け取るときに支払う金額は、送料だけである。

問題2　つぎの文章を読んで、質問に答えなさい。答えは、1・2・3・4から最もよいものを一つえらびなさい。

> 　サラリーマンのおこづかいが危ない。全国1000人のサラリーマンを調査したデータによれば、1カ月のおこづかいの平均は3万6500円。4年連続で減っており、10年前に比べて50%も減っており今までで最低となった。1日1177円。ここから昼食や友達の付き合いなどを引くといくらも残らない。
> 　では、現代サラリーマンの理想のおこづかいはいくらなのか？500人へのアンケート調査によると多くが不満を持っていることがわかった。例えば1回の飲みに行くお金の理想は平均6488円なのに対し、現実は4031円。また、1カ月の趣味に出すお金も理想は2万5050円だが、現実は約9955円と1万円以上の差が出る▢▢▢▢▢。
> 　それ以外も、理想と現実には開きがあり、サラリーマンの悲しい現実がみてとれる。給料UPもあまり期待できないこの時代に。サラリーマンのうすい財布の時代はまだまだ続きそうだ。

02. 10年前のおこづかいに比べて今はどうか。
　1) 50%も増えている。
　2) おこづかいが今までで最も少ない。
　3) 1日3万円もつかるほどたくさんもらっている。
　4) 4年連続で増えている。

03. サラリーマンのお小遣いの理想と現実について述べているもので間違っているものはどれか。
　1) 趣味に2万円使いたいが、実際は1万円も使えない。
　2) 1回お酒を飲みに行くと6500円使いたいが、現実は4000円しか使えない。
　3) 趣味に2万円も使うことができて幸せだと思っている。
　4) 給料が上がらないので、サラリーマンの小遣いも上がらない。

04. ▢▢▢▢▢の中に入る語はどれか。
　1) 結果となりそうだ
　2) 結果とならなかった
　3) 結果となった
　4) 結果ではなかった

問題3 つぎの文章を読んで、質問に答えなさい。答えは、1・2・3・4から最もよいものを一つえらびなさい。

母さんの仕事

一月の初めに雪が降った。
「雪が降ってるよ。今日は外で遊ぼう。」
僕は両手をあげてよろこんだ。
母さんは、「困ったわね。」
と、小さな声で言った。どうして母さんはそういったんだろうと考えた。やっとそのわけが分かった。
母さんは、毎日車に乗って魚を売りに行っている。魚を売るときは、どんなに寒くても道を歩いていくから、暖房を使うこともできない。ましてや、長ぐつをはいているので雪道はすべりやすくなっている。それで仕事が大変で困ったのだろうと思った。
今日も母さんは朝ごはんを食べると出かけていった。████、母さんは木のはこに魚を入れて帰ってきた。その手は赤くなっていた。その手を見て涙がでてきて、
「母さん、少しあたたまったら。」
と言ったら、
「だめよ。お客さんが待ってるから行かなくちゃ。」
と言った。そして、箱を車にのせて母さんは出かけていった。僕はそれが見えなくなるまでずっと見ていた。
家で一人、母さんを待っている間、「さむくないかな」「早く帰ってくればいいのに」と思った。
今までは母さんの帰りが遅いときは姉がふとんをしいていた。でも、今日からぼくが母さんのふとんをしいてあげようと思った。

05. 母さんはなぜ「困ったわね」と言ったのか。

1)「ぼく」が雪がふってよろこんでいるから
2) 暖房を使うことができるから
3) 長ぐつで雪道はすべりにくいから
4) 寒い中、歩いて魚を売りにいかなければならないから

06. _____の中に入る語はどれか。
1) 少しの間
2) しばらくして
3) これで
4) もうすぐ

問題4 つぎの文章は、チケットを買うときの電話番号を書いたものである。下の質問に答えなさい。答えは、1・2・3・4から最もよいものを一つえらびなさい。

母は音楽が大好きで、良くクラシックのコンサートに行きます。好きなオーケストラが文化ホールで行われることを、新聞の広告で知りました。しかし、すでに先週からチケットが販売されていました。母は急いでチケットを買おうとしていますが、今は金曜日の夜9時です。

《お電話での申し込み方法》
・文化ホール
 [販売開始日 専用電話]
 TEL 0120-2586-0957(通話料無料)
 受付は 平日午前8時半から午後6時半まで(土日、祝日は休み)
 ※ 販売開始日のみ利用可能。それ以外のチケット販売は、一般受付のほうにおかけください。
 [一般受付]
 TEL 0120-7785-4025(通話料無料)
 受付は 午前9時から午後6時半まで(土曜日は午後1時まで)
・チケット王国
 TEL 092-457-8905
 受付は午前10時から午後10時まで(日曜日のみ休み)

07. どの電話番号にかけるのが一番早いか。

　　1) 092-457-8905

　　2) 0120-2586-0957

　　3) 0120-7785-4025

　　4) 0120-2586-0957と0120-7785-4025

08. 電話での申し込み方法について、間違っているのはどれか。

　　1) 一般受付は土曜日の午前中電話を受け付けている。

　　2) 一般受付電話は、通話料がかからない。

　　3) チケット王国は月曜日から土曜日までチケットを買うことができる。

　　4) 発売開始日の専用電話は3日間利用できる。

청해연습

かみひこうき 종이비행기

昨日、ぼくはさとうくんとかみひこうきを作って飛ばしました。
学校からいえにかえってきてからさとうくんといっしょにたべるおかしをかばんの中にいれました。
それから、お母さんに大きなかみをもらいました。
ぼくは、おかしのはいっているかばんとお母さんにもらったかみひこうきをつくるための大きなかみをもってこうえんにはしって行きました。
어제 저는 사토와 종이비행기를 만들어 날렸습니다.
학교에서 집으로 돌아와서는 사토와 함께 먹을 과자를 가방 속에 넣었습니다.
그리고 어머니께 큰 종이를 받았습니다.
저는 과자가 들어있는 가방과 어머니께 받은 종이비행기를 만들기 위한 큰 종이를 갖고 공원으로 달려갔습니다.

さとうくんは、こうえんのちかくにあるはしの上でまっていました。
こうえんまで、さとうくんとどんなかみひこうきをつくろうかはなしながらあるいて行きました。
こうえんにつくとさっそくかみひこうきを作りはじめました。
사토는 공원 근처에 있는 다리 위에서 기다리고 있었습니다.
공원까지 사토와 어떤 종이비행기를 만들까 이야기하면서 걸어갔습니다.
공원에 도착하자 곧바로 종이비행기를 만들기 시작했습니다.

09 日本語能力試験 N3・N4 일본어능력시험

ぼくがもってきたかみはとても大きかったので、はんぶんにきりました。
それをさとうくんとわけました。
ぼくは先が細くなっているひこうきをつくりました。
さとうくんが、「とりみたいだね。」と言いました。
さとうくんはとてもおおきいひこうきを作りました。

제가 갖고 온 종이는 너무 컸기 때문에 잘랐습니다.
그것을 사토와 나누었습니다.
저는 끝이 가느다란 비행기를 만들었습니다.
사토가, 「새 같네.」하고 말했습니다.
사토는 아주 큰 비행기를 만들었습니다.

それから、ぼくたちはこうえんの中にある小さな山の上にのぼり、ひこうきを飛ばしました。
ぼくのひこうきはまっすぐに飛んでいきました。
さとうくんのひこうきは、ゆっくり左に回りながらとびました。
「ぼくのほうがとおくまでとんだよ」と、言うとさとうくんが
「そうだね。やっぱりとりはとおくまでとぶことができるんだね。」と、言いました。

그리고 나서 우리는 공원 안에 있는 작은 산 위에 올라 비행기를 날렸습니다.
저의 비행기는 똑바로 날아갔습니다. 사토의 비행기는 천천히 왼쪽으로 돌면서 날아갔습니다.
「내 것이 멀리 날았다.」라고 말하자 사토가
「그렇네. 역시 새는 멀리까지 날 수 있구나.」라고 말했습니다.

それから、もってきたおかしをいっしょにたべました。
こんどは、もっととおくまでとぶことができるかみひこうきをつくりたいです。

그리고 나서 가져온 과자를 함께 먹었습니다.
다음 번에는 더 멀리까지 날 수 있는 종이비행기를 만들고 싶습니다.

日本語能力試験 N3・N4
설명문

10

10 日本語能力試験 N3・N4 일본어능력시험

실전테스트

○ 문자·어휘

問題1 ＿＿＿の言葉の読み方として最もよいものを1・2・3・4から一つえらびなさい。

01. かんばんに「子ども<u>飛び出し</u>注意」とかいてある。
    1) とびだしちゅうい　　　　2) よびだしちゅうい
    3) とびでしちゅうい　　　　4) よびでしちゅうい

02. 私のしゅみは、ラジオ番組を<u>録音</u>することです。
    1) のくおん　2) のくおと　3) ろくおん　4) ろくおと

03. おじはレストランを<u>経営</u>しています。
    1) けええい　2) けいえい　3) うんえい　4) きょんよん

04. メールの送信が<u>完了</u>しました。
    1) わんりょ　2) かんれい　3) かんよ　4) かんりょう

05. 本は来週の金曜日までに必ず<u>返却</u>してください。
    1) へんかく　2) へんきゃく　3) はんきゃく　4) ほんかく

06. 働く人を探すことを<u>求人</u>と言う。
    1) きゅうじん　2) くじん　3) きゅうにん　4) くにん

07. この列車は、<u>全席</u>指定となっております。
    1) じょんせき　2) ぜせき　3) せんぜき　4) ぜんせき

08. 2つ目の交差点を右に曲がってください。
    1) あがって   2) くがって   3) まがって   4) さがって

問題2　＿＿＿＿＿のことばを漢字で書くとき最もよいものを1・2・3・4から一つえらびなさい。

09. だいじょうぶ？ひざからちが出てるよ。
    1) 血   2) 皿   3) 冊   4) 而

10. 着物を着るときには、たびをはきます。
    1) 靴下   2) 下着   3) 足袋   4) 手袋

11. 夫が海外のししゃにいくことになった。
    1) 又社   2) 支社   3) 十社   4) 使社

12. カレーのざいりょうを買いにスーパーへ行く。
    1) 才料   2) 林料   3) 材料   4) 原料

13. 地球の温度は昔とくらべてあがっているそうだ。
    1) ヒべて   2) 此べて   3) 昆べて   4) 比べて

14. 今デパートで全商品50パーセントねさげしているんだって。
    1) 直下げ   2) 値下げ   3) 値上げ   4) 格下げ

問題3 （　　　）に入れるのに最もよいものを1・2・3・4から一つえらびなさい。

15. 子どもが乗っているんだから、そんなに急（　　）はやめてよ。
    1) バランス　　2) パンク　　3) ブレーキ　　4) トランク

16. この店では500円でビールの（　　）らしいよ。
    1) 飲み放題　　2) 食べ放題　　3) 歌い放題　　4) 買い放題

17. A：「彼は（　　）を毎日自分で作って持ってきてるんだって。」
    B：「知ってる。とてもおいしいみたいよ。」
    1) フライパン　　2) 電子レンジ　　3) お弁当　　4) 炊飯器

18. この緑のセーターちょっと（　　）ない。もっとはでな色はないの？
    1) しみ　　2) じみ　　3) ちみ　　4) ぢみ

19. この大雨で何ヶ所も山が（　　）。
    1) こわれた　　2) ながれた　　3) つぶれた　　4) くずれた

20. そんな（　　）ナイフでは、何も切れないよ。
    1) さびた　　2) するどい　　3) まぶしい　　4) なだらかな

21. 梅雨になると食べ物に（　　）が生えやすくなる。
    1) かめ　　2) はな　　3) かび　　4) ごみ

22. 先週、近所の公園で（　　）事件が起きた。
    1) はげしい　　2) おそろしい　　3) あやしい　　4) くわしい

23. 友だちの連絡先を携帯電話に（　　）しておきました。
    1) 削除　　2) 検索　　3) 作成　　4) 登録

24. メールは多くの人に(　　　)送ることができます。
    1) まとめる   2) まとめて   3) まとめない   4) まとめた

25. 子どものころはすごく(　　　)かったが、今はお金持ちになった。
    1) まずし   2) かわい   3) まぶし   4) かなし

問題4 ＿＿＿＿＿＿に意味が最も近いものを1・2・3・4から一つえらびなさい。

26. 水道の蛇口を<u>ひねって</u>水を出す。
    1) かわす   2) さげる   3) まわす   4) おす

27. 娘が会社に就職できて<u>安心した</u>。
    1) どっきりした   2) がっかりした   3) ぼんやりした   4) ほっとした

28. 9<u>マイナス</u>3は6です。
    1) たす   2) ひく   3) わる   4) かける

29. 大切な問題にマークを<u>つけて</u>おきましょう。
    1) かいて   2) たてて   3) あげて   4) もって

30. 明日は朝早く<u>たつ</u>つもりです。
    1) 帰ってくる   2) 聞きに行く   3) 出発する   4) 停車する

問題5 つぎのことばの使い方として最もよいものを1・2・3・4から一つえらびなさい。

31. 通りかかる
   1) いきなり犬が通りかかってきた。
   2) 駅を通りかかってから待ち合わせの場所が見えてきます。
   3) たまたま通りかかったところです。
   4) 映画を通りかかることもあります。

32. 両替
   1) 銀行で円をドルに両替する。
   2) 私の服とあなたの服を両替しませんか。
   3) 兄は毎日インターネットで両替を見ている。
   4) 銀行にお金を借りることを両替するといいます。

33. しびれる
   1) 交際を申し込まれたが、好きにはなれないのでしびれた。
   2) 大学生の息子は、毎日バスでしびれている。
   3) 寒さで体がしびれている。
   4) たたみに座っていて足がしびれてしまった。

34. つかまる
   1) バスが客を乗せるためにつかまっている。
   2) スピード違反でつかまってしまった。
   3) すみませんが、乗車券をつかまります。
   4) 早く行っていい席につかまろう。

35. いたずら
   1) なべにいたずらを少々いれてください。
   2) ぼくはとてもいたずらな女性がすきです。
   3) そんないたずらをしてはいけません。
   4) お姉ちゃんは、弟に何でもかしてくれていたずらだ。

問題1　つぎの文の（　　　）に入れるのに最もよいものを一つえらびなさい。

01. 父から聞いたが、母は子どものとき足が（　　　）。
　　1) はやいそうだ　　2) はやかったそうだ　3) はやかったことだ　4) はやいかった

02. 事故の（　　）、映画の時間に間に合わなかった。
　　1) おかげで　　　2) くせに　　　　3) ことで　　　　4) せいで

03. スーパーで買ってきた野菜を冷蔵庫に（　　　）くれない。
　　1) いれておく　　2) いれたっけ　　3) いれといて　　4) いれてばかり

04. あなたのこと（　　）大嫌い。
　　1) なんか　　　　2) だから　　　　3) でも　　　　　4) だったら

05. 日本の漢字は覚えれば覚える（　　　）いろいろな本が読めるようになります。
　　1) から　　　　　2) まで　　　　　3) ので　　　　　4) ほど

06. 息子はピーマンを（　　　）としない。
　　1) たべる　　　　2) たべよう　　　3) たべない　　　4) たべたい

07. A：「どうして5時までに帰ってくる約束を守らなかったの。」
　　B：「だって、お兄ちゃんが大丈夫って（　　　）。」
　　1) 言ってから　　2) 言わなかった　3) 言ったんだもん　4) 言ったと思う

08. そんなひどいことを言ったら、彼女が泣くのも（　　　）。
　　1) 当然だ　　　　2) 自然だ　　　　3) 全然だ　　　　4) 無理だ

09. 日本でおいしかった食べ物（　　）、てんぷらを思い出します。
　　1) といっても　　2) というより　　3) というと　　4) というのは

10. あなたが提出したレポートは字のまちがい（　　）。もう一度書き直しなさい。
　　1) ぎみだ　　2) がちだ　　3) ついでだ　　4) だらけだ

11. アパートの家賃が1ヶ月5万円だと（　　）、生活費は10万円あればいいね。
　　1) いうと　　2) すると　　3) いうのに　　4) ともに

12. ちょっと近所の知り合いと話している（　　）、子どもがどこかへ行ってしまった。
　　1) あいだに　　2) たびに　　3) おかげで　　4) うえに

13. インターネットでレストランを（　　）ようになって便利ですね。
　　1) 注文できる　　2) 食べられる　　3) 予約できる　　4) 話せる

問題2　つぎの文の_____★_____に入る最もよいものを、1・2・3・4から一つ選びなさい。

14. 君は忘れっぽいから_____ _____ _____ _____★_____。
　　1) かねない　　2) メモを　　3) しないと　　4) 忘れ

15. _____ _____ _____★_____ _____、電車の時間が変わりました。
　　1) できた　　2) 新しい駅が　　3) ことに　　4) ともなって

16. 娘が_____ _____ _____ _____★_____。
　　1) 合格　　2) ように　　3) 大学に　　4) します

17. ジェニーさんがこんなに＿＿＿＿ ＿＿＿＿ ★＿＿ ＿＿＿＿。
　　1) 思わなかった　　2) かわいい人　　3) なんて　　4) だった

18. 勉強しなかったのだから、＿＿＿＿ ★＿＿ ＿＿＿＿ ＿＿＿＿。
　　1) しょうがない　　2) テストの　　3) 悪くても　　4) 結果が

問題3 つぎの文章を読んで、19から23の中に入る最も良いものを、1・2・3・4から一つえらびなさい。

　かぜをひいて、家で休んでいたら、母から携帯にメールが来た。 19 ことに、心配でこれから家まで行くという内容だった。午前中に病院に行ってきたところで、医者に 20 、このかぜは他の人にうつりやすいらしい。母の 21 だから、医者の話を説明しても絶対来るだろう。だけど、かぜをうつす 22 から、薬を飲んで寝ていれば大丈夫だからとメールをした。一人暮らしをしているので、親としても心配だとおもう。すぐに 23 と思うから、明日の朝、大丈夫と言うメールを送ろうと思う。

19.
　1) おどろく　　2) おどろいた　　3) おどろいて　　4) おどろかない

20.
　1) よって　　2) すると　　3) よると　　4) とって

21.
　1) ところ　　2) まま　　3) とき　　4) こと

22.
　1) わけにはいかない　　　　2) わけだから
　3) わけではない　　　　　　4) わけで

23.
　1) いくなる　　2) よくなる　　3) よくなろう　　4) よいなる

10 日本語能力試験 N3・N4 일본어능력시험

問題1　問題1では、まず質問を聞いてください。それから、話を聞いて、問題用紙の1から4の中から最もよいものを一つ選んでください。

🎧 01番

男の人が、道を聞いています。男の人はこれからどうしますか。

> 男：すみません。Aプールに行きたいんですが、道を教えていただけませんか。
> 女：Aプールですか。Aプールは、2つ先の駅ですよ。
> 男：あ、そうなんですか。降りる駅を間違えちゃったんですね。
> 女：そうですね。でも、ここからAプールまでバスが出てるはずですよ。
> 男：そうなんですか。
> 女：5番バス停で、外国語大学行きのバスか、7番のバス停の市役所行きのバスに乗ればいいですよ。
> 男：どっちのほうが早く着きますか。
> 女：そうね。どっちも同じだけど、もうすぐバスが来るのが5番だからそっちに乗るほうがいいと思いますよ。
> 男：ああ、そうですか。ありがとうございます。

1) 電車に乗っていく。

2) ここから5番のバスに乗る。

3) ここから7番のバスに乗る。

4) ここから市役所に行く。

🎧 02番
男の人と女の人が話しています。男の人は、今どこで働いていますか。

> 男：お久しぶり、元気?
> 女：うん。元気よ。そっちも元気そうね。仕事の帰り?
> 男：うん。そうだよ。実はこの間会社をやめて、新しい会社に入ったんだよ。
> 女：そうなの?前は、インターネットショッピングの会社だったわよね。
> 男：うん。そうだったんだけど、あまりあわなくて。それから、コンピューター関係、銀行、工場で働いてたんだよ。
> 女：そうなんだ。それで、今はどこで働いてるの?
> 男：本がたくさん売っているところで働いてるんだよ。

1) インターネットショッピング会社
2) コンピューターの会社
3) 銀行
4) 本屋

🎧 03番
女の人が、市役所の人にパスポートについて聞いています。女の人は、これから何をしなければなりませんか。

> 男：広島市役所です。
> 女：あの、パスポートを作りたいんですが、何を持っていけばいいですか。
> 男：パスポートサイズの写真を2枚と、運転免許証などの身分を証明できるものを準備して窓口へお越しください。
> 女：写真は、自分が気に入っているのでもかまいませんか。
> 男：写真は、最近3ヶ月以内にお撮りになったものをお願いします。
> 女：市役所に写真を撮るところはありますか。
> 男：こちらにはございませんが、市役所の隣に写真屋がありますので、そちらをご利用ください。
> 女：申請書はそちらへ行ってから書けばいいですか。
> 男：はい。窓口で申請書を受け取ってその場で書いてください。
> 女：申し込みをしてからどのぐらいでできますか。
> 男：2, 3週間でお渡しできますよ。
> 女：ありがとうございます。

1) パスポートサイズの写真を撮る。
2) 2, 3週間後に市役所に行く。
3) 運転免許証をもらいに行く。
4) 窓口で書類を持って帰る。

問題2　問題2では、まず、質問を聞いてください。そのあと、問題用紙を見てください。読む時間があります。それから、話を聞いて、問題用紙の1から4の中から最もよいものを一つ選んでください。

🎧04番

女の人と男の人が話しています。二人はどうして会えませんでしたか。

> 女：ねえ、土曜日は何かあったの?
> 男：土曜日?何かあった?
> 女：やっぱり忘れてる。お昼の12時に駅前の広場でって約束したじゃない。
> 男：あれ？それって、来週の火曜日の約束じゃなかった？
> 女：じゃ、これを見てよ。ここに土曜日、午後12時、駅前広場って書いてあるじゃない。
> 男：あ、本当だ。ごめん。
> 女：もう、まったく。

1) 男の人が約束を忘れていたからです。
2) 女の人が約束を忘れていたからです。
3) 男の人が約束の日時を間違えたからです。
4) 女の人が約束の日時を間違えたからです。

🎧 05番
男子学生と女子学生が話しています。女子学生が本を借りることができなかったのはどうしてですか。

男：どうしたの。何かあったの。
女：読みたい本があったのに、借りられなかったの。
男：そうだったんだ。でも、今日は金曜日だから図書館は休みじゃないし。図書カードを持っていかなかったの？
女：いや、カードは持っていかなくても学生証があればいいんだけど。
男：じゃ、どうして？？
女：それが、その本が貸出中だったのよ。
男：そうだったんだ。でも、行く前にネットで図書館のホームページに入って調べればよかったのに。
女：そうなんだけどね。でも、急に読みたくなっちゃって。
男：そっか。残念だったね。

1) 図書館が休みだったから
2) 図書カードがなかったから
3) ネットで調べなかったから
4) 誰かが借りていたから

🎧 06番
男の人が公園でテニスをするために、係員と話しています。男の人は何を持っていかなければなりませんか。

男：あの、明日の午後テニスをしたいんですが、場所は空いてますか。
女：はい。空いてますよ。ネットとボールとラケットをお貸しできますが。
男：えーっと。ネットだけ借りることができますか。
女：はい。コートが1時間500円とネットが300円になります。
男：もし、ボールが必要になったら借りることはできますか。
女：できますが、ボールは買っていただくことになっております。
男：1個いくらですか。
女：300円となっております。
男：え。そんなに高いんですか。分かりました。自分たちで持ってきます。
女：では、名前とご連絡先を教えてください。

1) ボールとラケット
2) コートとネット
3) ネットとボールとラケット
4) ボールだけ

問題3　問題3では、問題用紙に何も印刷されていません。まず話を聞いてください。それから、質問を聞いて、正しい答えを1から4の中から一つ選んでください。

🎧07番

学生が先生と話しています。

> 女：先生、就職のことでご相談があるんですが、今よろしいでしょうか。
> 男：今から？これから会議があるんだよ。
> 女：それでは、それが終わってからでもかまいませんが。
> 男：その会議が長引きそうなんだよ。明日の午前中はどう？でも早いほうがいいよね。
> 女：はい、できれば早いほうがいいのですが、先生のご都合に合わせます。
> 男：それじゃ、明日の朝一番に。午後から授業が入っているから。
> 女：はい。分かりました。明日の朝伺います。

学生はいつ先生に会えますか。

1) 会議の後
2) 授業のあと
3) 明日の午後
4) 明日の朝

問題4　問題4では、絵を見ながら質問を聞いてください。それから正しい答えを1から3の中から一つ選んでください。

08番
男：お正月に知り合いに会いました。何と言いますか。
1) あけましておめでとうございます。今年もよろしくお願いいたします。
2) あけましておめでとうございます。今までありがとうございました。
3) あけましておめでとうございます。よろしくお願いしましょう。

09番
女：電話がかかってきましたが、忙しくて話すことができません。何と言いますか。
1) 忙しいのになんで電話かけてきたの。
2) 忙しいので、折り返し電話してくれませんか。
3) 忙しいので、折り返し電話します。

10番
男：友達に旅行に誘われましたが、約束があるので断ります。何と言いますか。
1) 旅行嫌いなんだけど。
2) ごめん。約束が入ってるの。また誘って。
3) また今度ね。

11番
女：日本語能力試験に合格しました。先生に何と言いますか。
1) 先生、おかげさまで合格しました。
2) 先生、だめでした。
3) 先生、ありがとうございました。

問題5 問題5では、問題用紙に何も印刷されていません。まず、文を聞いてください。それから、その返事を聞いて、1から3の中から正しいものを一つ選んでください。

🎧 12番

男：ちょっと、誰かこのプリント配るの手伝ってくれないかな。

1) ジェニーさんに聞いてみたら。
2) はい。手伝いましょうか。
3) 手伝ってくれないよ。

🎧 13番

女：あのう、荷物がじゃまで通れないんですが。

1) 申し訳ありません。気がつきませんでした。
2) おじゃましました。
3) 気にしないでください。

🎧 14番

女：どなたか、ご意見、質問などありますか。

1) その話、質問してもよろしいでしょうか。
2) その質問に答えてもよろしいでしょうか。
3) その件について、発言してもよろしいでしょうか。

🎧 15番

男：あの、日本語で作文書いたんだけど、間違いがないかどうか、チェックしてくれない。

1) ごめん、今忙しくて手が離せないんだよ。他の人に頼んでもらえる？
2) 忙しいのに何で頼むの？
3) ごめん、気が向かないの。

어휘 포인트

JLPT를 보기 위해 필요한 단어입니다. 확인하고 익혀 보세요.

	読み方	意味
環境	かんきょう	환경
通勤	つうきん	통근
~通り	~とおり	(형용명사적으로, 그와 같은 상태임을 나타냄) ~대로임, ~같음
建築	けんちく	건축
招待	しょうたい	초대
眺め	ながめ	조망, 경치, 전망
眺める	ながめる	눈여겨보다, 조망하다
部下	ぶか	부하
書き直す	かきなおす	고쳐쓰다
家賃	やちん	집세
忘れっぽい	わすれっぽい	곧잘 잊다, 잊어버리기를 잘하다
飛び出し	とびだし	도로로 갑자기 뛰어나옴.
録音	ろくおん	녹음
返却	へんきゃく	반환
支社	ししゃ	지사
値下げ	ねさげ	가격인하
値上げ	ねあげ	가격인상
格下げ	かくさげ	격하
潰れる	つぶれる	찌부러지다, 부서지다
崩れる	くずれる	붕괴하다, 무너지다, 허물어지다
さびる		녹슬다, 녹이나다
梅雨	つゆ	장마
生える	はえる	나다, 자라다
蛇口	じゃぐち	수도꼭지
捻る	ひねる	틀다, 비틀다
免許	めんきょ	면허
貸出中	かしだしちゅう	대출중
長引き	ながびき	오래걸림, 지연됨, 길어짐
誘う	さそう	권유하다, 권하다

10 설명문

독해연습

問題1 つぎの文章を読んで、質問に答えなさい。答えは、1・2・3・4から最もよいものを一つえらびなさい。

学生の皆さんへ

私たちにとって大切な地球環境を守るためという目的のため、私たちの大学でも、小さなことから初めて行きたいと思います。そのために、以下の項目を学校全体の目標として実施していきますので、協力よろしくお願いいたします。
1. エアコンの温度は、夏は26度、冬は23度で使いましょう。
2. 通学は、バスや電車、地下鉄を使いましょう。
3. トイレは、使用するときに電気をつけて、使用後には電気を消しましょう。
4. 教室や研究室を最後に出る人は、必ず電気とエアコンを消しましょう。

以上
さくら大学学長

---

01. 学生が協力しなくてもよいのはどれか。

1) 教室やトイレ、研究室の電気は使うときだけつける。
2) 夏、25度のときはエアコンを使わない。
3) エアコンは使った後、必ず消すようにする。
4) 大学へは自分の車で通勤してもいい。

問題2　つぎの文章を読んで、質問に答えなさい。答えは、1・2・3・4から最もよいものを一つえらびなさい。

> チェ・ソンヒョク様。
>
> 　いつも当ホテルをご利用いただき、まことにありがとうございます。
> 　チェ様には5月15日ご一泊のご予約をいただいておりますが、このたび市役所の検査で地震に対する設備に問題が見つかり、5月10日より10日間休業して設備の修理を行うこととなりました。突然のことで大変申し訳ございませんが、どうかご理解いただきたくお願い申し上げます。必要でしたら、他のホテルをご案内いたします。　　　　修理後は、5月20日よりこれまで通り営業する予定でおります。宿泊無料券をお送りしますので、ぜひご利用ください。ご迷惑をおかけし大変申し訳ありませんが、どうか今後とも変わらず当ホテルをご利用くださりますよう、よろしくお願い申し上げます。
>
> 　　　　　　　　　　　　　　　　　　　　　　　　　ふじやまホテル
> 　　　　　　　　　　　　　　　　　　　　　　　　　支配人　寺島かよ

02. ふじやまホテルがチェさんに一番伝えたいことは何か。
　1) 5月20日からまた営業する。
　2) またホテルを使ってもらいたい。
　3) 5月15日にふじやまホテルに泊まれない。
　4) 地震に対する設備に問題がある。

03. ふじやまホテルがチェさんにしたことはどれか。
　1) 無料宿泊券を利用してもらう。
　2) 希望すれば他のホテルを紹介する。
　3) 無料宿泊券を他のホテルで使ってもらう。
　4) 他のホテルまで連れて行く。

04. 　　　　の中に入る語はどれか。
　1) だから
　2) つぎに
　3) あるいは
　4) また

問題3 つぎの文章を読んで、質問に答えなさい。答えは、1・2・3・4から最もよいものを一つえらびなさい。

拝啓

毎日暖かい日が続いていますが、皆様、いかがお過ごしでしょうか。
　さて、このたび建築中だった家が完成し、下記の住所へ引っ越すことになりました。ごく普通の家ですが、通りの反対側が桜で有名な東公園で、窓からの眺めはかなり気に入っています。ぜひ皆様にも見ていただきたく、今度わが家で花見パーティーを開くことにいたしました。これを機会に文化財学部1回生で集まれればと思っております。4月10日(日)のお昼ごろお待ちしておりますので、ご家族もぜひ一緒にお越しください。
　なお、バスでおいでになる場合には、東公園駅前バス停までお迎えに参ります。近くに駐車場がありませんのでご理解ください。

敬具
下山つぐのぶ

---

05. 下山さんはなぜこのはがきを出したのか。
　1) 新しい家に招待したいから
　2) 東公園の桜がきれいだから
　3) もうすぐ新しい家がかんせいするから
　4) 新しい家からの眺めがきれいだから

06. おいでになるのは、だれか。
　1) 下山さんの家族
　2) 下山さんの部下
　3) 下山さんの同級生
　4) 下山さんの先生

問題4 つぎは、スーパーの広告チラシである。下の質問に答えなさい。答えは、1・2・3・4から最もよいものを一つえらびなさい。

春の大感謝セール
セール期間 4月28日~5月5日(8日間)

弁当を一つ買うごとに100円割引
その場であたるスピードくじ
(お支払い500円ごとに、高級旅館、お茶があたるくじが1回引けます。)

---

07. つぎの会話の(　)の中に入るものはどれか。
　　A：スーパーに弁当を買いに行ってくるけど。
　　B：なら、300円ののり弁当を買ってきて。
　　A：いいわよ。私は400円のさけ弁当にするから、いまだと(　　　)だね。
　1) 300円
　2) 400円
　3) 500円
　4) 600円

08. 正しいことを言っているのはだれか。
　1) たかし：400円の弁当を2つ買って、スピードくじで高級旅館があたった。
　2) じゅん：弁当を3つ買ったら200円割引してもらった。
　3) はやお：友達と5人で一つずつ500円の弁当を買ったらくじが3回できてお茶を3つもらった。
　4) よしき：お弁当とジュースを買ってスピードくじを引いたら、お弁当がもう一個もらえた。

10 日本語能力試験 N3・N4 일본어능력시험

청해연습

手の話 손 이야기

わたしたちの 手は 朝 おきてから 夜 ねるまで、いろいろな しごとを して います。
우리들의 손은 아침에 일어나면서부터 밤에 자기 전까지 여러 가지 일을 하고 있습니다.

ゆっくり 休んで いる ときが ない です。
푹 쉬고 있을 때가 없습니다.

手は どんな しごとを して いるのでしょう。
손은 어떤 일을 하고 있을까요?

ごはんを 食べるときは ちゃわんや はしをもちます。
밥을 먹을 때는 밥그릇을 들고 젓가락을 집습니다.

顔を あらう ときも つかいます。
얼굴을 씻을 때도 사용합니다.

はしを もったり 顔を あらったり することが 手の しごとです。
젓가락을 집기도 하고 얼굴을 씻기도 하는 것이 손이 하는 일입니다.

えんぴつを もって 字を 書く とき、はんたいの手は、どうして いるでしょう。
연필을 쥐고 글씨를 쓸 때, 반대쪽 손은 왜 있는 것일까요?

ノートや 紙が うごかないように おさえていますね。
노트나 종이가 움직이지 않도록 누르고 있습니다.

手は おさえるという しごとも して います。
손은 누르는 일도 하고 있습니다.

けしゴムを つかった あとに でる ごみは、手ではらって きれいに します。
지우개를 쓰고 난 후에 나오는 쓰레기는 손으로 치웁니다.

手は はらうと いう しごとも しています。
손은 치우는 일도 하고 있습니다.

また 手は 何も して いないようで しごとを して いる ことが あります。
또 손은 아무 일도 하고 있지 않은 듯이 일을 할 때도 있습니다.
歩いたり 走ったり するのは 足の しごと ですが、その とき、手は どう して いますか。
걷기도 하고 달리기도 하는 것은 다리가 하는 일이지만, 그 때 손은 어떻게 하고 있습니까?
足の うごきに あわせて いっしょに 手も うごかして いるでしょう。
다리의 움직임에 맞춰서 함께 손도 움직이겠죠.
この ほかにも、手には とても たいせつな しごとが あります。
이 외에도 손에는 매우 중요한 일이 있습니다.
友だちを よぶ とき、「早く おいで。」と いいながら手を ふるでしょう。
친구를 부를 때, 「빨리 와.」라고 말하면서 손을 흔들지요?
ことばだけでも わかりますが、手を ふると「早く 来て ほしい」と いう きもちが あいてに よく つたわります。
말만으로도 알 수 있지만, 손을 흔들면 「빨리 와 주었으면 좋겠어.」라고 하는 기분이 상대방에게 잘 전해집니다.
また、友だちと わかれる ときは「さようなら。」と いいながら 手を ふるでしょう。
그리고 친구와 헤어질 때는 「안녕.」이라고 말하면서 손을 흔들지요?
このように 手を いろいろ うごかして きもちを あいてに つたえる ことも 手の たいせつな しごとなのです。
이처럼 손을 경우에 따라 움직여서 기분을 상대방에게 전하는 것도 손의 중요한 역할입니다.

MEMO

日本語能力試験 N3・N4
일기예보

日本語能力試験 N3・N4 일본어능력시험

실전테스트

문자・어휘

問題1 ＿＿＿＿＿の言葉の読み方として最もよいものを1・2・3・4から一つえらびなさい。

01. ネットでデジカメを<u>代引き</u>で注文したから、届いたらお金払ってくれない。
 1) かわりひき　2) だいひき　3) だいひくき　4) だいびき

02. ユン先生ご<u>夫妻</u>は、仲がいいことで有名だ。
 1) ふうふ　2) ふさい　3) ふうさい　4) ふうつま

03. <u>出血</u>大サービスとチラシに書いてあったので行ってみたが、あまり良くなかった。
 1) しゅっち　2) でち　3) しゅっけつ　4) いでぢ

04. 12月は、会社や友だち同士の<u>忘年会</u>がたくさんあって忙しい。
 1) ほうとしかい　2) そうねんかい　3) わすれとしかい　4) ぼうねんかい

05. いろいろな<u>図形</u>を使ったパズルが、大人に人気があるそうです。
 1) ずけい　2) とけい　3) とかたち　4) ずかたち

06. 今日の試合は雨のため来週に<u>延期</u>になりました。
 1) よんぎ　2) えんき　3) のびき　4) のばき

07. この携帯は<u>販売</u>開始から1週間で100万台も売れたんだって。
 1) はんめ　2) はんうり　3) はんかい　4) はんばい

288

08. びわ湖は、日本で一番大きいです。
　　1) こ　　　　2) ほ　　　　3) みずうみ　　　4) すい

問題2　＿＿＿＿のことばを漢字で書くとき最もよいものを1・2・3・4から一つえらびなさい。

09. していされた席に座ってください。
　　1) 旨疋　　　2) 指定　　　3) 指宿　　　4) 脂促

10. おじは、病院でげかの先生をしている。
　　1) 下駄　　　2) 内科　　　3) 整形　　　4) 外科

11. だれにでもけってんはあるよ。
　　1) 次点　　　2) 欠転　　　3) 欠点　　　4) 攻店

12. 毎朝、パンとぎゅうにゅうを食べて仕事に行っています。
　　1) 牛乳　　　2) 午乳　　　3) 干乳　　　4) 汗乳

13. 彼の仕事には大変しつぼうした。
　　1) 希望　　　2) 変望　　　3) 矢望　　　4) 失望

14. ここは、きんえんです。たばこをすわないでください。
　　1) 喫煙　　　2) 禁酉　　　3) 禁煙　　　4) 喫茶

問題3 (　　)に入れるのに最もよいものを1・2・3・4から一つえらびなさい。

15. おかずは冷蔵庫に入っているから、電子レンジで(　　)食べてね。
    1) 温めて　　　2) 冷やして　　　3) 暖めて　　　4) 冷めて

16. レジで(　　)をもらうのを忘れないで。
    1) ライト　　　2) レバー　　　3) ロッカー　　　4) レシート

17. A:「さっき、すこし(　　)でしょ。」
    B:「ニュースで地震が起きたって言ってたよ。」
    1) ふれた　　　2) ほれた　　　3) はれた　　　4) ゆれた

18. 今日は、好きな歌手のCDが(　　)されるから、CDショップに行かないと。
    1) 発券　　　2) 発行　　　3) 発売　　　4) 発展

19. いきなり雨が降り出して、洗濯物が(　　)しまった。
    1) ぬれて　　　2) たれて　　　3) 氷って　　　4) もれて

20. 駐車するときには、必ず(　　)を見て、周りの安全を確かめてください。
    1) バックミラー　　　2) ボンネット　　　3) ハンドル　　　4) ブレーキ

21. 学生のころ、数学が一番(　　)で、成績が良くなかった。
    1) 得意　　　2) 苦手　　　3) 得手　　　4) 苦味

22. ご飯がたけたから、(　　)で混ぜてくれない。
    1) ナイフ　　　2) はし　　　3) おたま　　　4) しゃもじ

23. 今日は、ご飯を食べた後に(　　)のケーキを食べましょう。
    1) メイン　　　2) デザート　　　3) サラダ　　　4) ランチ

24. さとうさんは、私にとってとても大切な(　　　)の一人です。
    1) 末っ子　　　2) 店員　　　3) 親友　　　4) 小学生

25. 大学生のころは、週末は朝から夜までコンビニで(　　　)をしていた。
    1) アルバイト　　2) アルミホイル　3) ウエーター　4) なまけ者

問題4 ＿＿＿＿に意味が最も近いものを1・2・3・4から一つえらびなさい。

26. 来週までに、この単語を<u>おぼえて</u>きてください。
    1) 忘れて　　　2) あきらめて　　3) きめて　　　4) 暗記して

27. たまった仕事を<u>いっぺんに</u>片付ける。
    1) 一回だけ　　2) 一度に　　　3) 最初に　　　4) あとで

28. <u>さきおととい</u>電話で予約したものですが。
    1) 三日前　　　2) 二日前　　　3) 昨日　　　4) 一日後

29. ジェニーさんは、パソコンにすごく<u>くわしい</u>です。
    1) わからない　2) よく知りたい　3) 良く知っている　4) よく分かる

30. となりの人が映画が終わったら、<u>とたんに</u>泣き出したからびっくりした。
    1) いつも　　　2) ゆっくり　　3) さいしょに　　4) 急に

問題5 つぎのことばの使い方として最もよいものを1・2・3・4から一つえらびなさい。

31. ずるい
    1) 部屋の片づけを弟にさせるずるい兄。
    2) 水がこぼれたから、ずるい持ってきて。
    3) このレストランはあまりずるくなかったからつぶれたそうです。
    4) 5時からずるいの特売があります。

32. できあがる
    1) このソファーはとてもできあがりやすい。
    2) 新しく入った店員に仕事をできあがってくれませんか。
    3) 料理ができあがったから下りておいで。
    4) できあがれば、代わりに部長のところへ行ってきてくれないか。

33. 干す
    1) 子どもを干して育てたらだめだ。
    2) ちょっと、タオルを干すのを手伝って。
    3) 奥さん、お金が干すいい話がありますよ。
    4) 最近、雨が降らないから川の水が干してしまった。

34. ゆずる
    1) お年寄りには席をゆずりましょう。
    2) 妻は子どもを自転車にゆずって買い物に行く。
    3) 今日は寒かったから、お風呂にゆずるを入れてはいろう。
    4) おいしそうなステーキのにおいでゆずるが出る。

35. ななめ
    1) タクシーがお客を乗せるためにななめしている。
    2) 私の彼女は、とてもななめなので大好きだ。
    3) 運転席の隣の席をななめ席といいます。
    4) 危険ですから、ななめ横断してはいけません。

問題1　つぎの文の(　　　)に入れるのに最もよいものを一つえらびなさい。

01. パスポート(　　)質問は、この電話番号にご連絡ください。
    1) にとって　　　2) に対して　　　3) に関する　　　4) によって

02. 妻に遅くまでお酒を飲まない(　　)言われています。
    1) ように　　　2) だろう　　　3) ことで　　　4) ところ

03. 息子はいつも勉強する(　　)をしてマンガを読んでいる。
    1) べき　　　2) ふり　　　3) みたい　　　4) よって

04. お金を支払っていただけないと、商品はお渡し(　　)。
    1) できます　　　2) します　　　3) なりません　　　4) できません

05. 日に日に暖かくなって(　　)が、先生におかれましてはいかがお過ごしでしょうか。
    1) くださいました　2) まいりました　3) うかがいました　4) いただきました

06. トイレに(　　)うちに、見たかったところが終わってしまいました。
    1) 行っておく　　　2) 行った　　　3) 行っている　　　4) 行きたい

07. A:「かぜをひいいてしまったので(　　)いただきたいのですが。」
    B:「分かりました。お大事に。」
    1) やすませて　　　2) やすまれて　　　3) おやすみと　　　4) やすみになって

08. 私は朝方なので、夜遅くまで(　　)のは苦手です。
    1) 起きる　　　2) 起きている　　　3) 起きた　　　4) 起きてしまってる

11 日本語能力試験 N3・N4 일본어능력시험

09. 10年も日本に住んでいた（　　　）、兄は日本語があまり上手じゃない。
　　1) わけには　　2) によれば　　3) にとって　　4) にしては

10. みんなが分かる（　　　）説明してください。
　　1) ように　　2) ために　　3) だけに　　4) みたいに

11. そんなこと、子どもで（　　　）知ってるのに、何で知らないの。
　　1) しか　　2) こそ　　3) さえ　　4) よって

12. 彼女の話が本当だ（　　　）、それは大変なことだ。
　　1) として　　2) としては　　3) としたら　　4) としないと

13. ユンさんの（　　　）は、日本語と韓国語と英語が話せるということです。
　　1) つよみ　　2) つよい　　3) つよくて　　4) つよく

問題2 つぎの文の＿＿＿★＿＿＿に入る最もよいものを、1・2・3・4から一つ選びなさい。

14. 最近読んだこの小説は＿＿＿＿＿＿＿＿＿＿★＿＿＿＿＿言えませんね。
　　1) つまらない　　2) おもしろい　　3) とも　　4) けれど

15. 来年、福岡に＿＿＿＿＿＿＿＿＿★＿＿＿＿。
　　1) 転勤　　2) ことに　　3) なりました　　4) する

16. バイオリンは＿＿＿＿＿＿＿★＿＿＿＿それほどうまくないですよ。
　　1) が　　2) 弾ける　　3) 弾けます　　4) ことは

17. お飲み物は先に＿＿＿＿＿＿＿＿＿★＿＿＿＿なさいますか。
　　1) それとも　　2) しましょうか　　3) あとに　　4) おもち

18. ＿＿＿＿ ＿＿＿＿ ＿＿＿＿ ＿★＿＿、ぜひ遊びにいらしてくださいね。

　　1) 韓国に　　　2) うちに　　　3) いる　　　4) 私が

問題3　つぎの文章を読んで、19から23の中に入る最もよいものを、1・2・3・4から一つえらびなさい。

> 「もの」としての性質が変わったわけでは　19　、人とのかかわりが切れ、だれも使う人がいなくなった　20　、物はごみになってしまいます。まだ使えるえんぴつでも、あなたが「もう、このえんぴつはいらない。」と思うと、そのえんぴつはごみ箱にすてられて、ごみになってしまいます。「もの」として利用できても、私たちが「不要」と　21　ことで、ごみになります。物は人の意識の中でごみになってしまうのです。
> 　　22　考えてくると、「もの」として、本来ごみであるものはほとんどないことがわかります。にも　23　、大量にごみを出し続けているのが現代の日本です。

19.
　　1) ないでも　　2) なくでも　　3) なくても　　4) なくと

20.
　　1) とき　　　　2) ところ　　　3) のに　　　　4) まで

21.
　　1) みた　　　　2) みなす　　　3) みても　　　4) みない

22.
　　1) これから　　2) これで　　　3) これとなく　4) このように

23.
　　1) かかわらず　2) かかわって　3) かかり　　　4) かかって

11 日本語能力試験 N3・N4 일본어능력시험

問題1 問題1では、まず質問を聞いてください。それから、話を聞いて、問題用紙の1から4の中から最もよいものを一つ選んでください。

🎧 01番

男の人と女の人が話しています。男の人はCDを聞いたら、どうしなければなりませんか。

> 女：はい。この間言ったCD。
> 男：ありがとうございます。あのう、これ再来週まで借りてもいいですか。明日から、期末試験なので。
> 女：ええ、ゆっくり聞いてください。全部聞いたら、パクさんに渡してくれませんか。パクさんも聞いてみたいと言っているんですよ。
> 男：分かりました。それから、これ、私の彼女も聞いてみたいと言っているのですが。
> 女：ええ、どうぞ。ディスクに傷をつけないでくださいね。
> 男：ありがとうございます。大事に聞きますね。

1) 期末試験を受ける。
2) 彼女に渡す。
3) パクさんに渡す。
4) 女の人に返す。

🎧 02番

男の人と女の人が話しています。女の人は何を買いますか。

> 女：もしもし、今スーパー。ペットボトルのオレンジジュース、小さいのがないんだけどどうする。
> 男：うーん。そうだな。なら、大きいのを3本買ってきて。
> 女：りんごジュースだったら、小さいのがあるけど。
> 男：そっか。じゃ、オレンジジュースをやめて、りんごジュースを2本だけ買ってきて。
> 女：わかった。あと、お菓子はいらない？
> 男：うん。いらない。食べたかったら買ってきてもいいよ。
> 女：わかった。私のだけ買っていくね。

1) オレンジジュース3本とお菓子
2) りんごジュース2本とお菓子
3) オレンジジュースとりんごジュース
4) お菓子

🎧 03番

男の人と女の人が話しています。男の人は、このあとどうしますか。

> 女：さとうさん。どっか出かけるの。
> 男：両親が遊びに来るから、空港まで迎えに行くところなんだよ。
> 女：そう。じゃ、帰りにうちによってくれない。ほら、この間読みたいって言ってた本貸してあげる。
> 男：あ、そうだ。でも明日行ってもいいかな。今日は両親をいろいろ案内しないといけないから。
> 女：じゃ、明日の夕方はどう。私も昼間はアルバイトがあるから。
> 男：そっか。じゃあ今行ってもいい？
> 女：うん、いいわよ。でも、空港に行かないといけないんじゃ。
> 男：大丈夫。まだ時間に余裕があるから。

1) 空港に行く。
2) 両親を案内する。
3) アルバイトに行く。
4) 女の人の家に本を取りに行く。

問題2　問題2では、まず、質問を聞いてください。そのあと、問題用紙を見てください。読む時間があります。それから、話を聞いて、問題用紙の1から4の中から最もよいものを一つ選んでください。

🎧 04番

女の人と男の人が話しています。女の人はどうしてこのワインを飲みませんか。

> 男：あのさ。最近、ノンアルコールのワインが出たの知ってる。
> 女：え。そうなの。知らなかった。
> 男：ノンアルコールって言うから、ぶどうジュースかと思って飲んでみたんだけど、ワインの味がするんだよ。飲んでみる？
> 女：でも、まだこれから仕事が。
> 男：だから、このワインは仕事がある人でもお酒飲めない人でもOKなんだって。
> 女：いいよ。ワインは好きだけど酔わないなんて、お酒じゃないじゃない。
> 男：そっか。おいしいんだけどな。じゃ、一人で飲もうっと。

1) ノンアルコールだからです。
2) これから仕事だからです。
3) ワインが好きだからです。
4) 酔わないからです。

🎧 05番

女の人が話しています。この人の将来の夢は何ですか。

> 女：私は留学生です。今、東京に住んでいます。子どものころは、お花屋さんになることが夢でした。でも、今はテレビのアナウンサーになりたいと思っています。出来ればプロスポーツのアナウンサーになりたいです。有名な野球選手やサッカー選手などにインタビューしたいです。昨日の夜は、私が好きなスポーツ選手とデートをして、それから結婚する夢を見ました。とてもいい夢でしたが、それがかなうように頑張りたいと思います。

1) 東京に住むことです。
2) お花屋さんになることです。
3) テレビのアナウンサーになることです。
4) スポーツ選手と結婚することです。

🎧 06番

ドラマを見た感想について、男の人がインタビューに答えています。男の人は、ドラマを見てどう思いましたか。

> 男：このドラマの感想ですか。そうですね。すごく有名な人がたくさんでてるでしょ。もっと面白いドラマかなと思ったんですけど。本も買って読んだんですよ。私、この作家が大好きで、特にこの作品が一番のお気に入りなんですよね。それぐらいドラマも期待していたのですが。まぁ、ドラマが本よりも面白かったってことはあまりありませんから、こんなもんでしょう。正直、もっと期待していましたけどね。

1) 本のほうが面白かった。
2) ドラマのほうが面白かった。
3) 両方面白くなかった。
4) 両方とも面白かった。

問題3　問題3では、問題用紙に何も印刷されていません。まず話を聞いてください。それから、質問を聞いて、正しい答えを1から4の中から一つ選んでください。

07番

病院で男の人と女の人が話しています。

> 男：やあ。具合はどう？
> 女：うん、だいぶ良くなったよ。おとといも来てくれたのに、今日もまた来てくれたの？
> 男：いや、今日は近くを通ったから。はい、これ。
> 女：何?これ？
> 男：プレゼントだよ。病院のベッドで横になっていても退屈だろうから。来週までに提出するレポートの確認をしてもらいたくて。
> 女：え。何で病人に？
> 男：僕一人の報告だと不安だし、それに同じチームじゃない？
> 女：それはそうだけど。課長はこのことをご存知なの？
> 男：うん。課長が手も頭も動くだろうし、体調もいいみたいだからって。
> 女：全く、課長は。せっかくゆっくり休めると思ったのに。
> 男：ま、うらむなら課長をうらんでよね。僕はちょっと飲み物を買ってくるよ。

男の人は病院へ何をしに来ましたか。

1) 仕事の報告に来た。
2) レポートを手伝ってもらいに来た。
3) 飲み物を買いに来た。
4) 課長をうらみに来た。

問題4 問題4では、絵を見ながら質問を聞いてください。それから正しい答えを1から3の中から一つ選んでください。

08番
男：タクシーに乗りましたが、道が混んで車が動きません。タクシーを降りたいです。なんといいますか。
1) ここでけっこうです。降ろしてください。
2) ここで降りてください。
3) ここで降りたほうがいいですよ。

09番
女：エレベーターに乗りましたが、行く先のボタンに手が届きません。なんと言いますか。
1) 3階で降りますから、止めてくれない。
2) おそれいりますが、3階を押していただけますか。
3) 3階でおりてもいいですか。

10番
男：郵便局から小包を送りますが、いつ着くのか知りたいです。なんといいますか。
1) これいつ届きますか。
2) これはいつお届きますか。
3) これはいつまで届かないんですか。

11番
女：夜帰ってきたときに、同じマンションに住んでいる人に会いました。なんといいますか。
1) では、おやすみなさい。
2) ただいま。
3) こんばんは。今お帰りですか。

問題5　問題5では、問題用紙に何も印刷されていません。まず、文を聞いてください。それから、その返事を聞いて、1から3の中から正しいものを一つ選んでください。

🎧 12番
男：このごろ、仕事が忙しくて、夜あんまり寝られないんだ。
1) 男でしょ。何言ってんのよ。
2) 本当にもったいないね。
3) 無理しないでね。

🎧 13番
女：このデパート、半年前に出来たばかりなんだって。
1) そうなんだ。だから、まだ新しいんだ。
2) そうなんだ。だから、もうぼろぼろなんだ。
3) そうなんだ。だから、家から近くて便利なんだ。

🎧 14番
女：お子様の身長はおいつくですか。
1) 二人です。
2) １５０センチです。
3) ６歳です。

🎧 15番
男：君、最近遅刻が多いよ。
1) 分かってますよ。
2) 申し訳ありません。以後、気をつけます。
3) 失礼いたします。

어휘 포인트

JLPT를 보기 위해 필요한 단어입니다. 확인하고 익혀 보세요

	読み方	意味
借り方	かりかた	차입자
節電	せつでん	절전
範囲	はんい	범위
消費電力	しょうひでんりょく	소비전력
妨げる	さまたげる	방해하다, 저해하다, 지장을 주다
設定温度	せっていおんど	설정온도
湿気	しっけ	습기
車椅子	くるまいす	휠체어
怪我	けが	다침, 부상
電灯	でんとう	전등
薄暗い	うすぐらい	조금 어둡다, 어둑하다
診療	しんりょう	진료
内科	ないか	내과
外科	げか	외과
小児科	しょうにか	소아과
代引き	だいびき	대금상환
出血	しゅっけつ	출혈
図形	ずけい	도형
延期	えんき	연기
整形	せいけい	성형
欠点	けってん	결점
失望	しつぼう	실망
レバー		손잡이
ロッカー		로커
得意	とくい	자신이 있음
譲る	ゆずる	양보하다
横断	おうだん	횡단
酔う	よう	술에 취하다, 술기가 돌다
混む	こむ	붐비다, 복작거리다

11 일기예보 303

독해연습

問題1 つぎの文章を読んで、質問に答えなさい。答えは、1・2・3・4から最もよいものを一つえらびなさい。

> 誰かのお見舞いに行くときに持っていく手みやげは、どんなものを持っていけばいいのでしょう。入院しているので、同じ病室にいる人のことを考えて、食べ物など、においがするものはやめたほうがいいでしょう。果物などがいいと思います。あと、花なども喜ばれますが、ゆりはお見舞いの花としては向いていません。ゆりの花は花の散り方が、あまり良くないからです。時々、植木を持ってくる人がいますが、木は根を張るという意味で、病院にずっと入院してしまうという意味からあまりおすすめできません。
> 一番いいのは、果物などがいちばんいいでしょう。

01. 上の文章ですすめていることはどれか。
    1) 果物を持っていくこと
    2) ゆりをもっていくこと
    3) 小さな植木をもっていくこと
    4) 何も持っていかないこと

問題2 つぎの文章を読んで、質問に答えなさい。答えは、1・2・3・4から最もよいものを一つえらびなさい。

節電のお願い
　節電は、無理のない範囲で行うことが重要です。特に、健康や安全にかかわる機器があるところで、節電を実行する場合には、十分に注意しましょう。
【照明について】
　家庭の電球をLED電球に変える他、オフィスの蛍光灯を二つあるところは一つに減らしたり、点灯をしないことは節電に有効ですが、安全面や健康への注意が必要です。暗いところではけがをする可能性があります。
【エレベーターなど】
　エレベーターもある程度の節電に有効ですが、全体の消費電力からすると、_____。特に、全てのエレベーターを停止してしまうと、高齢者や車椅子の方の交通を妨げることになりますので、注意しましょう。
【エアコンなど】
　エアコンの設定温度(20度)を下げて他の暖房機器を活用することは節電に効果的ですが、長年使用しているものは、熱、湿気、ホコリなどにより煙や火が出やすくなっているので注意してください。

---

02. 節電で注意しなければならないことはなにか。
　1) 無理の無い範囲で行う。
　2) 健康や安全にかかわる機器には注意しなくてもいい。
　3) エレベーターが止まってしまうことがある。
　4) お年寄りや車椅子の方の交通が増える。

03. 照明とエアコンについての説明で正しいものはどれか。
　1) 古い暖房機器は安全なので問題ない。
　2) 照明を暗くすると、怪我をするので気をつけてほしい。
　3) LEDなどの照明は節電に有効ではない。
　4) 熱、湿気、ホコリが多い部屋では煙や火が出やすい。

04. _____ の中に入る語はどれか。
　1) その効果はありません
　2) その効果もかぎられていません
　3) その効果は限られないでしょう
　4) その効果は限られています

問題3 つぎの文章を読んで、質問に答えなさい。答えは、1・2・3・4から最もよいものを一つえらびなさい。

私たちが旅行をするときに、良く使う乗り物に飛行機がある。昔は、卒業旅行と言うと、電車に乗って近くの温泉や景色のきれいな所へ行ったりしていた。最近では、外国に行く人が増えている。その一番大きな理由が飛行機である。空港へ行って、飛行機に乗り、友達と話したり、食事をしたりしている間についてしまう。すごく短い時間で行くことができるのである。それに、自分で荷物を持って乗らなくても良い。飛行機に乗る前にあずけることができるからである。

飛行機に乗る楽しみは、飛行機の中だけではない。空港にも楽しむところがたくさんある。たとえば、空港に早く行って買い物をすることもできる。そして、その国のお土産や食べ物を買うこともできる。時々、車を売っている空港もあり、大きなデパートのような感じがする。最近では、空港でゆっくりシャワーを浴びたり、ゆっくり休んだりすることのできる場所もある。昔は、空港に行って、飛行機に乗るだけの場所だった所が、今では少しずつ、普段買うことができないものを買うことができ、空港での時間を楽しむ場所へと変わってきている。

みなさんも、空港と飛行機の両方を楽しんでほしい。

05. 飛行機が便利な理由は何ですか。
   1) 友だちと話すことができるから
   2) 食事をして、休むことができるから
   3) 自分で荷物を持って、飛行機に乗るから
   4) 短い時間で行きたい所に行けるから

06. 空港では何が出来ますか。
   1) 空港には、大きなデパートがあって、買い物をすることができる。
   2) 空港では、ゆっくり休んだり、買い物をしたりすることができる。
   3) 空港では、飛行機に乗ることだけができる。
   4) 空港で温泉に入ることができる。

問題4　つぎの文章は、夜間、土曜日、休みの日に診察を行う病院についての案内である。下の質問に答えなさい。

> ジョンさんは、晩ご飯の後、おなかが痛くなりました。病院に行きたいのですが、今日は日曜日です。そこで、市役所からもらってきた「夜間、土曜日、休日診療のお知らせ」を見て、今から行くことができる病院を探すことにしました。今、午後8時です。ジョンさんの家から病院まではどこでも15分以内です。
>
> 「夜間、土曜日、休日診療のお知らせ」
>
> | | 診療科名 | 病院名 | 診療時間 |
> |---|---|---|---|
> | 平日の夜間 | 内科・外科・小児科 | こだまクリニック | 20時－25時 |
> | | 歯科 | 山田歯科 | 19時－5時 |
> | 土曜日 | 内科・外科 | 宮元市民病院 | 17時－24時 |
> | | 内科・歯科・小児科 | 鈴木内科・歯科医院 | 17時－24時 |
> | 日曜日・祝祭日 | 内科・外科・小児科 | 医師会病院 | 9時－19時 |
> | | 歯科 | 山本歯科医院 | 9時－13時 |
> | | 内科・小児科 | かわしま内科 | 19時－24時 |
>
> 受付は、診療時間終了の20分前です。保険証と現金もしくはカードをお持ちください。

07. ジョンさんがいける病院はどこか。
    1) こだまクリニック
    2) 宮元市民病院
    3) 医師会病院
    4) かわしま内科

08. ジョンさんが持って行かないといけないものは何か。
    1) 免許証
    2) 保険証
    3) パスポート
    4) 外国人登録証

청해연습

9月28日(金)
9월 28일(금)

28日の東京はすっきりとした秋晴れとなりました。この時間(午後5時)、東京の近くでは雲が広がっていますが、これはうすいくもなので雨がふるほど天気がわるくなることはありません。
28일의 도쿄는 산뜻하게 맑게 갠 가을 날씨가 되었습니다. 이 시간(오후5시) 도쿄 부근에는 구름이 펼쳐져 있지만, 이것은 얇은 구름이라서 비가 올 만큼 날씨가 나빠질 일은 없습니다.

さて、29日の東京は西から雲が流れ込むため、くもりとなるでしょう。一日中雲が取れそうにありませんが、ほかのところでは日中に少しだけ晴れるところもありそうです。
한편, 29일의 도쿄는 서쪽에서 구름이 흘러 들어가기 때문에, 구름이 낄 것 같습니다. 하루 종일 구름이 사라질 것 같지는 않지만, 다른 지역에서는 주간에 조금 개는 곳도 있을 것 같습니다.

昼は25度以上のところが ほとんど。
東京は28度と少しあついですが、今日よりは3度も低くなってすこしやすいのではないでしょうか。
낮에는 25도 이상 되는 지역이 대부분일 것 같습니다.
도쿄는 28도로 조금 덥겠지만, 오늘보다는 3도나 낮아져서 조금 평온할 듯합니다.

また、東京はこれからも雲の多い天気がつづきそうです。
또한, 도쿄는 앞으로도 구름이 많은 날씨가 계속될 것 같습니다.

9月29日(土)

9월 29일(토)

日本には、長くてうすい雲がありますが、雨をふらせるほどの力はありません。しかし、南のうみのうえにある雲が10月1日ぐらいまでに北の方へあがってきます。そのせいで1日は日本の東がわで雨がふりやすくなりそうです。ただ、雨はあまり多くふらない見込みです。

일본에는 길고 옅은 구름이 끼었지만, 비를 뿌리게 할 정도의 힘은 없습니다. 그러나, 남쪽 바다 위에 있는 구름이 10월 1일 정도까지 북쪽으로 올라옵니다. 그 때문에 1일은 일본 동쪽에서 비가 내릴 가능성이 많습니다. 단지, 비는 별로 많이 오지 않을 전망입니다.

30日のおおさかはあまり天気がよくなさそうです。はれることはむずかしいですが、雨もふらないでしょう。くもりがつづきますが、ときどきあおぞらをみることもできそうです。

30일의 오사카는 별로 날씨가 좋지 않을 것 같습니다. 개일 가능성은 적지만, 비도 내리지 않을 듯합니다. 구름이 계속되지만, 때때로 푸른 하늘을 볼 수도 있을 듯합니다.

今日、南の海の方で台風ができました。これから台風は北へあがってきます。来週はこの動きに注意が必要です。

오늘 남쪽 바다에서 태풍이 발생했습니다. 이제부터 태풍은 북쪽으로 올라옵니다. 다음 주는 이 움직임에 주의할 필요가 있습니다.

MEMO

日本語能力試験 N3・N4
편지문

12

12 日本語能力試験 N3・N4 일본어능력시험

실전테스트

문자·어휘

問題1 _____の言葉の読み方として最もよいものを1・2・3・4から一つえらびなさい。

01. 息子のゆめは、<u>国際的</u>に有名な学者になることです。
    1) こくさいてき   2) こくせいてき   3) こっくさいてき   4) こっくちゃいてき

02. 一日中、パソコンの<u>画面</u>を見ていたので、とてもつかれた。
    1) かめん   2) かくめん   3) がめん   4) がくめん

03. おいしい<u>刺身</u>が食べたいな。
    1) すし   2) さかな   3) さけ   4) さしみ

04. この電車は、しずおか駅を<u>通過</u>しますので、ご注意ください。
    1) つうか   2) とおか   3) とおりすぎ   4) とんが

05. <u>会費</u>として5000円いただきます。
    1) えひ   2) かいひ   3) かいぎ   4) えび

06. この中にある本は、一<u>冊</u>どれでも100円です。
    1) ふだ   2) けん   3) まい   4) さつ

07. となりの部屋の夫婦は<u>新婚</u>さんらしいよ。
    1) しんこん   2) しんけん   3) にいこん   4) けっこん

312

08. 前の席に座っている女の人はまるで女優みたいだ。
　　1) よゆう　　　2) おんなゆう　　3) じょゆう　　4) だんゆう

問題2 ＿＿＿＿＿＿のことばを漢字で書くとき最もよいものを1・2・3・4から一つえらびなさい。

09. 祖母は、病気のちりょうのため入院している。
　　1) 怠僚　　　　2) 台陵　　　　3) 治療　　　　4) 治癒

10. このラジカセは、タイせいです。
　　1) 製　　　　　2) 制　　　　　3) 幣　　　　　4) 勢

11. いつも行くコンビニで、アルバイトのきゅうじんが出てたよ。
　　1) 旧人　　　　2) 求人　　　　3) 球人　　　　4) 救人

12. かっこくのサッカー代表が東京に集まっています。
　　1) 格刻　　　　2) 各戸　　　　3) 番国　　　　4) 各国

13. あなたなら出来るから、じしんを持って発表しなさい。
　　1) 自信　　　　2) 自身　　　　3) 邪心　　　　4) 白信

14. しゃこに停めてあるから、乗って行きたいなら乗って行ってもいいよ。
　　1) 東庫　　　　2) 倉庫　　　　3) 金庫　　　　4) 車庫

問題3 （　　　）に入れるのに最もよいものを1・2・3・4から一つえらびなさい。

15. 事故のため、電車が(　　　)どおりに到着しなかった。
    1) 定刻　　　2) 定款　　　3) 希望　　　4) 時速

16. 手紙を(　　　)で出したから、早く着くと思うよ。
    1) 普通　　　2) 快速　　　3) 速達　　　4) 特急

17. 母さんは、これから出かけてくるから、洗濯物を(　　　)から片付けてちょうだい。
    1) たたいて　2) たのんで　3) たたかって　4) たたんで

18. ご飯とおかずを(　　　)で温めてから食べる。
    1) 電気レンジ　2) 電話レンジ　3) 電磁レンジ　4) 電子レンジ

19. ご飯を食べたら、歯をみがかないと(　　　)になるよ。
    1) 水虫　　　2) 虫歯　　　3) 歯医者　　　4) 虫刃

20. ちょっと、子どもと一緒に(　　　)でテレビでも見てて。
    1) リビング　2) リボンズ　3) リモコン　4) リットル

21. 夫は毎日夜遅くまでお酒を飲んで(　　　)帰ってくる。
    1) よっぱらう　2) よっぱらく　3) よっぱらって　4) よっぱらい

22. お茶を入れたから(　　　)を4つ持ってきて。
    1) やかん　　2) 小皿　　　3) とっくり　4) 湯のみ

23. 結婚(　　　)をトイレに落として流してしまった。
    1) 式　　　　2) 車輪　　　3) 指輪　　　4) パーティー

24. スポーツをした後の体は(　　　)です。
    1) 足くさい　　　2) なみだくさい　　　3) にきびくさい　　　4) あせくさい

25. 彼女とドライブをしていたら、いきなり車の(　　　)が止まってしまった。
    1) ミラー　　　2) エンジン　　　3) ギア　　　4) ブレーキ

問題4　_____に意味が最も近いものを1・2・3・4から一つえらびなさい。

26. 今年は、できるだけむだを省いて、お金を貯めるようにしよう。
    1) 得をして　　　2) ぜいたくして　　　3) 節約して　　　4) お金を貸して

27. 人の話を上手く聞く人は、女の人に好かれる。
    1) もてる　　　2) よろこぶ　　　3) いやがれる　　　4) 申し込まれる

28. 父はラーメンにこしょうをたくさんふって食べるのが好きです。
    1) かけて　　　2) のせて　　　3) もって　　　4) まぜて

29. 天気は、今日の夕方から次第に悪くなるでしょう。
    1) いきなり　　　2) すぐに　　　3) ときどき　　　4) 少しずつ

30. 今朝は早く起きないといけないから、目覚ましを5時半にセットして寝ました。
    1) もどして　　　2) あわせて　　　3) つけて　　　4) のこして

問題5 つぎのことばの使い方として最もよいものを1・2・3・4から一つえらびなさい。

31. たまに
    1) さとうさんは、今度の旅行をたまに楽しみにしています。
    2) たいてい、日曜日は家にいますが、たまに映画を見に行きます。
    3) たまに疲れたので、タクシーを呼んでもらった。
    4) 父はたまにはお酒をのみません。

32. ついに
    1) 何年も描いていた絵がついに完成した。
    2) 田中さんは、ついにおとなしい人ですが、怒ると怖い。
    3) 今日はとても疲れたから、帰ったらついにお風呂に入りたい。
    4) この傷は、去年手術したついにできたものです。

33. げっぷ
    1) 春になってげっぷが飛んでいて目がかゆい。
    2) 母は年をとって顔にげっぷが増えてきた。
    3) とてもユーモアがあって、げっぷが楽しい人が好き。
    4) サイダーの飲みすぎで、げっぷがたくさん出た。

34. ずうずうしい
    1) 彼はずうずうしい人だからとても人気がある。
    2) このナイフはずうずうしいからとても良く切れる。
    3) みんな並んで待っているのに、横からおばさんがずうずうしく入ってきた。
    4) たくさんお金をかせいで、ずうずうしい生活をしたい。

35. あまる
    1) まだやらないといけないことがあまっているので、先に帰ってください。
    2) 今週も30度をあまる暑さが続きます。
    3) 日本語の試験が簡単だったので、時間がたくさんあまりました。
    4) 明日駅前で10時にあまろうね。

問題1 つぎの文の(   )に入れるのに最もよいものを一つえらびなさい。

01. 田中さんは、仕事が(   )反面、ミスが多い。
    1) 速いの   2) 速くて   3) 速いから   4) 速い

02. 今日の夜7時に大学の学生ホールに(   )、卒業パーティーが行われる。
    1) ついて   2) おいて   3) よって   4) とって

03. 兄の下手な歌を2時間も(   )とてもつらかった。
    1) 聞かして   2) 聞かせて   3) 聞かされて   4) 聞きさせて

04. A:「先生は、お酒は(   )。」
    B:「はい、飲みますよ。」
    1) お飲みますか   2) お飲みになりましたか
    3) お飲みになりますか   4) お飲みにできませんか

05. 昨日は、すごく疲れてたので、テレビをつけた(   )寝てしまいました。
    1) まま   2) から   3) ので   4) さえ

06. 最近の男の人は、仕事と(   )家庭も大切にしなければならない時代だ。
    1) ともなって   2) ともから   3) とも   4) ともに

07. すみません、ちょっとトイレを(   )いただけませんか。
    1) つかわれて   2) つかわせて   3) つかわされて   4) つかってくれと

08. 明日必ずすること(   )は、ここにメモしておくから。
    1) なんて   2) なにか   3) なんてか   4) なんか

09. 今日は早く寝て、明日早く起きて(　　　)。
　　1) 運動することにしよう　　　　2) 運動するわけだ
　　3) 運動したらよかった　　　　　4) 運動するところだ

10. この国では、夜8時に(　　　)暗くならない季節があるそうです。
　　1) なったら　　2) なると　　3) なっても　　4) なれば

11. 値段が高いからといって、絶対いいものだ(　　　)。
　　1) とはいえる　　2) とは限らない　　3) にちがいない　　4) ということができる

12. あのピアニストの指の(　　　)はすごい。
　　1) 動き　　2) 動く　　3) 動こう　　4) 動いて

13. これからいろいろなことに興味を持つお年寄りが(　　　)?
　　1) 増えるんじゃない　　　　2) 増えたばかりだ
　　3) 増えるわけがない　　　　4) 増えただろう

問題2 つぎの文の＿＿＿★＿＿＿に入る最もよいものを、1・2・3・4から一つ選びなさい。

14. ＿＿＿ ＿＿＿ ＿＿＿ ★＿＿＿はじめて下手なことが分かった。
　　1) 録音した　　2) 歌を　　3) 自分の　　4) 聞いて

15. 今日は＿＿＿ ＿＿＿ ★＿＿＿ ＿＿＿ビデオを一緒に見ましょう。
　　1) とどいた　　2) 日本から　　3) 先週　　4) ばかり

16. バイオリンは＿＿＿ ★＿＿＿ ＿＿＿ ＿＿＿それほどうまくないですよ。
　　1) が　　2) 弾ける　　3) 弾けます　　4) ことは

17. 彼は、試験の前の日にも____ ____ ★ ____友だちとお酒を飲んでいた。
    1) どころか　　　2) 勉強　　　3) する　　　4) を

18. 私の妻は、_____ ★ _____ _____です。
    1) 料理も　　　2) もちろん　　　3) 上手　　　4) 掃除は

問題3 つぎの文章を読んで、19から23の中に入る最もよいものを、1・2・3・4から一つえらびなさい。

> 　捨てられた動物を守るためにはどうしたらいいのか、社会の関心が 19 います。多くの動物が、心の無い飼い主の 20 捨てられ、殺されているのです。 21 ではありません。生き物を生き物として扱うのではなく、洋服や食べ物などと同じように売られているのです。彼らは毎日朝早くから夜遅くまでガラスケースの中で暮らしています。生まれたばかりの動物には 22 いい環境とは限りません。その上、どんな動物でも子どものころはかわいいものですが、大きくなったり年をとったりした 23 に捨てる人がいるのです。
> 　どんな動物でも命は一つです。その命を大切にする社会が早く来ることを望むばかりです。

19.
   1) 高く　　　2) 高くなり　　　3) 高まって　　　4) 高まりて

20.
   1) せいで　　　2) くせに　　　3) 結果　　　4) おかげで

21.
   1) それ　　　2) それとも　　　3) それにしては　　　4) それだけ

22.
   1) なぜなら　　　2) 必ずしも　　　3) めったに　　　4) もしかしたら

23.
   1) すぐ　　　2) ばかり　　　3) とたん　　　4) みたいに

12 日本語能力試験 N3・N4 일본어능력시험

問題1　問題1では、まず質問を聞いてください。それから、話を聞いて、問題用紙の1から4の中から最もよいものを一つ選んでください。

🎧01番

男子学生と女子学生が単語の覚え方について話しています。男子学生はどうしますか。

> 男：単語ってなかなか覚えられないんだよね。何かいい方法知ってる？
> 女：そうね。私は絵と一緒に覚えるようにしてるよ。
> 男：それって、絵を探さないといけないよね。それは大変だよね。
> 女：そう？インターネットとかで探せばたくさんあるわよ。
> 男：そうだけど、やっぱり絵を探すのが大変だよ。
> 女：じゃ、声を出しながら赤いボールペンで書くのはどう？
> 男：赤いボールペンで？
> 女：母が昔ドイツ語を勉強したときに、その方法で勉強したんだって。赤って結構記憶に残りやすいらしいよ。私も書いて覚えるときは、この方法で覚えてるし。
> 男：そっか。その方法が一番早いかもしれないね。今度やってみよう。

1) 絵を探す。
2) 赤いボールペンで書いて覚える。
3) ドイツ語を勉強する。
4) インターネットをする。

🎧 02番

男の人と女の人がいとこに持っていくお土産について話しています。女の人は何を持って行きますか。

> 女：今年のお正月に、実家に帰るのよ。実家にはもうお土産を買ったんだけど、いとこに何を持って行ったらいいか困ってしまって。
> 男：いとこっておいくつ？
> 女：10歳。
> 男：うーん。食べ物とかは好き嫌いがあるからね。値段の高いものはおじさんおばさんが気になるだろうし、勉強関係のものは、いとこが嫌がるだろうから。そうだ。家族と一緒に遊ぶことが出来るものはどう？
> 女：そっか。それがいいね。そうしよう。

1) 辞書
2) お菓子
3) 人形
4) ゲーム

🎧 03番

男の人と女の人が電話で話しています。男の人はどの航空会社の飛行機に乗りますか。

> 女：もしもし、HMSトラベルの加藤です。
> 男：もしもし、先日航空券の予約でお電話した、山下ですが。
> 女：山下様ですね。少々お待ちください。山下様。大変申し訳ございませんが、ご予約のNAN航空の座席が満席となっておりまして、OS航空のほうでしたら座席が空いております。
> 男：NAN航空が一番いいんだよな。OS航空は、到着が午前ですか。
> 女：はい。午前11時の到着となっております。どうなさいますか。
> 男：11時か。早くてもいいから他の航空会社はありませんか。
> 女：ETL航空でしたら9時に、JEU航空でしたら9時半に到着する飛行機がございます。
> 男：分かりました。なら、9時半のでお願いします。

1) NAN航空
2) OS航空
3) ETL航空
4) JEU航空

問題2 問題2では、まず、質問を聞いてください。そのあと、問題用紙を見てください。読む時間があります。それから、話を聞いて、問題用紙の1から4の中から最もよいものを一つ選んでください。

🎧 04番

女の人が銀行の窓口で銀行員と話しています。女の人が今、口座を作ることが出来ないのはどうしてですか。

女：あのう。口座を作りたいのですが。
男：何か身分証とかお持ちでしょうか。
女：外国人登録証ならありますが。
男：あと、印鑑はございますか。
女：印鑑ですか。それは持っていませんが。
男：大変申し訳ございませんが、カタカナでかまいませんので、お名前の分かる印鑑をおつくりいただけますでしょうか。
女：分かりました。他に必要なものはありませんか。
男：あと、日本にどの程度滞在されていらっしゃいますか。
女：6ヶ月です。
男：分かりました。外国の方は4ヶ月以上滞在の方にだけ、口座をお作りしております。
女：なら、大丈夫ですね。
男：はい。では、印鑑のご用意が出来ましたら、またいらしてください。

1) 印鑑を持っていないから
2) 日本に4ヶ月以上住んでいないから
3) 外国人登録証がないから
4) 身分証が分からないから

🎧 05番
男の人が話しています。男の人は、昔何が食べられませんでしたか。

> 私は、食べることが大好きです。おいしい店の話を聞くと、すぐに行きたくなります。こんなに食べることが好きな私ですが、昔は苦手なものがありました。子どものころから、ケーキやお菓子などの甘い食べ物が好きでした。野菜や肉、魚も大好きです。でも、辛いものが苦手でした。特にカレーは好きな食べ物なのですが、子供用の甘いカレー以外の辛いカレーが食べられませんでした。私の奥さんが辛いものが好きなので、結婚してからいろいろな辛い食べ物を食べ、そのおいしさに気づきました。今では、辛いものも食べられるようになりました。

1) ケーキやお菓子
2) 甘いカレー
3) 辛い食べ物
4) 奥さんの料理

🎧 06番
男の店員が、客の女の人に、プリンターの使い方を説明しています。女の人がしてはいけないことは何ですか。

> 男：こちらのプリンターは、お手入れも簡単にできるんですよ。
> 女：へー、そうなんですか。便利ですね。
> 男：はい。ただ、気をつけていただきたいのは、この緑のカバーの部分は絶対に水にぬらさないでください。水に触れるとプリンターの電源を入れたときに、熱が出て、火事になる恐れがありますから、注意してください。
> 女：そうなんですか。分かりました。この部分を掃除するときはどうすればいいんですか。
> 男：カバーを外して乾いた布でふいてください。
> 女：分かりました。

1) 緑のカバーの部分を水にぬらす。
2) 緑のカバーの部分を熱に当てる。
3) 緑のカバーの部分を乾いた布でふく。
4) 緑のカバーを外して掃除をする。

12 日本語能力試験 N3・N4 일본어능력시험

問題3 問題3では、問題用紙に何も印刷されていません。まず話を聞いてください。それから、質問を聞いて、正しい答えを1から4の中から一つ選んでください。

🎧 07番

病院で男の人と女の人が野球の話をしています。

> 男：今日もマイケル選手、ホームラン打つかな？
> 女：打つと思うわよ。最近、調子いいみたいだし。
> 男：そうだね。あと、足も速いんだよね。
> 女：そうそう。ホームランだけのバッターじゃないわよね。
> 男：盗塁も見てみたいよね。
> 女：そうよね。でも、マイケル選手って、最近雑誌のモデルとかもやってるらしいわよ。
> 男：そうなの？
> 女：その写真がすごくかっこいいのよ。もともとハンサムだし、スタイルいいし。だから好きなの。
> 男：そういえば、最近、マイケル選手をほめてばかりだったけど、そういうことだったの？
> 女：そうよ。

女の人はマイケル選手のどんなところが好きだといっていますか。

1) ホームランを打つところ
2) 足が速いところ
3) 雑誌のモデルをしているから
4) ハンサムでスタイルがいいから

問題4 問題4では、絵を見ながら質問を聞いてください。それから正しい答えを1から3の中から一つ選んでください。

🎧 08番
男：友だちのいえでごちそうになりました。なんと言いますか。
1) もうたくさんです。
2) たくさんいただきました。ごちそうさまでした。
3) まぁまぁかな。ごちそうさま。

🎧 09番
女：ツアーが終わって、バスを降りるときに、バスガイドになんと言いますか。
1) ご苦労さん。
2) とても疲れましたね。
3) ありがとうございました。

🎧 10番
男：友だちが道で怪我をしました。歩くことができそうにありません。119番に電話して、なんと言いますか。
1) 救急車お願いします。
2) 救急車もらえますか。
3) 救急車来なくてもいいですよ。

🎧 11番
女：ハンバーガーの店で注文したものを持って帰ります。なんと言いますか。
1) ここで食べます。
2) 持ち帰ります。
3) 家で食べてもいいですか。

問題5　問題5では、問題用紙に何も印刷されていません。まず、文を聞いてください。それから、その返事を聞いて、1から3の中から正しいものを一つ選んでください。

🎧 12番
男：さすが飛行機は早いね。もう沖縄に着くよ。
1) もう疲れた。帰りたい。
2) でも、船よりは遅いよね。
3) うん。さすが飛行機だね。

🎧 13番
女：先月、このアパートから引っ越したんだよ。
1) え、どこに？
2) そっか。誰と?
3) そっか。たいへんなんだね。

🎧 14番
女：お願いしたいことがあるのですが。
1) はい。そうですね。
2) はい。何でしょうか。
3) はい。すみません。

🎧 15番
男：どう、この間頼んだプロジェクトの方は？進んでるかね。
1) はい。これから。
2) はい。せっせと。
3) はい。ちゃくちゃくと。

어휘포인트

JLPT를 보기 위해 필요한 단어입니다. 확인하고 익혀 보세요.

	読み方	意味
乗用車	じょうようしゃ	승용차
検討	けんとう	검토
景気	けいき	경기
乗り越える	のりこえる	극복하다, 뛰어넘다
置き換える	おきかえる	옮겨놓다, 대치하다
通信	つうしん	통신
スマートフォン		스마트폰
がんがん		큰 목소리로 시끄럽게 지껄이는 모양, 꽥꽥
ぐんぐん		부쩍부쩍, 쭉쭉
望む	のぞむ	바라다, 원하다
高まる	たかまる	높아지다, 오르다, 고조되다
必ずしも	かならずしも	반드시 ~인 것은 아니다
車庫	しゃこ	차고
定刻	ていこく	정각
ずうずうしい		뻔뻔스럽다, 낯두껍다, 넉살좋다
探す	さがす	찾다
記憶	きおく	기억
売り切れ	うりきれ	매진
窓口	まどぐち	창구
口座	こうざ	구좌
身分証	みぶんしょう	신분증
印鑑	いんかん	인감
滞在	たいざい	체류
盗塁	とうるい	도루
ホームラン		홈런
打つ	うつ	(홈런을)치다

12 日本語能力試験 N3・N4 일본어능력시험

독해연습

問題1 つぎの文章を読んで、質問に答えなさい。答えは、1・2・3・4から最もよいものを一つえらびなさい。

2015年7月20日
トミタ自動車販売営業部 御中

(株)SBエレクトロニクス
営業部 西田 勤

いつもお世話になっております。
　先日は新しく発売された乗用車のパンフレットと価格表をお送り頂き、ありがとうございました。営業部で検討しましたが、近年、景気が良くないため、わが社も出費をひかえているところでして、今年は新しい車を買うより、現在のものを修理しながら使うこととなりました。ご理解いただければありがたいです。
　来年になりましたら、再び検討したいと考えております。
　今後ともよろしくお願いいたします。

---

01. 手紙の内容で正しいのはどれか。

　1) トミタ自動車は、新しく車を買おうと考えていない。
　2) SBエレクトロニクスは、新しい車を買わない。
　3) SBエレクトロニクスは、トミタ自動車に車の修理をお願いした。
　4) トミタ自動車は、車の修理を行っている。

問題2 つぎの文章を読んで、質問に答えなさい。答えは、1・2・3・4から最もよいものを一つえらびなさい。

> Q：今年の日本の携帯電話の状況について聞かせてください。
> A：2つポイントがあると見ています。まず1つは、スマートフォンの普及によって、いわゆる"通信ネットワーク"が問題になる年になるでしょう。スマートフォンが発売されたのは数年前の出来事ですが、ここにきてその普及が早いスピードになっています。もう携帯電話の販売の50％を占めることは間違いない。それによって、スマートフォンを使ったネット通信のデータ量が増えるでしょう。①この問題については以前から出ていましたが、次第に使っている人に直接影響が出始めるわけです。どうやってこの危機を乗り越えるのかが、携帯電話会社にとって大きな課題になります。
> もう1つのポイントも、スマートフォンに関係しています。スマートフォンの普及によって、携帯電話もパソコンのようになりました。これには②いくつかの意味があります。まず1台のスマートフォンに、パソコンを置き換えられるくらいの能力が備わったということ、それから、携帯電話の作り方や販売の方法がパソコンと同じ様になってくるということです。いろいろな会社から技術や部品を買って、早く安く海外で組み立てて、世界中で売るという形に変わっていくということです。
> PCの世界では20年ほど前からこのモデルへに変わりました。携帯電話機は別世界だと思われていましたが、ついにそういう時代になります。安くていろんな種類のスマートフォンが海外から　　日本に入ってくるし、日本のメーカーも海外の市場に多くの製品を投入するようになるでしょう。

02. ①「この問題」とはどんな問題か。
1) スマートフォンの普及
2) 携帯電話の販売
3) ネット通信のデータ量
4) 携帯電話会社

03. ②「いくつかの意味」についての説明で正しいものはどれか。
   1) スマートフォンがパソコンと同じくらいの能力を持っている。
   2) 高い値段で組み立て、日本で売る。
   3) 携帯電話が日本で売れなくなってくる。
   4) 安いスマートフォンが日本から出て行く。

04. ＿＿＿の中に入る語はどれか。
   1) がんがん
   2) とんとん
   3) ぐんぐん
   4) どんどん

問題3 つぎの文章を読んで、質問に答えなさい。答えは、1・2・3・4から最もよいものを一つえらびなさい。

差出人：○○○
宛先：○○○
CC：
件名：○○○
送信

みつひろさんへ
　先日はせっかくパーティーにご招待いただきながら、出席できず、申し訳ありませんでした。メールで欠席のご連絡をしましたが、くわしい事情をお伝えできませんでした。
　先日、同じ日本語学校の友人のチョさんの両親が韓国から来ることになり、当日チョさんが空港に迎えに行くはずだったのですが、急に体調がわるくなり、私がチョさんの代わりに行くことになりました。行くという約束をしておきながら、突然行けなくなり本当にごめんなさい。また、機会があれば、ぜひお声をかけてください。
　チョさんの両親から韓国のおみやげをたくさんいただきました。珍しいものがたくさんあるので、みつひろさんにもおすそ分けしたいと思います。来週、お時間いかがでしょうか。
　では、ご連絡お待ちしております。
　　　　　　　　　　　　　　　　　　　　　　　　　　　　　ケイシュン

※ おすそ分け：人からもらったものの一部をあげること

---

05. パーティーにいけなくなった理由として正しいのはどれか。
    1) 韓国に帰ったから
    2) 病気のチョさんの代わりに友人の両親を迎えに行ったから
    3) 病気のチョさんを看病しないといけなかったから
    4) チョさんの家にお土産をもらいに行ったから

06. 本文の内容と違うものはどれか。
    1) パーティーに行けなくなって申し訳なかったと伝えている。
    2) 次のパーティーには必ず行くと伝えている。
    3) メールで欠席を伝えたが、くわしい理由は伝えられなかった。
    4) また、パーティーがあれば誘ってほしい伝えている。

問題4 つぎのグラフは交通死亡事故件数とその死者数を表したものである。下の質問に答えなさい。答えは、1・2・3・4から最もよいものを一つえらびなさい。

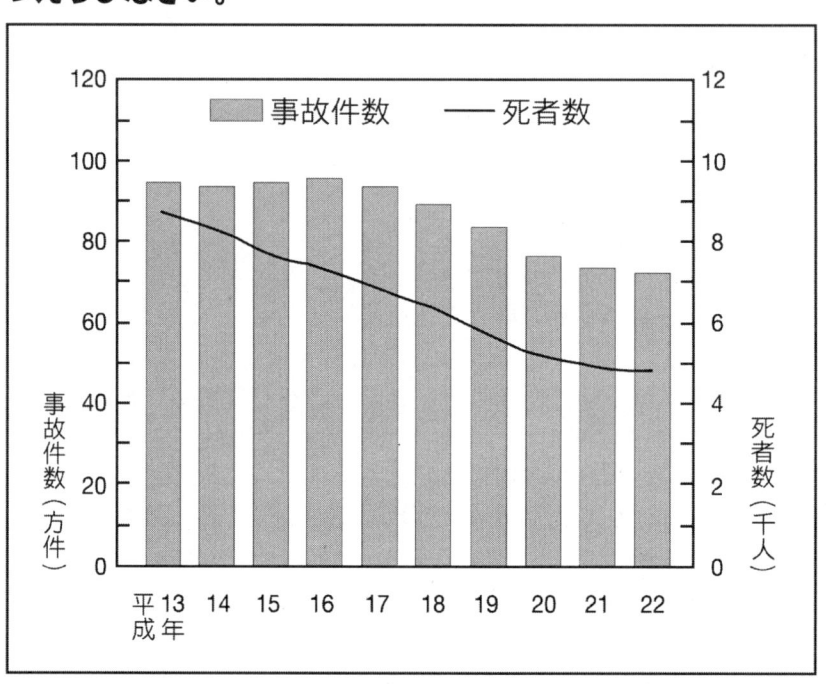

07. 事故件数について正しいものはどれか。グラフを見て答えなさい。
   1) 事故件数は、平成17年からは減ってきている。
   2) 事故件数は、平成13年から15年まで同じである。
   3) 事故件数は、平成16年と平成22年を比べると半分に減った。
   4) 事故件数は、70万件以下になったことがある。

08. 事故のよる死者数について正しいものはどれか。グラフを見て答えなさい。
   1) この10年間で、事故による死者数はあまり減っていない。
   2) 平成21年と22年では、事故による死者数は22年のほうが多い。
   3) 平成13年と平成22年を比べると、事故による死者数が2000人以上減った。
   4) 事故による死者は毎年減っているが、22年だけかなり増えた。

청해연습

手紙の書きかた

アン「山下さん。おしえて もらいたい ことが あるんだけど。」

안「야마시타씨. 가르쳐 주었으면 하는 것이 있는데.」

山下「なに？」

야마시타「뭐?」

アン「てがみの 書きかたを おしてほしいの。日本語の先生に てがみを だそうとおもってるんだけど、年上の 人へ でがみを 出すのが はじめてだから、よくわからなくて。」

안「편지 쓰는 법을 가르쳐 주었으면 해. 일본어 선생님께 편지를 보내려고 하는데, 윗사람에게 보내는 것이 처음이라 잘 몰라서.」

山下「いいよ。じゃ、まず さいしょの ぶぶんの 書きかたからだね。さいしょには、きせつの ことと いっしょに 先生が お元気か どうかを 書いたほうがいいよ。たとえば、はるだったら、あたたかくなり、さくらの はなが さきましたが、いかが おすごしでしょうか、や、春の 声を 聞いて 草も 花も 木も うごきはじめました。先生、お元気でしょうか。などが あるよ。」

야마시타「좋아. 그럼 '먼저 첫 부분 쓰는 법부터 시작하자. 처음에는 계절과 함께 선생님의 안부를 묻는 것이 좋아. 예를 들면, '봄이면, 따뜻해져서 벚꽃이 만발했습니다만, 어떻게 지내고 계십니까' 라든가 '봄의 소리를 듣고 풀도 꽃도 나무도 움직이기 시작했습니다. 선생님께서는 건강하신지요.' 등이 있지.」

アン「そっか。つぎは 先生に つたえたいことを 書けば いいんだね。」

안「그래. 다음은 선생님께 전하고 싶은 것을 쓰면 되는 거죠.」

山下「そうだね。アンさんが 先生に つたえたいと思っていることを 自由に 書けば いいよ。でも、友だちと 話すときに 使う ことばを 使っては いけないから 注意してね。」

야마시타「그렇지. 안00씨가 선생님께 전하고 싶다고 생각하는 것을 자유롭게 쓰면 돼. 그렇지만 친구와 이야기할 때 사용하는 말을 쓰면 안 되니까 주의해.」

アン「分かった。でも、それが いちばん むずかしいね。」

안「알았어. 그렇지만, 그것이 가장 어려워.」

山下「たとえば、先生から いただいた 本は 今でも大切に しています、という文を 先生が 私にくれた本は 今でも 大切に もっているよ、とかかないように 注意してね。そうそう、最後には 先生 さようなら よりも 先生 お元気で、や、また お会いする日を 楽しみに しています、などを 書いた方が先生も よろこぶと 思うよ。」

야마시타「예를 들면, '선생님으로부터 받은 책은 지금도 소중하게 간직하고 있습니다.' 라는 문장을 '선생님이 나에게 준 책을 지금도 중요하게 가지고 있어요.' 라고 쓰지 않게 주의해야해. 그렇게 마지막에는 '선생님 안녕히 가세요' 보다 '선생님 건강히 나, 또 뵙게 될 날을 기대하고 있습니다' 등을 쓰는 것이 선생님도 기뻐한다고 생각해.」

アン「ありがとう。これから、書いてみるよ。書いたらいっしょに ゆうびんきょくへ 行ってくるよ。」

안「고마워. 이제부터, 써 봐야지. 쓰고 나서 함께 우체국에 다녀올게.」

山下「てがみに 切手を はることを 忘れないでね。」

야마시타「편지에 우표를 붙이는 거 잊지마.」

日本語能力試験 N3・N4
JLPT총정리

13

13 日本語能力試験 N3・N4 일본어능력시험

실전테스트

문자・어휘

問題1 ＿＿＿＿＿の言葉の読み方として最もよいものを1・2・3・4から一つえらびなさい。

01. プレゼントはきれいな紙で包んであった。
　　1) つつんで　　2) つづんで　　3) つうつんで　　4) つうづんで

02. 彼はダンスが得意だ。
　　1) どおくい　　2) とおくい　　3) どくい　　4) とくい

03. 新しい星が発見された。
　　1) はっけん　　2) はけん　　3) はつけん　　4) ばつけん

04. このグラフは人口の変化(へんか)を表しています。
　　1) しめして　　2) ふやして　　3) うごかして　　4) あらわして

05. 山田さんから、来週の会議の件で電話がありました。
　　1) けん　　2) あん　　3) ほう　　4) よう

06. 通勤にとても時間がかかります。
　　1) つうがく　　2) つうきん　　3) つうやく　　4) つうしん

07. この海岸は岩が多い。
　　1) かい　　2) いわ　　3) すな　　4) なみ

08. 努力することは大切だと思います。
    1) どうりょく   2) とうりょく   3) どりょく   4) とりょく

問題2 ＿＿＿＿＿＿のことばを漢字で書くとき最もよいものを1・2・3・4から一つえらびなさい。

09. 機械がせいじょうかどうかチェックした。
    1) 盛情   2) 威常   3) 正情   4) 正常

10. 健康診断でけつえき検査を受けた。
    1) 皿液   2) 皿壓   3) 血液   4) 血壓

11. 母親が子どもの後ろをおって走っている。
    1) 送って   2) 追って   3) 押って   4) 折って

12. 電車をおりるときに、かさを忘れてしまった。
    1) 移りる   2) 移る   3) 降りる   4) 降る

13. 大学に入ってから、しんちょうが変わっていない。
    1) 背中   2) 背後   3) 身長   4) 身張

14. このものがたりは誰でも知っている。
    1) 物語   2) 物化   3) 物記   4) 物源

13 日本語能力試験 N3・N4 일본어능력시험

問題3 (　　　)に入れるのに最もよいものを1・2・3・4から一つえらびなさい。

15. 新しい車を買うために、店で(　　　)をもらってきた。
    1) カタログ　　2) オーダー　　3) レシート　　4) セール

16. 田中さんの服装はとても上品な(　　　)がする。
    1) 関心　　2) 気分　　3) 考え　　4) 感じ

17. このあたりでアパートを借りるには、毎月の(　　　)として五万円必要だ。
    1) 価格　　2) 代金　　3) 会費　　4) 家賃

18. テストを始めますから、辞書をかばんの中に(　　　)ください。
    1) ためって　　2) とじて　　3) しまって　　4) たたんで

19. 日本の若者の(　　　)のファッションを知りたい。
    1) 最大　　2) 最新　　3) 最中　　4) 最多

20. いらない新聞や雑誌を重ねて、ひもで(　　　)捨てた。
    1) しばって　　2) かこんで　　3) しめて　　4) あんで

21. 急に用事ができたので、レストランの予約を(　　　)した。
    1) チェックアウト　　2) カット　　3) キャンセル　　4) オーバー

22. 私の部屋は東(　　　)だ。
    1) 沿(ぞ)い　　2) 向(む)き　　3) 込(こ)み　　4) 建(だ)て

23. 昨日映画を見たとき、(　　　)して泣いてしまった。
    1) 歓迎　　2) 応援　　3) 期待　　4) 感動

24. 急いでいたので、（　　）違うバスに乗ってしまった。
   1) ぴったり　　　2) ぐっすり　　　3) うっかり　　　4) がっかり

25. 森さんは一生懸命(いっしょうけんめい)勉強して、（　　）医者になった。
   1) りっぱな　　　2) さかんな　　　3) まんぞくな　　　4) しんせんな

問題4 ＿＿＿＿＿に意味が最も近いものを、1・2・3・4から一つえらびなさい。

26. 今回の仕事はとても<u>きつい</u>。
   1) 大変(たいへん)だ　　　2) 簡単(かんたん)だ
   3) つまらない　　　　　　4) おもしろい

27. 今日はとても<u>くたびれた</u>。
   1) いそがしかった　　　　2) つかれた
   3) はずかしかった　　　　4) こまった

28. 休みが<u>明けたら</u>、また連絡します。
   1) とれたら　　　2) きまったら　　　3) おわったら　　　4) はじまったら

29. この店はいつも<u>混雑(こんざつ)</u>している。
   1) 客があまりいない　　　　2) 品物があまりない
   3) 客がたくさんいる　　　　4) 品物がたくさんある

30. このスポーツのルールは<u>単純(たんじゅん)</u>だ。
   1) よく知られている　　　　2) わかりやすい
   3) あまり知られていない　　4) わかりにくい

問題5 つぎのことばの使い方として最もよいものを1・2・3・4から一つえらびなさい。

31. 落(お)ち着(つ)く
   1) 電車が駅に落(お)ち着(つ)いたら電話をください。
   2) この商品(しょうひん)は人気がなくて、棚にずっと落(お)ち着(つ)いている。
   3) 家のかぎが穴(あな)に落(お)ち着(つ)いた。
   4) 火事のとき落(お)ち着(つ)いて行動しよう。

32. はかる
   1) りんごの数をはかってみたら、17個(こ)あった。
   2) 小麦粉(こむぎこ)やバターをきちんとはかってケーキを作った。
   3) この宿題(しゅくだい)は一時間ぐらいで終わるとはかっています。
   4) 先月の生活費(せいかつひ)を電卓(でんたく)ではかってみた。

33. ユーモア
   1) 私は映画が好きでユーモアした映画をよく見る。
   2) 木村(きむら)さんはユーモアがあっていっしょにいると楽しい。
   3) きのう友達(ともだち)が貸してくれた車はとてもユーモアだった。
   4) 彼はユーモアに自己紹介(じこしょうかい)をして、名前を覚えてもらった。

34. 未来(みらい)
   1) 地球(ちきゅう)の未来(みらい)のために環境問題について考えよう。
   2) 山本(やまもと)さんは未来(みらい)は何になりたいですか。
   3) いつ来られるか、未来(みらい)の都合を教えてください。
   4) 未来(みらい)の今ごろ、大学が建つ予定です。

35. そっくり
   1) 父は毎朝そっくりの時間に会社に行きます。
   2) 私にそっくりのサイズの服が見つかった。
   3) 私と祖母(そぼ)の誕生日(たんじょうび)はそっくりです。
   4) 夫(おっと)と息子(むすこ)は顔だけでなく声までもそっくりです。

問題1 つぎの文の（　　　）に入れるのに最もよいものを一つえらびなさい。

01. A：「田中さんは今日もアルバイトでしょうか。」
    B：「今日はない（　　）言ってましたよ。」
    1) を　　　　2) って　　　　3) のを　　　　4) だ

02. わたしは山田さんに会う（　　）すてきな人だといつも思う。
    1) うちに　　2) はじめに　　3) たびに　　　4) だけに

03. 本を読んでいたら、（　　）5時間も経ってしまった。
    1) そろそろ　2) だんだん　　3) ようやく　　4) いつの間にか

04. 今日は7時に東京駅で友達と（　　）ことになっているので、そろそろ出ます。
    1) 会おう　　2) 会う　　　　3) 会った　　　4) 会って

05. 医者からたばこを（　　）ように言われているのだが、なかなかやめられない。
    1) やめる　　2) やめた　　　3) やめない　　4) やめ

06. 山田先生の講演の（　　）、皆熱心に話を聞いていた。
    1) あいだと　2) あいだに　　3) あいだ　　　4) あいだで

07. A：「かばん売り場はどこ。」
    B：「5階に（　　）。」
    1) ございます　2) いらっしゃいます　3) いる　　4) おります

08. (喫茶店で)
    A：「何たべようか。」
    B：「わたし、スパゲッティとコーヒー。」
    C：「わたしは、おなかすいてないから、コーヒー（　　）する。」
    1) だけ　　　　2) だけで　　　　3) だけを　　　　4) だけに

09. 勉強して、ある程度日本語が話せる（　　）日本語の授業がおもしろくなった。
    1) ようになってから　　　　2) ことができてから
    3) ようになるまで　　　　　4) ことができるまで

10. A社の商品が腰の痛みにどのくらい効果が（　　）詳しくしりたい。
    1) あるのかによって　　　　　　2) あるのかについて
    3) あるのかどうかによって　　　4) あるのかどうかにとって

11. 昨日、わたしと妹でスープを作ったんですが、塩の量を間違えて味が（　　）いました。
    1) 濃くなりやすくなって　　2) 濃くしやすくなって
    3) 濃くなりすぎて　　　　　4) 濃くしすぎて

12. A：「あれ、財布がない。」
    B：「え、本当ですか。」
    A：「あ、ありました。ありました。」
    B：「もう、びっくり（　　）よ。でも、よかったですね。」
    1) させないでください　　　　　2) させてください
    3) させないことにしてください　4) させることにしてください。

13. 今朝からひどく歯が痛い。すぐに歯医者に（　　）、行きたくない。
    1) 行かなくてもいいのだろうが　2) 行かなくてもいいようだが
    3) 行けばいいのだろうが　　　　4) 行ければいいようだが

問題2 つぎの文の ___★___ に入る最もよいものを、1・2・3・4から一つ選びなさい。

14. A：「じゃあ、あしたはコンサート会場の入り口に5時に集まりませんか。」
    B：「コンサートは7時からですから、そんなに____ ___★___ ____ ____と思いますよ。」
    1) 早く　　　　2) 開いていない　　3) まだ　　　　4) 行っても

15. (田中先生の研究室で)
    学生「田中先生はいらっしゃいますか。」
    秘書「今、ほかの学生と話して____ ____ ___★___ ____ください。」
    1) すこし　　　2) から　　　　　　3) 待って　　　4) いらっしゃいます

16. 父も私も、今日はかさがなくても____ ____ ___★___ ____が雨に降られてしまった。
    1) だろう　　　2) と思って　　　　3) 大丈夫　　　4) 出かけた

17. 昨日動物園に行ったら、先月____ ___★___ ____ ____見ることができました。
    1) 生まれた　　2) ライオンの　　　3) ばかりの　　4) 赤ちゃんを

18. ジョン：「この「りかい」という言葉はどういう意味ですか。」
    アリ：「ああ、確か「わかる」____ ___★___ ____ ____んですけど。」
    1) 意味だった　2) という　　　　　3) と思う　　　4) ような

問題3 つぎの文章を読んで、19から23の中に入る最もよいものを、1・2・3・4から一つえらびなさい。

下の文章は、留学生のヤンさんが、「最近びっくりしたこと」についてスピーチするために書いた作文です。

しゃべる自動販売機

みなさんは、自動販売機がしゃべったと聞いたら、信じられますか。ほとんどの人は、自動販売機がしゃべるはずはないと言って、笑うでしょう。 19-a 、しゃべる自動販売機は本当に 19-b 。

わたしの家の近所には一台の自動販売機があります。ふつうの飲み物の自動販売機に見えますが、 20 自動販売機は話すことができます。例えば、朝、自動販売機の隣に立つと、「おはようございます」と話しかけてきたり、買った後には、「いってらっしゃい」と言ってくれたりします。それから、夜、飲み物を買った人に、「おつかれさまでした」と 21 のを見たこともあります。

最初は、とてもびっくりしました。機械がしゃべるのは、アニメや映画の中だけだと思っていたからです。わたしがよく見るアニメの中では、機械も人間と同じようにしゃべったり、歩いたりしています。 22 、自動販売機に話しかけられるなんて、まるでアニメの世界にいるようだと思いました。

今は、自動販売機が「いってらっしゃい」と話しかけてくるのにも慣れて、心で「いってきます」と答えています。もしいつか、歩く自動販売機ができても、今はもう 23 かもしれません。

19.
1) a ところが　　b あるのです
2) a なぜなら　　b あるからです
3) a でも　　　　b あるでしょうか
4) a たとえば　　b あるとしましょう

20.
1) ある　　2) 一台の　　3) この　　4) ふつうの

21.
1) 言っている　2) 言って帰る　3) 言われている　4) 言われて帰る

22.
   1) 一方   2) ですから   3) それなのに   4) そのうえ

23.
   1) 信じない   2) 言い返さない   3) しゃべらない   4) おどろかない

問題4 次の（1）から（4）の文章を読んで、質問に答えなさい。答えは、1. 2. 3. 4. から最もよいものを1つ選びなさい。

---
(1)
　朝日市は、市民全員が力を合わせて美しい町を作り、気持ちのいい生活が送れるように新しい規則を作った。その規則では、次の三つのことを禁止している。①ゴミ箱などの決められた場所以外にゴミを捨てること、②歩きながらたばこを吸うこと、③指定の場所以外に自転車を止めること、である。守らなかった場合は、お金を払わされることもあるそうだ。

---

24. この規則について、正しいものはどれか。
   1) 自分の家以外では、ごみを捨ててはならない。
   2) 道を歩きながら、たばこを吸ってはいけない。
   3) 自転車は、決められた場所以外走ってはいけない。
   4) 規則を守らない人は、全員お金を払わなければならない。

(2)
　いい病院とは、どんな病院だろう。医師がよく話を聞いてくれる、最新の機械があるかどうかと、人によって考えは様々だ。結局、自分にとって安心できる病院がいい病院だと言えるだろう。では、どうやっていい病院を見つけるか。人に聞いたり、本や雑誌、インターネットなどで調べたり、いくらでも方法はある。しかし、最終的に選ぶのは自分である。いい病院を選ぶための物差しを自分の中にしっかり持っていることが重要だ。

25. この文章では、病院を選ぶ時に大切なのはどんなことだと言っているか。
1) その病院の医者がよく話を聞いてくれること
2) その病院に新しい機械がたくさんおいてあること
3) その病院が本や雑誌などで紹介されていること
4) その病院がよいと自分で確かに思えること

(3)
下のメールは鈴木さんが和田さんに送ったものである。

あて先：wada@nihonnote.co.jp
件名：「新学期向け文房具」について

日本ノート社
営業部　和田様
いつもお世話になっております。
先日送っていただきました「新学期向け文房具」のカタログを拝見しました。
ぜひ一度、お話をうかがいたいので、こちらに来ていただけますでしょうか。
ご都合のよい日をお知らせください。
よろしくお願いいたします。

川村デパート
文房具担当　鈴木みどり

26. 鈴木さんが和田さんにこのメールを送った目的は何か。
   1) 文房具のカタログを送るように頼むこと
   2) 文房具のカタログを見るように頼むこと
   3) 文房具の説明にいつ来られるか聞くこと
   4) 文房具の説明にいつ行ったらいいか聞くこと

---

(4)
あなたのかいた絵が切手になります!

　川田美術館の開館10年を記念して、記念切手を2種類発売します。そこで、切手に使用する絵を募集します。
　テーマは「平和」と「環境」の2つです。どちらかを選んで応募してください。
　紙は指定の大きさ(20×25cm)のものを使ってください。絵の具、色えんぴつなど、何を使ってかいてもかまいません。
　絵が選ばれた方には、5万円を差し上げます。
　詳しくは美術館のホームページ(http://www.knwada.art.or.jp)をご覧ください。

川田美術館

---

27. 応募する人は、どうしなければならないか。
   1) 「平和と環境」というテーマで絵をかいて送る。
   2) 2つのテーマから一つ選んで絵をかいて送る。
   3) 好きな大きさの紙に絵をかいて送る。
   4) 決められた絵の具で絵をかいて送る。

問題5 つぎの(1)と(2)の文章を読んで質問に答えなさい。答えは、1・2・3・4から最もよいものを一つ選びなさい。

---

(1)
　最近、近所の花屋が閉店した。20年以上も「町の花屋さん」として愛着されてきた店だ。この店がオープンしたのは、わたしがまだ小学校に入る前だった。わたしにとって、①店の思い出はそのまま子どものころの思い出と重なる。家族の誕生日や家にお客さんが来る時などには、母と一緒にこの店で花を買っていた。
　小学校を卒業する時には、こんなことがあった。クラス全員でお金を出し合い、担任の先生に花束をおくることになった。「お礼の気持ちを表すために、見たこともないほど大きいのをおくろう」とわたしたちは話し合った。しかし、小学生のおこづかいの中集まったお金は少しだけだった。それで、②わたしたちはどきどきしながら、「大好きな先生にあげるから、できるだけ大きい花束を作ってください」とお願いした。おじさんは嫌な顔もしないで、特別大きなバラの花束を作ってくれた。
　30年以上もきれいな花束を作り続け、あたたかい思い出を作ってくれたおじさんに、「ありがとう、お疲れ様でした」と言いたい。

---

28. ①<u>店の思い出はそのまま子どものころの思い出と重なる</u>とあるが、それはどんな思い出か。

1) わたしが小学校に入学した時に、この花屋が開店したこと
2) 小学校を卒業する時に、先生といっしょにこの花屋で花を買ったこと
3) 特別なことがある時には、よくこの店で花を買っていたこと
4) おじさんが大好きだったので、よくこの店で花を買っていたこと

29. ②<u>わたしたちはどきどきしながら</u>とあるが、どうしてどきどきしたのか。

1) もうすぐ開店する花屋のおじさんに、無理なお願いをするから
2) いやそうな顔をしているおじさんに、無理なお願いをするから
3) お店に花があまりないのに、おじさんに無理なお願いをするから
4) お金が少ししかないのに、おじさんに無理なお願いをするから

30. この文章を書いた人が一番伝えたいことは何か。
　1) 小学校時代にとてもお世話になった先生へのお礼の気持ち
　2) よい思い出を作ってくれた花屋のおじさんへの感謝の気持ち
　3) 大好きだった花屋さんが閉店するので、きびしいと思う
　4) 近所の花屋さんが閉店したので、とても不便だと思う

---

(2)
　環境問題では「リサイクル」という言葉をよく聞く。リサイクルとは、いらない物を壊して、別の物に作り変えることだ。例えば、読み終わった新聞紙からトイレペーパーを作ったりする。物を捨てればゴミになるが、リサイクルすればゴミを出さないことができる。だが、リサイクルが形を変えるのにお金がかかるし、エネルギーも使う。
　また、「再利用」という方法もある。再利用というのは、ものを壊さないで、何度も使うことを言う。例えば、飲んだ後のペットボトルを洗ってまた使う。それで、再利用するペットボトルは何回も使えるように、少し厚くしっかりと作られている。ドイツでは一本のペットボトルをだいたい15~30回くらい使うそうだ。
　以前は、お金やエネルギーの点で、リサイクルより再利用の方がいいと考えられていた。しかし、実際に調べてみると、場合によっては再利用のほうがお金やエネルギーを使うことがわかってきた。それで、最近はどちらの方が環境にいいとは単純には言えなくなっている。

---

31. この文章では、リサイクルとはどのようなことだと言っているか。
　1) いらなくなった物から新しい物を作ること
　2) いらなくなった物を壊して捨てること
　3) 物を壊さないで、ゴミの量を減らすこと
　4) 物を捨てないで、そのままもう一度使うこと

32. ペットボトルの再利用について、この文章で言っていることはどれか。
　1) 再利用には全然お金がかからない。
　2) 再利用した物はリサイクルできない。
　3) 再利用できるのはペットボトルだけである。
　4) 再利用するものは丈夫に作られている。

33. この文章では、リサイクルと再利用を比較してどのように言っているか。
    1) リサイクルは再利用より、エネルギーを使わないから環境にいい。
    2) リサイクルより再利用の方が、ゴミが減って環境に与える影響が少ない。
    3) リサイクルと再利用では、どちらが環境にいいか簡単には決められない。
    4) リサイクルも再利用も、環境に問題があるから中止したほうがいい。

問題6 次の文章を読んで、質問に答えなさい。答えは1・2・3・4から最もよいものを一つえらびなさい。

　最近、長い間働いた会社をやめて、日本そば屋を始める人が増えているそうだ。今年の4月、奥さんと二人で中村駅前に小さな店を開いた、「そば屋　しんしゅう」のご主人、森さんもその一人だ。「収入は減ったけど、今はやってよかったと思っています」と、森さんは言う。
　そば屋を開く人が多いのはなぜか。そば屋は、てんぷら屋やすし屋、中国料理店やフランス料理店などに比べると、あつかう材料の種類も少なく、作り方もそれほど難しくない。また、最近は健康に気をつける人が増え、外食の時にそばのような体にいい食べ物を選ぶ人も多くなっているからだ。
　森さん夫婦は、1年ぐらい知り合いのそば屋を手伝いながらそばの作り方を勉強し、自分の店を開いた。だが、いつも同じ味のおいしいそばを作り続けることは本当に難しいそうだ。
　「そば屋　しんしゅう」の開店は午前10時だが、森さんは朝6時には店に入り、準備を始める。そして、店が終わってからも、毎晩おいしいそばの作り方を熱心に研究している。
　「お客さんの『おいしかったよ』という言葉を聞くと、疲れも消えるんですよ」と、森さん。その横で「大変ですよ。夫とけんかをしても、店ではにこにこしていなければなりませんから」と、奥さんが笑う。
　サラリーマン時代にはできなかった経験をしている森さんは、今、そば屋の経験を心から楽しんでいる様子だ。いろいろ苦労はありそうだが、これも人生の一つの選択だろう。

34. 森さんもその一人だとあるが、それはどのような意味か。
    1) 森さんも会社をやめてそば屋を開いた人の一人である。
    2) 森さんも今年の4月にそば屋を開いた人の一人である。
    3) 森さんも奥さんと二人で店を開いた人の一人である。
    4) 森さんも中村駅近くに店を開いた人の一人である。

35. そば屋を開く人が多いとあるが、その理由は何だと言っているか。
    1) 最近、長い間働いていた会社をやめさせられる人が増えているから
    2) 会社員をしているより、そば屋を開いたほうが確実に収入が増えるから
    3) そばは、ほかの料理に比べると簡単にできるし、外食の中で人気があるから
    4) 天ぷらやすしなどに比べると、そばは値段が安いので、食べる人が多いから

36. 大変ですよとあるが、ここでは何が大変なのか。
    1) いつも同じ味でおいしいそばを作り続けなければならないこと
    2) 朝6時から店を開けるための準備を始めなければならないこと
    3) おいしいそばの作り方を毎晩研究しなければならないこと
    4) どんなことがあっても店では笑顔でいなければならないこと

37. 森さんは今、そば屋を開いたことをどう言っているか。
    1) 毎日楽しいが、収入が減ったので、やらないほうがよかった。
    2) 忙しいし、夫婦げんかも増えたので、やらないほうがよかった。
    3) 特に大変なことや、難しいこともないので、やってよかった。
    4) いろいろ苦労があったから、やってよかった。

問題7　右のページは、「デジタルカメラ教室」の案内である。これを読んで、下の質問に答えなさい。答えは、1・2・3・4から最もよいものを一つえらびなさい。

38. この案内によると、参加者が必ず持って来なければならないものは何か。
   1) 参加書とはがき
   2) 参加書と昼食
   3) 昼食だけ
   4) 参加書だけ

39. 小学校6年生小林一郎くんは、この教室に参加したいと思っている。デジタルカメラを持っていないので、写真館で借りるつもりだ。申し込みのはがきの正しい書き方はどれか。
   1) デジタルカメラ教室への参加を申し込みます。
      ① 中川市大田2-5-1
      ② 小林花子
         小林一郎(6年生)
      ③ 031-849-8713
      ④ カメラを借ります
   2) デジタルカメラ教室への参加を申し込みます。
      ① 中川市大田2-5-1
      ② 小林花子
         小林一郎(6年生)
      ③ 031-849-8713
   3) デジタルカメラ教室への参加を申し込みます。
      ① 中川市大田2-5-1
      ② 小林一郎(6年生)
      ③ 031-849-8713
      ④ カメラを借ります

4) デジタルカメラ教室への参加を申し込みます。
   ① 中川市大田2-5-1
   ② 小林一郎(6年生)
   ③ 031-849-8713

◇◇ デジタルカメラ教室のご案内 ◇◇

　デジタルカメラを使ったことがある方もない方も、この教室に参加すると楽しみが広がります。きっとあなたの撮った写真をだれかに見せたくなるでしょう。

- 内容　上手な写真の撮り方をわかりやすくお教えします。
  景色などを撮って、その写真をはがきに印刷します。
  ＊デジタルカメラをお持ちの方は、ご持参ください。
  　持っていない方には、お貸しします。
  ＊はがきはこちらで用意します (無料)。
- 講師：山本たかし (写真家)
- 日時：8月 23日 (土) 10:00 - 15:00
- 集合場所：ひまわり写真館
  　　　　　撮影は近くの大田公園で行います。
- 参加費：一人500円 (当日お支払いください)
- 定員：20名
- 参加できる方：小学5年生以上
  　　　　　　　(小学生は家族の大人の方がいっしょに参加してください。)
- 申し込み方法：はがきに、① 住所 ② 氏名(小学生も学年も) ③ 電話番号
  　　　　　　　④ デジタルカメラの貸し出しを希望するかどうかお申し込みください。
  　　　　　　　家族でお申し込みの場合は、全員お書きください。
- お申し込み先：ひまわり写真館 デジタルカメラ教室係
- 締め切り：8月 8日(金) (当日の消印があるものに限り有効とする)
- その他：動きやすい服装でご参加ください。
  　　　　昼食はご持参ください。(公園のまわり)

13

日本語能力試験 N3・N4 일본어능력시험

問題1　では、まず、質問を聞いてください。それから、話を聞いて、問題用紙の1~4の中から最もよいものを一つ選んでください。

🎧 01番

女：デパートで、女の人が、父親の誕生日プレゼントを母親と選んでいます。
　　女の人は、どのセーターを買いますか。

女1：ねえねえ、お母さん。お父さんて、どんなセーターが好きだと思う？
女2：そうねぇ。首の周りは、開いているほうが楽だって言っているわね。
女1：へぇ、そうなの。色は、白と黒、どっちが好き？
女2：そうねぇ。黒は、あまり好きじゃないみたいね。
女1：じゃあ、これにしよう。

1) タートルネックの黒のセーター
2) タートルネックの白のセーター
3) 首周りの開いた黒のセーター
4) 首周りの開いた白のセーター

02番

女：プールの受付で、男の人が係りの人と話しています。このあと、男の人は、いくら支払いますか。

> 男：こちらのプールを利用したいんですが。
> 女：初めてですか。
> 男：はい。
> 女：それでは、利用カードをお作りしますね。プールをご利用になるときは、利用カードを見せて、400円払ってください。本日は、カード代の200円もお願いします。
> 男：分かりました。
> 女：それから、泳ぐときには水泳用の帽子が必要で、こちらは、100円でお貸ししています。
> 男：あ、帽子はあります。
> 女：あ、そうですか。

1) 500円
2) 600円
3) 700円
4) 800円

13 日本語能力試験 N3・N4 일본어능력시험

🎧 03番

女 : 留守番電話のメッセージを聞いています。メッセージを聞いた人は、このあと、何をしますか?

男 : (ピー)あ、もしもし、鈴木です。先週のパーティーに来てくれて、ありがとう。ところで、あの日、うちに帽子忘れていったでしょう。今度送るので、住所教えてもらえる?あ、でも、今ファックスが壊れてるんで、メールでお願い。あと、パーティーのときの写真もできたので、一緒に送るね。じゃ、またね。(ピー)

1) 住所をファックスで送る。
2) 住所をメールで送る。
3) 住所に帽子を送る。
4) 住所に写真を送る。

🎧 04番

女 : 大学で、男の学生と先生が、今日の研究会の準備について話しています。男の学生は、このあと何をしなければなりませんか。

男:先生、研究会のポスターは、会場の建物の入り口と正面に張っておきましたが、その2ヶ所でよろしいでしょうか。
女:あぁ、ありがとう。それで大丈夫でしょう。あとは、次の研究会の案内を配らないといけないから、コピーしておいて。それから、発表者のための飲み物ですね。
男:飲み物は、昨日買って冷蔵庫に入れておきました。
女:あ、ありがとう。
男:コピーは何部ぐらい必要でしょうか。
女:そうですね。20部お願いできますか。会場のパソコンは私のほうでセットしておきますから。コピーが終わったら、会場に持ってきてください。
男:はい、分かりました。

1) ポスターをはる。
2) 飲み物を冷蔵庫に入れる。
3) コピーする。
4) パソコンをセットする。

🎧 05番

女：男の人と女の人が話しています。男の人は、これからどうしますか。

> 男：今朝、ラジオを聞いていたら、懐かしい曲がかかっててねぇ。
> 女：へぇ、なんて曲なの？
> 男：それがね、どうしても思い出せなくってね。気になってしょうがないんだ。大学時代によく歌ってたんだけど。
> 女：ずいぶん前の話ね。じゃ、そのラジオ局に電話して、聞いたらわかるんじゃない？
> 男：うん。でも、なんて聞けばいいんだろう。歌が歌えればいいんだけど。
> 女：そうね。あ、そのラジオ局のホームページに、曲名が載ってるんじゃないかな。
> 男：あ、そうだね。ありがとう。

1) ラジオを聞く。

2) 歌を歌う。

3) ラジオ局に電話をかける。

4) ラジオ局のホームページに入る。

06番

女：会社で、男の人と女の人が話しています。男の人はこの後、まず、何をしなければなりませんか。

男：課長、田中さんから電話がありまして、熱があって、今日はお休みだそうです。
女：あぁ、そう。最近忙しかったから。あ、明日、田中さんと二人で、ひかり電気の会議に出てもらうことになってましたね。その準備はどうなってますか。
男：私のほうの準備は終わっています。田中さんは、家でやるって言ってました。
女：そう。じゃ、田中さんに電話して、書類ができているかどうか、ちょっと聞いてみてください。もしまだだったら、すぐに準備してもらえますか。
男：はい。
女：それから、明日来られそうかどうかも聞いてみてもらえますか。無理そうだったら、悪いけど、一人で行ってくださいね。
男：はい、分かりました。

1) 田中さんに電話をかける。

2) ひかり電気の会議に出る。

3) 書類の準備をする。

4) 田中さんと病院に行く。

問題2 では、まず、質問を聞いてください。そのあと、問題用紙を見てください。読む時間があります。それから話を聞いて、問題用紙の1~4の中から最も良いものを1つ選んでください。

🎧 07番
女：留守番電話のメッセージを聞いています。加藤さんは、何時ごろ着くと言っていますか。加藤さんです。

> 男：(ピー)あ、加藤です。今日、4時半に田中さんと3人で会う約束でしたが、1時間ぐらい遅れそうなんです。事故があって、もう30分も電車が駅に止まったままで。さっき連絡があったんですが、田中さんは授業が早く終わったんで、4時には着くそうです。すいません。とにかく、急いで行きます。(ピー)

1) 4時
2) 4時半
3) 5時
4) 5時半

🎧 08番
女：女の人と男の人が話しています。男の人は今、どのスポーツをしていますか。

> 女：ねぇ、田中君、サッカー好き?
> 男：うん。ボールを使うスポーツっていいよね。サッカーとか、バスケットとか。山田さんは?
> 女：私?私も小さい頃からサッカーが好きで、今でも時々観に行くのよ。
> 男：そう。何かスポーツしないの?
> 女：ううん。スポーツは見るだけ。田中君は、何かスポーツしている?
> 男：僕は高校時代テニスをしてたんだけど、最近は卓球をしてるんだ。やってみたら、結構面白くてね。
> 女：へぇ、そうなんだ。私もやってみようかな。

1) 卓球
2) サッカー
3) バスケット
4) テニス

09番

女：男の留学生が、お世話になった人と話しています。留学生は、何が最高の思い出だと言っていますか。

男：いろいろお世話になりました。
女：短かったけど、楽しかったわ。
男：僕もです。作ってくださった料理は、とてもおいしかったです。それに、日本の習慣も色々教えてくださって、ありがとうございました。
女：こちらこそ、マイクさんには、子供と遊んでもらって。
男：僕には兄弟がいませんから、忘れられない、最高の思い出になりました。
女：寂しくなりますね。また、遊びに来てくださいね。
男：はい、ありがとうございます。帰ったら、メールで写真を送ります。
女：ありがとう。じゃ、メール、楽しみに待っていますね。

1) 料理を食べたこと
2) 日本の習慣を学んだこと
3) 子どもと遊んだこと
4) メールで写真を送ること

10番

女：男のアナウンサーが、女の人にインタビューしています。女の人は、どうしてこのグループのコンサートに来ましたか。

男：あの、みなみテレビですが、ちょっとインタビューいいですか。
女：あ、はい。
男：このグループのコンサートには、よくいらっしゃいますか。
女：そうですね、時々来ています。このグループの歌、私は、まぁ、悪くないかなぁ、位なんですけど、とにかく、友達が毎回一緒に行こうって言うんで。
男：お友達は、このグループのファンなんですか。
女：ええ、CD、全部持ってるんですよ。歌も好きみたいですけど、とにかく、グループのリーダーに夢中で、部屋中に彼のポスターがあって、それに、ダンスが最高って言ってます。
男：なるほど、そうですか。どうもありがとうございました。

1) 友達に誘われたから
2) CDを持っているから
3) 歌が好きだから
4) グループのリーダーに夢中だから

🎧 11番
女：スーパーで、店員がりんごの説明をしています。りんごはなぜ安いのですか。

> 男：さぁ、安いよ、安いよ。このりんご、今日は特別、一つ50円です。安さの秘密は表面の傷。虫に食べられた傷じゃありませんよ。このりんご、先日の台風で落ちてしまったりんごで、表面に多少の傷や汚れはありますが、味は普通のりんごと全くかわりません。それに、薬を使っていませんから、安心ですよ。さぁ、いかがですか。

1) 虫に食べられたから
2) 台風で落ちて傷ついたから
3) 今日は特別な日だから
4) 薬を使ったりんごだから

🎧 12番
女：夫婦が話をしています。女の人が、遠くのスーパーに行くのはどうしてですか。

> 男：今日、花子、喜んでたよ。お母さんに猫の形のパンを買ってもらったって。
> 女：花子、あのパンが大好きなんだけど、遠くのスーパーにしか売ってなくて。近くのスーパーのほうが何でも安くていいんだけど。
> 男：君が最近、遠くのスーパーに歩いてくのは、健康のためかと思ってたよ。本当は花子のためだったんだね。
> 女：うーん、そういうわけじゃないんだけど…。ほら、花子に、後で猫のパン買ってあげるからねって言うと、買い物している間、大人しくしていてくれるのよ。
> 男：あぁ、なるほど。そうすれば、落ち着いて買い物ができるんだ。
> 女：そう。小さい子が一緒だと、ほんと大変。

1) 自分の健康のため
2) なんでも安いから
3) 花子が猫の形のパンが好きだから
4) 落ち着いて買い物ができるから

問題3 では、問題用紙に何も印刷されていません。この問題は、全体としてどんな内容かを聞く問題です。話の前に、質問はありません。まず、話を聞いてください。それから、質問と選択肢を聞いて、1~4の中から最も良いものを一つ選んでください。

13番
女：女の人と男の人が話しています。

女：あの、お願いって何でしょうか。
男：あのう、田中さんは、歌やピアノを教えていらっしゃるって聞いたんですが。実は、来月、知り合いの結婚式があって、私がピアノを演奏して、友達が歌を歌うことになったんです。でも、私、そんなにひけるわけじゃなくて、困っているんですが…。あの、お時間のあるときに、教えていただけないでしょうか。

男の人は女の人にどのようなことをお願いしていますか。
1) 結婚式で歌ってもらうこと
2) 結婚式でピアノを弾いてもらうこと
3) 歌を教えてもらうこと
4) ピアノを教えてもらうこと

🎧 14番
女：アナウンサーが、スーパーからリポートしています。

> 女：こちら、スーパーの野菜売り場です。ご覧ください。珍しい野菜が並んでいますね。
> この黄色いの、何だと思いますか？形はきゅうりですが…。ちょっと、いただきます。うん、きゅうりの味です。おいしいです。実は、技術が進んで、簡単に野菜の色を変えられるようになったそうです。面白いですね。ところが、このような野菜はあまり売れていません。値段は普通の野菜と変わらないのですが、やはりおいしそうに見えないのでしょうか。それが原因かもしれません。

アナウンサーは、何についてリポートしていますか？

1) 面白い形の野菜
2) 珍しい色の野菜
3) 変わった味の野菜
4) 値段の高い野菜

🎧 15番
女：中学生の男の子が、友達についてスピーチしています。

> 男：よくみんな、友達は多ければ多いほどいいって言いますよね。僕は前から、そのことに疑問を感じていました。どうして友達がそんなにたくさん必要なのかわからないのです。数が少なくても、お互いに心を開いて何でも話せるような付き合いをするのが、理想的なのではないでしょうか。友達が多いと、一人一人としっかり向き合うことが難しくなると思います。

男の子はどんな付き合い方がいいと言っていますか。

1) 多くの友達と浅く付き合う。
2) 多くの友達と深く付き合う。
3) 少数の友達と浅く付き合う。
4) 少数の友達と深く付き合う。

問題4 では、絵を見ながら質問を聞いてください。矢印の人は、何と言いますか。1~3の中から、最も良いものをひとつ選んでください。

16番
女：会社で、後輩が先に帰ります。先輩に何と言いますか。
1) お世話になりました。
2) お疲れ様。
3) お先に失礼します。

17番
女：前の人のハンカチを拾いました。何と言いますか。
1) ハンカチ、どうぞ。
2) ハンカチ、いりますか。
3) ハンカチ、落としましたよ。

18番
女：辞書を忘れたので、クラスメートに借りたいです。何と言いますか。
1) 辞書、貸してくれない。
2) 辞書、貸しましょう。
3) 辞書、どうですか。

19番
女：自分たちの写真を撮ってもらいたいので、近く人のに頼みます。何と言いますか。
1) 写真を撮っていただけませんか。
2) 写真を撮らせていただけませんか。
3) 写真を撮ってもいいですか。

問題5 では、問題用紙に何も印刷されていません。まず、文を聞いてください。それから、その返事を聞いて、1~3の中から、最も良いものを一つ選んでください。

🎧 20番
女：コーヒー、もう一杯いかがですか。
1) 結構だと思います。
2) おかげさまで。
3) いただきます。

🎧 21番
女：いつ、日本にいらっしゃったんですか。
1) 3ヶ月前にまいりました。
2) 3年の予定です。
3) 来年の3月までいます。

🎧 22番
お久しぶりです。お元気ですか。
1) 結構です。
2) お構いなく。
3) おかげさまで。

🎧 23番
女：風邪、どう？治った？
1) そう、お大事に。
2) まだ、調子悪くて。
3) 風邪引いちゃった。

🎧 24番
女：あのう、明日のテスト、どうしても受けなくちゃいけませんか。
1) 受けられますよ。
2) 必ず、受けてください。
3) 明日のほうが、よかったですか。

🎧 25番
女：この仕事、ぜひ、私にやらせてもらえませんか。
1) ええ、お願いします。
2) そういわずに、がんばってください。
3) じゃあ、引き受けましょう。

🎧 26番
男：ねぇ、田中君のこと、聞いた？
1) そうなんだ。
2) 何かあったの？
3) そんなことないよ。

🎧 27番
男：すいません、部長。この書類、見ていただけませんか。
1) ご覧になってください。
2) 会議の後でなら、いいですよ。
3) すぐに見せましょう。

🎧 28番
女：明日、3時にお伺いしてもよろしいでしょうか。
1) そうですか、伺います。
2) よくいらっしゃいました。
3) もう少し、早く来られませんか。

심화학습

問題1 ＿＿＿＿＿＿の言葉の読み方として最もよいものを1・2・3・4から一つえらびなさい。

01. 昨日から、耳の調子が良くないから耳鼻科に行ってくるよ。
    1) いみか　　　2) みみはなか　　3) じびか　　　4) じみか

02. ここは関係者以外立ち入り禁止です。
    1) かんけいしゃ　2) かんげしゃ　　3) かんせつしゃ　4) けいけんしゃ

03. 必要な部分全てに記入されたら、確認ボタンをクリックしてください。
    1) かくしん　　2) かくにん　　　3) せきにん　　　4) しょうにん

04. 目的地まで快適な空の旅をお楽しみください。
    1) かいそく　　2) さわやか　　　3) てきせつ　　　4) かいてき

05. 週末、息子と遊園地に行ってきた。
    1) どうぶつえん　2) こうえん　　3) ゆうえんち　　4) すいげんち

06. 日本の消費税は5パーセントです。
    1) しょうひぜい　2) そびせ　　　3) しょうかき　　4) しょうぼうしゃ

07. イベントのため、この周辺の道路は混雑しております。
    1) はんざつ　　2) こんらん　　　3) こんざつ　　　4) こんとん

08. 冷蔵庫には入れないで、常温で保存してください。
　　1) とこおん　　2) れいおん　　3) つねおん　　4) じょうおん

問題2　＿＿＿＿＿＿のことばを漢字で書くとき最もよいものを1・2・3・4から一つえらびなさい。

09. この肉はもうやけたかな。
　　1) 焼けた　　2) 暁けた　　3) 尭けた　　4) 妬けた

10. ここは、誰も住んでいない無人とうです。
　　1) 糖　　2) 鳥　　3) 島　　4) 鳴

11. 最近、じょうばが人気があるらしいよ。
　　1) 走馬　　2) 乗馬　　3) 上馬　　4) 下馬

12. こんなこうきゅうレストランに初めて来ました。
　　1) 高給　　2) 高級　　3) 塙給　　4) 塙級

13. 食べる前にしょうみ期限を確認しなさい。
　　1) 正味　　2) 償未　　3) 賞昧　　4) 賞味

14. 先生は毎日たぼうな日々を送っていらっしゃる。
　　1) 無謀　　2) 希望　　3) 多忙　　4) 耐乏

問題3 （　　　）に入れるのに最もよいものを1・2・3・4から一つえらびなさい。

15. 日本に行ったら、温泉（　　）に泊まってみたい。
    1) 家　　　　2) 旅館　　　　3) 旅行　　　　4) 宿泊

16. 暗くなったので、車の（　　）をつけた。
    1) ライト　　2) ラップ　　　3) レバー　　　4) ハンドル

17. 男友達の話が面白くなかったので、つい（　　）が出てしまった。
    1) なみだ　　2) おなら　　　3) あくび　　　4) にきび

18. あんなかっこいい人とデートできるなんて（　　）。
    1) おいしい　2) うらやましい　3) あいまいだ　4) おかまいなく

19. あとで食べようと冷蔵庫に入れておいたお菓子が（　　）いた。
    1) 増えて　　2) かわいて　　3) 見られて　　4) くさって

20. A：「このセーターを（　　）に出しといて。」
    B：「え。自分で持って行ったら？」
    1) キッチン　2) レストラン　3) クリーニング　4) ガスコンロ

21. 外でお酒に酔ったおじさんたちが（　　）してる声が聞こえる。
    1) けんか　　2) くりかえ　　3) さいよう　　4) さんか

22. 下書きしたレポートをきれいに（　　）する。
    1) 清書　　　2) 送信　　　　3) 抱っこ　　　4) できあがり

23. お酒に水を入れて飲むことを（　　）といいます。
    1) お湯割り　2) 水割り　　　3) ストレート　4) 氷割り

24. 今度（　　）を借りてドライブに行きませんか。
　　1) 列車　　　　2) タイヤ　　　　3) レンタカー　　　4) ドライヤー

25. 就職を希望する会社に（　　）を出したら、面接に来てほしいと連絡が来た。
　　1) ローマ字　　2) 領収書　　　　3) 履歴書　　　　4) 報告書

問題4 ＿＿＿＿＿に意味が最も近いものを1・2・3・4から一つえらびなさい。

26. 弟は、お金を<u>もうけて</u>ヨーロッパの車を買ったらしい。
　　1) かせいで　　2) つかって　　　3) 申し込んで　　4) ためて

27. この貿易会社は、今年はじめて<u>黒字</u>を記録した。
　　1) 品物　　　　2) 白字　　　　　3) 損失　　　　　4) 利益

28. 娘の社会に対する考えは<u>甘い</u>と感じた。
　　1) 辛い　　　　2) 問題が多い　　3) 楽しい　　　　4) 古い

29. 山本さんは、今住んでいる家よりも大きな家に<u>引っ越した</u>そうです。
　　1) 止まった　　2) 出て行った　　3) 移った　　　　4) 動いた

30. 不要な迷惑メールがたくさんきていたので<u>消した</u>。
　　1) もどした　　2) 整理した　　　3) 削除した　　　4) 転送した

問題5 つぎのことばの使い方として最もよいものを1・2・3・4から一つえらびなさい。

31. やり取り
   1) 彼女とは良くメールの<u>やり取り</u>をしています。
   2) この仕事を<u>やり取り</u>してから、ご飯を食べに行こう。
   3) テストの結果が良かったので、みんなに<u>やり取り</u>した。
   4) コンビニのバイトだけで、生活費を<u>やり取り</u>しています。

32. あいまい
   1) 出かける前に、ひげを<u>あいまい</u>にするようにしている。
   2) 使えるのを捨てるのは<u>あいまい</u>だから、ほしい人にあげて。
   3) リーさんは先生の言葉を<u>あいまい</u>にしているらしいよ。
   4) 心を決められなかったから、<u>あいまい</u>に答えておいた。

33. ほほえむ
   1) 付き合ってほしいといわれたが、好きじゃないので<u>ほほえんだ</u>。
   2) 亡くなった祖父の思い出はいつもやさしく<u>ほほえんでいる</u>姿だ。
   3) 食べ過ぎて苦しいときには、ベルトを<u>ほほえんだら</u>いいよ。
   4) 道が混んでいて、約束の時間に間に合うか<u>ほほえんでいる</u>。

34. ぴかぴか
   1) シャワーをあびて<u>ぴかぴか</u>して気持ちいい。
   2) 彼の部屋はいつも<u>ぴかぴか</u>に散らかっている。
   3) ネックレスが<u>ぴかぴか</u>光っている。
   4) 前に座っているおじさんが口をあけて<u>ぴかぴか</u>している。

35. 問い合わせる
   1) 試験会場について、大学に<u>問い合わせた</u>。
   2) おなかがすいて<u>問い合わせた</u>。
   3) 公園を<u>問い合わせたら</u>、課長の家が見えます。
   4) お客さんと駅前のレストランで<u>問い合わせました</u>。

日本語能力試験 N3・N4 일본어능력시험

問題1 つぎの文の(　　)に入れるのに最もよいものを一つえらびなさい。

01. 彼女の職場は(　　)男性とは縁がない。
　　1) めったに　　2) 決して　　3) まったく　　4) 最後に

02. 窓が少し開いてるよ。だから寒い(　　)。
　　1) わけだ　　2) わけがない　　3) わけではない　　4) わけにはいかない

03. トマトとピーマンをください。(　　)キャベツも。
　　1) その上　　2) それと　　3) それでも　　4) もっと

04. A:「このケーキ古くない？」
　　B:「古い(　　)。今朝買ってきたんだから。」
　　1) わけだ　　2) わけないよ　　3) わけよ　　4) わけなかった

05. あなたの言うことは(　　)理解できない。
　　1) まさか　　2) もしかすると　　3) たとえ　　4) まるで

06. あなただけは私の味方だと思っていたのに。あなた(　　)私を疑うのですか。
　　1) まで　　2) から　　3) かけて　　4) にも

07. この試験の結果は、来週ホームページに(　　)発表されます。
　　1) ついて　　2) でも　　3) おいて　　4) よって

08. 秘密の話をしたのに、みんなに良く聞こえる(　　)、大きな声で話された。
　　1) ように　　2) みたいに　　3) ところに　　4) かわりに

09. 犬の散歩(　　　)スーパーで晩ご飯の買い物を済ませた。
　　1) うえで　　　2) ついでに　　　3) ぐらいに　　　4) ばかり

10. この店は朝早く行くと(　　　)のパンが買える。
　　1) 焼いた　　　2) 焼いてる　　　3) 焼き上がり　　　4) 焼きたて

11. この野菜は生の(　　　)おいしいですし、油でいためて食べてもおいしいですよ。
　　1) ようでも　　　2) ままと　　　3) ように　　　4) ままでも

12. あなたの一言がなかったら、もう少しであきらめる(　　　)でした。
　　1) そう　　　2) もの　　　3) ところ　　　4) よう

13. 遊んでばかりいる長男に(　　　)、次男はまじめに勉強している。
　　1) よって　　　2) 対する　　　3) 対して　　　4) よると

問題2 つぎの文の＿＿＿★＿＿＿に入る最もよいものを、1・2・3・4から一つえらびなさい。

14. 森田さんは、最近水泳を＿＿＿ ＿＿＿ ＿＿＿ ★＿＿＿ようです。
　　1) おもしろくて　　　2) はじめた　　　3) たまらない　　　4) ばかりで

15. 入院すると思っていた ＿＿＿ ★＿＿＿ ＿＿＿ ＿＿＿安心した。
　　1) ので　　　2) しなくても　　　3) けれど　　　4) すんだ

16. このコンサートのチケットは＿＿＿ ＿＿＿ ★＿＿＿ ＿＿＿しないですよ。
　　1) といっても　　　2) 5千円は　　　3) 高い　　　4) いくら

17. ＿＿＿ ＿＿＿ ＿＿＿ ★＿＿＿お金持ちの家に生まれたいな。
　　1) 生まれ　　　2) 変われる　　　3) もしも　　　4) なら

問題3 つぎの文章を読んで、18から22の中に入る最も良いものを、1・2・3・4から一つえらびなさい。

　私の娘は今年二十歳になり、九州の大学で日本語の先生になる勉強をしています。大学の近くのアパートで一人で生活をしています。一人娘なので、どんな生活をしているか、ちゃんとご飯は食べているか　18　、友達と遊びに行った　19　、娘のアパートに寄りました。その部屋の中は、服は　20　、料理したときに使った皿などが　21　になっていました。
　私は娘に毎日自分の部屋は自分で掃除しろと言っていましたが、娘はそう言われてもやりませんでした。
　もう二十歳なのだから、少しはしっかりして　22　です。誰に似たのか。

18.
1) 気がつく　　　2) 気がする　　　3) 気になり　　　4) 気にする

19.
1) たびに　　　2) ついでに　　　3) うちに　　　4) ばかりに

20.
1) 脱ぎっぱなしで　2) 脱ぎっぱなしが　3) 脱ぎっぱなしに　4) 脱ぎっぱなしと

21.
1) あるまま　　　2) ありまま　　　3) そのまま　　　4) このまま

22.
1) ほしいもの　　2) ほしいから　　3) もらうもの　　4) もらえないもの

問題1 問題1では、まず質問を聞いてください。それから、話を聞いて、問題用紙の1から4の中から最も良いものを一つ選んでください。

🎧 01番

女の人と男の人が話しています。女の人が電話をしたとき、男の人は何をしていましたか。

女：昨日、家に電話したんだけど、どうして出なかったの？
男：え？気づかなかったな。何時ごろ？
女：午後1時過ぎだったと思うけど…。
男：昨日は、午前中に洗濯と掃除をして、12時半ごろ出かけたよ。
女：じゃ、1時ごろには家にいなかったの？
男：うん。友だちと映画を見る約束をしてたから、そのときには映画館の前にいたと思うよ。

1) 映画館の前にいた。
2) 掃除をしていた。
3) 洗濯をしていた。
4) 家にいた。

02番

美術館のチケット売り場の前で、先生と学生が話しています。先生は、学生にあといくらお金をわたさなければなりませんか。

女：それでは、これから美術館に入ります。自由に見学してください。4時にまた、このチケット売り場の前に集まってください。あ、田中君。ちょっとチケット買ってきてもらない。入場料は2万円あれば足りるわよね。はい、じゃあ、これでお願い。
男：先生、団体の入場料は500円ですけど、ここには団体が20名からと書いてあります。
女：え。10人からじゃないの？
男：はい。そうみたいです。
女：団体じゃないといくらになるの？
男：大人が2000円、学生は1500円です。
女：そうなると、大人が一人と学生が15人だから、2万円じゃ足りないわね。

1) 4000円
2) 4500円
3) 5000円
4) 5500円

03番

男の人と女の人が、本の企画について話しています。女の人が大切だと考えていることは何ですか。

女：私の意見は、経済の話を物語という形で説明するというものです。
男：でも、この本を読む対象は大人でしょう？物語だと、逆に分かりにくいと思われるんじゃないかな。絵や図をたくさん入れるというのはどうかな？
女：そうですね。でも、経済の話を全て物語として説明するというところが、この本の企画で一番大切な点だと考えています。経済が難しいと感じている人が多いですし、内容が生活に直接関係することが多いんです。だから、物語で説明して、理解してもらいたいんです。
男：分かりました。いい企画なので、多くの人に読んでもらえる本にしましょう。
女：はい。そうなるように頑張ります。

1) 全て物語として説明すること
2) 一部の人に読んでもらうこと
3) 絵や図をたくさん入れること
4) この企画を理解してもらうこと

問題2　問題2では、まず、質問を聞いてください。そのあと、問題用紙を見てください。読む時間があります。それから、話を聞いて、問題用紙の1から4の中から最も良いものを一つ選んでください。

🎧 04番

大学の職員が話しています。大学の職員が言いたいことはなんですか。

> 外国人留学生の場合、日本人の学生よりも早く準備をしなければならないのですが、毎年1月になると、就職のことで相談に来るんです。日本人の学生は3年生のころには準備を始めて、いろいろな会社に履歴書を送っています。しかし、留学生の場合、ほとんどが帰国するのかどうか迷っていたり、卒業論文で忙しかったりするので、卒業する直前になって、あわてることが多いです。あわてることがないように、早めに準備するように呼びかけていますし、学部のほうにも注意するように呼びかけてはいるのですが、毎年同じことが繰り返されているのが現状です。

1) 学部のほうで話をしてもらいたい。
2) 就職活動を早く始めたほうがいい。
3) 迷ったら帰国しないほうがいい。
4) 卒業論文は忙しいので早く書いたほうがいい。

13 日本語能力試験 N3・N4 일본어능력시험

🎧 05番

学校で、先生と留学生の女の人が話しています。女の人はどうして国に帰らなければなりませんか。

> 女：先生、私、来週、国に帰らなければなりません。
> 男：どうしたんですか。
> 女：母が、病気で入院したと連絡が来ました。
> 男：そうですか。もう日本には戻ってこないんですか。
> 女：戻って来たいのですが、母はもう働くことが出来ないみたいで、今父が一人で店をやってるんです。
> 男：そんなにお母さんの病気が悪いんですか。
> 女：そうみたいです。弟が一人いますが、まだ小さいので店の手伝いをさせるのが難しいので、私が帰って手伝うことに。
> 男：そうなんですか。また機会があれば戻ってきてくださいね。

1) 弟が小さいため
2) 店を手伝うため
3) 病院に入院するため
4) 日本で働きたくないため

🎧 06番

男の人と女の人が新しく出来たスーパーについて話しています。女の人は、このスーパーのどこがよくないと言っていますか。

> 男：この間、駅前に出来たスーパーに行ってみた？
> 女：うん、オープンした日に行ってみたけど、あまり良くなかったわ。
> 男：そうなの？今夜の夕飯の買い物に行くつもりだったのに。
> 女：野菜と魚は悪くなかったわよ。でも、お肉がね。
> 男：どうして？高かったの？
> 女：値段は悪くなかったわよ。でも、あまりいいお肉は置いてなかったわよ。そのときに買った豚肉なんかにおいがひどかったし。
> 男：そっか。なら、肉は別のところで買ったほうがいいね。

1) 肉の値段が高い。
2) 野菜と魚が悪い。
3) 駅から遠い。
4) いいお肉が置いていない。

問題3 問題3では、問題用紙に何も印刷されていません。まず話を聞いてください。それから、質問を聞いて、正しい答えを1から4の中から一つ選んでください。

07番

男の人が明日のサッカーの試合について女の人と話しています。

> 男：明日は、うちのチーム勝つかな。
> 女：強いんでしょ。相手のチーム。
> 男：うん、去年の優勝チームだからね。
> 女：そうなの。うちのチームは去年1回戦で負けてるじゃない。
> 男：そうなんだけどね。去年はぼろぼろに負けてしまったけど、その前には引き分けてるし、それに今年はいい選手が何人も入ってきたから、前みたいにはいかないよ。
> 女：ふーん。そうなんだ。いい選手が入ってるなら勝つかもね。
> 男：そうだね。勝てればいいね。

女の人はどうおもっていますか。

1) うちのチームが勝つ。
2) うちのチームが負ける。
3) うちのチームが勝つかもしれない。
4) うちのチームが引き分けるかもしれない。

問題4 問題4では、絵を見ながら質問を聞いてください。それから正しい答えを1から3の中から一つ選んでください。

08番

男：お世話になっている人のお宅に行くとき、果物をかって行きました。果物を渡すとき、なんといいますか。

1) これ、好きですか。
2) これ、あそこの果物屋で買いました。
3) これ、つまらないものですが。

09番

女：リストに自分の名前がありません。なんといいますか。

1) あの、私の名前がリストに入っていないんですが。
2) あの、私の名前がリストに入らないんですが。
3) あの、私の名前がリストに入れてもらえないんですが。

10番

男：駅の前で車を停める場所を探している人がいます。なんといいますか。

1) ここに停まらないでください
2) 駐車場はあちらですよ。
3) ここは車だめです。

11番

女：劇場で誰も座っていない席を見つけました。なんと言いますか。

1) ここ、座ってもいいかな。
2) ここ、誰か来るの。
3) ここ、空いてますか。

問題5 問題5では、問題用紙に何も印刷されていません。まず、文を聞いてください。それから、その返事を聞いて、1から3の中から正しいものを一つ選んでください。

🎧 12番
男：すみません。そちらに向かっているのですが、地下鉄の事故でお約束の時間に伺えそうもありません。
1) そうですか。何時ごろになりそうですか。
2) そうですか。早く来てください。
3) 何時に来る予定でしたか。

🎧 13番
今日はキャベツが、1個50円、安いよ。
1) そうね。おもしろいわね。
2) じゃ、2つください。
3) キャベツが美味しいです。

🎧 14番
男：ねえ、明日遊園地に遊びに行かない。
1) それは遊ばないとね。
2) 行けなくなったんだよ。
3) ごめん。来週試験があって。

🎧 15番
男：ご苦労様。今、コーヒー入れますから、少し休んでください。
1) はい、ありがとうございます。
2) もう休んでます。
3) そんなに苦労してませんよ。

13 日本語能力試験 N3・N4 일본어능력시험

JLPT를 보기 위해 필요한 단어입니다. 확인하고 익혀 보세요

	読み方	意味
応募	おうぼ	응모
コンテスト		콘테스트
観光行事	かんこうぎょうじ	관광행사
締め切り	しめきり	마감
主催	しゅさい	주최
声をかける	こえをかける	말을 걸다, 말을 붙이다
看病	かんびょう	간병
価格破壊	かかくはかい	가격파괴
利益	りえき	이익
添加物	てんかぶつ	첨가물
まさか		설마, 아무리 그렇더라도
もしかすると		어쩌면
疑う	うたがう	의심하다
焼きたて	やきたて	갓 구운
耳鼻科	じびか	이비인후과
関係者	かんけいしゃ	관계자
立ち入り禁止	たちいりきんし	출입금지
快適	かいてき	쾌적
消費税	しょうひぜい	소비세
混雑	こんざつ	혼잡
常温	じょうおん	상온
無人島	むじんとう	무인도
乗馬	じょうば	승마
賞味期限	しょうみきげん	유효기간
水割り	みずわり	물을 타서 묽게 함
黒字	くろじ	흑자
赤字	あかじ	적자
やり取り	やりとり	주고받음
繰り返す	くりかえす	되풀이하다, 반복하다

日本語能力試験 N3・N4
일본어능력시험

문제
해설

문제해설 日本語能力試験 N3·N4 일본어능력시험

01

실전테스트

■ 문자·어휘

01-1)	02-4)	03-1)	04-4)	05-1)
06-2)	07-2)	08-3)	09-4)	10-3)
11-2)	12-3)	13-3)	14-1)	15-1)
16-4)	17-4)	18-3)	19-2)	20-1)
21-3)	22-2)	23-4)	24-3)	25-1)
26-1)	27-2)	28-3)	29-3)	30-2)
31-4)	32-2)	33-2)	34-1)	35-1)

■ 독해·문법

01-2)	02-3)	03-4)	04-2)	05-1)
06-3)	07-1)	08-2)	09-1)	10-2)
11-3)	12-1)	13-3)	14-4)	15-1)
16-2)	17-3)	18-4)	19-1)	20-3)
21-1)	22-3)	23-4)	24-2)	25-4)
26-3)	27-2)	28-3)	29-4)	30-2)
31-1)	32-4)	33-3)	34-1)	35-3)
36-4)	37-3)	38-3)	39-1)	

■ 청해

01-4)	02-2)	03-2)	04-3)	05-4)
06-1)	07-4)	08-1)	09-3)	10-1)
11-2)	12-3)	13-4)	14-2)	15-4)
16-3)	17-3)	18-1)	19-1)	20-3)
21-1)	22-2)	23-2)	24-2)	25-1)
26-2)	27-2)	28-3)		

02

실전테스트

■ 문자·어휘

問題1
____ 친 낱말의 읽는 방법으로 알맞은 것을 1,2,3,4 중에서 하나 고르시오.

01.
문제 길을 건널 때는 횡단보도로 건넙시다.
정답 2) 横断(おうだん) 횡단
해설 横의 음독은 [こう][おう]인데 여기에서는 [おう]로 읽는다.

02.
문제 이 빌딩에서 비행장이 보인다.
정답 4) 飛行場(ひこうじょう) 비행장
해설 飛의 음독은 [ひ], 行의 음독은 [こう][ぎょう], 場의 음독은 [ば][じょう]인데 飛行場는 [ひこうじょう]로 읽는다.
　　 くうこう(空港)
　　 ひこうき(飛行機)

03.
문제 1500엔어치 이상 책을 사면 우송료가 무료입니다.
정답 1) 無料(むりょう) 무료
해설 無의 음독은 [む][ぶ], 料의 음독은 [りょう]인데 無料는 [むりょう]로 읽는다.
　　 送料(そうりょう)
　　 内科(ないか)

04.
문제 서점으로 영어 교재를 사러 간다.
정답 3) 教材(きょうざい) 교재
해설 教의 음독은 [きょう], 材의 음독은 [ざい]이다.

05.
문제 회의자료 20부를 복사해 주세요.
정답 4) 部(ぶ) 부
해설 部의 음독은 [ぶ]이다.

06.
문제 외국 서점에서 의학 책을 샀다.
정답 2) 医学(いがく) 의학
해설 医의 음독은 [い], 学의 음독은 [がく]이다.
　　 医者(いしゃ)

07.
문제 도장은 두 번째 서랍에 들어 있어.
정답 3) 印鑑(いんかん) 도장
해설 印의 음독은 [いん], 鑑의 음독은 [かん]이다.

08.
문제 오늘은 추우니까 겉옷을 하나 더 입고 가요.
정답 1) 上着(うわぎ) 겉옷
해설 上의 훈독은 [うえ][うわ], 着의 훈독은 [き]인데 복합어가 되어 [うえ]가 [うわ]로 음전화가 되었고 [き]는 탁음이 붙어 [ぎ]가 되어 [うわぎ]로 읽는다.

問題2
____ 친 낱말을 한자로 옮긴 것으로 알맞은 것을 1,2,3,4 중에서 하나 고르시오.

09.
문제 이 공원은 녹엽이 적다.
정답 1) [みどり] 緑
해설 [みどり]는 緑로 쓴다.
　　　2) 縁[えん] : 인연　　3) 録[ろく] : 기록한 것
　　　4) 禄[ろく] : 급여

10.
문제 인터넷은 빠르고 편리합니다.
정답 3) [べんり] 便利
해설 [べんり]는 便利로 쓴다.
　　　1) 更[こう] 利[げう]　2) 便[べん]科[か] 과목과
　　　　便(べん・びん たより) ∗船便(ふなびん)
　　　4) 便所[べんじょ] 화장실

11.
문제 신세 진 사람한테 사례(감사) 엽서를 썼다.
정답 2) [おれい] お礼 사례, 감사
해설 1) 札[さつ] 편지 찰
　　　3) 例[れい] 법식 례
　　　4) 折[せつ] 꺾을 절

12.
문제 운동했기 때문에 땀을 많이 흘렸다.
정답 2) [あせ] 汗
해설 1) 汁 じゅう しる 즙 즙
　　　3) 干 かん 방패 간
　　　4) 涙 るい 눈물 루

13.
문제 1월 1일은 설날입니다.
정답 3) [がんたん] 元旦
해설 1) 元日 がんじつ 설날
　　　2) 亘 こう 뻗칠 긍
　　　4) 恒 こう 항상 항
　　　定規(じょうぎ)　　物差(ものさし)

14.
문제 동경은 지하철이 많아서 어렵습니다.
정답 1) [ちかてつ] 地下鉄
해설 2) 他 た 다를 타
　　　3) 失 しつ 잃을 실
　　　4) 価 か 값가
　　　授業料(じゅぎょうりょう)수업료

問題3
( )에 들어갈 낱말로 알맞은 것을 1,2,3,4 중에서 하나 고르시오.

15.
문제 차를 타면 반드시 (안전벨트)를 맵시다.
정답 2) シートベルト 안전벨트
해설 1) サイドミラー 사이드미러
　　　3) セール 세일
　　　4) コンセント 콘센트

16.
문제 어제 온 메일을 다나카씨한테 (전송)하겠습니다.
정답 4) 転送 전송
해설 1) 受信 수신　　2) 作成 작성　　3) 削除 삭제

17.
문제 사토씨는 대학에서 경제학을 (전공)하고 있다.
정답 2) 専攻 전공
해설 1) 留学 유학　　3) 専門 전문　　4) 希望 희망

18.
문제 신용카드의 (유효기간)이 끝날 것 같다.
정답 3) 有効期限 유효기간
해설 1) 日時(にちじ) 일시
　　　2) 料金(りょうきん) 요금
　　　3) 有効期限(ゆうこうきげん) 유효기간
　　　4) 代金(だいきん) 대금

19.
문제 머리가 아픈 것은 감기 (증상)의 하나입니다.
정답 1) 症状 증상
해설 2) 具合 ぐあい 형편, 상태
　　　3) 状態 じょうたい 상태
　　　4) 調子 ちょうし 상태, 컨디션

20.
문제 갑자기 일이 들어와서 영화 예약을 (취소)했다.
정답 4) キャンセル 취소, 캔슬
해설 1) チケット 티켓
　　　2) チェックイン 체크인
　　　3) クリーニング 크리닝

21.
문제 윤○○씨는 여러 가지를 알고 있다. 마치 걸어 다니는 (사전)이다.
정답 4) じびき 사전
해설 1) 足 발　2) 本 책　3) パソコン 퍼스널 컴퓨터

22.
문제 케이크는 매우 (칼로리)가 높습니다.
정답 2) カロリー 칼로리
해설 1) カーナビ 내비게이션
　　　3) レシート 영수증
　　　4) サラダ油 식용유

문제해설 日本語能力試驗 N3·N4 일본어능력시험

23.
- 문제: 오늘은 날씨가 아주 좋으니까 (빨래 감)을 말려야지.
- 정답: 1) 洗濯物 빨래 감
- 해설: 2) 洗剤 세제 3) 洗濯機 세탁기 4) 掃除機 청소기

24.
- 문제: 지난주 토요일에 남자친구 차로 (드라이브)하러 갔습니다.
- 정답: 3) ドライブ 드라이브
- 해설: 1) パンク 펑크
  2) ボンネット 본넷
  4) トランク 트렁크

25.
- 문제: 이 옷은 아주 (스마트)한 사람밖에 입을 수 없다고 생각한다.
- 정답: 3) スマート 스마트
- 해설: 1) スイート 스위트
  2) スパゲッティ 스파게티
  4) スマイル 스마일

問題4
_____ 와 비슷한 의미를 지닌 것을 1,2,3,4 중에서 하나 고르시오.

26.
- 문제: 이 종이의 크기를 자로 잰다.
- 정답: 4) ものさし 자
- 해설: 1) はさみ 가위
  2) はかり 저울
  3) マウス 마우스

27.
- 문제: 대학 수업료는 매년 비싸져서 큰일이다.
- 정답: 1) 学費 학비
- 해설: 2) 受験料 수험료
  3) 奨学金 장학금
  4) ボーナス 보너스

28.
- 문제: 이 게임의 룰(방식)은 복잡하다.
- 정답: 3) 難しい 어렵다
- 해설: 1) わかりやすい 알기 쉽다
  2) 単純だ 단순하다
  4) 有名じゃない 유명하지 않다

29.
- 문제: 이 교차로는 항상 정체가 심하다.
- 정답: 2) 混雑 혼잡
- 해설: 1) 混戦 혼전 3) 混乱 혼란 4) 混同 혼동
  交差点(こう-さてん) 교차점, 네거리
  渋滞(じゅう-たい) 정체

30.
- 문제: 앞 사람이 느려서 추월을 했다.
- 정답: 2) おそい 늦다
- 해설: 1) ブレーキをかける 브레이크를 밟다
  3) 速い 빠르다
  4) スピードを出す 스피드를 내다

問題5
다음 낱말의 사용방법으로 가장 알맞은 것을 1,2,3,4 중에서 하나 고르시오.

31.
- 문제: くせ 습관
- 정답: 3)
- 해설: 1) 추워지면 독감에 걸린다는 습관이나옵니다.
  けいこう(傾向) 경향
  2) 일본에서는 백중이라는 습관이있습니다.
  かんしゅう(慣習)
  3) 그는 항상 물건을 잃어버리는 버릇이있다
  4) 매일 습관을 씻는 편이 좋아요. くつ(靴)

32.
- 문제: 方面 방면
- 정답: 2)
- 해설: 1) 좌석의 방면을확인하지않고앉아있었더니다른사람이왔다.
  2) 여름방학에는 교토 오사카 방면으로놀러갈예정입니다.
  3) 여기까지 방면을사용해서왔습니다.
  4) 나는 라면과 함께 방면을먹습니다.

33.
- 문제: 勘定 계산
- 정답: 1)
- 해설: 1) 죄송합니다. 계산을 부탁드립니다.
  2) 여기는 계산하지 않습니까?
  3) 다나카씨는 집에 돌아갈 때 계산을 타고 돌아간다.
  4) 매달 계산은 어느 정도 듭니까?

34.
- 문제: キッチン 부엌
- 정답: 4)
- 해설: 1) 벽에 부엌이 걸려 있습니다.
  2) 내 남자 친구는 부엌에서 알바를 하고 있습니다.
  3) 퍼스널 컴퓨터에 부엌을 설치해 주세요.
  4) 언니는 지금 부엌에서 요리를 하고 있습니다.

35.
- 문제: 味見 맛을 봄

정답 2)
해설 1) 신입사원은 항상 맛을 보고 오기 때문에 곤란하다.
2) 있잖아 너 맛 좀 봐 줄래?
3) 가게에서 맛봄이라는 조미료를 사 왔다.
4) 여행을 갈 때에는 반드시 맛보는 걸 가져가는 게 좋다.

독해·문법

問題1
다음 문장의 (   ) 안에 들어갈 답으로 알맞은 것을 하나 고르시오.

01.
문제 주말에 친구와 영화를 보러 가(기로) 했습니다.
   1) 기로   2) 것을   3) 는데   4) 것이
정답 1)

02.
문제 그녀가 말하는 것은 (마치)아나운서 같다.
   1) 설마 2) 정말로 3) 마치 4) 매우
정답 3)

03.
문제 목이 아파서 병원에 (갔더니), 독감에 걸렸다고 했다.
   1) 가려는 참에   2) 갔더니
   3) 비문   4) 가지 않는 참
정답 2)

04.
문제 부장님은 지금 회의에 참석 중이라 자리에 없을 (것이다).
   1) 예정이다   2) (없어야)한다
   3) 것이다   4) 것이다
정답 4)
해설 1) 예정이다
3) 것이다(과거의 경험에 비추어 당연히 그래야 한다)
4) 것이다(추측, 이유, 도리)

05.
문제 A :「가구 매장은 어디입니까?」
    B :「7 층에 (있습니다)」
   1) 있습니다   2) 계십니다
   3) 있습니다   4) 있었습니다
정답 3)

06.
문제 당신 나라의 이야기를 (들려주세요).
   1) 들려주세요   2) 비문
   3) 비문   4) 비문
정답 1)

07.
문제 A :「주말여행에 대해 (말했나)?」
    B :「아니, 못 들었는데.」
   1) 말합시다   2) 말했습니다
   3) 말했어   4) 말했나
정답 4)
해설 4) 말했던가?(잊었던 일이나 분명하지 않은 일을 묻거나 확인함, 회상), 말했나?

08.
문제 차를 태워 주신 (덕분에), 약속시간에 댈 수 있었습니다.
   1) 탓에   2) 덕분에   3) 대신에   4) 때문에
정답 2)

09.
문제 퍼스널 컴퓨터가 고장 나서 레포트를 손으로 쓸 (수밖에 없다).
   1) 것인가   2) 것인가
   3) 수밖에 없다   4) 일은 없다
정답 3)
해설 1) ~ㄹ까보냐, ~ㄹ쏘냐, ~랴
(강한 부정을 반어적으로 표현)
2) 것인가(~ㄹ 법이나 한 일인가)
3) 밖에 없다
4) 일은 없다(~는 법은 없다·~라는 법은 없다, 당연, 습관의 의미)

10.
문제 그녀는 목욕을 한 (김에) 와이셔츠도 빨았다.
   1) 김에   2) 참   3) 뿐   4) 대로
정답 1)

11.
문제 제 아들은 야구와 축구를 보는 (걸) 아주 좋아합니다.
   1) 는데   2) 것   3) 때문에   4) 는데
정답 2)

12.
문제 커피가 식기(전에) 어서 드세요.
   1) 참에   2) 밖에   3) 만큼   4) 전에
정답 4)

13.
문제 공부하라(고) 하면 공부하기 싫어진다.
   1) 고   2) 의   3) 에   4) 니까
정답 1)

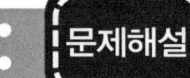

問題2

다음 문장의 ★ 에 들어갈 답으로 알맞은 것을 1,2,3,4중에서 하나 고르시오.

14.
문제 윤선생님한테 배우게 ★되어 비로소 일본어 공부가 재미있다.
1) 윤선생님한테 2) 비로소 3) 배우게 4) 되어
정답 4)

15.
문제 내일은 집에 있 ★기는 하지만 집 청소를 하지 않으면 안됩니다.
1) 있 2) 있지만 3) 기는 4) 집에
정답 3)

16.
문제 만일 일 년 후에 지구가 없어진다 ★고 하면 어떻게 하겠습니까?
1) 고 하면 2) 지구가
3) 어떻게 4) 없어진다
정답 1)
해설 1) -としたら -라고 한다면 2) ちきゅうが 지구가
3) どう 어떻게 4) なくなる 없어진다

17.
문제 설령 가족들이 반대 ★해도 일본으로 유학갈 겁니다.
1) 가족들이 2) 해도
3) 일본으로 4) 반대
정답 2)
해설 1) 家族(かぞく)に 가족에게 4) 反対(はんたい) 반대

18.
문제 갑자기 비가 온 ★탓에 세탁한 것이 젖어 버렸습니다.
1) 것이 2) 세탁한 3) 젖어 4) 탓에
정답 4)

問題3

다음 문장을 읽고 19에서 23안에 들어갈 답으로 알맞은 것을 1,2,3,4 중에서 하나 고르시오.

해설 편의점에서 자주 물건을 사 19 게 되었다. 슈퍼로 물건 사러 가는데 20 비해 즐겁게 물건을 살 수 있다. 24시간, 언제나 도시락과 주스, 차 등을 살 수 있고, 21 게다가 공공요금도 지불할 수 있다. 최근에 집 근처에 있는 편의점에 밤늦게 아이를 데리고 오는 부모의 모습을 자주 22 보게 되었다. 아이가 밤에 자지 않는 것은 자주 있는 일이다. 하지만 편의점에 오는 것은 별로 좋지 않다고 생각한다. 23 왜냐하면 아이에게 자는 것은 어른보다도 중요한 일이기 때문이다.

19.
문제 1) 때무에 2) 게 3) 때문에 4) 기로
정답 2)

20.
문제 1) 비해 2) 얽혀 3) 대해 4) 있어
정답 1)
해설 2) からめる(絡める) 감다, 얽다
3) -について -대해 4) -にとって -있어

21.
문제 1) 때문에 2) 매우 3) 게다가 4) 그 때문에
정답 3)
해설 公共料金(こうきょうりょうきん) 공공 요금

22.
문제 1) 보았기 때문에 2) 보게 3) 본 것 4) 보아도
정답 2)
해설 最近(さいきん) 최근 近所(きんじょ) 근처
つれてくる 데려오다 親(おや) 부모
姿(すがた) 모습

23.
문제 1) 왜 2) 하면서 3) 왜 4) 왜냐하면
정답 4)
해설 大人(おとな) 어른 大切(たいせつ) 중요함

■ 청해

問題1

문제1에서는 먼저 질문을 들으세요. 그런 다음, 대화를 듣고 보기의 1부터 4 중에서 가장 가장 알맞은 것을 하나 고르시오.

01.
해석 남 : 이 생선, 4마리에 400엔이에요. 사모님, 어떻습니까?
여 : 글쎄요. 우리 가족은 세 명이니까 3마리면 300엔이지요. 여기 300엔
남 : 사모님, 이거 한 마리면 150엔이에요. 4마리면 400엔으로 200엔 할인이 되는 거에요. 4마리 어때요?
여 : 어떻게 할까. 역시 4마리는 많아요. 한 마리에 120엔으로 깎아 주지 않을래요?
남 : 으-응. 할 수 없네요. 알겠습니다. 한 마리 120엔으로 하지요.
여 : 고마워요. 그럼 나머지 60엔이네요.

남 : 예. 매번 감사합니다.
문제 가게 사람과 여자가 이야기를 하고 있습니다. 여자는 전부해서 얼마를 냈습니까?
1) 60엔   2) 150엔   3) 360엔   4) 400엔
정답 3)

問題2
문제2에서는 먼저 질문을 들으세요. 그런 다음, 대화를 듣고 보기의 1부터 4중에서 가장 알맞은 것을 하나 고르시오.

02.
해석 남 : 그 모자 아주 귀엽네.
여 : 응. 지난주에 언니가 이 옷이랑 함께 사 주었어.
남 : 그렇구나. 잘 됐네. 근데 오늘은 왠지 기분 좋아 보이는데. 무슨 일 있었어?
여 : 그래? 실은 말야 남편한테 가방을 선물로 받았어. 아주 가볍고 편리한데다 크기도 딱이야. 보통 때는 휴대전화랑 지갑만 가지고 다니는 적이 많으니까.
남 : 그래. 잘 됐네.
문제 남자와 여자가 대화를 하고 있습니다. 여자는 왜 기뻐하는 것 같습니까?
1) 남자 친구한테 모자가 귀엽다는 말을 들어서.
2) 남편한테 가방을 선물 받아서.
3) 언니가 모자와 옷을 사 주어서.
4) 보통 때 휴대전화와 지갑만 가지고 다니니까.
정답 2)

問題3
문제 3에서는 문제용지에 인쇄된 내용이 없습니다. 먼저 대화를 들으세요. 그런 다음, 질문을 듣고 알맞은 답을 1부터 4중에서 하나 고르시오.

03.
해석 남 : 모처럼만의 여름휴가이니까 어딘가 놀러가고 싶네.
여 : 그렇네. 나도 어딘가 놀러가고 싶네.
남 : 그래. 이번 휴가 때 함께 신칸센을 타고 여행이라도 가지 않을래? 오사카나 히로시마.
여 : 그래. 어느 쪽 하나만도 괜찮지만 양쪽 다 가보고 싶네.
남 : 응, 그렇네. 그렇지만 양쪽은 무리니까 오사카는 어때?
여 : 좋아. 알았어. 그러면 오사카로 가자.

문제 남자와 여자가 이야기하고 있습니다. 둘은 어디로 놀러 갑니까?
1) 아무데도 안갑니다.
2) 오사카와 히로시마로 갑니다.
3) 히로시마로 갑니다.
4) 오사카로 갑니다.
정답 4)

問題4
문제4에서는 그림을 보면서 질문을 들으세요. 그런 다음, 알맞은 답을 1에서 3중에서 하나 고르시오.

04.
문제 남 : 퍼스널컴퓨터가 고장 났습니다. 뭐라고 합니까?
1) 퍼스널컴퓨터를 켜도 됩니까?
2) 퍼스널컴퓨터를 사도 됩니까?
3) 퍼스널컴퓨터가 작동하지 않습니다만.
정답 3)

問題5
문제5에서는 문제용지에 인쇄된 내용이 없습니다. 먼저 문제를 들으세요. 그런 다음, 문제의 답으로 알맞은 것을 1부터 3중에서 하나 고르시오.

05.
문제 남 : 그 여자 전부터 저렇게 예뻤나?
1) 남자친구가 생겼대.
2) 남자친구와 헤어졌대.
3) 남자친구와 싸웠대.
정답 1)

03

실전테스트

문자 · 어휘

問題1
_____ 친 낱말의 읽는 방법으로 알맞은 것을 1,2,3,4 중에서 하나 고르시오.

01.
문제 관계자 이외의 <u>주차</u>를 사절합니다.

日本語能力試験 N3·N4 일본어능력시험

정답 4) 駐車(ちゅうしゃ) 주차
해설 駐의 음독은 [ちゅう], 車의 음독은 [しゃ]이다.

02.
문제 어젯밤에 진도4의 지진이 발생했다.
정답 1) 震度(しんど) 진도
해설 震의 음독은 [しん], 度의 음독은 [ど]이다.

03.
문제 죄송하지만 차를 빌딩 뒤로 이동시켜 주세요.
정답 3) 移動(いどう) 이동
해설 移의 음독은 [い], 動의 음독은 [どう]이다.

04.
문제 친척 아저씨는 이 산 깊숙이에 살고 있었습니다.
정답 2) 奥(おく) 속, 깊숙한 안쪽
해설 奥의 훈독은 [おく]이다.

05.
문제 내 여동생의 취미는 승마입니다.
정답 1) 乗馬(じょうば) 승마
해설 乗의 음독은 [じょう], 馬의 음독은 [ば]이다.
[のり]와 [うま]는 乗와 馬의 훈독임.

06.
문제 우리 아들은 내년에 미국으로 유학 갈 예정이다.
정답 3) 米国(べいこく) 미국
해설 米의 음독은 [まい][べい], 国의 음독은 [こく]인데 米国[べいこく]로 읽는다.

07.
문제 너무 남한테 거짓말만 하면 신용을 잃어.
정답 2) 信用(しんよう) 신용
해설 信의 음독은 [しん], 用의 음독은 [よう]다.

08.
문제 사장님은 매일 자기 차가 아니라 버스로 통근하고 있다고 한다.
정답 4) 通勤(つうきん) 통근
해설 通의 음독은 [つう], 勤의 음독은 [きん]이다.

問題2
___ 친 낱말을 한자로 옮긴 것으로 알맞은 것을 1,2,3,4 중에서 하나 고르시오.

09.
문제 IT를 일본어로는 정보기술이라고 합니다.
정답 3) [じょうほう] 情報
해설 1) 状(じょう): 형상 상   2) 方(ほう): 본뜰 방
4) 青(せい·しょう): 푸를 청

10.
문제 일본의 특급열차는 지정석과 자유석으로 나누어져 있다.

정답 1) [してい] 指定
해설 2) 宿(しゅく): 잘 숙   3) 旨(し): 뜻 지
4) 詣(けい): 이를 예(이르다, 나아가다)

11.
문제 그렇게 아프면 빨리 치과에 가는 편이 좋다.
정답 2) [はいしゃ] 歯医者
해설 4) 廃車(はいしゃ) 폐차

12.
문제 한국은 해외로 차를 많이 수출하고 있다.
정답 3) [ゆしゅつ] 輸出
해설 1) 輪(りん):바퀴 륜   2) 愉(ゆ): 즐거울 유
4) 遊(ゆ·ゆう): 놀 유

13.
문제 쓰레기는 정해진 쓰레기봉투에 담아서 버려 주세요.
정답 1) [ぶくろ] 袋
해설 2) 製(せい): 지을 제   3) 装(そう): 치장할 장
4) 岱(たい): 클 대

14.
문제 다음 주에 이 공항에 신형 비행기가 올 예정입니다.
정답 4) [しんがた] 新型
해설 1) 親(しん): 친할 친   2) 形(けい·ぎょう): 모양 형
3) 薪(しん): 땔나무

問題3
( )에 들어갈 낱말로 알맞은 것을 1,2,3,4 중에서 하나 고르시오.

15.
문제 해외에 살면 일본으로 돌아갈 비행기 (삯)이 제일 많이 든다.
정답 1) 運賃(うんちん) 운임
해설 2) 運転(うんてん) 운전   3) 運動(うんどう) 운동

16.
문제 더운 날에는 (에어컨)을 사용하지 않으면 병에 걸린다.
정답 3) エアコン 에어컨
해설 1) ヒーター 히터
2) ウール 울
4) ドライヤー 드라이어

17.
문제 이 가방은 인터넷 (경매)에서 싸게 샀어.
정답 2) オークション 옥션, 경매
해설 1) オフィス 사무실
3) サイズ 사이즈
4) コンビニ 편의점

18.
문제 그녀가 앞치마를 입은 모습은 마치 (주부)같다.

정답 4) 主婦(しゅふ) 주부
해설 1) 夫(ふ) 지아비 부   2) 帰(き) 돌아갈 귀
     3) 娘(じょう) 계집 낭

19.
문제 슬슬 (수염)이 자라기 시작했다. 깎지 않으면 안된다.
정답 3) ひげ 수염
해설 1) まゆげ 눈썹   2) ひたい 이마
     4) まぶた 눈꺼풀

20.
문제 예쁘고 멋진 반지를 (끼었네)요.
정답 1) 끼었다
해설 2) かぶっている 썼다
     3) ついている 붙였다
     4) はいている 신고 있다

21.
문제 역으로 친척 아이를 (배웅)하러 나간다.
정답 4) 見送(みおく)り 배웅하러
해설 1) 迎(むか)え 마중   2) 見下(みお)ろし 내려다봄

22.
문제 요전의 연회는 그가 온 덕에 아주 (고조되었다).
정답 2) もり上がる 고조되다. 부풀어오르다.
해설 さわぐ: 떠들다, 떠들썩거리다

23.
문제 요전에 이사한 방은 북(향)이라 매우 춥다.
정답 3) 向き: 방향, 방면
해설 1) 建(た)て: 층수
     2) 攻(せ)め: 공격, 공세
     4) 沿(そ)い: …을 따라서

24.
문제 야마다씨는 인터넷에서 (블로그)를 쓰고 있어서 아주 유명합니다.
정답 1) ブログ 블로그

25.
문제 요전에 5만엔 짜리 옷을 (바겐세일)에서 5000엔에 샀다.
정답 2) バーゲン: 「バーゲンセール」의 준말.

問題4
_____와 비슷한 의미를 지닌 것을 1,2,3,4 중에서 하나 고르시오.

26.
문제 A: 「산에 오르는 일이 있습니까?」
     B: 「예, 가끔 갑니다.」
정답 3) ときどき: 가끔, 때때로

해설 1) よく: 자주   2) たいてい: 대개
     3) たまに: 가끔   4) けっこう: 꽤

27.
문제 회사 면접에서는 너무 긴장한 나머지 제대로 대답하지 못했어.
정답 1) あがる: 오르다, 긴장하다
해설 2) ほっとして: 안도해서
     3) 落ち着いて: 안정되어서
     4) 急いで: 서둘러서

28.
문제 요전에 읽은 소설은 전혀 재미없었다.
정답 2) くだらなかった: 시시했다
해설 1) わらえる: 절로 웃어지다
     2) くだらない: 시시하다, 하찮다
     3) でたらめだ: 엉터리다, 되는 대로 한다
     4) かなしい: 슬프다

29.
문제 공사현장의 일은 힘들다.
정답 3) つらい: 괴롭다. 고통스럽다
해설 1) むずかしい: 어렵다   2) 樂だ: 편하다
     4) 悲しい: 슬프다

30.
문제 자전거를 탈 때는 차와 사람한테 주의하자.
정답 4) 気をつける: 조심하다, 주의하다
해설 1) 気に入る: 마음에 들다
     2) がまんする: 참다
     3) ついている: 달리다

問題5
다음 낱말의 사용방법으로 가장 알맞은 것을 1,2,3,4 중에서 하나 고르시오.

31.
문제 にこにこ 싱글벙글
정답 2)
해설 1) 전화를 받을 때 싱글벙글 말합니다.
     2) 남자친구는 항상 내 얼굴을 보면서 싱글벙글 웃고 있다.
     3) 퍼스널 컴퓨터 사용 방법이 싱글벙글 모르겠다.
     4) 강아지를 싱글벙글 안았다.
     にこにこ: 싱글벙글, 생글생글

32.
문제 はで 화려
정답 1)
해설 1) 옆방 사람은 항상 화려한 옷을 입고 있다.

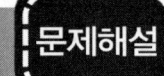

日本語能力試験 N3・N4 일본어능력시험

2) 저는 일본 젊은이들의 최신의 <u>화려함</u>을 알고 싶다.
3) 바지를 입을 때는 <u>화려함</u>을 반드시 한다.
4) <u>화려함</u>은 타지 않는 쓰레기에 버립시다.
燃(も)える : 타다, 피어오르다

33.
문제 <u>大したことがない</u> 별일 없다
정답 2)
해설 1) 지난주 토요일에 <u>별다를 게 없는</u> 요리를 먹으로 갔다.
2) 사고를 당했지만 <u>별일이 없어서</u> 다행이다.
3) 백화점에서 <u>별거 없는</u> 걸 하고 있어서 스웨터를 샀다.
4) 나는 <u>별다른 게 없는</u> 사람이 좋습니다.
大(たい)した: 대단한, 굉장한, 엄청난, 놀랄 만한, 〈뒤에 否定語가 따르며〉별, 이렇다 할, 큰
事故(じこ)にあう: 사고를 당하다

34.
문제 <u>くださる</u> 주시다
정답 3)
해설 1) 이것은 선생님께 <u>주신</u> 사전입니다.
2) 근처 어린이가 과자를 <u>주셨습니다</u>.
3) 과장님이 시계를 <u>주셨습니다</u>.
4) 저는 아버지한테 선물을 <u>주셨습니다</u>.
近所(きんじょ):근처   おかし:과자
課長(かちょう):과장님
時計(とけい):시계   お土産(みやげ): (여행)선물

35.
문제 <u>バランス</u> 균형, 밸런스
정답 4)
해설 1) 이 방은 <u>균형</u>이 잡혀서 따뜻하군요.
2) 생선의 <u>균형</u>을 저울로 잽시다.
3) 여동생은 <u>균형</u>이 높은 식품만 먹고 있다.
4) 어머니는 가족의 영양 <u>밸런스</u>를 생각해서 요리를 하고 있다.
バランスがきく:균형이 잡히다   さかな:생선
はかり:저울   はかる:재다
食品(しょくひん):식품   栄養(えいよう):영양

■ **독해 · 문법**

問題1
다음 문장의 ( ) 안에 들어갈 답으로 알맞은 것을 하나 고르시오.

01.
문제 이 생선은 뼈(까지) 먹을 수 있어요.
1) にも(에도)   2) と(와)
3) まで(까지)   4) から(때문에)
정답 3)
해설 ほね:뼈

02.
문제 A:「벌써 돌아가니?」
B:「오늘 만큼은 빨리 (돌아가지 않으면) 아내가 화 내요.」
1) かえると(돌아가면)
2) かえったら(돌아가면)
3) かえるから(돌아가니까)
4) かえらないと(돌아가지 않으면)
정답 4)
해설 妻(つま):아내, 처   怒(おこ)る:화내다

03.
문제 더 넓은 집을 (살 수 있었으면).
1) かえたらなあ(살 수 있었으면)
2) かめたらなあ(씹을 수 있었으면)
3) きめたらなあ(정할 수 있었으면)
4) みえたらなあ(볼 수 있었으면)
정답 1)
해설 もっと:더 住(す)まい:거주함, 사는 곳, 집

04.
문제 아버지의 목에서 어깨(에 걸쳐) 굳어 있어서 마사지를 해 드렸다.
1) にまで(에 까지)   2) にかけて(에 걸쳐)
3) にかいて(에 사서) 4) において(에 있어서)
정답 2)
해설 首(くび):목, 머리
かた:어깨 こる:굳다, 뻐근하다, 얼다

05.
문제 올 여름에는 렌터카를 빌려서 규슈 여행을(하려고 생각한다).
1) せようとおもう(하려고 생각한다)
2) せるつもりだ(할 생각이다)
3) しようとおもう(하려고 생각한다)
4) している(하고 있다)
정답 3)
해설 かりる:빌리다

06.
문제 친구한테 주의를 듣고 (나서야 비로소) 속담이 틀렸다는 걸 알았다.
1) さいごに(맨 마지막에)

2) おわりに(끝에)
　　　3) も(도)
　　　4) はじめて(나서야 비로소)
정답　4)
해설　注意(ちゅうい):주의　ことわざ:속담
　　　まちがい:틀림, 잘못됨, 실수, 과실
　　　きがつく:그것에 생각이 미치다, 의식을 회복하다,
　　　　　　　　정신이 들다

07.
문제　가격이 비싼 것이 (반드시) 좋은 것이라고는 할 수 없다.
　　　1) かならずしも(반드시[꼭 …라고는 (할 수 없다])
　　　2) かならず(반드시)
　　　3) もしかしたら(어쩌면)
　　　4) もしもだと(가령, 혹)
정답　1)
해설　ねだん:가격
　　　かぎらない(반드시)…라고는 할 수 없다

08.
문제　일본사람처럼 말할 수 있다면 (얼마나) 좋을까.
　　　1) どれが(어느 것)　2) どこまで(어디까지)
　　　3) どんなに(얼마나)　4) どうまで(x)
정답　3)
해설　うれしい:기쁘다

09.
문제　가져올 (거 없습니다). 메일로 보내 주세요.
　　　1) ことがありません (x)
　　　2) ことはありません (거 없습니다)
　　　3) ことがいません (x)
　　　4) ことはいません (x)
정답　2)
해설　送(おく)る:보내다

10.
문제　A :「당신은 그녀가 좋아해 주길 바라니? (아니면) 싫어해 주길 바라니?」
　　　B :「아니, 좋아해 주길 바라서 하고 있는데.」
　　　1) それと(그것과)　2) それから(그리고)
　　　3) それは(그것은)　4) それとも(그렇지 않으면)
정답　4)
해설　嫌(きら)う: 싫어하다

11.
문제　지금까지와는 다른 (정말로) 새 홈페이지를 만들었다.
　　　1) けっして(결코)　2) すこしも(조금도)
　　　3) まったく(정말로)　4) めった に(좀처럼)
정답　3)

해설　ちがう: 다르다, 상이하다　つくる:만들다
12.
문제　저녁에는 퍼스널컴퓨터를 켠 (채로) 자 버렸는데 정신이 들어 보니 아침이었다.
　　　1) まま(채로)　　2) きり(뿐, 만)
　　　3) ぱなし( )　　4) と(면)
정답　1)
해설　夕(ゆう)べ:저녁(때)
　　　~をつける:~를 켜다　気がつく:정신이 들(나)다

13.
문제　월말이 될 때 (마다) 휴대전화 통화요금 청구서가 온다.
　　　1) ついでに(~하는 김에)　2) たびに(~마다)
　　　3) さいちゅうに(한창~중에)　4) とたん(하자마자)
정답　2)
해설　携帯電話(けいたいでんわ):휴대전화
　　　通話料金(つうわりょうきん):통화요금
　　　請求書(せいきゅうしょ):청구서
　　　届(とど)く:닿다, 도달하다

問題2
다음 문장의 ＿★＿에 들어갈 답으로 알맞은 것을 1,2,3,4중에서 하나 고르시오.

14.
문제　예전에는 어머니한테 자주 야단맞 ★곤 하였는데 지금은 아버지한테 자주 야단맞습니다.
정답　4)
해설　しかる:야단치다

15.
문제　집에 돌아가면 바로 텔레비전의 ★전원을 켜지않 고는 있을 수 없다.
정답　1)
해설　でんげんを入れる: 전원을 켜다

16.
문제　아저씨는 다른 사람의 몇 배나 노력했다. ★그 결과 대단한 부자가 되었다.
정답　2)
해설　おじ:아저씨　　　　人(ひと):남
　　　何倍(なんばい):몇 배　努力(どりょく):노력
　　　お金持(かねもち):부자　結果(けっか):결과
　　　たいへんな:대단한

17.
문제　이 작가의 사인회는 거의 여성 ★만 있네요.
정답　3)

해설 作家(さっか):작가 ほとんど:거의
ばかり:만 女性(じょせい):여성

18.
문제 다이어트를 하고 있어서 맥주를 마시지 않을 ★생각이었는데 그만 마셔 버렸다.
정답 2)
해설 つい:그만

問題3
다음 문장을 읽고 19에서 23안에 들어갈 답으로 알맞은 것을 1,2,3,4 중에서 하나 고르시오.

해석 우리 집에는 개가 두 마리 있다. 개19 라고 하면 뒷치닥거리가 힘들다고 하는 사람도 있지만 20 그런 일은 없다. 개도 어린아이와 마찬가지로「안돼」라고 주의를 주면 바로 그만두고 부르면 좋아서 달려온다. 개는 엄하게 하지 않으면 안된다고 하는 사람이 있는데 개도 4살짜리 아이와 마찬가지 21 인 것 같다. 아이라도 나쁜 짓을 하면 화내지 않으면 안되지만 언제나 22 화만 낸다는 것은 좋지 않다. 개도 마찬 23 가지로 항상 화를 내면 스트레스가 쌓일 것이다.

해설 世話(せわ)をする: 돌보다 だめ:허사임, 소용없음
やめる: 그만두다 よろこぶ:기뻐하다
走(はし)る:달리다 きびしい : 엄(격)하다
悪(わる)いことをする:나쁜 짓을 하다
たまる:모이다

19.
정답 3)
해설 2) というより: ~라고 하기 보다
4) によれば: ~에 의하면

20.
정답 4)
해설 1) そうだろうとおもう: 그럴 거라고 생각한다
2) そのとおりだ: (말)그대로다
3) そうかもしれない: 그럴지도 모른다

21.
정답 2)
해설 1) ことにする:~기로 한다
3) おもわれる:생각된다
4) わけがない:~리가 없다

22.
정답 1)
해설 2) おこりばかり: 화만 내다
*수동표현 사용

23.
정답 3)

해설 1) だから: 때문에 2) だけに: ~인만큼
4) つつ: ~면서

■ 청해

問題1
문제1에서는 먼저 질문을 들으세요. 그런 다음, 대화를 듣고 보기의 1부터 4중에서 가장 알맞은 것을 하나 고르시오.

01.
해석 여 : 내일은 영어와 컴퓨터 수업이 있었지. 영어는 교과서와 사전 컴퓨터 수업은 아무것도 필요 없었지. 아 그렇지. 도서관에서 빌려온 책을 반납해야지. 반납일로부터 3일이나 지나서 서둘러 반납해야해. 잊지 않도록 가방에 넣어 두어야 해. 어디 가방 안에 우산과 잡지가 들어있네. 이건 필요없지.
문제 여자가 이야기하고 있습니다. 내일 학교에 무엇을 가지고 갑니까?
1) 컴퓨터 2) 영어 교과서
3) 우산 4) 잡지
정답 2)

問題2
문제2에서는 먼저 질문을 들으세요. 그리고 문제를 보세요. 읽는 시간이 주어집니다. 그런 다음, 대화를 듣고 문제용지의 1부터 4중에서 알맞은 답을 하나 고르시오.

02.
해석 남 : (빠)아, 여보세요, 이토입니다. 일전에는 문병 와 주셔서 감사했습니다. 그 답례를 하고 싶은데 사정이 좋은 날을 가르쳐 주시겠습니까? 아직 휴대전화가 고장 나서 못쓰기 때문에 이메일로 부탁드립니다. 그리고 일전에 우리 집에 잊고 가신 손수건을 가져가겠습니다. 그럼 연락기다리겠습니다. (빠)
문제 부재중 전화 메시지를 듣고 있습니다. 메시지를 들은 사람은 이제 무엇을 합니까?
1) 아무것도 하지 않는다.
2) 답례를 한다.
3) 메일을 보낸다.
4) 손수건을 가져간다.
정답 3)

問題3
문제3에서는 문제용지에 인쇄된 내용이 없습니다. 먼저 대화를 들으세요. 그런 다음, 질문을 듣고 알맞은 답을 1부터 4중에서 하나 고르시오.

03.
해석 남 : 무슨 일입니까? 기운이 전혀 없어 보이네요.
   여 : 일전에 감기에 걸려서. 그리고 일도 많고 피곤해서. 할 수만 있다면 회사를 쉬고 집에서 쭉 있고 싶은데.
   남 : 큰일이네. 그래도 회사에 가야지.
   여 : 가기는 가지만. 늘 에어컨 온도가 낮아서 그래서 감기가 낫지를 않아.
   남 : 꽤 춥지요.
   여 : 응. 아주.
문제 여자와 남자가 이야기하고 있습니다. 여자는 왜 회사에 가고 싶지 않다고 합니까?
   1) 기운이 없어서입니다.
   2) 감기에 걸려서입니다.
   3) 에어컨 온도가 낮아서입니다.
   4) 아주 피곤하기 때문입니다.
정답 2)

問題4
문제4에서는 그림을 보면서 질문을 들으세요. 그런 다음, 알맞은 답을 1에서 3중에서 하나 고르시오.

04.
문제 남 : 손님한테 주문을 받고 싶습니다. 뭐라고 합니까?
   1) 주문하실 것은 정해지셨습니까?
   2) 몇 분이십니까?
   3) 추천하시는 것은 무엇입니까?
정답 1)

問題5
문제5에서는 문제용지에 인쇄된 내용이 없습니다. 먼저 문제를 들으세요. 그런 다음, 문제의 답으로 알맞은 것을 1부터 3중에서 하나 고르시오.

05.
문제 남 : 죄송합니다. 과장님. 이 메일을 봐주시지 않겠습니까?
   1) 먼저 실례하겠습니다.
   2) 이 서류를 확인한 후라면 좋아요.
   3) 아무쪼록 개의치 마시고(편안히).
정답 2)

04

실전테스트

문자 · 어휘

問題1
_____ 친 낱말의 읽는 방법으로 알맞은 것을 1,2,3,4 중에서 하나 고르시오.

01.
문제 다양한 물건을 싸게 살 수 있는 것은 <u>소비자</u>에게 좋은 일이다.
정답 2)
해설 買(か)える : 買(か)う의 가능.
   消(しょう):사라질 소 費(ひ):쓸 비 者(しゃ):놈 자

02.
문제 일본에서는 태풍이 오면 <u>덧문</u>을 닫습니다.
정답 4)
해설 雨(う·あま·あめ): 비 우 大雨(たいう, おおあめ)
   戸(こ·と): 지게 호, 문, 문짝

03.
문제 은행에 돈을 저금하는 것을 <u>예금</u>이라고 한다.
정답 3)
해설 貯金(ちょきん): 저금
   預(よ·あずかる): 맡길 예/미리 예
   金(きん·こん): 성 김, 쇠 금

04.
문제 사이즈가 작으니까 큰 것으로 <u>교환</u>해주세요.
정답 1)
해설 交(こう): 사귈 교 換(かん·かえる·かわる): 바꿀 환

05.
문제 그의 도시락에는 늘 먹음직스러운 <u>계란말이</u>가 들어 있다.
정답 4)
해설 卵(らん·たまご): 알 란
   焼(やく·やける): 불사를 소, 태우다, 굽다
   焼(や)き : やく의 명사형. 구이
   ま(巻)き: 감음, 감은 것

06.
문제 일본어 테스트에 <u>대비</u>해 공부를 매일 하고 있습니다.
정답 3)
해설 1) そろ(揃)える: 고루[모두] 갖추다, 맞추다, 일치시키다
   2) むか(迎)える: 맞이하다, 맞아들이다

	3) 備(そな)える: 갖추다, 구비하다, 비치하다, 대비하다
	4) とな(唱)える: 외다, 외치다, 부르다

07.
문제 휴대폰의 <u>노약자석</u>에서의 사용은 자제해 주십시오.
정답 2)
해설 1) うんてんせき(運転席): 운전석
	2) ゆうせんせき(優先席): 노약자석(경로석, 우선석)
	4) よやくせき(予約席): 예약석

08.
문제 회의에 <u>늦어서</u> 죄송합니다.
정답 1)
해설 1) 遅(おく)れる: 늦다, 뒤떨어지다, 뒤지다
	3) おかれる: お(置)く의 수동. 놓다, 두다
	4) おそ(恐)れる: 무서워하다, 겁내다, 우려하다

問題2
_____ 친 낱말을 한자로 옮긴 것으로 알맞은 것을 1,2,3,4 중에서 하나 고르시오.

09.
문제 사진을 찍겠습니다. 여러분 <u>웃으세요</u>.
정답 3)
해설 写真(しゃしん)をとる : 사진을 찍다
	1) 芙(ふ・はす): 연꽃 부
	2) 笛(てき・ふえ): 피리 적
	3) 笑(わら)う: 웃다

10.
문제 <u>전문가</u>는 앞으로 세계경제가 좋아질 것으로 보고 있다.
정답 2)
해설 1) 博(はく): 넓을 박
	2) 専門家(せんもんか): 전문가
	3) 薄(はく・うすい): 엷을 박, 門(もん): 문 문
	4) 諮問(しもん): 자문

11.
문제 이번 일본 <u>수상</u>은 여성이래.
정답 4)
해설 2) 主唱(しゅしょう): 주창 3) 泪(なみだ) 눈물
	4) しゅしょう(首相): 수상

12.
문제 이 자리에서 <u>재차</u> 회의보고를 하겠습니다.
정답 1)
해설 1) 改(あらた)めて: 다른 기회에, 다시, 새삼스럽게
	2) 己(こ・き): 몸 기, じこ[自己] 자기,
		おのれ[己] 그 자신, 자기 자신

	3) 革(かく・かわ): 가죽 혁
	4) 忌(き・いむ・いまわしい): 꺼릴 기

13.
문제 선생님 연구실에 언제 <u>방문하면</u> 좋을까요?
정답 3)
해설 2) 向(こう・きょう・むこう): 향할 향
	3) 伺(うかが)う : 묻다・듣다의 겸사말
	4) 司(し・す) : 맡을 사

14.
문제 따님과 <u>교제</u>하게 해주세요.
정답 1)
해설 2) 祭(さい・まつり) : 제사 제
	3) 校(こう・きょう) : 학교 교

問題3
( )에 들어갈 낱말로 알맞은 것을 1,2,3,4 중에서 하나 고르시오.

15.
문제 새 휴대전화의 사용방법을 (전혀) 모르겠어.
정답 4)
해설 1) がっかり: 《副詞는「~と」의 꼴로도 씀》 실망[낙담] 하는 모양, 낙심하다, 맥풀리다
	2) うっかり: 《副詞는「~と」의 꼴로도 씀》 깜빡, 멍청 히, 무심코
	3) やっぱり: 역시
	4) さっぱり: 기분이 개운한 모양, 말쑥이, 산뜻이, 담 백한 모양, 깔끔히, 산뜻이

16.
문제 정씨는 (사치스러운) 생활을 보내고 있는 것 같다.
정답 2)
해설 2) ぜいたくな: 사치스러운 3) そっくりな: 꼭 닮은
	4) かなりな: 꽤, 제법, 상당히

17.
문제 이 부근에서 (수상한) 남자를 못 보셨습니까?
정답 2)
해설 2) あやしい(怪しい):불가사의하다, 신비스럽다, 이상 하다, 괴상하다

18.
문제 어제 신칸센 안에서 너랑 (똑같이) 생긴 사람이 옆에 앉았었어.
정답 3)
해설 1) はっきり:뚜렷이, 분명히, 틀림없이

2) しっかり:견고한 모양, 튼튼한 모양, 확실한 모양, 단단히, 똑똑히, 확실히
4) のんびり:한가롭고 평온한 모양, 유유히, 한가로이

19.
문제 오늘밤은 아주 (무더운) 밤이 되겠습니다.
정답 1)
해설 蒸(む)し暑(あつ)い:무덥다

20.
문제 귀찮(더라도) 숙제는 안하면 안 된다.
정답 4)
해설 面倒(めんどう)くさい : 귀찮다

21.
문제 선생님은 아이들에게 (무책임한) 교육을 해서는 안 된다.
정답 2)
해설 1) 純粋(じゅんすい)な : 순수한
2) 無責任(むせきにん)な : 무책임한
3) のんき : 성격이 낙관적이고 느긋함, 무사태평함
4) おとなしい : 얌전하다, 온순하다, 수수하다

22.
문제 그렇게 (시끄럽게) 굴면 옆 방 사람에게 폐가 된다.
정답 3)
해설 めいわくがかかる:폐가 되다, 누를 끼치다
1) にぎやかに:번화하게, 흥청거리게, 떠들썩하게, 왁자지껄하게
2) よっぱらい:술에 몹시 취한 사람, 취객(酔客), 술주정꾼
3) さわがしく:시끄럽게, 소란스럽게, 왁자지껄하게, 떠들썩하게
4) かんぱい:건배

23.
문제 옆 좌석 사람이 담배를 많이 피워서 너무 (거북했다).
정답 1)
해설 席(せき): 자리 석 タバコを吸(す)う: 담배를 피우다
けむたい : 매캐하다, 거북하다

24.
문제 할아버지께서는 일요일에 일본에서 가장 (험준한) 산에 올라갔다 왔다고 말씀하셨습니다.
정답 4)
해설 祖父(そふ): 조부 登(のぼ)る:오르다
1) たのしい(楽しい): 즐겁다, 재미있다
2) くわしい(詳しい): 상세하다, 자세하다
3) あやしい(怪しい): 불가사의하다, 신비스럽다
4) けわしい: 가파르다, 험하다, 위태롭다

25.
문제 (현명하게) 돈 쓰는 방법을 익히지 않으면 안 된다.
정답 2)
해설 使い方: 사용방식
おぼえ(覚え)る: 느끼다, 기억하다
1) わるい: 나쁘다 2) かしこい : 현명하다, 슬기롭다
3) おもしろい: 재미있다 4) かっこいい: 멋지다

問題4
_____와 비슷한 의미를 지닌 것을 1,2,3,4 중에서 하나 고르시오.

26.
문제 그가 하는 말은 전부 엉터리다. 나는 아무 것도 안 했다.
정답 4)
해설 でたらめ:엉터리, 되는 대로 함, 무책임함
1) うそつき:거짓말함, 거짓말쟁이
2) すなお:순진함, 순박함, 솔직함
3) ただしい(正しい):바르다, 곧다
4) いいかげん:알맞음, 적당함, 되는 대로임

27.
문제 요즘 바빠서 너무 힘들다.
정답 2)
해설 きつい : 힘들다
1) かなしい:슬프다
2) たいへんだ:큰일이다, 대단하다
3) がまんする:참다, 견디다
4) たのしい:즐겁다

28.
문제 피자에 치즈를 뿌릴까?
정답 1)
해설 2) つつむ:싸다, 두르다, 둘러싸다
3) しく:깔다
4) あたためる:데우다

29.
문제 오늘 아침은 드물게 도로가 텅비었다.
정답 3)
해설 めずらしい: 드물다, 희귀하다
きたな(汚)い: 더럽다, 불결하다, 지저분하다
おそ(遅)い: 느리다, 더디다
す(空)く: 비다, 공간이 생기다
こ(込)む: 들어차다, 붐비다

30.
문제 우리부부는 낭비를 줄이고 저금하도록 하고 있습니다.
정답 2)
해설 むだ : 보람이 없음, 쓸데없음, 헛됨

日本語能力試験 N3·N4 일본어능력시험

省(はぶ)く: 줄이다, 덜다, 간단히 하다, 생략하다
節約(せつやく): 절약
借(か)りる: 빌리다
貧乏(びんぼう): 빈핍, 가난

問題5
다음 낱말의 사용방법으로 가장 알맞은 것을 1,2,3,4 중에서 하나 고르시오.

31.
문제 ぶつ 때리다
정답 1) 아버지한테도 맞은 적이 없는데.
해설 昼休(ひるやすみ): 점심 식사 후의 휴식, 또는 그 시간
花柄(はながら): 꽃무늬

32.
문제 ワイパー 와이퍼
정답 3) 비가 내리기 시작해서 와이퍼를 작동시켰다.
해설 消(け)す: 끄다, 지우다
うがい: 입 안을 물로 가셔냄, 양치질
動(うご)かす: 움직이다, 옮기다
結婚式(けっこんしき): 결혼식, 혼례

33.
문제 したく 채비
정답 4) 서둘러 채비하지 않으면 학교에 늦어.
해설 しごと(仕事): 일, 작업, 업무, 직업
ちょうだい: 받음 얻음의 겸사말, 받아서 먹대마시대의 겸사말

34.
문제 けち 인색함
정답 2) 야마시타군은 너무 인색한 사람이라서 별로 만나고 싶지 않다.
해설 付(き)合う: 교제하다, 사귀다
やけど(火傷): 화상, 또는 그 상처
しつれい(失礼): 실례, 무례함, 예의 없음

35.
문제 こい 진하다
정답 1) 이 가게의 요리는 매우 맛이 진해서 맛이 없다.
해설 店(みせ): 가게   すごく: 대단히, 매우
味(あじ): 맛

■ 독해 · 문법

問題1
다음 문장의 ( ) 안에 들어갈 답으로 알맞은 것을 하나 고르시오.

01.
문제 요즘 아들이 (쓸쓸해하기) 때문에 오늘은 일찍 가겠습니다.
정답 2)
해설 さいきん(最近): 최근, 요즘   息子(むすこ): 아들

02.
문제 이 라면 비싼 (주제에) 맛도 없다.
정답 3)
해설 だけ: 정도를 나타냄, …만큼
~のわりに: ~에 비해서, ~치고는

03.
문제 이 신제품 디자인을 제가 돕(게 해)주세요.
정답 1)
해설 ~せる: 사역의 뜻을 나타냄. ~하게 하다, 시키다.
てつだ(手伝)う: (남의 일을)도와주다, 거들다
かけて: ~걸쳐서, ~에 관하여, ~대하여.
くら(比)べる: 비교하다, 비하다, 견주다

04.
문제 제게 이 전자 레인지의 카탈로그를 한 부 (주시겠습니까?)
정답 4)
해설 でんし(電子)レンジ: 전자레인지   カタログ: 카탈로그
いちぶ(一部): 한 부, 한 권

05.
문제 우리 할아버지는 나이에 (비해서) 젊어 보인다.
정답 2)
해설 2) わりには: ~비해서는
4) ついでに: ~하는 김에, ~하는 기회에

06.
문제 A:「저기, 괜찮다면 (단둘이서) 이야기하고 싶은데.」
    B:「괜찮아. 무슨 일이야.」
정답 1)
해설 ~きり: ~뿐, ~만.
1) ふたり(二人)っきり: 단둘이

07.
문제 그녀는 마치 엄마(처럼) 정말 친절하게 대해 준다.
정답 3)
해설 母(ぼ·も·はは): 어미 모
親(しん·おや·したしい·したしむ): 친할 친
~みたい: ~모양이다. ~것 같다. (불확실한, 또는 완곡한 단정을 나타냄)
やさしい: 친절하고 다정하다, 상냥하다

08.
문제 A:「박씨는 테스트성적이 안 좋았던 모양이야.」
    B:「그렇구나. 그래서 기운이 없었(구나.)」

정답 2)
해설 せいせき(成績) : 성적 わけ(だ) : 까닭, 사정, 이유

09.
문제 드디어 힘든 일이 끝났으니까 오늘은 (마셔야지.)
정답 4)
해설 じゃおう:~でしまおう의 구어체. ~해야지, ~하자와 같이 말하는 사람의 의지나 권유의 뜻을 나타낸다.
たいへん(大変)な : 대단함, 굉장함, 힘듦, 고생스러움

10.
문제 (어쩌면) 그 이야기는 굉장히 돈을 버는 이야기일지도 모른다.
정답 1)
해설 1) もしかすると : 어쩌면
2) まるで : 전혀(부정어가 따름),마치, 꼭, 흡사
3) もしも : もし의 힘줌말. 만약, 만일, 혹시
4) ~にしては : ~치고는

11.
문제 10시부터 체육관(에서) 대학 입학식을 하겠습니다.
정답 3)
해설 1) にとって:~로서, ~에게 있어서
2) によって:~의거하다, ~준하다, ~따르다
3) において:어떤 일이 이루어지는 장소, 시간을 나타냄. ~에 있어서, ~에서
4) にかぎって:~에 한해서, ~만은, ~따라

12.
문제 좀 더 방세가 (쌌으면).
정답 2)
해설 家(か·け·や·いえ):집 가 賃(ちん):품삯 임

13.
문제 이 내비게이션은 오래돼서 (수리하더라도) 금방 고장 날거야.
정답 4)
해설 しゅうり(修理) : 수리
こわ(壊)れる : 깨지다, 부서지다, 파손되다
カーナビ : 내비게이션

問題2
다음 문장의 ★ 에 들어갈 답으로 알맞은 것을 1,2,3,4중에서 하나 고르시오.

14.
문제 내일은 동경 에서 큐슈 ★에 걸쳐 많은 비가 내리겠습니다.
정답 4)
해설 にかけて : ~에 걸쳐
なつ(夏)からあき(秋)にかけて:여름부터 가을에 걸쳐
おおあめ(大雨) : 호우, 폭우 おおゆき(大雪)대설

15.
문제 잊으면 안 되니까 적어뒀는 ★데 그 종이를 잃어버렸다.
정답 4)
해설 ~とく:[~ておく의 준말] ~해 두다
書いとく: 적어 두다
お(落)とす:물건 등을(깜빡하고)잃다, 분실하다, 잃어 버리다

16.
문제 당신★에게 있어서 가장 소중한 사람은 누구입니까.
정답 3)
해설 にとって: ~에게 있어서
たいせつ(大切)な:중요함, 귀중함, 소중함

17.
문제 거기 ★있으면 방해 되니까 저쪽으로 가서 노세요.
정답 2)
해설 ~だから:그러니까, 그래서, 때문에
じゃま(邪魔):방해, 장애, 훼방 ~なさい:~(하)세요

18.
문제 의사가 천천히 잘 씹어 ★먹으라고 말했다.
정답 4)
해설 か(噛)む : 씹다, 깨물다 ~ように : ~하도록

問題3
다음 문장을 읽고 19에서 23안에 들어갈 답으로 알맞은 것을 1,2,3,4 중에서 하나 고르시오.

해석 할아버지께서는 길을 건너시다가 사고를 당한 적이 있다. 그 후로 할아버지께서는 19 반드시 신호가 있는 횡단보도로 건너게 20 하신다. 하지만, 신호가 노란불에서 빨간불로 바뀌었는데도 지나가는 자동차나, 파란불로 21 바뀌기도 전에 움직이는 등의 위험한 운전을 하는 사람들이 많다. 22 마치 뛰쳐나오는 고양이 같다. 차는 편리 23 하지만 위험한 교통수단이라는 것을 잊어서는 안 된다.

19.
정답 4)
해설 わた(渡)る:건너다, 건너오다(가다)
1) たぶん:아마, 대개, 거의
2) きっと:꼭, 반드시, 틀림없이

문제해설 日本語能力試験 N3・N4 일본어능력시험

　　　3) とても: 도저히, 아무래도
　　　4) かならず: 반드시, 꼭, 틀림없이
20.
정답　1)
해설　ようにする: ~하도록(하라고) 하다.
　　　ようになる: ~하게 되다
　　　わけにはいかない: ~할 수 없다
21.
정답　2)
해설　か(変)わる: 변하다, 바뀌다.
22.
정답　3)
해설　まるで: 전혀, 전혀 (부정어가 따름)
　　　まるで覚(おぼ)えがない: 전혀 기억에 없다.
23.
정답　2)
해설　べんり(便利): 편리
　　　だけど: [けれども] 의 준말. 그렇지만, 그러나

■ 청해

問題1
문제1에서는 먼저 질문을 들으세요. 그런 다음, 대화를 듣고 보기의 1부터 4중에서 가장 알맞은 것을 하나 고르시오.

01.
해석　남 : 아, 여보세요, 방금 역 개찰구를 나왔는데 길을 몰라.
　　　여 : 역 앞에 있어?
　　　남 : 응
　　　여 : 역 앞 교차로에 세탁소가 있는데 보여?
　　　남 : 세탁소? 아니 동전식 세탁소는 보여.
　　　여 : 그 동전식 세탁소 반대쪽인데.
　　　남 : 아, 있어. 있어.
　　　여 : 우리집은 그 세탁소 2층인데, 동전식 세탁소 옆의 은행에 와있어. 이쪽으로 올래?
　　　남 : 알았어. 금방 갈게.
문제　남자는 전화로 여자에게 길을 묻고 있습니다. 남자는 어디에 갑니까?
정답　4)
해설　1) クリーニング屋: 세탁소
　　　2) コインランドリー: 동전식 세탁소, 빨래방

問題2
문제2에서는 먼저 질문을 들으세요. 그리고 문제를 보세요. 읽는 시간이 주어집니다. 그런 다음, 대화를 듣고 문제용지의 1부터 4중에서 알맞은 답을 하나 고르시오.

02.
해석　남 : 쇼핑은 어땠어? 소파 산다고 나가더니. 좋은 소파 있었어?
　　　여 : 응. 있었는데, 결국 의자를 샀어.
　　　남 : 뭐? 어째서? 맘에 드는 게 없었어?
　　　여 : 아니, 디자인은 좋았는데 가격이 비싸서.
　　　남 : 그렇구나. 가격대가 안 맞았구나.
　　　여 : 응. 비슷한 디자인으로 다른 소파가 있는지 봤는데 벌써 다른 사람이 샀대.
　　　남 : 이거다 싶은 물건은 가격대가 맞지 않거나 벌써 팔렸거나 하는 경우가 많지?. 다음엔 같이 보러 가자.
문제　여자와 남자가 이야기하고 있습니다. 여자는 왜 소파를 사지 않았습니까?
정답　3)
해설　デザイン: 디자인
　　　値(ち·ね·あたい): 값 치　段(だん·たん): 층계 단

問題3
문제용지에 인쇄된 내용이 없습니다. 먼저 대화를 들으세요. 그런 다음, 질문을 듣고 알맞은 답을 1부터 4중에서 하나 고르시오.

03.
해석　여 : 길을 걸을 때면 늘 생각하는 것입니다만, 걸으면서 담배를 피우는 것은 어떻게 생각하십니까? 거리에는 담배를 피우지 않는 사람도 있고 어린이나 아기들도 많이 있습니다. 특히 어른의 손 높이가 어린아이의 얼굴위치와 같기 때문에, 담뱃불에 화상을 입는 건 아닌지 늘 생각합니다. 그리고 담배를 길에 버리는 것도 좋지 않다고 생각합니다. 흡연자가 걸으면서 담배 피는 것을 그만두고, 휴대용 재떨이를 반드시 지참하도록 하는 것이 좋다고 생각합니다. 그것을 지키지 못한다면 담배를 금지하는 편이 낫지 않겠습니까?
문제　여자는 마을 일에 대해서 이야기를 하고 있습니다. 여자는 어떻게 생각하고 있습니까?
　　　1) 담배 피는 사람은 휴대용 재떨이를 가지고 다니는 게 좋다.
　　　2) 걸으면서 담배를 피우는 것이 좋다.
　　　3) 어린이나 아기가 많이 있는 편이 낫다.
　　　4) 담배는 계속 판매하는 것이 좋다.
정답　1)

해설 携帯用(けいたいよう):휴대용
歩きながらタバコを吸う:걸으면서 담배를 피우다.
(歩きタバコ)
ほうがいい:~편이 낫다

問題4
문제4에서는 그림을 보면서 질문을 들으세요. 그런 다음, 알맞은 답을 1에서 3중에서 하나 고르시오.

04.
문제 회사 업무를 마쳤습니다. 돌아갈 때 다른 직원들에게 뭐라고 말합니까?
1) 실례했습니다.
2) 건강하셨습니까.
3) 수고하셨습니다.
정답 3)
해설 おわ(終わ)る:끝나다

05.
문제 신세를 진 선생님 댁에 놀러 갈 때, 케이크를 사 들고 갔습니다. 케이크를 건네면서 뭐라고 말합니까?
1) 별거 아닙니다만 드십시오.
2) 제가 먹고 싶은 것입니다.
3) 선생님께 먹여드리도록 해주세요.
정답 1)
해설 お世話(せわ)になる:신세를 지다.
渡(わた)す:건네다, 넘기다.

06.
문제 자동차가 더러워서 세차하러 가려고 합니다. 친구한테 장소를 가르쳐달라고 합니다. 뭐라고 말합니까?
1) 어디에서 세차하면 돼?
2) 좋은 자동차를 소개할까?
3) 차를 세차해 줄까?
정답 1)
해설 よご(汚)れる:더러워지다   車を洗う:세차하다
紹(しょう・つぐ):이을 소   介(かい・すけ):길 개

07.
문제 시끄럽게 해서 사람들에게 민폐를 끼치는 사람이 있습니다. 뭐라고 주의합니까?
1) 좀 더 시끄럽게 해주세요.
2) 미안합니다만 조금 조용히 해 주시겠습니까?
3) 함께 민폐를 끼치시겠습니까?
정답 2)
해설 迷(めい・まよう):미혹할 미   惑(わく・まどう):미혹할 혹
注意する:주의하다   静か:고요함, 떠들썩하지 않음

問題5
문제5에서는 문제용지에 인쇄된 내용이 없습니다. 먼저 문제를 들으세요. 그런 다음, 문제의 답으로 알맞은 것을 1부터 3중에서 하나 고르시오.

08.
문제 저기 취직됐어?
1) 응. 요전에 결정됐어.
2) 빨리 결정되면 좋게다.
3) 결정돼서 다행이야.
정답 1)
해설 就(しゅう・じゅ・つく・つける):나아갈 취
職(しょく・しき):직분 직
き(決)まる:정해지다, 결정되다

09.
문제 결혼한 지 어느 정도 되셨어요?
1) 여름에 결혼했습니다.
2) 곧 아이가 태어납니다.
3) 이제 2년 됩니다.
정답 3)
해설 結婚する:결혼하다   ~になる:(해)지다, (이)되다

10.
문제 이 수트케이스 무겁네요. 뭐가 들어있습니까?
1) 무겁네요.
2) 선물이랑 양복 등이 들어있습니다.
3) 20키로 정도 됩니다.
정답 2)
해설 お土産:여행지 등에서 사 오는 그곳의 산물, 선물.

11.
문제 저기, 옆 좌석 비었습니까?
1) 자리 없습니다.
2) 네 앉으세요.
3) 그 좌석 말입니까?
정답 2)
해설 隣(りん・となり・となる):이웃 린

05

실전테스트

■ 문자·어휘

問題1
_____ 친 낱말의 읽는 방법으로 알맞은 것을 1,2,3,4 중에서 하나 고르시오.

문제해설 日本語能力試験 N3・N4 일본어능력시험

01.
문제　오오야마군은 학교를 그만두었대요.
정답　3)
해설　辞(じ・ことば・やめる):말씀 사
　　　1) と(止)める:멈추다, 세우다　2) なめる:핥다
　　　4) ほ(誉)める:칭찬하다

02.
문제　매년 반드시 세금신고를 하십시오.
정답　1)
해설　税金(ぜいきん):세금
　　　1) 申告(しんこく):신고　3) もう(申)し(込)み:신청

03.
문제　이 우유는 유통기한이 1주일이나 지났다.
정답　4)
해설　賞(しょう・ほめる):상줄 상
　　　味(み・あじ・あじわう):맛 미　過ぎる:지나가다, 넘다

04.
문제　이 백화점에서는 오후 6시가 되면 상품(가격)이 반액이 됩니다.
정답　2)
해설　半(はん・なかば):반 반　額(がく・ひたい):이마 액
　　　1) はんぶん(半分):반, 절반　2) はんがく(半額):반액

05.
문제　내년부터 미국지사에서 근무하게 되었습니다.
정답　3)
해설　支社(ししゃ):지사　つと(勤)める:근무하다, 종사하다

06.
문제　이 소파가격은 세금이 포함되어 있습니다.
정답　1)
해설　税込(ぜいこみ):(임금, 요금, 대금 등에)세금이 포함되어 있음. 또는 그 금액.
　　　ソファー:소파　価格(かかく):가격

07.
문제　나는 크면 외과(의사)선생님이 될 거야.
정답　4)
해설　外科(げか):외과　内科(ないか):내과

08.
문제　피처 제1구 던졌습니다.
정답　3)
해설　投(とう・なげる):던질 투, 머무를 두
　　　ピッチャー:피처

09.
문제　이 빨간 과일의 이름은 무엇입니까?
정답　2)
해설　くだもの(果物):과일
　　　果(か・はて・はてる・はたす):실과 과, 열매 과
　　　課(か):공부할 과, 과정 과

10.
문제　내일은 남풍이 불어서 따뜻하겠습니다.
정답　1)
해설　南風(みなみかぜ):남풍
　　　1) 吹(ふ)く:(바람이)불다
　　　2) 呼(よ)ぶ:부르다
　　　3) 欠(か)く:(일부를)깨다, 상하다
　　　4) 拭(ふ)く:닦다, 훔치다

11.
문제　은행통장과 도장은 금고 안에 넣어둡시다.
정답　2)
해설　金粉(きんぷん・きんこ):금가루
　　　*こな[粉]:가루, 분말.
　　　庫(こ・く・くら):곳집 고
　　　倉(そう・くら):곳집 창
　　　蔵(ぞう・くら):감출 장　通帳(つうちょう):통장

12.
문제　동생의 친구는 속도위반으로 경찰에 붙잡혔대.
정답　4)
해설　束(そく・たば):묶을 속　そくど(速度):속도
　　　違反(いはん):위반　警察(けいさつ):경찰
　　　つか(捕)まる:(범인 등이) 잡히다, 붙잡히다

13.
문제　아내는 지금 여행가고 없습니다.
정답　3)
해설　嫁(か・よめ・とつぐ): 시집갈 가, 며느리, 신부
　　　家(か・け・や・いえ):집 가, 계집 고
　　　内(ない・だい・うち):안 내
　　　で(出)かける:나가다, 나서다, 떠나다

14.
문제　이 신호기는 누름버튼식 신호라서, 버튼을 누르지 않으면 신호는 바뀌지 않아.
정답　1)
해설　お(押)す:밀다, 누르다　信号(しんごう):신호
　　　推(すい・おす):밀 추, 밀 퇴/밀다, 나아가다

問題2
＿＿＿ 친 낱말을 한자로 옮긴 것으로 알맞은 것을 1,2,3,4 중에서 하나 고르시오.

問題3
(　　)에 들어갈 낱말로 알맞은 것을 1,2,3,4 중에서 하나 고르시오.

15.
- 문제 휴일은 (대체로) 집에서 온라인게임을 합니다.
- 정답 1)
- 해설 休日(きゅうじつ): 휴일   ネットゲーム: 온라인 게임
  1) たいてい:(副)대부분, 대체로
  2) たまたま:(副)가끔, 우연히
  3) とたん(途端):《連体修飾語를 받아서 接続助詞的으로, 또는「~に」의 꼴로 副詞的으로 쓰는 경우가 많음》바로 그 순간, 하자마자
  4) がらがら: 속이 비어 있는 모양, 텅텅

16.
- 문제 이 벨트는 (원래) 샀기 때문에 망가져도 어쩔 수 없다.
- 정답 3)
- 해설 仕方(しかた)ない:달리 방법이 없다, ~하는 수밖에 없다
  もともと:(副)원래, 본디
  1) さまざま(様々): 가지가지
  2) はきはき:말·동작·태도가 활발하고 분명한 모양, 시원시원, 또렷또렷, 또랑또랑

17.
- 문제 오늘 아침에 급하게 전철에 탔더니 (잘못해서) 다른 차에 타버렸어
- 정답 4)
- 해설 1) がっかり:실망(낙담)하는 모양. 낙심하다, 맥풀리다
  2) ぽっかり:가볍게 뜨는 모양. 두둥실
  3) ぐっすり:깊은 잠을 자는 모양. 푹
  4) うっかり:깜빡, 멍청히, 무심코.

18.
- 문제 맞은편 좌석의 사람이 (줄곧) 이쪽을 보고 있어.
- 정답 1)
- 해설 む(向)こう:맞은편, 건너편
  2) ざっと:대강, 대충
  3) ほっと:한숨짓는 모양, 긴장이 풀려 마음을 놓는 모양.

19.
- 문제 냉장고에 넣을 때는 랩으로 (싸서) 넣읍시다.
- 정답 2)
- 해설 1) から(絡)む:휘감기다, 얽히다
  2) くるむ:휘감아 싸다, 감싸다
  4) ひね(捻)る:비틀다, 꼬다

20.
- 문제 A : 왜 그리 (안절부절) 못하는 거야.
       B : 어제 남자친구랑 싸워서.
- 정답 4)

해설 けんか(喧嘩):싸움, 다툼
  2) うろうろ:목적도 없이 이리저리 헤매는 모양, 어슬렁어슬렁, 허둥지둥
  4) いらいら:안절부절못하는 모양, 초조해하는 모양

21.
- 문제 오늘은 11일 이니까 (글피)는 14일이야.
- 정답 3)
- 해설 2) あさって(明後日):모레
  3) しあさって(明明後日):글피

22.
- 문제 아내가 용돈을 저번 달보다 5000엔이나 (줄여서), 친구랑 술을 마시러 갈수 없다.
- 정답 1)
- 해설 ~より:~보다
  1) へ(減)らす:줄이다, 덜다, 감하다
  3) かえ(返)す:(빌린 것을)돌려주다.

23.
- 문제 노트북이 (갑자기) 작동되지 않는다.
- 정답 3)
- 해설 1) やっと:겨우, 간신히
  2) しっかり:견고한 모양. 단단히, 꽉
  3) とつぜん:돌연, 갑자기
  4) ときどき:그때그때, 때때로

24.
- 문제 양파를 (1센티) 폭으로 썰어주세요.
- 정답 2)
- 해설 幅(ふく·はば):폭 폭   切(き)る:베다, 자르다

25.
- 문제 지갑은 잃어버리지, 시험은 떨어지지, 요즘 전혀 (운이 없어).
- 정답 4)
- 해설 無くす:여의다, 사별하다   落ちる:떨어지다, 하락하다

問題4
_____와 비슷한 의미를 지닌 것을 1,2,3,4 중에서 하나 고르시오.

26.
- 문제 여기는 주차금지입니다. 거기(서있는) 차, 빨리 차 빼세요.
- 정답 4)
- 해설 駐車禁止(ちゅうしゃきんし):주차금지
  ど(退)ける:치우다, 제치다
  2) 移動(いどう)する:이동하다
  3) かた(片)づ(付)ける:정돈하다, 정리하다

문제해설 日本語能力試験 N3・N4 일본어능력시험

27.
문제 구급차가 지나가면 개가 <u>짖는다</u>.
정답 1)
해설 救急車(きゅうきゅうしゃ):구급차
通(とお)る:지나가다, 통과하다
ほ(吠)える:(개・맹수 등이)짖다, 으르렁거리다
3) おこる:화내다 4) なでる:쓰다듬다

28.
문제 오늘 데이트약속을 내일로 <u>연기해</u> 주시겠습니까.
정답 2)
해설 ずらす:위치나 시간을 조금 옮기다, 물리다
1) 取(と)り消(け)す:취소하다
2) 変更(へんこう)する:변경하다
3) ひか(控)える:유보하다, 대기하다, 기다리다

29.
문제 여기서의 흡연은 <u>자제해 주십시오</u>.
정답 3)
해설 喫煙(きつえん):끽연, 흡연
ひか(控)える:삼가다, 줄이다, 제한하다
1) 見上(みあ)げる:우러러보다, 올려다보다

30.
문제 코가와씨와 김씨는 지난달부터 <u>사귀고 있는</u> 모양이야.
정답 1)
해설 付(つ)き合(あ)う:사귀다, 교제하다
1) 交際(こうさい)する:교제하다
2) 似合(にあ)う:어울리다, 잘 맞다
3) 仲直(なかなお)りする:화해하다

問題5
다음 낱말의 사용방법으로 가장 알맞은 것을 1,2,3,4 중에서 하나 고르시오.

31.
문제 <u>すっきり</u> 상쾌해지다
정답 4) 방을 대청소 했더니 <u>상쾌해졌다</u>.
해설 抱(だ)く:안다 大掃除(おおそうじ):대청소

32.
문제 <u>とかす</u> 빗다
정답 2) 드라이를 사용한 다음 빗으로 머리를 <u>빗는다</u>.
해설 化粧(けしょう):화장
買(か)い物(もの):물건사기, 또는 그 물건
交差点(こうさてん):교차점, 교차로

33.
문제 <u>別々に</u> 따로따로
정답 3) 오늘은 <u>따로따로</u> 낼까요?

해설 誘(さそ)われる:誘(さそ)う의 수동형
調(しら)べる:조사하다, 검토하다

34.
문제 <u>終点</u> 종점
정답 1) 신칸센을 타서 <u>종점</u>인 히로시마역에서 내려주세요.
해설 降(お)りる:내리다
急(きゅう)ブレーキをかける:급브레이크를 밟다

35.
문제 <u>立ち上がる</u> 일어서다
정답 4) 그는 갑자기 의자에서 <u>일어나</u> 큰 소리를 내면서 가게를 나갔다.
해설 寄(よ)る:다가서다, 들르다
大声(おおごえ)を出(だ)す:큰소리를 내다

■ 독해 · 문법

問題1
다음 문장의 (   ) 안에 들어갈 답으로 알맞은 것을 하나 고르시오.

01.
문제 나도 여행에 <u>따라(가면)</u> 좋았을 텐데.
정답 3)
해설 ついていく:따라가다

02.
문제 주민의 협력<u>(으로)</u> 도로가 깨끗해졌습니다.
정답 1)
해설 住民(じゅうみん):주민 協力(きょうりょく):협력
道路(どうろ):도로

03.
문제 우리 가족은 (갓 지은) 밥을 좋아합니다.
정답 4)
해설 炊(た)く:밥을 짓다
~たて:(동사 연용형에 붙어)그 동작이 끝난 직후임을 뜻함

04.
문제 그렇게 (다른)사람의 물건을 탐내지 마세요.
정답 3)
해설 欲(ほ)しがる:갖고 싶어 하다, 탐내다
欲(よく・ほしい・ほっする):하고자 할 욕

05.
문제 아이가 태어나고 (비로소) 부모님의 소중함을 깨달았다.
정답 1)

해설 生(う)まれる:태어나다, 출생하다
大切(たいせつ):중요함, 귀중함, 소중함
1) はじ(初)めて:처음으로, 비로소

06.
문제 (어쩌면) 그는 거짓말을 하고 있는지도 모른다.
정답 2)
해설 ~かもしれない:~하는지(할)지도 모른다
2) もしかしたら:(=もしかすると)어쩌면

07.
문제 (설령) 급여가 많다고 해도 토요일에 쉴 수 없는 일은 하고 싶지 않다.
정답 4)
해설 休(やす)める:休(やす)む의 가능형
給料(きゅうりょう):급료, 임금, 급여
1) たとえ:가령~할지라도, 설령~그럴지라도, 비록~하여도

08.
문제 30분 늦을 거라고는 했지만 (그렇다 하더라도) 가와다씨 늦네요.
정답 1)
해설 遅(おく)れる:(정해진·날 시각에)늦다, 지각하다.
해설 1) それにしても:그건 그렇다 하더라도.
2) それから:그리고, 그 다음에.
3) それとも:(어느 하나를 고를 때 쓰는 말)그렇지 않으면, 아니면.
4) それに:게다가, 그런데

09.
문제 이 신제품에 (관한) 문의는 이 번호로 하십시오.
정답 3)
해설 新製品(しんせいひん):신제품
お問い合わせ(おといあわせ):문의, 조회
1) さえ:~조차, ~마저
3) 関する:관련하다, 관계하다

10.
문제 물을 (꺼낸 채로) 두지 마세요.
정답 2)
해설 放(はな)し:놓아둠, 버려 둠, 방치.《동사의 연용형에 붙음. 흔히,~っぱなし의 꼴로 씀》~인 채로 놓아둠, ~한 채로 임.

11.
문제 「A : 오늘밤 친구랑 뷔페에 갈거야.」
「B : (그 때문에) 점심은 굶었겠구나.」
정답 4)
해설 放題(ほうだい):《동사의 연용형이나 조동사たい, 또는 어떤 종류의 형용동사의 어간에 붙어》 마음대로 함, 하고 싶은 대로 함, 제멋대로 함.

12.
문제 저녁을 먹고 있는 (도중에) 친구가 놀러 왔다.
정답 1)
해설 遊(あ)びに来(く)る:놀러오다
1) 最中(さいちゅう)に:한창인 때, 한창 진행되고 있는 도중.
2) とたんに:바로 그 순간, 하자마자
3) たびに:~할 때마다, ~할 적마다
4) ことに:특히(cf. 毎(ごと)に: (~때)마다, 度(たび)に)

13.
문제 할머니의 병이 빨리 낫기를.
정답 3)
해설 病気(びょうき):병   なお(治)る:(병이)낫다, 치유되다.

問題2
다음 문장의 ★ 에 들어갈 답으로 알맞은 것을 1,2,3,4중에서 하나 고르시오.

14.
문제 「A : 왜 안 먹어」
「B : 하지만 좋아하지 않는다 ★말이야.」
정답 2)
해설 3) だって:(상대의 말에 반론하는 경우에 씀)그렇지만, 하지만, 그런데

15.
문제 이번 여름은 작년에 ★비해 별로 덥지 않다고 한다.
정답 4)
해설 3) あまり:《副詞-に、~にも의 꼴로도 씀》 너무, 지나치게
4) 比(くら)べる:비교하다, 비하다

16.
문제 당신★에게 있어서 가장 소중한 사람은 누구입니까?
정답 3)
해설 3) ~にとって:~로서, 에게 있어서

17.
문제 모르면 ★인터넷으로 찾아 보렴.
정답 4)
해설 1) 御覧(ごらん):《ご覧なさい의 준말.してみろ의 높임말. 동사의 연용형+て에 붙어》~보아요, ~보렴.

18.
문제 여러분 케이크가 다 구워 ★졌어요.
정답 4)
해설 焼(や)く:굽다

문제해설 日本語能力試驗 N3·N4 일본어능력시험

問題3

다음 문장을 읽고 19에서 23안에 들어갈 답으로 알맞은 것을 1,2,3,4 중에서 하나 고르시오.

해석 아침에 버스가 너무 혼잡했습니다. 하지만, 안쪽은 19 (공간이)비어있었습니다. 그곳으로 20 가려고 했습니다만, 들어갈 수가 없었습니다. 출구 쪽에 서 있던 사람들이 21 꼼짝도 안했기 때문입니다. 「죄송합니다」라고 말하면서 겨우 들어갈 수가 있었습니다. 복잡할 때는 좀처럼 22 내리려고 해도 내릴 수가 없으니까 출구 쪽에 있는 거겠지만, 다른 사람을 생각해서 가능하면 안쪽으로 23 들어가는 편이 좋다고 생각합니다.

19.
정답 3)
해설 空(あ)く:(공간이)비다, 나다, 놀다.
混(こ)む:붐비다, 복작거리다, 혼잡을 이루다
20.
정답 2)
해설 ~ようと:~하려고
行(い)こう:行(い)く의 의지형
21.
정답 4)
해설 出入り口:출입구
22.
정답 1)
해설 ~たい:조동사. 희망의 뜻을 나타냄.
23.
정답 2)
해설 なるべく: 되도록   ~ほうがいい: ~하는 편이 좋다

■ 청해

問題1

문제1에서는 먼저 질문을 들으세요. 그런 다음, 대화를 듣고 보기의 1부터 4중에서 가장 알맞은 것을 하나 고르시오.

01.
해설 남 : 어제 시험은 어땠어?
여 : 완전 망쳤어. 바빠서 좀처럼 공부할 시간이 없었어.
남 : 나도 마찬가지야. 합격하면 좋을 텐데.
여 : 그러게. 그런데 몇 점 일 것 같아?
남 : 어려운데. 75점 정도? 친구는 80점 넘었다고 했어.
여 : 그래? 대단하다. 난 70점정도? 65점 이상은 괜찮다고 들었는데.
남 : 그럼 아마 괜찮을 거야.
문제 남자와 여자가 이야기하고 있습니다. 여자는 몇 점이라고 생각하고 있습니까?
정답 2)
해설 合格(ごうかく):합격 試験(しけん):시험

問題2

문제2에서는 먼저 질문을 들으세요. 그리고 문제를 보세요. 읽는 시간이 주어집니다. 그런 다음, 대화를 듣고 문제용지의 1부터 4중에서 알맞은 답을 하나 고르시오.

02.
해설 남 : 타나카씨, 어릴 적 추억이라면 어떤 것이 있습니까?
여 : 어릴 적 추억 말입니까? 그러게요. 오빠가 괴롭혀서 자주 울었었습니다.
남 : 예에? 나는 숙제를 안 해 가서 선생님한테 자주 혼났습니다.
여 : 하하하. 지금과 변함이 없네요. 지금도 교수님이 자주 화내신다는 이야기를 들었는데.
남 : 예? 그렇습니까? 창피하네요. 하지만 다나카씨는 남자친구를 자주 괴롭히지 않습니까...
문제 남자와 여자가 이야기하고 있습니다. 여자의 어릴 적 추억은 무엇입니까.
정답 3)

問題3

문제용지에 인쇄된 내용이 없습니다. 먼저 대화를 들으세요. 그런 다음, 질문을 듣고 알맞은 답을 1부터 4중에서 하나 고르시오.

03.
해설 여 : 뭐야. 그 꽃은.
남 : 아니, 저기.
여 : 뭐야? 남자면 분명하게 말해.
남 : 저번에 만들어준 케이크가 맛있어서 그 사례를 하고 싶어서.
여 : 그랬어? 어? 하지만 내가 만든 건 카레 아니었어?
남 : 아니야 케이크였어.
여 : 이상하네. 나는 케이크 같은 거 못 만들어, 카레랑 샌드위치면 몰라도.

남 : 아 착각했다. 다른 친구였어.
여 : 그래도 나한테 주려고 들고 왔지? 그럼 받아 줄게.
남 : 아니 그래도.
문제 남자와 여자가 이야기하고 있습니다. 남자는 왜 꽃을 들고 왔습니까?
정답 1) 케이크의 사례를 하고 싶었기 때문입니다.
해설 お礼:《礼의 공손한 말》사례, 사례 인사(선물).
お礼をする:사례를 하다. 감사를 표하다.
お礼がえし:답례, 답례품을 보냄.

問題4
문제4에서는 그림을 보면서 질문을 들으세요. 그런 다음, 알맞은 답을 1에서 3중에서 하나 고르시오.

04.
문제 남 : 나한테 도착한 메일을 다른 사람에게 보냅니다. 뭐라고 말합니까?
정답 1) 메일을 전송하겠습니다.
해설 送(おく)る:(물건을)부치다, 보내다.
 1) 転送(てんそう):전송
 2) 返送(へんそう):반송, 환송

05.
문제 여 : 다음 주 아르바이트를 쉬고 싶습니다. 뭐라고 말합니까?
정답 2) 죄송합니다만 다음 주 아르바이트를 쉬게 해주세요.
해설 バイト:아르바이트
休(やす)ませる:休(やす)む의 사역형

06.
문제 남 : 가게에 손님이 왔습니다. 인원수를 묻고 싶습니다. 뭐라고 말합니까?
정답 2) 어서 오십시오. 몇 분이십니까?
해설 人数(にんずう): 인원수, 사람 수
いらっしゃいませ:いらっしゃる의 존경명령,
いらっしゃる는 「来る」「行く」「いる」의 높임말

07.
문제 여 : 상대방에게 앉아서 기다리게 하고 싶습니다. 뭐라고 말합니까?
정답 3) 이쪽에 앉으셔서 기다려 주십시오.
해설 座(すわ)る:앉다
おかけになる:掛(か)ける의 높임말

問題5
문제5에서는 문제용지에 인쇄된 내용이 없습니다. 먼저 문제를 들으세요. 그런 다음, 문제의 답으로 알맞은 것을 1부터 3중에서 하나 고르시오.

08.
문제 여 : 차를 내어오겠습니다.
정답 3) 아무쪼록 개의치 마시고(편안히).
해설 お構(かま)い:(뒤에 부정의 말이 따름)접대, 대접, 걱정함.

09.
문제 남 : 데라야마씨 남편은 돌아가셨다고 합니다.
정답 1)
해설 亡(な)くなる:작고하다, 돌아가시다, 죽다.
気(き)の毒(どく):딱함, 안됨, 가엾음
苦(くる)しい:답답하다, 고통스럽다, 괴롭다, 난처하다

10.
문제 여 : 배고프다. 뭐 없나.
정답 3) 남은 음식이라면 있어.
해설 1) 効(き)く:효력이 있다, 듣다.
 2) 冷(ひ)やす:식히다, 차게 하다.

11.
문제 남 : 무슨 일이세요?
정답 1) 아침부터 두통이 있습니다.
해설 1) 頭痛(ずつう):두통
 2) お大事に:몸조심하세요.

06

실전테스트

문자 · 어휘

問題1
_____ 친 낱말의 읽는 방법으로 알맞은 것을 1,2,3,4 중에서 하나 고르시오.

01.
문제 아이들이 해안에서 모래장난을 하고 있어요.
정답 2)
해설 砂(さ・しゃ・すな)모래 사
 2) すな: 모래

02.
문제 내일 아침에 이비인후과에 갔다가 학교에 갑니다.
정답 4)

문제해설 日本語能力試験 N3・N4 일본어능력시험

해설 耳鼻科(じびか): 이비인후과
　　　耳(じ・みみ): 귀 이　　鼻(び・はな): 코 비

03.
문제 이번 회의에서 결정되지 않았으므로 다음 회까지 결론을 <u>보류</u> 하겠습니다.
정답 1)
해설 保留(ほりゅう): 보류
　　　保(ほ・たもつ・やすんずる): 지킬 보
　　　留(りゅう・る・とめる・とどめる・とまる・とどまる)
　　　　: 머무를 류(유)

04.
문제 테스트전이라 <u>수면</u>부족이야.
정답 3)
해설 睡眠(すいみん): 수면
　　　睡(すい・ねむる・ねむい): 졸음 수
　　　眠(みん・ねむる・ねむい): 잘 면
　　　1) さいみん(催眠): 최면
　　　2) とうみん(冬眠): 동면

05.
문제 저의 남편은 자동차와 <u>관련된</u> 일을 하고 있습니다.
정답 4)
해설 4) かん(関)する: 관련하다, 관계하다

06.
문제 우리 집은 도시에 있는 수퍼마켓으로 야채를 <u>출하</u>합니다.
정답 1)
해설 1) しゅっか(出荷): 출하

07.
문제 엄마 생신엔 좋아하시는 <u>립스틱</u>을 선물로 드릴까?
정답 2)
해설 2) くちべに(口紅): 립스틱

08.
문제 2,3일전부터 <u>숨이 차고</u> 기침이 나기도 합니다.
정답 3)
해설 息切れ(いきぎれ): 숨이 참, 헐떡임.
　　　息(そく・いき・やすむ・やむ): 쉴 식

問題2
_____ 친 낱말을 한자로 옮긴 것으로 알맞은 것을 1,2,3,4 중에서 하나 고르시오.

09.
문제 최근 대학생들에게는 <u>공무원</u>이 인기가 있다.
정답 2)
해설 2) 公務員(こうむいん): 공무원

10.
문제 음식물과 옷가지를 <u>택배</u>로 보내뒀어.
정답 3)
해설 1) 配達(はいたつ): 배달　2) 速達(そくたつ): 속달
　　　3) 宅配(たくはい): 택배　4) 配布(はいふ): 배부

11.
문제 독감에 주의하고 손을 씻는 등의 <u>예방</u>을 합시다.
정답 2)
해설 1) 矛(ぼう・む ほこ): 창 모
　　　2) 予防(よぼう): 예방
　　　3) 了(りょう・おわる): 마칠 료

12.
문제 남동생은 지금 <u>단기</u>유학 중입니다.
정답 4)
해설 1) 朋(ほう・とも): 벗 붕
　　　2) 短気(たんき): 성미가 급함, 급한 성미
　　　4) 短期(たんき): 단기

13.
문제 매일 운동해서 체중을 5킬로그램 <u>줄였다</u>.
정답 2)
해설 減(へ)らす: 줄이다, 덜다, 감하다
　　　減(げん・へらす・へる): 덜 감

14.
문제 그 책을 읽고 얼마나 많은 사람들이 <u>도움을 받았을까</u>.
정답 3)
해설 救(すく)う: 구하다　救われる: 救う의 수동형
　　　求(きゅう・ぐ・もとめる): 구할 구(바라다)

問題3
(　　)에 들어갈 낱말로 알맞은 것을 1,2,3,4 중에서 하나 고르시오.

15.
문제 와이셔츠를 (다려야) 하니까 가져다 줄래?
정답 4)
해설 アイロンをかける: 다림질 하다
　　　1) ほ(乾)す: 말리다
　　　2) 洗(あら)う: 씻다, 빨다
　　　3) 畳(たた)む: 개다, 개키다

16.
문제 A : 「또 얼굴에 (주름)이 늘었어.」
　　　B : 「거기다 흰머리 까지.」
정답 1)
해설 増(ふ)える: 늘다, 늘어나다, 증가하다.
　　　あくび [欠·欠伸]: 하품　　まゆげ [眉毛]: 눈썹

17.
문제 오늘은 역에서 3개월짜리 전철 (정기권)을 사야 한다.
정답 2)
해설 2) 定期券(ていきけん): 정기권
　　 3) 入場券(にゅうじょうけん): 입장권
　　 4) 奨学金(しょうがくきん): 장학금

18.
문제 최씨가 주말에 본국으로 가니까 (송별회)를 열어주자.
정답 4)
해설 4) 送別会(そうべつかい): 송별회

19.
문제 여행 갈 때는 가족에게 (숙박)하는 호텔의 전화번호를 주고 간다.
정답 3)
해설 3) 宿泊(しゅくはく): 숙박
　　 宿(しゅく・やど・やどす・やどる): 잘 숙, 별자리 수
　　 泊(はく・とまる・とめる): 머무를 박/배 댈 박, 잔 물결 백

20.
문제 어르신이나 몸이 불편한 분이 앉는 자리를 (우선석)이라고 합니다.
정답 1)
해설 1) 優先席(ゆうせんせき): 우선석(경로석, 노약자석)
　　 2) 専用席(せんようせき): 전용석
　　 3) 指定席(していせき): 지정석

21.
문제 어머니는 빨리 손자를 자신의 팔로 (안고) 싶다고 매일같이 말합니다.
정답 4)
해설 抱(だ)く: 안다

22.
문제 걸레를 잘 (짠) 다음 바닥을 닦아주세요.
정답 2)
해설 1) く・む(汲む): 긷다, 푸다
　　 2) 絞(しぼ)る: (물기가 빠지게)짜다. 쥐어짜다.
　　 3) する(擦る): 문지르다. 비비다
　　 絞(こう・しぼる・しめる・しまる): 목맬 교, 초록빛 효

23.
문제 사용하지 않는 것은 (창고)에 넣어둔다.
정답 1)
해설 1) 物置(ものおき): 광, 곳간

24.
문제 가지고 싶어 했던 옷이 싸다고 해서 백화점 (바겐세일)에 다녀왔습니다.
정답 3)

해설 バーゲン[bargain]: 「バーゲンセール」의 준말

25.
문제 빈 접시를 (물려도) 되겠습니까?
정답 4)
해설 2) そろ・える(揃える): 고루(모두) 갖추다, 맞추다

問題4
_____와 비슷한 의미를 지닌 것을 1,2,3,4 중에서 하나 고르시오.

26.
문제 너무 긴장해 버려서 질문에 제대로 답을 못했다.
정답 2)
해설 2) あがる: 흥분하다, 상기하다

27.
문제 자전거를 탈 때에는 자동차에 주의하세요.
정답 4)
해설 2) きら(嫌)う: 싫어하다

28.
문제 다나카군은 자주 학교를 빠지니까 수업내용을 모르는 거야.
정답 1)
해설 サボる: サボタージュ의 준말. 게을리하다. 게으름피우다.
　　 1) 怠(なま)ける: 게으름 피우다.

29.
문제 세탁을 했더니 아끼는 울 스웨터가 줄어들고 말았다.
정답 2)
해설 縮(ちぢ)む: 줄다. 오그라들다. 작아지다.
　　 縮(しゅく・ちぢめる・ちぢらす・ちぢれる・ちぢむ・ちぢまる): 줄일 축
　　 1) の(伸)びる: 자라다, 늘다, 크다, 성장하다
　　 3) やぶ(破)れる: 찢어지다, 뚫어지다, 해지다

30.
문제 뒤에서 조용히 다가간다.
정답 2)
해설 そっと: 살그머니. 살짝.

問題5
다음 표현의 사용방법으로 알맞은 것을 1,2,3,4에서 하나 고르시오.

31.
문제 そうぞうしい 시끄럽다

정답 2) 옆방에 사는 사람이 매일 밤늦도록 떠들어대서 곤란합니다.
해설 そうぞうしい(騒々しい): 소연하다. 시끄럽다.

32.
문제 ちりとり 쓰레받기
정답 4) 빗자루와 쓰레받기를 사용해서 방 청소를 하세요.
해설 ちりとり: 쓰레받기   ほうき: 비

33.
문제 たまたま 가끔, 마침
정답 1) 마침(우연히) 고등학교 시절 친구를 만났다.

34.
문제 開く 개설하다
정답 1) 은행에서 새 구좌를 개설하다.
해설 開(かい・あける・ひらく・ひらける・あく): 열 개

35.
문제 こぼさない 흘리지 않다
정답 3) 주스를 흘리지 않도록 마셔라.
해설 こぼす: 흘리다. 엎지르다.

■ 독해·문법

問題1
다음 문장의 ( ) 안에 들어갈 답으로 알맞은 것을 하나 고르시오.

01.
문제 한자는 어렵습니다만, 노력하면 못 외울(리는) 없습니다.
정답 4)
해설 ~わけではない: ~리는 없다.

02.
문제 A:「이곳은 밤이 꽤 조용하네.」
     B:「하지만 낮에는 (떠들썩)하대.」
정답 3)
해설 にぎやか: 번화함, 떠들썩함

03.
문제 뉴스속보에 (의하면), 특급열차가 사고를 낸 것 같습니다.
정답 1)
해설 速報(そくほう): 속보
     1) よると: 에 의하면

04.
문제 아버지께서 새것은 (지금 사용하고 있는 것을) 다 쓰고 난 후에 사라고 말씀하셨다.
정답 3)
해설 ~かけ: (동사의 연용형에 붙어)그 동작을 하고 있는 중임을 나타냄. 使いかけ: 사용하고 있는 것.

05.
문제 남자친구가 나한테 새 목걸이를 (안 사주려)나.
정답 2)
해설 ネックレス(necklace): (장식용의)목걸이

06.
문제 주말에 놀러 갈 예정이었다. (그런데), 화분증(꽃가루 알레르기)이 심해서 못 갔다.
정답 4)
해설 花粉症(かふんしょう):화분증. 꽃가루 알레르기.
     1) ばかりか: (副)뿐만 아니라.
     2) まるで: (副)마치. 꼭. 흡사.
     3) つまり: (副)결국. 즉. 요컨대.
     4) ところが: (副)그런데. 그러나.

07.
문제 소문에 (의하면), 저 메밀국수 집은 (사람들이)줄을 선대요.
정답 1)
해설 1) よれば: 에 의하면

08.
문제 남편은 (아무리) 더워도 에어컨과 선풍기는 사용하지 않습니다.
정답 3)
해설 扇風機(せんぷうき) : 선풍기

09.
문제 친구가 송씨의 메일주소를 (알려달라)고 부탁해왔다.
정답 2)
해설 頼(たの)まれる: 頼(たの)む의 수동형.

10.
문제 괜찮아요, 그렇게 (무서워 말아요).
정답 1)
해설 こわ(怖)がる: 무서워하다, 두려워하다
                  こわい의 동사형

11.
문제 실례합니다. 그 잡지를 보여 주세요.
정답 4)
해설 ほしい: (동사의 연용형에 붙어)..해주었으면 싶다. 하기 바란다.

12.
문제 집을 나서자(마자) 비가 내리기 시작했다.
정답 2)
해설 降り出す: 내리기 시작하다.
     ~とたん: (연체수식어를 받아서 접속조사적으로, 또는 「~に」의 꼴로 부사적으로 쓰는 경우가 많음) 바로 그 순간. 하자마자.

13.
문제 이 만화는 아이들 (뿐만 아니라) 어른들도 열광하는 모양이다.
정답 3)
해설 ばかりか: 뿐만 아니라.
       むちゅう(夢中): 몽중, 꿈속, 열중함, 몰두함

問題2
다음 문장의 ★ 에 들어갈 답으로 알맞은 것을 1,2,3,4중에서 하나 고르시오.

14.
문제 그런 짓 하지 말라고 몇 번이나 ★주의 시켰 던가.
정답 2)
해설 ~な: (動詞形 活用語의 終止形에 붙어) 금지를 나타냄. (…하지) 마라

15.
문제 신문기사가 반드시 옳다 고는 ★할 수 없다.
정답 2)
해설 ~限らない:(と·に·とは·とも등의 뒤에 이어짐)반드시~한 것은 아니다. ~하다고만 할 수는 없다.

16.
문제 이 노래를 많은 사람들이 들어 주기 ★를.
정답 1)
해설 多くの人 : 많은 사람들

17.
문제 남편은 정말 어린아이 같은 ★사람입니다.
정답 1)
해설 ~っぽい:(명사, 동사의 연용형에 붙어 형요사를 만듦)~의 경향이 강하다.

18.
문제 어제는 ★겨울 답게 추운 하루였습니다.
정답 1)
해설 ~らしい: ~답다

問題3
다음 문장을 읽고, 19에서 23안에 들어갈 답으로 알맞은 것을 1,2,3,4 중에서 하나 고르시오.

해석 주말에 날씨가 좋아서 여자 친구와 데이트를 했습니다. 12시에 역 앞에서 만나기로 약속했습니다만, 여자 친구가 좀처럼 오지 않았습니다. 전화를 19 걸어도 받지 않았습니다. 여자 친구와 가기로 약속한 레스토랑에 20 가보기로 했습니다. 레스토랑으로 갔더니, 여자 친구가 그곳에서 기다리고 있었습니다. 약속장소는 역 앞이 아닌 레스토랑 21 이었습니다. 역 앞에서 기다렸었다고 말하자, 여자 친구는 웃으면서「당신이 레스토랑에서 22 만나자고 했잖아요.」라고 말했습니다. 내가 한 말을 잊어 23 버려 창피했습니다.

19.
정답 3)
해설 電話をかける : 전화를 걸다
20.
정답 1)
해설 ~ことにする : ~기로 하다
21.
정답 2)
해설 ~そうだ : ~라고 하다(伝聞전문)
22.
정답 4)
23.
정답 1)
해설 ~しまった:(흔히, ~て「で」~ 꼴로)~하여 버리다. ~하고 말다.

■ 청해

問題1
문제1에서는 먼저 질문을 들으세요. 그런 다음, 대화를 듣고 보기의 1부터 4중에서 가장 알맞은 것을 하나 고르시오.

01.
해석 남자:오전에는 주차장에 10대 주차되어 있었습니다. 1시쯤에 2대의 차가 주차를 하고 갔습니다. 그리고 3시쯤에 3대가 주차장을 나갔습니다. 저녁에 차 1대가 와서 주차하고, 밤에는 또 차 2대가 더 와서 주차하였습니다. 내가 돌아갈 무렵에 차 1대가 왔습니다만, 어느새 주차장은 가득 차 있었습니다.
문제 남자가 말하고 있습니다. 주차장에 몇 대를 주차 할 수 있습니까.
정답 3)
해설 駐車(ちゅうしゃ)する: 주차하다

問題2
문제2에서는 먼저 질문을 들으세요. 그리고 문제를 보세요. 읽는 시간이 주어집니다. 그런 다음, 대화를 듣고 문제용지의 1부터 4중에서 알맞은 답을 하나 고르시오.

문제해설 日本語能力試験 N3・N4 일본어능력시험

02.
해석 여: 이 레스토랑 스테이크는 아주 맛있어요.
남: 그래요? 하지만, 오늘 스테이크는.
여: 그래요? 혹시 안 좋아하세요?
남: 아니오. 사실은 어제가 딸 생일이어서 가족이랑 이 레스토랑에 왔습니다.
여: 아, 그랬군요. 그럼 스파게티는 어때요?
남: 좋습니다.
문제 남자와 여자가 이야기하고 있습니다. 남자는 왜 스테이크를 먹지 않습니까?
정답 1) 어제 스테이크를 먹었기 때문에.
해설 ステーキ(steak): 스테이크, 구운 고기

問題 3
문제3에서는 문제용지에 인쇄된 내용이 없습니다. 먼저 대화를 들으세요. 그런 다음, 질문을 듣고 알맞은 답을 1부터 4중에서 하나 고르시오.

03.
해석 남: 여보세요. 난데. 오늘 집에 빨리 들어간다고 했었는데 늦어 질것 같아. 과장님이 한 잔 하러 가자고 해서 가기로 했어. 그러니까 저녁은 필요 없어. 히로시랑 같이 밤에 목욕탕 가기로 약속했는데.. 내일은 꼭 같이 갈 테니까 오늘은 집에서 목욕하라고 전해줘. 그럼 들어가기 전에 또 전화할게.
문제 남자가 전화 중입니다. 남자는 퇴근 후 무엇을 한다고 말하고 있습니까?
정답 2) 과장님과 술을 마시러 갑니다.
해설 銭湯(せんとう) : 대중 목욕탕

問題 4
문제4에서는 그림을 보면서 질문을 들으세요. 그런 다음, 알맞은 답을 1에서 3중에서 하나 고르시오.

04.
문제 남: 다른 회사의 사람이 사장님을 만나러 갔습니다. 안내에서 뭐라고 말할까요.
정답 1) 사장님 계십니까.
해설 受付(うけつけ): 접수

05.
문제 여: 버스안에서 노트북을 잃어버렸습니다. 버스회사 직원에게 뭐라고 말할까요?
정답 3) 미안합니다만 노트북을 찾아봐 주시겠습니까?
해설 すいません: すみません의 속어

06.
문제 남: 비행기를 예약 했습니다만, 못 가게 되었습니다. 전화로 뭐라고 말할까요?

정답 2) 예약을 해지해주세요.
해설 キャンセル(cancel): 해약(解約), 계약 취소

07.
문제 여: 요리 맛이 조금 진합니다. 어떻게 말할까요?
정답 1) 조금 짭짤합니다만.
해설 塩からい:짜다(=しょっぱい)
　　　すっぱい: 시다　　あまい: 달다

問題5
문제5에서는 문제용지에 인쇄된 내용이 없습니다. 먼저 문제를 들으세요. 그런 다음, 문제의 답으로 알맞은 것을 1부터 3중에서 하나 고르시오.

08.
문제 여: 이런, 냄비가 타고 있어.
정답 2) 맙소사, 잊고 있었어.
해설 こげ(焦)る: 눋다. 타다.

09.
문제 남: 여기요. 커피 리필 해주세요.
정답 1) 네. 잠시만 기다려주세요.
해설 3) なんだって(何だって): (「なんだといって」의 변한말)
　　　　　　　　　어째서, 왜

10.
문제 여: 이 디자인은 금년에 제일 잘 나가는 거예요.
정답 1) 그럼 이걸로 주세요.
해설 売(う)れる: 팔리다. 널리 알려지다. 인기가 있다

11.
문제 남: 격조하였습니다. 건강하십니까?
정답 3) 네, 덕분에.
해설 無沙汰(ぶさた): 소식을 전하지 않음, 내왕하지 않음, 격조

07

실전테스트

■ 문자・어휘

問題1
____ 친 낱말의 읽는 방법으로 알맞은 것을 1,2,3,4 중에서 하나 고르시오.

01.
문제 젊은 사람들에게 일본 술이 인기라고 신문에 쓰여 있었다.
정답 1)
해설 酒(しゅ, さか・さけ)술 주

02.
문제 고장 난 시계를 분해해서 수리한다.
정답 3)
해설 修理(しゅうり)する: 수리하다

03.
문제 위험하니까 뛰어 다니지 마세요.
정답 3)
해설 2) ほけん(保険): 보험
3) 危険(きけん): 위험
4) あぶ(危)ない: 위험하다

04.
문제 편의점은 24시간 연중무휴입니다.
정답 4)
해설 年中無休(ねんじゅうむきゅう): 연중무휴

05.
문제 표면에 작은 구멍이 생기면 뒤집습니다.
정답 2)
해설 表面(ひょうめん): 표면
あな(穴)があく: 구멍이 뚫리다
裏(うら)返(がえ)し: 뒤집기. 뒤집은 상태.

06.
문제 아이의 신발 끈을 묶는다.
정답 1)
해설 結(むす)ぶ: 매다. 묶다.
結(けつ・けち・むすぶ・ゆう)맺을 결. 상투 계.

07.
문제 미안, 길을 틀리게 가르쳐줬어.
정답 3)
해설 間(ま)違(ちが)える: 틀리다, 잘못되다

08.
문제 너희 부부의 행복을 진심으로 빌어.
정답 4)
해설 心から願(ねが)う: 진심으로 바라다

問題2
___ 친 낱말을 한자로 옮긴 것으로 알맞은 것을 1,2,3,4 중에서 하나 고르시오.

09.
문제 여동생은 좋아하는 드라마를 자주 녹화한다.
정답 4)

해설 1) 緑(りょく, みどり): 초록색, 푸른빛, 청색과 황색이 섞인 중간색
2) 縁(えん): 인연
3) 鉛(なまり): 납
4) 録(ろく・しるす): 기록할 록
画(が・かく・え・えがく・くぎる): 그림 화

10.
문제 한밤중에 아이가 울어서 잠을 못 잤어.
정답 2)
해설 1) 啼(な)く: 소리 내서 울다
3) 鳴(な)く: (새 등이) 울다
4) 哭(な)く: 통곡하다

11.
문제 리포트를 쓰지 못한 건 당신 사정이지요.
정답 3)
해설 4) 琴(こと, きん): 거문고

12.
문제 더운 날은 시원한 음료가 제일이다.
정답 4)
해설 1) 恨(こんうらむ・うらめしい): 한 한, 원망하다
2) 根(こんね): 뿌리 근

13.
문제 이 방은 남향입니까?
정답 1)
해설 む(向)き: 방향, 방면

14.
문제 이 만화는 발행부수가 일본에서 1위라고 합니다.
정답 3)
해설 1) 倍数(ばいすう): 배수
2) 培(ばい・つちかう): 북돋울 배, さいばい(栽培): 재배
3) ぶすう(部数): 부수
4) 陪(ばい): 모실 배, 돕다, 따르다

問題3
( )에 들어갈 낱말로 알맞은 것을 1,2,3,4 중에서 하나 고르시오.

15.
문제 남편은 책을 살 때, 중고가 아닌 (신품)을 사도록 하고 있습니다.
정답 1)
해설 中古(ちゅうこ): 중고
1) 新品(しんぴん): 신품, 새것, 새 물건
2) 珍品(ちんぴん): 진품, 진귀한 물품
4) 古品(こひん): 고품, 낡은 물품

日本語能力試験 N3・N4 일본어능력시험

16.
문제 FAX가 도착했습니다. (수신)을 원하면 시작버튼을 눌러 주세요.
정답 4)
해설 1) 送信(そうしん): 송신
2) 返信(へんしん): 회신
3) 配信(はいしん): 배신(통신사 등이 취재한 사항 등을 관계 기관에 보냄)
4) 受信(じゅしん): 수신

17.
문제 이쪽이 역으로 가는 (지름길)입니다.
정답 3)
해설 1) 遠道(とおみち): 먼 길을 걸음, 먼 걸음, 먼 길
2) 遠回(とおまわ)り: 멀리 돎, 길을 돌아 감
3) 近道(ちかみち): 지름길, 샛길.

18.
문제 A : 「(사는 곳)은 어디세요?」
    B : 「신주쿠입니다.」
정답 2)
해설 2) 住(す)まい: 삶, 거주함. (お~형태로)댁. 사시는 곳.

19.
문제 사용하지 않는 (콘센트)는 뽑아서 전기를 절약합시다.
정답 4)
해설 拔(ぬ)く: 뽑다. 빼내다. 빼어들다
節約(せつやく): 절약

20.
문제 목욕물이 (데워졌으니까) 얼른 들어가세요.
정답 1)
해설 1) 沸(わ)く: 끓다. 비등하다.
2) 沸(わ)かす: 끓이다. 데우다.

21.
문제 밖에서 벌레가 들어오지 않도록 (철망 문)을 닫겠습니다.
정답 2)
해설 閉(し)める: 닫다.
1) 天井(てんじょう): 천정
2) あみど(網戸): 고운 철망을 친 문. 망창(網窓)
3) まないた(俎板・俎): 도마

22.
문제 저번 주에 아들이 (예뻐하던) 고양이가 죽었습니다.
정답 4)
해설 可愛(かわい)い: 귀엽다 可愛がる: 귀여워하다

23.
문제 신발 끈이 세게 묶여져 있어서 (풀) 수가 없습니다.
정답 2)

해설 結(むす)ぶ: 매다. 묶다.
2) ほど(解)く: 풀다. 뜯다.

24.
문제 장마철에는 음식물에 (곰팡이)가 피기 쉽다.
정답 1)
해설 生(は)える:나다. 자라다.
1) かび: 곰팡이   4) かふん(花粉):화분, 꽃가루

25.
문제 아버지는 항상 (단정하지 못한) 모습으로 다니지 말라고 합니다.
정답 3)
해설 格好(かっこう):모양, 모습, 겉모양, 그럴듯한 형식
1) だる(怠)い:나른하다, 노곤하다
3) だらしない:(마음가짐, 태도 등이)단정하지 않다, 칠칠하지 못하다
4) だらだら:완만한 경사가 이어지는 모양, 액체가 줄줄 흘러내리는 모양

問題4
_____ 와 비슷한 의미를 지닌 것을 1,2,3,4 중에서 하나 고르시오.

26.
문제 그 사람의 가방은 남동생이 늘 들고 다니던 것과 비슷하다.
정답 3)
해설 似る(にる): 닮다
3) ふだん(不斷): 평소

27.
문제 어머니한테 너의 사고방식은 <u>안이하다</u>라는 주의를 자주 받는다.
정답 3)
해설 2) 古(ふる)い: 낡다, 오래되다

28.
문제 컴퓨터에 새 <u>소프트</u>를 <u>주입한다</u>.
정답 1)
해설 1)インストールする: 인스톨하다, 설치하다

29.
문제 나의 취미는 돈을 <u>모으는</u> 것 입니다.
정답 4)
해설 貯(た)める: 돈을 모으다.
1) 借金(しゃっきん)する: 돈을 꿈.
4) 貯金(ちょきん)する: 저금하다.

30.
문제 금년에 제일 <u>유행했던</u> 말은 「정말 기분 좋다」였습니다.

정답 2)
해설 流行(はや)る: 유행하다
    4) もう(儲)かる: 벌리다, 벌이가 되다

問題5
다음 낱말의 사용방법으로 가장 알맞은 것을 1,2,3,4 중에서 하나 고르시오.

31.
문제 あばれる 날뛰다
정답 1) 옆방에서 아이들이 큰 소리로 떠들어대고 있다.
해설 あば(暴)れる: 날뛰다. 난폭하게 굴다.
    暴(ぼう・ばく・あばく・あばれる): 사나울 폭/찔 폭,
                                사나울 포

32.
문제 断る 거절하다
정답 3) 좋아하는 여자 아이에게 영화를 권유했다가 거절당했다.
해설 断(ことわ)る: 거절하다. 양해를 구하다.
    断(だん・たつ・ことわる): 끊을 단

33.
문제 ぜひとも 꼭
정답 2) 이 일을 꼭 저에게 시켜주십시오.
해설 ぜひとも: ぜひ의 힘줌 말, 무슨[어떤] 일이 있어도,
    꼭, 반드시
    あたた(暖)める: 따스하게[따뜻하게] 하다, 데우다, 덥히다

34.
문제 仲 사이
정답 1) 너랑 나는 그런 사이가 아니잖아.
해설 仲(なか): (사람과 사람의)사이. 관계.
    仲(ちゅう・なか): 버금 중

35.
문제 注ぐ(つぐ) 따르다
정답 4) 부장님께 술을 따뤄드리세요.
해설 注(つ)ぐ: 따르다
    3) おちゃわん(茶碗): 밥공기, 찻잔

■ 독해 · 문법

問題1
다음 문장의 ( ) 안에 들어갈 답으로 알맞은 것을 하나 고르시오.

01.
문제 아들이 다니는 학교에서는, 휴대폰을 학교에 가져갈 수 없게 (되어 있다.)
정답 3)
해설 2) わけにはいかない: ~할 수 없다.
    3) ことになっている: ~하기로 되어 있다.

02.
문제 공부를 별로 하지 않고 경제학 시험을 쳤는(데) 합격했습니다.
정답 1)
해설 経済学(けいざいがく): 경제학

03.
문제 A : 「벌써 아침이예요. 얼른 일어나세요.」
    B : 「조금만 더. (앞으로) 5분만 자게 해줘.」
정답 2)
해설 寝(ね)かせる: 잠을 자게 하다

04.
문제 이 냉장고는 아주 오래돼서 만약에 (수리한다고 해도) 바로 또 고장날거야.
정답 4)
해설 壊(こわ)れる: 깨지다. 부서지다. 파손되다.

05.
문제 아버지가 놀러 가도 된다고 하셔도, 숙제가 끝날 때까지는 놀러 (보내 줄 수가 없다.)
정답 1)
해설 ~わけにはいかない: ~할 수 없다.

06.
문제 운전을 (못하는 건) 아니지만 10년이나 운전을 안 해서 불안합니다.
정답 3)
해설 運転(うんてん) ~も: ~이나

07.
문제 내일 밤에 회의가 있습니다. (그래서) 당신과 함께 콘서트에 갈 수 없습니다.
정답 2)
해설 1) ところで: (갑자기 화제를 바꿀 때 쓰는 말) 그런데. 그것은 그렇고.
    2) ですから: 그러므로. 그러나. 그래서.
    3) だけど: 그러나
    4) ところが: 그런데. 그러나.

08.
문제 가령 휴가를 받는(다고해도) 아무데도 가지 않고 집에서 느긋하게 쉬고 싶다.
정답 3)
해설 休みを取る: 휴가를 받다

문제해설 日本語能力試験 N3・N4 일본어능력시험

09.
문제 의사가 절대로 술을 (마시지 말)라고 말했다.
정답 4)
해설 絶対(ぜったい)に: 절대로

10.
문제 부엌에 가는 거야? (가는 김에) 밥솥에 전원스위치 좀 넣어주지 않을래?
정답 2)
해설 炊飯器(すいはんき):전기밥솥
2) ついでに: ~하는 김에, 하는 기회에.
3) とたんに: ~바로 그 순간, 하자마자.

11.
문제 A : 「미국 유학 이야기가 들어왔는데, 어떻게 하면 좋을까」
B : 「이런 기회는 (좀처럼 없어), 가는 게 좋아」
정답 3)
해설 3)めったに: ~(부정의 말이 따르면)좀처럼, 특별한 경우 외에는 거의

12.
문제 나는 술을 못 마시니까 그런 파티에 가도 (전혀) 재미없어.
정답 1)
해설 1) ちっとも: ~조금도, 전연

13.
문제 「(결코) 고객님께 손해 끼치지 않겠습니다.」라고 은행원은 말했지만 상당한 손해를 봤다.
정답 4)
해설 2) きめて(決め手):방법, 수
4) 決(けっ)して:결코, 결단코

問題2
다음 문장의 ★ 에 들어갈 답으로 알맞은 것을 1,2,3,4중에서 하나 고르시오.

14.
문제 제가 사장님 ★대신 회의에 출석하겠습니다.
정답 4)
해설 ~にか(代)わって: ~를 대신하여

15.
문제 이 문제 에 ★관한 질문은 없습니까?
정답 1)
해설 ~に関(かん)して: ~에 관해서

16.
문제 일본에서는 어린이는 ★물론이고 어른들도 자주 만화를 본다.
정답 2)
해설 もちろん(勿論): 물론, 말할 것도 없이

17.
문제 너무 무리 하지 말 ★아야 합니다.
정답 4)
해설 ~ことだ:
개인의 의견이 아니라 도덕적, 사회적인 상식에 대해 설교하거나 할 때의 표현
~하는 것이 당연하다, ~해야 한다

18.
문제 인터넷에서 물건을 구입하는 것은 매장에서 ★구입하는 것에 비해 싸다.
정답 3)
해설 ~に比(くら)べて: ~에 비해

問題3
다음 문장을 읽고 19에서 23안에 들어갈 답으로 알맞은 것을 1,2,3,4 중에서 하나 고르시오.

해석 지난 주 주말에 있었던 일입니다. 밤에 산책하고 오는 길에 삼각김밥이 19 먹고 싶어져서, 슈퍼마켓에 갔습니다. 연어, 김, 매실 등 종류가 다양해서, 어떤 걸 사지? 하고 고민했습니다. 2개들이 삼각김밥이 있어서, 그걸 들고 계산대로 갔습니다. 돈을 20 내려고 하는데, 지갑이 없는 겁니다. 집에서 나올 때 주머니에 21 넣었던 것 같아서 찾아봤지만 없었습니다. 계산대의 점원이 난처한 얼굴로「왜 그러세요?」라고 물어봐서 정말 22 창피했습니다. 결국 삼각김밥은 못 샀습니다. 집에 돌아가서 지갑을 23 찾았더니 현관에 놓여 있었습니다.

19.
정답 2)
해설 散歩の帰りに: 산책하고 돌아가는 길에
おにぎり: 삼각김밥

20.
정답 4)
해설 しはら(支払)う: 지급하다, 지불하다
さいふ(財布): 돈지갑

21.
정답 1)
해설 さが(探)す: 찾다

22.
정답 3)
해설 レジ(register):「レジスター」의 준말 계산대

23.
정답 2)

해설 げんかん(玄関): 현관

■ 청해

問題1
문제1에서는 먼저 질문을 들으세요. 그런 다음, 대화를 듣고 보기의 1부터 4중에서 가장 알맞은 것을 하나 고르시오.

01.
해석 여: 내일회의가 모레 오전으로 변경됐다고 회의실 예약을 취소해 달래.
남: 앗, 그래? 하지만 왜.
여: 사장님이 갑작스럽게 내일 다른 회사 사장님과의 회의가 잡혀서, 내일모레로 잡아달라고 부장님한테 연락하셨대.
남: 그렇구나. 하지만 큰일이네. 나는 내일모레 휴가인데.. 그 회의, 다음 주로 하면 안될까.
여: 응. 그건 무리라고 봐. 어쨌든 회의실 예약 부탁해.
남:응. 알았어.
문제 여자와 남자가 내일 있을 회의에 대해서 이야기하고 있습니다. 남자는 이제 무엇을 해야합니까?
정답 3) 회의실 예약을 내일모레 오전중으로 한다.
해설 会議室(かいぎしつ) : 회의실

問題2
문제2에서는 먼저 질문을 들으세요. 그리고 문제를 보세요. 읽는 시간이 주어집니다. 그런 다음, 대화를 듣고 문제용지의 1부터 4중에서 알맞은 답을 하나 고르시오.

02.
해석 부인: 다녀왔어요.
남편: 어서 와. 꽤 늦었네. 사람이 많았어?
부인: 아니. 그렇게 많지 않았어. 시장은 금방 봤는데.
남편: 그럼, 왜?
부인: 수퍼마켓을 나오려는데 옆집 아주머니한테 붙잡혀서.
남편: 수퍼마켓앞에서 이야기한 거야?
부인: 응. 수퍼마켓 앞에 매주 커피를 팔러 오는 트럭이 와 있길래 거기서.
남편: 그래서, 거기서 커피를 마신 거야?
부인: 나는 안마셨는데. 이야기를 시작하니까 길어져서.
남편: 옆집 아주머니는 너무 말이 많아.
부인: 정말 미안해요. 금방 저녁 준비할게요.
문제 부인이 시장을 보고 왔습니다. 시간이 걸린 이유는 무엇입니까?
정답 4) 옆집 아주머니랑 이야기했기 때문.
해설 ~たから: ~하니까.
買い物: 물건사기. 또는 그 물건.

問題3
문제3에서는 문제용지에 인쇄된 내용이 없습니다. 먼저 대화를 들으세요. 그런 다음, 질문을 듣고 알맞은 답을 1부터 4중에서 하나 고르시오.

03.
해석 호텔직원: 저, 고객님께 부탁이 있습니다.
고객: 무엇입니까?
호텔직원: 실은 저희 호텔에서는 방 청소나 침대정리를 희망하시는 고객께만 해드리고 있습니다.
고객: 아, 그렇습니까. 그럼 타올 만 교환하고 싶을 때는 어떻게 합니까?
호텔직원: 방에 청소카드와 침대정리카드, 그리고 타올.시트교환 3개의 카드가 놓여있습니다. 객실 문 손잡이에 희망하시는 카드를 걸어두십시오. 카드가 걸려 있을 경우 반드시 들립니다.
고객: 네, 알겠습니다.
호텔직원: 대단히 죄송합니다만, 카드는 아침10시까지는 부탁 드립니다. 이후에는 프런트에 오셔서 타올을 받아 가셔야 합니다. 부탁드립니다.
고객: 그렇습니까. 알겠습니다.
문제 호텔직원과 고객이 프런트에서 이야기하고 있습니다. 호텔고객은 어떻게 해야 합니까?
정답 1) 문고리에 타올·시트 카드를 아침10시까지는 걸어둔다.
해설 ~なければならない:~하지 않으면 안된다(~해야 한다).
ノブ(knob) : 문의 손잡이
札(ふだ): 표찰(標札), 표(標), 팻말, 푯말. 추가

問題4
문제4에서는 그림을 보면서 질문을 들으세요. 그런 다음, 알맞은 답을 1에서 3중에서 하나 고르시오.

04.
문제 남:도서관까지 어떻게 가는지 묻고 싶습니다.뭐라고 말할까요?

정답 3) 실례합니다만. 도서관에 가려고 하는데요.
해설 迷(まよ)う: 길을 잃다, 헤매다

05.
문제 전철에서 어르신에게 자리를 양보합니다. 뭐라고 말합니까?
정답 2) 여기 앉으세요.
해설 譲(ゆず)る: 양보하다. 양도하다. 물려주다.

06.
문제 남:지하철역에서 목적지로 가는 출구를 모릅니다. 뭐라고 말할까요?
정답 1) 미안합니다만 시청이 몇 번 출구죠?
해설 市役所(しやくしょ): 시청

07.
문제 여:앞에 걷고 있는 사람이, 지갑을 떨어뜨렸습니다. 뭐라고 말합니까?
정답 2) 저, 저기요. 지갑 떨어뜨리셨어요.
해설 財布(さいふ): 지갑
   拾(ひろ)う: 줍다, 습득하다
   落(お)とす: (위에서 아래로)떨어뜨리다, 낙하시키다

問題5
문제5에서는 문제용지에 인쇄된 내용이 없습니다. 먼저 문제를 들으세요. 그런 다음, 문제의 답으로 알맞은 것을 1부터 3중에서 하나 고르시오.

08.
문제 남: 다나카군 또 지각이래.
정답 3) 또 구나. 곤란한 사람이네.
해설 遅刻(ちこく): 지각

09.
문제 여자 화장실이 1층이던가, 3층이던가.
정답 3) 1층이었어
해설 っけ: 종조사, 잊었던 일을 어떤 기회에 회상하며 그리워[아쉬워]하는 뜻을 나타냄.
   …였지, …하곤 했(었)지, …던가.
   무간한 사이에서 허물없이 쓰는 말.

10.
문제 여: 고객님, 어떤 걸 찾으세요?
정답 1) 아닙니다. 그냥 보기만 하려 구요.
해설 大丈夫(だいじょうぶ): 끄떡없음, 걱정 없음, 괜찮음

11.
문제 남: 이 방은 인터넷이 안됩니다만, 괜찮으시겠습니까?
정답 2) 네, 상관없습니다.
해설 2) 예, 상관없습니다.

けっこう: 괜찮음, 다행임, 좋음
かま(構)う: (흔히, 뒤에 부정의 말이 따름) 상관하다, 개의하다

08

실전테스트

문자·어휘

問題1
_____ 친 낱말의 읽는 방법으로 알맞은 것을 1,2,3,4 중에서 하나 고르시오.

01.
문제 오후 7시에 역 개찰구 앞에서 만납시다.
정답 2)
해설 2) かいさつぐち(改札口):개찰구

02.
문제 대학생 때는 싼 하숙집에서 살았다.
정답 1)
해설 1) 下宿(げしゅく):하숙

03.
문제 백화점에서 귀여운 장갑을 손자한테 사다 줬습니다.
정답 4)
해설 1) 手袋(てぶくろ):장갑

04.
문제 담배는 20살 미만이 피워서는 안 됩니다.
정답 3)
해설 吸(す)う:(기체나 액체를)들이마시다. 빨다. 빨아 먹다.

05.
문제 책의 목차를 보고 읽고 싶은 페이지를 찾는다.
정답 4)
해설 探(さが)す: 찾다.

06.
문제 기모노의 띠는 정말 예쁩니다.
정답 2)
해설 ひも(紐): 끈
   帯(おび): (일본에서)허리에 두르는 띠.

07.
문제 이 영화는 모든 관객에게 감동을 줍니다.
정답 1)

해설 　与(あた)える:(자기의 것을 남에게)주다.
　　　1) かんきゃく(観客):관객
08.
문제 　이 식품은 냉장고에 보존해 주세요.
정답 　3)
해설 　保存(ほぞん): 보존

問題2
_____ 친 낱말을 한자로 옮긴 것으로 알맞은 것을 1,2,3,4 중에서 하나 고르시오.

09.
문제 　뜨거운 물을 붓고 3분후에 드십시오.
정답 　1)
해설 　保存(ほぞん): 보존
　　　1) 熱(ねつ・あつい)더울 열
　　　2) 厚(こう・あつい)두터울 후
　　　3) 篤(あつい, とく)
　　　4) 暑(しょ・あつい)더울 서
10.
문제 　이 첫 걸음은 아주 미약하지만, 인류에게 있어서는 거대한 일보다.
정답 　3)
해설 　一歩: 한 걸음.
　　　2) 顆(か): 낱알 과, 과일·보석 등을 세는 말, 과, 알, 개
11.
문제 　매주 목요일은 사장님과 중요한 회의가 있다.
정답 　2)
해설 　1) 義(ぎ): 옳을 의　 2) 会議(かいぎ): 회의
　　　3) 儀(ぎ): 거동 의, 의식, 예식　 4) 犠(ぎ): 희생 희
12.
문제 　복싱선수는 시합 전에 자주 감량 한다.
정답 　1)
해설 　1) 減量(げんりょう)감량
　　　滅(げん・へらす・へる)덜 감
　　　滅(めつ・ほろぼす・ほろびる)꺼질 멸/멸할 멸
13.
문제 　길을 잃으면 파출소에 물어보는 게 좋아.
정답 　4)
해설 　迷(まよ)う:길을 잃다. 헤매다.
　　　1) 校(こう・きょう): 학교 교
　　　2) 効(こう): 본받을 효, 효력, 효과
　　　3) 郊(こう): 들 교, 변두리, 시골
14.
문제 　다음 역의 내리실 문은 오른쪽입니다. 잘못 내리시지 않도록 주의하여 주시기 바랍니다.

정답 　3)
해설 　2) 侯(こう): 영주/제후 후
　　　3) 降車口(こうしゃぐち):하차구. 내리는 문.

問題3
(　　)에 들어갈 낱말로 알맞은 것을 1,2,3,4 중에서 하나 고르시오.

15.
문제 　당신을 좋아합니다. 저랑 (사귀어) 주십시오.
정답 　4)
해설 　付(つ)き合(あ)う : 사귀다, 교제하다
16.
문제 　저의 남편은 홋카이도 (출신)입니다.
정답 　1)
해설 　1) 出身(しゅっしん): 출신
　　　2) 出生(しゅっせい): 출생
　　　3) 出自(しゅつじ) : 출신,태생(계층이나 가문 등)
　　　4) 進出(しんしゅつ): 진출
17.
문제 　맙소사. 냄비가 (타고) 있어.
정답 　2)
해설 　2) 焦(こ)げる:눋다. 타다.
　　　3) 焼(や)く:태우다. 굽다.
18.
문제 　여동생 방에는 예쁜 양탄자가 (깔려) 있습니다.
정답 　3)
해설 　敷(し)く:깔다. 펴다.
19.
문제 　아르바이트 (시급)은 850엔입니다.
정답 　4)
해설 　1) 支給(しきゅう): 지급
　　　2) 瞬(しゅん またたく): 눈 깜짝일순
　　　3) 自給(じきゅう): 자급
20.
문제 　매일 밤 남편의 (코고는 소리)가 시끄러워서 잠을 잘 수가 없다.
정답 　2)
해설 　1) まびき(間引き): 솎음(질)
　　　3) きびき(忌引き): 학업이나 근무를 쉬고 복상(服喪)함, 또는 그 휴가
　　　4) ひび(響)き: 울림, 또는 울리는 소리, [명사] 반향, 메아리
21.
문제 　A :「그 꽃 (문양)이 참 잘 어울리시네요.」
　　　　 B :「그래요? 올해는 이런 꽃(문양)이 유행 이라죠.」

문제해설 日本語能力試驗 N3・N4 일본어능력시험

정답 2)
해설 2) 柄(がら): (옷감 등의)무늬. 모양.
　　　　人柄(ひとがら): 사람됨. (명사에 붙어)본래 갖고 있는 성질, 신분 등을 나타냄. 품위.
　　　3) 紋(もん): 무늬.

22.
문제 차선을 바꿀 때는 (사이드미러)로 확인한 후에 바꾸세요.
정답 3)
해설 4)カーナビ: カーナビゲーション의 준말

23.
문제 비오는 날이 많아 (빨래)가 마르지 않아서, 건조실에 가서 말립니다.
정답 4)
해설 乾(かわ)く: 마르다. 건조하다.
　　　乾(かわ)かす: 말리다.
　　　4) 乾燥室(かんそうしつ): 건조실

24.
문제 자동차 청소도구를 새로 샀기 때문에 (트렁크)에 넣어 둔다.
정답 1)
해설 掃除道具(そうじどうぐ): 청소도구

25.
문제 11시45분발 동경행은 4번 (홈)에서 출발합니다.
정답 4)
해설 3) 線路(せんろ): 선로

問題4
＿＿＿와 비슷한 의미를 지닌 것을 1,2,3,4 중에서 하나 고르시오.

26.
문제 분실한 물건은 없는지 체크 했어?
정답 1)
해설 忘れ物(わすれもの): 물건을 잊고 감[옴], 또는 그 물건 잊은 물건
　　　忘れ物をする: 물건을 잊다

27.
문제 오랜만에 친가에서 느긋하게(한가하게) 지냈어.
정답 3)
해설 1) のんきに: 태평스럽게
　　　2) にぎやか: 변화함. 흥청거림.
　　　3) のんびり: 한가롭고 평온한 모양. 유유히. 한가로이.

28.
문제 A:「있잖아, 오늘 점심 뭐 먹을래?」
B:「음. 피자가 먹고 싶어.」
정답 2)
해설 1) 朝食(ちょうしょく): 아침 식사
　　　2) 昼食(ちゅうしょく): 점심 식사

29.
문제 소파에 앉아서 기다려주세요.
정답 1)
해설 立(た)つ: 서다

30.
문제 회사에서 해고 됐어. 내일부터 어떻게 생활하지?
정답 4)
해설 首(くび)になる: 면직(해고)되다.
　　　首(くび)にする: 면직(해고)하다.
　　　や(辞)める: 사직하다, 사임하다, 그만두다

問題5
다음 낱말의 사용방법으로 가장 알맞은 것을 1,2,3,4 중에서 하나 고르시오.

31.
문제 こる
정답 3) 아버지는 최근 블로그에 푹 빠져계신다.
해설 凝(こ)る:열중하다. 몰두하다. 미치다.

32.
문제 しっかり
정답 1) 적은 나이도 아닌데, 정신 좀 차려.
해설 しっかり:(부사는「~と」의 꼴로도 씀)견고한 모양. 튼튼한 모양.

33.
문제 ずらす
정답 4) 약속시간을 한 시간 늦춰 주시겠어요?
해설 ずらす:(겹치지 않도록)위치나 시간을 조금 옮기다.
　　　1) ひげ(髭·鬚): 수염, ~をはやす: 수염을 기르다
　　　4) 약속시간을 한 시간 늦춰 주시겠어요?

34.
문제 ふきん
정답 2) 식기를 행주로 닦아주지 않을래?
해설 ふきん(布巾): 행주　　食器(しょっき): 식기

35.
문제 ちぢむ
정답 1) 스웨터를 건조기에 넣으면 줄어드니까 사용하지 마세요.
해설 ちぢ(縮)む: 줄다, 오그라들다, 작아지다
　　　1) 스웨터를 건조기에 넣으면 줄어드니까 사용하지 마세요.

3) ゆず(讓)る: 물려주다, 양도하다, 팔다
4) 体重(たいじゅう): 체중

■ 독해 · 문법

問題1
다음 문장의 ( ) 안에 들어갈 답으로 알맞은 것을 하나 고르시오.

01.
문제 어떤 음식을 좋아하는가는 사람에 (따라) 다르다.
정답 4)
해설 4) よって: 의하다. 의존하다. 따르다.

02.
문제 카레는 끓이면 끓일(수록) 맛있어집니다.
정답 3)
해설 ~ば~ほど:~하면~할수록

03.
문제 저는 언젠가 일본에서 (일해 보고) 싶습니다.
정답 1)
해설 1) ~しよう: ~하려고

04.
문제 다른 동료들이 말하는 (대로) 하면 꼭 우승할거야.
정답 2)
해설 仲間(なかま): 한패, 동료, 동아리,무리
優勝(ゆうしょう): 우승

05.
문제 지금부터 준비해서 나간다고 (해도), 약속시간에 댈 수 없어.
정답 4)
해설 間(ま)に合(あ)う: 시간에 늦지 않게 대다.

06.
문제 메일송신을 할 수가 없어, 인터넷이 안 되는 (것 같아).
정답 1)
해설 1) みたいだ:(「みたいようだ」의 변한말)불확실한, 또는 완곡한 단정을 나타냄.
2) ようだ:(동사, 형용사, 형용동사 및 조동사 등의 연체형과 체언이나 연체사에 붙음)추량, 불확실한 단정, 완곡한 단정 등을 나타냄. 같다.

07.
문제 여름방학이 되니까 매일이 (너무 한가해).
정답 3)
해설 しょうがない 어쩔 도리가 없다. 할 수 없다.

08.
문제 그녀처럼 친절한 사람은 (없을 것이다).
정답 4)
해설 だろう(동사,형용사 및 조동사에 붙어)말하는 이의 추량, 의문 등을 나타냄. ~할 것이다. ~하겠지.

09.
문제 수영대회에 나갑니다. 하지만 대회(라고 해도) 참가자는 5명뿐입니다만.
정답 2)
해설 といっても: (앞의 문장을 받아서)그렇다고 해도

10.
문제 낫또 (따위) 싫어. 절대로 먹고 싶지 않아.
정답 3)
해설 なんか: ~따위.

11.
문제 신용카드는 편리한 반면 과소비라는 위험한 점도 있다.
정답 1)
해설 ~あまり: ~(한)나머지

12.
문제 주말은 편의점에다가 레스토랑에서도 일할 생각입니다.
정답 4)
해설 3) ~にならって: ~에 따라

13.
문제 A : 「피곤한 얼굴을 하고서 무슨 일 있어??」
B : 「요즘 바빠서 감기기운이 좀 있어.」
정답 2)
해설 1) が(勝)ち: (名詞・動詞의 連用形에 붙어) 그런 일이 많음, 그런 경향이 많음의 뜻을 나타냄

問題2
다음 문장의 ___★___ 에 들어갈 답으로 알맞은 것을 1,2,3,4중에서 하나 고르시오.

14.
문제 부모님의 의견을 듣고 ★난 후가 아니면 대답 할 수 없습니다.
정답 1)
해설 3) 返事(へんじ): 대답, 응답, 답장, 회신

15.
문제 욕조에 물을 ★받던 채로 외출해버렸다.
정답 4)
해설 ~っぱなし:(동사의 연용형에 붙음. 흔히 ~っぱなし의 꼴로 씀)~인 채로 놓아둠. ~한 채로임.

문제해설 日本語能力試験 N3·N4 일본어능력시험

16.
문제 이렇게 큰 집에 ★사 니까 야마다상은 굉장한 부자일 것이다.
정답 1)
해설 すご(凄)い: 무시무시하다, 무섭다, 굉장하다, 대단하다

17.
문제 내일 소풍은 날씨가 맑으면 ★좋을 텐데.
정답 2)
해설 えんそく(遠足): 소풍

18.
문제 밥 먹고 약 먹는 ★걸 깜박했다.
정답 3)
해설 薬(やく くすり): 약 ~を飲む

問題3
다음 문장을 읽고 19에서 23안에 들어갈 답으로 알맞은 것을 1,2,3,4 중에서 하나 고르시오.

해설 자유라는 말에 우리는 무엇을 생각하게 될까요? 사회생활을 19 하다 보면, 부족이나 불만, 걱정 등의 경험은 누구나 20 하게 됩니다. 국어사전에는, 마음대로 하는 것, 생각대로 하다 등의 의미가 있습니다. 자유란 그 사람의 본연의 모습이라고 말할 수 있습니다. 그러나, 원인이 밖에 있다 할지라도 마음가짐은 자기 자신이 만들어 내는 것입니다. 일에 21 있어서도 부족이나 불만, 걱정 등의 문제가 생기면 올바른 판단을 내릴 수 없게 됩니다. 안 좋은 일이 22 생기면, 일단 차분하게 그 마음으로부터 자유로워지도록 생각해 봅시다. 23 분명 무엇이든 잘 될 겁니다.

19.
정답 2)
해설 不足(ふそく): 부족   不満(ふまん): 불만
     心配(しんぱい): 근심, 걱정

20.
정답 1)

21.
정답 4)
해설 4) ~において: ~에 있어서, ~에서

22.
정답 3)
해설 悪いことが起こる: 나쁜 일이 생기다

23.
정답 1)
해설 1) きっと: 꼭, 반드시, 틀림없이

■ 청해

問題1
문제1에서는 먼저 질문을 들으세요. 그런 다음, 대화를 듣고 보기의 1부터 4중에서 가장 알맞은 것을 하나 고르시오.

01.
해석 여:저번에 어딘가 가자고 했었지?
     남:응. 그런데 아직 장소를 못 정했어.
     여:여기는 어때? 아주 시원하고 경치도 좋은 것 같은데.
     남:그러네. 여기는 물도 깨끗하고, 사람도 많이 없을 것 같아.
     여:너도 그렇게 생각하지. 그럼 여기로 결정!
     남:알았어. 그럼 나는 가져갈 물건을 준비할게.
문제 남자와 여자가 이야기하고 있습니다. 두 사람은 무엇에 대해 이야기하고 있습니까?
정답 4) 호수
해설 4) 湖(みずうみ): 호수

02.
해석 남:또 복사기가 말썽이야.
     여:왜 그러세요?
     남:조금 전까지 작동했었는데, 또 고장이야.
     여:이 복사기 자주 고장 나요. 저번에 다나카씨도 난처해했어요. 내 옆자리에 있는 데라카와씨가 복사기에 대해서 잘 아니까 물어보는 게 어때요?
     남:알았어. 하지만 정말 큰일이야. 회의 자료를 복사해야 하는데 말이야.
     여:다음에 서비스센터에 전화해서 수리를 받는 게 어때요?
     남:그렇게 해야겠어.
문제 남자와 여자가 복사기에 대해서 이야기하고 있습니다. 남자는 이제부터 무엇을 합니까?
정답 2) 데라카와씨에게 말한다.

03.
해석 여:저. 며칠 전에 이사를 와서 그러는데요, 가연성쓰레기와 불연성쓰레기 분리방법에 대해서 질문이 있습니다만
     남:아 네. 뭔가요?
     여:전에 살던 곳에서는 종이가 가연성 쓰레기였습니다만, 여기서는 재활용이라고 들었습니다.
     남:맞아요. 그리고 페트병 라벨은 불연성 쓰레기입니다만, 뚜껑은 재활용쓰레기입니다.

여:그렇습니까?
남:네. 페트병과 빈 병은 물로 씻어주세요.
여:알겠습니다. 전에 살던 곳과 달라서, 도움이 되었습니다. 감사합니다.
남:번거로우시겠지만, 부탁드립니다.

문제 남자와 여자가 이야기하고 있습니다. 여자는 무엇을 해야만 합니까?

정답 3) 페트병과 빈 깡통은 물로 씻는다.

해설 燃える: (불)타다.
燃(ねん・もえる・もす・もやす)탈 연
リサイクル: 재활용

問題2

문제2에서는 먼저 질문을 들으세요. 그리고 문제를 보세요. 읽는 시간이 주어집니다. 그런 다음, 대화를 듣고 문제용지의 1부터 4중에서 알맞은 답을 하나 고르시오.

04.

해석 여:여보세요, 나카다입니다만.
남:네. 어디 나카다씨 입니까?
여:스미스씨의 친구 나카다입니다. 스미스씨는 (집에) 없나요?
남:잘 안 들리는데요, 스미스씨말인가요?
여:스미스씨는 외출했습니까? 오늘 밤 10시에 전화하기로 약속했었는데.
남:어디로 전화하셨습니까?
여:스미스씨 전화 아닙니까?
남:저기. 아닙니다만.
여:아, 미안합니다. 잘못 걸었습니다.

문제 여자와 남자가 통화 중입니다. 여자가 스미스씨와 통화하지 못한 이유는 무엇입니까?

정답 3) 여자가 전화번호를 틀렸기 때문

05.

해석 여:당신. 오늘 콘서트 안 갈래? 근처 공원에서 하고 있는데.
남:콘서트? 왜 공원에서?
여:공원 무대에서 매년 하고 있대. 간단한 식사도 할 수 있나 봐. 그리고 오늘이 콘서트 마지막날이라 당신이랑 같이 가고 싶어서.
남:음... 별로 가고 싶지 않아.
여:그래? 모처럼 와인을 맘껏 마실 수 있다고 하는데.
남:왜 그걸 이제 말해?
여:그럼 같이 가는 거야?
남:당연하지!

문제 남자와 여자가 이야기하고 있습니다. 남자가 콘서트에 가기로 한 것은 무엇 때문입니까?

정답 4) 와인을 맘껏 마실 수 있어서.

해설 放題(ほうだい): (동사의 연용형이나 조동사 たい, 또는 언떤 종류의 형용동사의 어간에 붙어)마음대로 함. 하고 싶은 대로 함. 제멋대로 함.
3) 最終日(さいしゅうび): 최종일

06.

해석 여:아니 무슨 일 있어? 창백해 보여.
남:어젯밤에, 이번에 외국으로 이사 가는 친구가 있어서 파티를 했어.
여:그랬구나. 그래서 과음했어?
남:아니. 그게 아니라. 나 술 못 마시는 거 알잖아.
여:참, 그렇지. 그럼 왜?
남:사실은 어제 요리에, 내가 먹으면 안 되는 게 들어가 있었는데, 모르고 그걸 먹어버렸어. 그래서 아침부터 상태가 안 좋아.
여:그거 큰일이네. 빨리 병원에 가봐.

문제 여자와 남자가 이야기하고 있습니다. 남자는 왜 얼굴이 창백합니까?

정답 3) 먹으면 안 되는 것을 먹었기 때문에.

해설 飲みすぎ: 과음

問題3

문제3에서는 문제용지에 인쇄된 내용이 없습니다. 먼저 대화를 들으세요. 그런 다음, 질문을 듣고 알맞은 답을 1부터 4중에서 하나 고르시오.

07.

해석 남:보증서는 찾았어?
여:여기에 넣어뒀는데.... 찾았다. 찾았어.
남:다행이다. 보증서가 없으면 수리대금이 비싸잖아.
여:맞아. 그럼, 이제 텔레비전 들고 가서 수리해 오지 않을래?
남:뭐? 같이 가는 거 아니야?
여:나는 집도 치워야 하고, 거기다 저녁약속이 있어서 준비해야해.
남:그럼, 혼자 이 무거운 걸 들고 다녀오라는 거야?
여:어떻게, 난 바쁜 걸.
남:쳇. 알았어. 혼자 다녀올게
여:자. 수리대금.

문제 남자와 여자가 고장 난 텔레비전을 가지고 이야기하고 있습니다. 남자는 이제부터 무엇을 합니까?

정답 2) 텔레비전 수리를 받으러 간다.

해설 保証書(ほしょうしょ): 보증서, 故障(=しょう): 고장

問題4
문제4에서는 그림을 보면서 질문을 들으세요. 그런 다음, 알맞은 답을 1에서 3중에서 하나 고르시오.

08.
문제 남: 영화관에서 자신의 자석에 다른 사람이 앉아 있습니다. 뭐라고 말할까요?
정답 2) 실례합니다. 여기는 제 자리 입니다만.

09.
문제 선생님께 전화를 합니다. 선생님께서 전화를 받으시면 먼저 뭐라고 말할까요?
정답 3) 여보세요 정입니다만, 지금 괜찮으세요?
해설 電話をかける: 전화를 걸다.

10.
문제 남:예약한 레스토랑에 왔습니다. 입구에서 점원한테 뭐라고 합니까?
정답 1) 7시에 예약한 노구치입니다만.

11.
문제 여: 페스트후드가게에서 주문 한 것을 먹고 갑니다. 뭐라고 말할까요?
정답 3) 식당에서 먹을 겁니다.
해설 持(も)ち帰(かえ)り: 구입한 물건 등을 직접 들고 감.

問題5
문제5에서는 문제용지에 인쇄된 내용이 없습니다. 먼저 문제를 들으세요. 그런 다음, 문제의 답으로 알맞은 것을 1부터 3중에서 하나 고르시오.

12.
문제 남:아드님은 몇 살인가요?
정답 1) 8살입니다.

13.
문제 여:감기입니다. 약을 꺼내 놓을까요?
정답 3) 은 좀.

14.
문제 여:비행기는 빨라. 벌써 서울이야.
정답 3) 응, 그래.

15.
문제 남:가타야마군, 저번 회의 때의 프레젠테이션 훌륭했어.
정답 2) 감사합니다(송구스럽습니다). 앞으로도 열심히 하겠습니다.

독해연습

問題1
문제1 다음 문장을 읽고 질문에 답하시오. 가장 알맞은 답을 1·2·3·4 중에서 하나 고르시오.

해석 영어회화를 배우고 싶은 분에게
외국인과 외국어로 이야기하는 즐거움은, 일본어로 일본인끼리 대화하는 것과는 다른 경험을 할 수 있습니다. 언어뿐만 아니라 문화도 다르지만, 영어를 통해 이해해보지 않겠습니까? 연령, 직업, 성별에는 제한이 없습니다. 영어를 처음 배우는 분들도 괜찮습니다. 미국인 선생님들이 쉽고 간단한 영어로 가르쳐줍니다. 매일30분부터라도 OK입니다. 지금 막 영어회화를 시작 하시는 분, 영어회화를 좀 더 잘 하고 싶으신 분은 언제든지 교실 문을 노크해주세요. 여러분의 참여를 기다리겠습니다.
즐거운 영어회화교실

01.
문제 즐거운 영어화화교실이 배우고 싶은 사람에게 전하고 싶은 것은 무엇입니까?
정답 2) 미국인선생님들이 쉽게 영어를 가르쳐준다.
해설 文化(ぶんか): 문화   ~を通(とお)して:를 통하여

問題2
다음 문장을 읽고 질문에 답하시오. 가장 알맞은 답을 1·2·3·4 중에서 하나 고르시오.

해석 시미즈씨는 아이들이 그림으로 그린 케이크를 만들어서 선물하려고 「꿈의 케이크날」을 시작하였습니다. 「케이크는 사람을 행복하게 하는 힘이 있어요. 그래서 가족이 함께 꿈을 이야기하는 시간을 만들었으면 좋겠어요.」라며 「꿈의 케이크」를 모집하였고, 작년에는 850건의 응모가 있었습니다. 그 그림을 바탕으로 십 수 명의 전문가들이 작업을 한다고 합니다. 사람은 무엇인가를 바라며 상품이나 서비스를 구입합니다. 그것은, 실용적인 것이기도 하고, 맛있는 것이기도 하며, 때로는 즐거운 이벤트이기도 합니다. 그런 모든 것에 공통되는 것은「누군가가 행복해지기 위해서 돈을 쓴다」라는 것입니다. 자신이 싫은 것에 일부러 돈을 쓰는 사람은 없습니다. 상품이나 서비스는「행복해 질 수 있는가 없는가」라고 말할 수 있습니다.

02.
문제 시미즈씨가「꿈의 케이크 날」을 시작한 이유는 무엇이라고 말합니까?

정답 1) 가족이 함께 꿈을 이야기하는 시간을 가지길 바라기 때문에
해설 募集(ぼしゅう): 모집

03.
문제 사람은 어떤 것에 돈을 쓴다고 말하고 있습니까?
정답 4) 행복해지기 위해서

問題3
다음 문장을 읽고 질문에 답하시오. 가장 알맞은 답을 1·2·3·4 중에서 하나 고르시오.

해석 처음 뵙겠습니다. 한국에서 온 김이라고 합니다. 잘 부탁드립니다.오늘은 제가 지금까지의 일본생활에서 경험한 것에 대해 이야기하겠습니다. 저는 일본에 온지 정확히 1년이 되었습니다. 처음 왔을 때는 일본어를 잘 할 수 있을까, 일본생활은 괜찮을까 등으로 매일같이 걱정하며 지냈습니다. 그렇지만, 일본인 친구가 아주 친절하게 대해줘서 안심하고 생활할 수 있었습니다. 저는 일본요리가 너무 맛있고 정말 좋아합니다. 특히 생선초밥과 튀김을 좋아합니다. 요리하는 걸 좋아해서 늘 일본요리를 공부해보고 싶다는 생각을 가지고 있었습니다. 그런데, 선생님께서 간단히 만들 수 있는 감자조림(니쿠쟈가)을 가르쳐 주셨습니다. 이번 여름에 한국에 가면 부모님께 만들어드릴 작정입니다. 일본생활에서 무엇보다 힘든 점이 하나 있습니다. 그건 전철이나 버스의 요금이 비싸다는 것입니다. 한국에서는 일본 엔으로 약100엔이면 버스를 탈 수 있지만 일본에서는 무리입니다. 저는 매일 버스를 타고 학교에 가야 합니다. 조금만 더 싸지면 좋겠습니다.저는 일본에 오길 잘했다고 생각합니다. 그건 일본인 친구가 많이 생겨서 내가 좋아하는 일본요리를 배울 수 있었기 때문입니다.

04.
문제 김 씨는 일본에 와서 무엇을 걱정했습니까?
정답 4) 일본에서 생활 할 수 있을까.

05.
문제 문장의 내용과 다른 것은 무엇입니까?
정답 3) 일본 버스요금은 비싸지 않기 때문에 조금 더 인상해도 된다.
해설 値(ね)上げ: 가격인상   値(ね)下げ: 가격인하

問題4
다음 문장을 읽고 질문에 답하시오. 가장 알맞은 답을 1·2·3·4 중에서 하나 고르시오.

해석 홍씨는 도서관에서 리포트를 작성하려고 합니다. 오늘은 제2월요일입니다. 리포트 제출은 이번 주 수요일까지입니다. 화요일은 수업이 오전 중에 끝납니다.
〈야마다시 중앙도서관 이용안내〉
■ 개관시간

개관시간	평일	오전10부터 오후6시까지 (아동도서는 오후5시까지)
	토,일, 휴일	오전10부터 오후1시까지
휴관일	제2월요일	단 휴일과 겹치는 경우는 화요일
	연말연시	2월28일부터 1월3일
	특별휴관일	5월3일부터 5월 5일

06.
문제 홍 씨는 언제 도서관에서 리포트를 작성할 수 있습니까?
정답 3) 화요일

07.
문제 이 안내내용으로 맞는 것은 무엇입니까?
정답 4) 이 도서관은 휴관일 외에는 개관한다.
해설 休館日(きゅうかんび): 휴관일
館(かん·たち·たて·やかた):집

09

실전테스트

문자·어휘

問題1
___ 친 낱말의 읽는 방법으로 알맞은 것을 1,2,3,4 중에서 하나 고르시오.

01.
문제 전철이나 신칸센 예약은 역에 있는 녹색창구에서 가능합니다.
정답 2)
해설 窓口(まどぐち):창구.

02.
문제 금일 영업은 종료하였습니다.
정답 4)
해설 本日(ほんじつ): 본일, 오늘, 금일
営業(えいぎょう): 영업

日本語能力試験 N3・N4 일본어능력시험

03.
문제 수도관 공사로 1시간동안 단수 한다고 한다.
정답 1)
해설 水道(すいどう):수도   断水(だんすい):단수

04.
문제 장시간 정좌하고 있었더니 굉장히 피곤하다.
정답 3)
해설 疲(つか)れる: 지치다. 피로해지다.
    正座(せいざ): 자세를 바르게 하여 앉음, 정좌
    cf)しょうざ: (주빈이 앉는) 정면의 좌석
    疲(つか)れる: 지치다, 피로해지다

05.
문제 지난주부터 이가 아프다 했더니 충치가 생겨있었다.
정답 2)
해설 虫歯(むしば): 충치

06.
문제 어릴 때, 엄마 립스틱을 가지고 놀다가 혼난 적이 많이 있습니다.
정답 4)
해설 怒(おこ)られる:怒る의 수동형.

07.
문제 빨리 숙제를 끝내세요.
정답 3)
해설 済(す)ませる:끝내다. 마치다.

08.
문제 그녀는 정말 날씬해. 부러워.
정답 1)
해설 細(ほそ)い: 가늘다, 좁다

問題2
_____ 친 낱말을 한자로 옮긴 것으로 알맞은 것을 1,2,3,4 중에서 하나 고르시오.

09.
문제 오늘 시합은 1대2로 A팀의 승리다.
정답 2)
해설 試合(しあい): 시합
    勝(か)ち: 이김, 승리
    勝利(しょうり) 負(ま)け

10.
문제 경제 전문가에게 금년의 세계정세에 대해서 물어보고 왔습니다.
정답 4)
해설 経済(けいざい): 경제
    専門家(せんもんか): 전문가
    伺(うかが)う: 묻다, 듣다의 겸사말

11.
문제 미국을 일본에서는 미국이라고도 합니다.
정답 1)
해설 米国(べいこく): 미국

12.
문제 이제(슬슬) 새 MP3플레이어가 갖고 싶다.
정답 4)
해설 谷(たに): 골짜기   干(ほ)し: 말림. 말린 것

13.
문제 오늘 요리는 맛이 조금 진하네.
정답 2)
해설 濃(こ)い: (빛깔, 맛, 냄새 등이)진하다.
    膿(うみ): 고름, 농

14.
문제 오늘은 정말 따뜻한 하루였습니다.
정답 1)
해설 暖(あたた)かい:따뜻하다. 따스하다. 훈훈하다.
    暖(だん・あたたか・あたたかい・あたたまる・あたためる)따뜻할 난. 부드러울 훤.

問題3
(   )에 들어갈 낱말로 알맞은 것을 1,2,3,4 중에서 하나 고르시오.

15.
문제 매일 아침 개한테 (먹이)를 주는 것은 아들의 몫입니다.
정답 2)
해설 えさ(餌): 모이, 먹이, 사료, 미끼
    ほさ(補佐・輔佐): 보좌

16.
문제 지난 주 (내비게이션)을 샀기 때문에 더 이상 길에서 헤매는 일은 없을 거야.
정답 4)

17.
문제 5시가 됐으니까 (슬슬) 집으로 가자.
정답 1)
해설 1) そろそろ: 어떤 상태로 되어가는 모양. 어떤 일이 일어나는 시기에 접어드는 모양.
    2) うろうろ: 목적도 없이 이리저리 헤매는 모양. 어슬렁어슬렁.
    3) だらだら: 맺친 데가 없이 지루하게 이어지는 모양.
    4) てきぱき: 척척. 시원시원.

18.
문제 A :「이번 달 생활비를 은행으로 (송금해) 줄래?」
    B :「알았어. 내일 은행에 가서 보낼게.」

정답 3)
해설 振(ふ)り込(こ)む: (대체 계좌나 예금 계좌 등에)돈을 불입하다.

19.
문제 문제를 다 풀고 나면 틀린 곳은 없는지 반드시 (재검토)하세요.
정답 2)
해설 解(と)く : 풀다

20.
문제 오빠 손을 (놓으면) 안 돼. 미아가 되니까.
정답 4)
해설 手をつなぐ: 손을 잡다.　手をはなす: 손을 놓다.
　　迷子(まいご) : 미아 ＝まよいご

21.
문제 지금 저희 레스토랑은 (만석)입니다. 조금만 기다려 주세요.
정답 1)
해설 1) 満席(まんせき): 만석　　2) 満員(まんいん): 만원
　　3) 空席(くうせき): 공석, 빈자리, 빈 좌석

22.
문제 어릴 때는 아주 (붙임성이) 좋은 아이였는데.
정답 3)
해설 懐(な)つこい: 붙임성이 있다.
　　なつ(懐)く: 친숙해져서 따르다, 친해지다

23.
문제 신발은 (가지런히) 벗어 둡시다.
정답 4)
해설 1) ばらばら: 뿔뿔이
　　3)ぐちゃぐちゃ: 물에 젖어 엉망이 된 모양, 질퍽질퍽함, 질척질척함, 엉망진창임

24.
문제 흰머리가 늘어서 미용실에 (염색하러) 간다.
정답 3)
해설 染(そ)める: 염색하다.
　　1) し(締)める: 매다, 졸라매다
　　3) 染(そ)める: 염색하다

25.
문제 윤 씨의 딸은 인사를 잘 하는 (예의 바른) 아이입니다.
정답 2)
해설 ずうずうしい: 뻔뻔스럽다, 낯두껍다, 넉살 좋다

問題4
＿＿와 비슷한 의미를 지닌 것을 1,2,3,4 중에서 하나 고르시오.

26.
문제 새 오토바이가 갖고 싶어서 식비를 줄여가며 돈을 모으고 있습니다.
정답 2)
해설 減(へ)らす: 줄이다. 덜다. 감하다.
　　貯(た)める: 돈을 모으다.
　　こする : 문지르다, 비비다

27.
문제 버스를 기다리고 있다가, 2인조 남자에게 가방을 빼앗겼다.
정답 1)
해설 取(と)られる:取る 빼앗다의 수동형.
　　盗(ぬす)まれる:盗む 훔치다의 수동형.

28.
문제 아버지께서는 집에 오시면 먼저 목욕을 하십니다.
정답 3)
해설 さいしょに: 우선, 당초

29.
문제 단것만 먹으면 체중이 늘어납니다.
정답 4)
해설 増(ふ)える: 늘다. 늘어나다. 증가하다.

30.
문제 10만 엔이 들어있는 지갑을 줍다니, 오늘은 정말 재수가 좋은 날이었다.
정답 1)
해설 ついている: 재수가 좋다. 운이 따르다.
　　拾(ひろ)う: 줍다. 습득하다.

問題5
다음 낱말의 사용방법으로 가장 알맞은 것을 1,2,3,4 중에서 하나 고르시오.

31.
문제 スマート
정답 1) 나는 스마트한 남자가 좋다.
해설 スマート: 스마트

32.
문제 かせぐ
정답 3) 대학을 졸업하면, 내 힘으로 돈을 벌고 싶다.
해설 稼(かせ)ぐ: (돈벌이를 위해)부지런히 일하다.

33.
문제 こする
정답 2) 남편의 차를 긁고 말았다.
해설 こする: 문지르다, 긁다

문제해설 日本語能力試驗 N3・N4 일본어능력시험

34.
문제 ぎりぎり
정답 4) 회의에 아슬아슬하게 도착했다.
해설 ぎりぎり: 빠듯함, 아슬아슬

35.
문제 くむ
정답 2) 바가지에 물을 담아다 주지 않을래?
해설 くむ: (물 등을)긷다. 푸다. 퍼서 담다.

■ 독해 · 문법

問題1
다음 문장의 (　) 안에 들어갈 답으로 알맞은 것을 하나 고르시오.

01.
문제 그는 좋은 선생님입니다만 아버지(로서는) 어떨까?
정답 1)
해설 として:(체언에 붙어)자격이나 입장을 나타냄. ~로서.

02.
문제 이 국제회의는 동경에서 1주일간 (계속) 열립니다.
정답 3)
해설 にわたって: (~동안)계속되다. ~에 걸치다.

03.
문제 나는 대학 친구를 (통해서) 남편과 알게 되어 결혼했습니다.
정답 2)

04.
문제 아버지와 어머니께 (진심으로) 이 말씀을 드리고자 합니다.
정답 4)
해설 心をこめる: (마음을)담다. 기울이다.

05.
문제 소고기가 1kg에 500엔 이라고? 그렇게 쌀 (리가 없어).
해설 わけがない: ~할 리가(는) 없다.

06.
문제 내가 정리할 테니까 그 (대로) 놔둬도 돼.
정답 1)
해설 片付(かたづ)ける: 정돈하다, 정리하다, 치우다

07.
문제 사장님 이야기는 항상 길지만, 매번 같은 말을 하는 것에 (지나지 않는다).
정답 4)

해설 ~にすぎない: ~함에 지나지 않는다. ~함에 불과하다.

08.
문제 외국을 여행할 때에는 그 나라의 문화에 (대해서) 공부해 가면 즐겁다.
정답 3)
해설 文化(ぶんか) : 문화

09.
문제 밥은 안 먹고 과자만 (먹으면) 안 돼요.
정답 2)
해설 だめ(駄目): 허사임, 소용없음

10.
문제 언제나 건강한 야마다씨가 병원에 입원할 (리가) 없다.
정답 1)
해설 入院(にゅういん): 입원

11.
문제 최 씨처럼 좀 더 키가 (컸으면) 좋았을 텐데.
정답 1)

12.
문제 나이가 들어감에 (따라) 눈이나 귀가 나빠지고 거동하기 힘들어진다.
정답 3)
해설 ~にしたがって : ~에 따라서.

13.
문제 A:「이제 곧 졸업이네. (그런데) 이제부터 뭐할 거야?」
B:「그러게. 좀 더 공부하고 싶지만 돈이 없으니 일을 할까.」
정답 4)

問題2
다음 문장의 __★__ 에 들어갈 답으로 알맞은 것을 1,2,3,4중에서 하나 고르시오.

14.
문제 아내가 집에서 담배를 피우지 ★말라고 합니다.
정답 3)

15.
문제 일본에 가는 것은 2년 전 겨울 ★이후로 처음 입니다.
정답 1)
해설 以来(いらい): 이래, 이후

16.
문제 냉장고에 어제 ★먹다 남은 케이크가 있으니까 들어가면 먹어야지.
정답 4)
해설 かけ:(동사의 연용형에 붙어)그 동작을 하고 있는 중임을 나타냄.

17.
문제 오늘은 맑을 거라는 일기예보와는 ★달리 폭우가 내렸다.
정답 2)
해설 大雨(おおあめ): 큰비, 호우, 폭우

18.
문제 어머니는 ★아무리 비싸 도 갖고 싶은 건 반드시 사시는 분입니다.
정답 1)

問題3
다음 문장을 읽고 19에서 23안에 들어갈 답으로 알맞은 것을 1,2,3,4 중에서 하나 고르시오.

해설 지금까지 사용하던 컴퓨터가 고장 나서 새 컴퓨터를 사러 다녀왔다. 19 너무 비싼 건 살 수 없다. 저렴하면서 좋은 물건이 있으면 살 생각이었다. 컴퓨터에 대해서 아는 게 없어서 친구 최 씨와 같이 갔다. 최 씨가 점원에게 물어봤 20 는데 희망하는 가격대의 컴퓨터를 찾는 건, 그리 어렵지 않은 듯했다. 점원과 컴퓨터가 진열된 곳으로 가서 다양한 설명을 들었다. 점원과 최 씨의 의견을 21 들어가면서 구입할 컴퓨터를 결정했다. 점원에게 「이걸로 주세요」라고 하자, 새 제품이 가게에 없다고 22 했다. 시간이 얼마나 소요되는지 물어보니, 1주일 정도 기다려야 했다. 별로 23 기다리고 싶지 않지만 갖고 싶은 컴퓨터라서 어쩔 수 없었다.

19.
정답 3)
해설 めったに: 좀처럼
20.
정답 1)
해설 値段(ねだん): 값, 가격
21.
정답 3)
22.
정답 4)
23.
정답 2)

■ 청해

問題1
문제1에서는 먼저 질문을 들으세요. 그런 다음, 대화를 듣고 보기의 1부터 4중에서 가장 알맞은 것을 하나 고르시오.

01.
해석 여: 이 시간 이후의 예정에 대해 설명 드리겠습니다. 곧 휴게소에 도착하겠습니다. 거기서 먼저 점심을 먹습니다. 그런 다음 걸어서 5분 거리에 있는 신사로 갑니다. 신사를 둘러본 다음 1시간 정도 자유 시간을 갖습니다. 근처에 기념품집도 많으니 천천히 구경하세요. 다음 목적지로 버스는 2시 반에 출발하므로, 휴게소가 아닌 휴게소 옆에 있는 사원 앞으로 (출발)5분전 까지는 모여 주십시오.
       남: 신사에는 꼭 가야 합니까?
       여: 대단히 죄송합니다만, 다른 분들에게 폐가 되므로 신사까지는 가주시길 바랍니다.
문제 가이드가 이야기하고 있습니다. 휴식 후 어디서 몇 시에 모입니까?
정답 1) 2시 반에 사원 앞으로 모인다.
해설 休憩(きゅうけい):휴게, 휴식
       憩(けい・いこい・いこう):쉴 게

02.
해석 남:아, 배고파. 뭘 먹지.
       여:고기랑 생선이 있는데 어떤 거로 할래?
       남:생선은 어제 먹었어.
       여:그럼 고기로 하자.
       남:응, 그리고 샐러드랑 스파게티도 주문하자.
       여:그렇게나 먹을 수 있어?
       남:괜찮아. 너무 배고파.
       여:그럼 음료는? 커피? 홍차?
       남:커피로 할래.
       여:나는 홍차로 할래.
문제 여자와 남자가 레스토랑에서 이야기하고 있습니다. 두 사람이 주문하지 않은 것은 무엇입니까?
정답 2) 생선

03.
해석 여:왠지 졸려 보여.
       남:응, 어젯밤에 별로 못 잤어.
       여:아아, 어제 너무 더웠었지
       남:아니, 냉방을 켜놓고 잤었어. 실은 저번에도 잠을 못 잤어. 옆집 개가 시끄럽게 짖어서 말이야.
       여:그것 때문에 어제도 못 잔거야?
       남:아니 그건 저번 일이고, 낮잠을 많이 자서 텔레비전을 봤는데 정말 재미있는 거야.
       여:그래서 수면부족이라는 거네.
문제 여자와 남자가 이야기하고 있습니다. 남자는 왜 어젯밤에 잠을 잘 수 없었습니까?

정답 3) 낮잠을 잤기 때문에
해설 寝不足(ねぶそく): 잠이 모자람. 수면부족.

問題2
문제2에서는 먼저 질문을 들으세요. 그리고 문제를 보세요. 읽는 시간이 주어집니다. 그런 다음, 대화를 듣고 문제용지의 1부터 4중에서 알맞은 답을 하나 고르시오.

04.
해석 여:당신, 일기예보에서 내일 비 온다고 했으니까 우산 잊지 말아요.
남:응 알았어. 가방이랑 같이 현관에 둬. 아, 참 내일은 도시락 필요 없어. 회사사람들이랑 같이 밥 먹기로 했거든.
여:그래요? 알았어요. 그리고 부탁이 있는데.
남:뭔데?
여:내일 아침에 쓰레기 내놓는 거 좀 부탁해요.
남:쓰레기? 귀찮아. 어? 쓰레기 그거 오늘 아니었어?
여:미안해요. 내가 내놓는 걸 깜빡했어. 내일 아침에 부탁해요.
문제 부인이 남편과 이야기하고 있습니다. 부인이 남편에게 아침에 무엇을 내다 놓으라고 합니까?
정답 1) 쓰레기

05.
해석 母:겐이치, 방에서 만화만 보고 있지 말고 청소 좀 해.
息子:오늘 겨우 기말시험이 끝나서 피곤하단 말이에요.
母:항상 놀기만 하고 공부 같은 건 하지도 않잖아.
息子:네. 네. 알겠습니다. 하면 되잖아요. 엄마는 늘 공부해라든지 청소해라든지 하는 말밖에 안 한다니깐.
母:지금 뭐라고 한 것 같은데.
息子:아니요.
문제 엄마랑 아들이 이야기하고 있습니다. 엄마는 아들에게 무엇을 하라고 말하고 있습니까?
정답 2) 방 청소를 해라.

06.
해석 남:야마우치씨 무슨 일 있어? 왠지 슬퍼 보여.
여:응. 사실은 지난주에 남자친구한테 받은 반지를 잃어버렸어.
남:뭐, 어디서?
여:집에서 나갈 때는 분명히 끼고 있었어. 그런데 집에 왔을 때는 이미 없었어.
남:천천히 떠올려봐. 도중에 화장실에는 안 갔어?
여:아마도 레스토랑에서 간 것 같아. 그런데, 그건 왜?
남:혹시 손 씻을 때 뺐던 건 아니야?
여:아, 그랬을지도.
문제 남자와 여자가 이야기하고 있습니다. 야마우치씨는 지난주에 무슨 일이 있었습니까?
정답 4) 레스토랑 화장실에서 반지를 잃어버렸다.
해설 無(な)くす:없애다. 잃다. 분실하다.

問題3
문제3에서는 문제용지에 인쇄된 내용이 없습니다. 먼저 대화를 들으세요. 그런 다음, 질문을 듣고 알맞은 답을 1부터 4중에서 하나 고르시오.

07.
해석 남:저기 이 광고지에 「우유2팩을 사면 1팩이 공짜」라고 나와 있는데요.
점원:그건 수요일 특매품이구요, 오늘은 화요일 세일 상품을 진행하고 있습니다.
남:그래요?
점원:죄송합니다. 이 특매품은 저녁 5시부터 7까지 타임세일이니까 이용 부탁드립니다.
남:아 그렇군요.
점원:정말 죄송합니다. 그래도 오늘은 치즈랑 요구르트가 반액이니까 괜찮으시다면 이용해 주세요.
남:그래요? 감사합니다.
문제 남자가 수퍼마켓에서 점원과 이야기하고 있습니다. 남자는 언제 와야 우유 특매품을 살 수 있습니까?
정답 3) 수요일 오후 5시부터 7시까지.
해설 特売品(とくばいひん):특매품

問題4
문제4에서는 그림을 보면서 질문을 들으세요. 그런 다음, 알맞은 답을 1에서 3중에서 하나 고르시오.

08.
문제 남:병원 대합실에서 기다리고 있습니다. 내 차례가 좀처럼 오지 않습니다. 뭐라고 말할까요?
정답 2) 앞으로 몇 명 정도 기다려야 합니까?
해설 待合室(まちあいしつ): 대합실

09.
문제 여:계단에서 넘어지고 말았습니다. 팔이 너무 아픕니다. 뭐라고 말할까요?
정답 3) 팔이 부러졌을 지도 모르겠습니다.
해설 割(わ)れる:깨지다. 부서지다.
欠(か)ける:(일부분이)깨져 떨어지다.
折(お)れる:꺾이다. 부러지다.

10.
문제 남:처음으로 일본인 친구 집에 놀러 갔습니다. 방에 친구아버지가 들어오셨습니다. 뭐라고 말할까요?
정답 1) 실례가 많습니다.
11.
문제 여:친구와의 약속시간에 늦어질 것 같습니다. 전화로 뭐라고 말할까요?
정답 1) 미안, 좀 늦어질 것 같아.

問題5
문제5에서는 문제용지에 인쇄된 내용이 없습니다. 먼저 문제를 들으세요. 그런 다음, 문제의 답으로 알맞은 것을 1부터 3중에서 하나 고르시오.

12.
문제 남:이 방, 좀 추워.
정답 1) 난방 킬까?
해설 付(つ)ける:(불을)붙이다. 켜다. 점화하다.
13.
문제 여:있잖아. 이번에 스피치대회에 나가게 되었어.
정답 2) 그래. 대단하네. 응원할게.
14.
문제 여:도둑맞은 가방 찾았다며?
정답 2) 야! 다행이다.
15.
문제 남:저번에 선물 주셔서 감사했습니다.
정답 3) 아닙니다. 작은 성의인걸요.

독해연습

問題1
다음 문장을 읽고 질문에 답하시오. 가장 알맞은 답을 1·2·3·4 중에서 하나 고르시오.

해석 상품주문은 인터넷이나 전화로 해주십시오. 상품은 택배로 보내드립니다. 인터넷으로 신청하시는 고객께서는 신용카드로 대금지불을 하실 수 있습니다. 전화로 신청하시는 고객께서는 상품 수령 시 지불해주십시오. 대금은 상품가격에 각 지역의 배송료를 포함한 가격입니다. 또한, 구입하신 상품이 5000엔치 이상인 경우에는 배송료가 무료입니다.
01.
문제 이 문장의 내용으로 올바른 것은?

정답 3) 배송료가 무료가 되는 것은, 5000엔치 이상일 때만이다.
해설 注文(ちゅうもん):주   送料(そうりょう):송료
     受(う)け取(と)る:받다. 수취하다.

問題2
다음 문장을 읽고 질문에 답하시오. 가장 알맞은 답을 1·2·3·4 중에서 하나 고르시오.

해석 샐러리맨의 용돈이 위험하다. 전국에 있는 샐러리맨 1000명을 조사한 데이터에 의하면 한 달 용돈으로 평균 3만6500엔. 4년 연속 감소하고 있으며 10년 전과 비교해 50%나 감소해 지금까지 가장 낮은 것으로 밝혀졌다. 1일 1177엔. 여기서 점심식대와 교재비 등을 제하면 얼마 남지도 않는다. 그렇다면 현대 샐러리맨의 이상적인 용돈은 얼마일까? 500명을 대상으로 한 앙케트조사에 의하면 대다수가 불만을 가지고 있는 것으로 나왔다. 예를 들어 1회 술값으로 6480엔이 이상적이지만, 현실은 약4031엔. 또 한 달간의 취미생활에 드는 돈도 2만5050엔이 이상적이지만, 현실은 9955엔으로, 1만 엔 이상의 차가 생기는 결과였다. 이것 외에도, 이상과 현실에는 괴리가 있어서, 샐러리맨의 서글픈 현실을 간파할 수 있다. 급여인상도 그다지 기대 할 수 없는 시대로, 샐러리맨의 얇은 지갑시대는 여전히 계속될 것 같다.
02.
문제 10년 전의 용돈에 비해 지금은 어떠한가?
정답 2) 용돈이 지금까지 가장 적다.
03.
문제 샐러리맨 용돈의 이상과 현실에 대한 설명으로 맞지 않는 것은?
정답 3)
04.
문제 ▨▨▨ 안에 들어갈 말은?
정답 3) 결과이었다.

問題3
다음 문장을 읽고 질문에 답하시오. 가장 알맞은 답을 1·2·3·4 중에서 하나 고르시오.

해석 어머니의 일
  1월 초에 눈이 내렸다. 어머니는「큰일이네」하고 작은 소리로 말했다. 어머니가 왜 그런 말씀을 했을까 하고 생각했다. 드디어 그 이유를 알았다.어머니는 매일같이 차를 타고 생선을 팔러 다니신다. 생선을 팔 때는, 아무리 추워도 길을 걸어 다니기 때문에 난방을 사용할

문제해설 日本語能力試験 N3・N4 일본어능력시험

수가 없다. 게다가 장화를 신기 때문에 눈길에서는 미끄러지기 쉽다. 그래서 일하기 힘드시니까 곤란해 하는 것이라고 생각했다. 오늘도 어머니는 아침식사가 끝나지 외출하셨다. 잠시 후 어머니는 나무상자에 생선을 담아서 돌아오셨다. 그 손은 빨갛게 변해 있었다. 그 손을 보니 눈물이 나서「어머니, 몸이 좀 녹으면」하고 말하자「안 돼. 손님이 기다리고 있는데 가야지」라고 말씀하셨다. 그리고는 차에 상자를 싣고 어머니는 떠나셨다. 나는 어머니의 떠나는 모습이 보이지 않을 때까지 계속 지켜보고 있었다. 어머니를 집에서 혼자 기다리는 동안,「춥진 않을까」「빨리 돌아오면 좋을 텐데」라고 생각했다. 지금까지는 어머니가 늦어지면 여동생이 이부자리를 깔았었다. 하지만 오늘부터는 내가 어머니의 이부자리를 깔아드려야겠다고 생각했다.

05.
문제 어머니는 왜「큰일이네」라고 말했습니까?
정답 4) 추위 속을 걸어서 생선을 팔러 다녀야 하기 때문에

06.
문제 ___ 에 들어갈 표현은?
정답 2) 잠시 후
해설 しばらくして: 잠시 후

問題4
다음 문장을 읽고 질문에 답하시오. 가장 알맞은 답을 1・2・3・4 중에서 하나 고르시오.

해석 엄마는 음악을 좋아하셔서 자주 클래식콘서트에 갑니다. 좋아하는 오케스트라가 문화홀에서 공연 한다는 것을, 신문 광고를 통해 알았습니다. 그러나 벌써 지난주부터 티켓이 판매되고 있었습니다. 엄마는 서둘러 티켓을 사려고 합니다만, 지금은 금요일 밤 9시입니다.
《전화예약 방법》
・문화 홀
[판매개시일 전용전화]
TEL 0120-2586-0957(통화료 무료)
접수는 평일 오전 8시 반부터 오후6시 반까지(토일, 공휴일은 휴무)
※ 판매개시일에만 이용가능. 그 이외의 티켓판매는 일반 접수처로 연락 주십시오.
[일반접수]
TEL 0120-7785-4025(통화료 무료)
접수는 오전9시부터 오후 6시 반까지(토요일은 오후 1시까지)
・티켓왕국

TEL 092-457-8905
접수는 오전10시부터 오후10시까지(일요일만 휴무)

07.
문제 어느 전화번호로 거는 것이 가장 빠릅니까?
정답 1)

08.
문제 전화로 예약하는 방법으로 알맞지 않는 것은?
정답 4) 판매개시일의 전용전화는 3일간 이용 가능하다.
해설 申(もう)し込(こ)み:신청   受(う)け付(つ)け:접수

10

실전테스트

문자・어휘

問題1
___ 친 낱말의 읽는 방법으로 알맞은 것을 1,2,3,4 중에서 하나 고르시오.

01.
문제 간판에「어린이 뛰어들기 주의」라고 쓰여 있습니다.
정답 1)
해설 飛(と)び出(だ)し: (어린아이 등이)도로로 갑자기 뛰어나옴.

02.
문제 나의 취미는 라디오 프로를 녹음하는 것입니다.
정답 3)
해설 録音(ろくおん): 녹음.   録(ろく・しるす): 기록할 록
番組(ばんぐみ): 프로그램,프로

03.
문제 할아버지는 레스토랑을 경영합니다.
정답 2)
해설 経営(けいえい):경영

04.
문제 메일 송신이 완료되었습니다.
정답 4)
해설 送信(そうしん): 송신

05.
문제 책은 다음 주 금요일까지는 반납해 주세요.
정답 2)

해설 返却(へんきゃく): 반납, 반환.
却(きゃく・きゃっ・かえって): 물리칠 각

06.
문제 일할 사람을 찾는 것을 <u>구인</u>이라고 한다.
정답 1)
해설 探(たん・さがす・さぐる):찾을 탐
求(きゅう・ぐ・もとめる):구할 구

07.
문제 이 열차는 <u>전 좌석</u>이 지정석 입니다.
정답 4
해설 指定(してい): 지정

08.
문제 두 번째 교차로에서 <u>우회전</u>하세요.
정답 3)
해설 交差点(こうさてん): 교차로
曲(ま)がる: 방향을 바꾸다, 돌다.

問題2
___ 친 낱말을 한자로 옮긴 것으로 알맞은 것을 1,2,3,4 중에서 하나 고르시오.

09.
문제 괜찮아? 무릎에서 <u>피</u>가 나고 있어.
정답 1)
해설 1) 血(けつ・けち・ち)피 혈
2) 皿(べい・さら)그릇 명
3) 冊(さつ): 서적, 문서, 책을 세는 말, 권

10.
문제 기모노를 입을 때는 <u>버선</u>을 신습니다.
정답 3)
해설 たび(足袋): 일본식 버선.

11.
문제 남편이 해외<u>지사</u>로 가게 되었습니다.
정답 2)

12.
문제 카레<u>재료</u>를 사러 수퍼마켓에 간다.
정답 3)
해설 1) 才(さい・ざい): 재주 재
3) ざいりょう(材料): 재료
4) 原料(げんりょう): 원료

13.
문제 지구 온도는 예전에 <u>비해</u> 상승했다고 한다.
정답 4)
해설 2) 此(し・この・これ): 이 차
3) 昆(こん): 맏 곤,벌레 곤, 뒤섞일 혼
4)くら(比)べて: ~비해서

14.
문제 지금 백화점에서 전 상품을 50% <u>가격인하</u> 하고 있대.
정답 2)
해설 2) 値(ね)下げ: 가격인하
3) 値(ね)上げ: 가격인상

問題3
( )에 들어갈 낱말로 알맞은 것을 1,2,3,4 중에서 하나 고르시오.

15.
문제 아이가 타고 있으니까 그렇게 급 (브레이크)를 밟는 건 그만 둬.
정답 3)

16.
문제 이 가게에서는 500엔으로 맥주를 (맘껏 마실 수) 있대요.
정답 1)
해설 ~放題(ほうだい): 마음대로 함, 하고 싶은 대로 함, 제멋대로 함.

17.
문제 A:「그 사람은 매일 손수 만든 (도시락)을 싸 들고 온대」
B:「알아. 굉장히 맛있는 모양이야.」
정답 3)
해설 炊飯器(すいはんき): 전기밥솥.

18.
문제 이 녹색 스웨터는 좀 (수수)해요. 좀 더 화려한 색은 없어요?
정답 2)
해설 じみ(地味): 수수함, 검소함.

19.
문제 이번 폭우로 몇 곳의 산이 (붕괴)되었습니다.
정답 4)
해설 くず(崩)れる: 붕괴하다, 무너지다, 허물어지다.

20.
문제 그런 (녹슨) 칼로는 아무것도 자를 수 없어.
정답 1)
해설 1) さびる: 녹슬다, 녹이 나다.
2) するどい: 날카롭다, 예리하다, 예민하다.
3) まぶしい: 눈부시다.
4) なだらかな: 완만한.

21.
문제 장마철에는 음식물에 (곰팡이)가 피기 쉽다.
정답 3)
해설 梅雨(つゆ): 장마.
かびが生(は)える: 곰팡이가 번식하다.

문제해설 日本語能力試験 N3・N4 일본어능력시험

22.
문제 지난주에 집 근처 공원에서 (엄청난) 사건이 발생했다.
정답 2)
해설 2) 恐(おそ)ろしい: 무섭다. 엄청나다. 대단하다.
3) 怪(あや)しい: 불가사의하다. 이상하다. 괴상하다.

23.
문제 친구들의 연락처를 핸드폰에 (등록)해 두었습니다.
정답 4)
해설 2) 検索(けんさく): 검색
4) 登録(とうろく): 등록

24.
문제 메일은 많은 사람들에게 (한꺼번에) 보낼 수가 있습니다.
정답 2)
해설 まと(纏)める: 한데 모으다, 합치다, 정리하다

25.
문제 어릴 때는 무척 (가난)했지만 지금은 부자가 되었다.
정답 1)
해설 貧(まず)しい: 가난하다.
貧(ひん・びん・まずしい): 가난할 빈

問題4
_____와 비슷한 의미를 지닌 것을 1,2,3,4 중에서 하나 고르시오.

26.
문제 수도꼭지를 돌려서 물을 나오게 합니다.
정답 3)
해설 蛇口(じゃぐち): 수도꼭지
まわす: 돌리다. 회전시키다. 방향을 바꾸다.

27.
문제 딸아이가 회사에 취직해서 안심했다.
정답 4)
해설 1) どっきり: 갑작스런 일로 심하게 놀라는 모양, どっきりカメラ
2) がっかり: 실망하는 모양, 낙심하다, 맥 풀리다
4) ほっと: 긴장이 풀려 마음을 놓는 모양.

28.
문제 9 빼기 3은 6입니다.
정답 2)
해설 1) た(足)す: 더하다 足算(たしざん): 덧셈
3) わ(割)る: 나누다 4) かけ(掛)る: 곱하다

29.
문제 중요한 문제에 마크를 표시해 둡시다.
정답 1)

30.
문제 내일은 아침 일찍 떠날 생각입니다.
정답 3)

問題5
다음 낱말의 사용방법으로 가장 알맞은 것을 1,2,3,4 중에서 하나 고르시오.

31.
문제 通りかかる
정답 3) 마침 지나가던 길이었습니다.
해설 通(とお)りかかる: 마침 그 곳을 지나가다.

32.
문제 両替
정답 1) 은행에서 엔을 달러로 환전한다.
해설 両替(りょうがえ): 환전.

33.
문제 しびれる
정답 4) 다다미에 앉아서 있었더니 발이 저렸다.
해설 しびれる: 마비되다. 저리다.

34.
문제 つかまる
정답 2) 속도위반으로 검거되고 말았다.
해설 捕(つか)まる: (범인 등이)잡히다. 붙잡히다.
乗車券(じょうしゃけん): 승차권.

35.
문제 いたずら
정답 3) 그런 장난을 쳐서는 안 됩니다.
해설 いたずら 장난

▌독해·문법

問題1
다음 문장의 (   ) 안에 들어갈 답으로 알맞은 것을 하나 고르시오.

01.
문제 할아버지께 들었는데 엄마는 어릴 때 발이 (빨랐었대).
정답 2)
해설 祖父(そふ): 조부, 외조부, 할아버지

02.
문제 사고 (탓에) 영화시간에 늦었다.
정답 4)
해설 ~せい: ~하는 탓이다.

03.
문제 수퍼마켓에서 사온 야채를 냉장고에 (넣어) 줄래?
정답 3)
04.
문제 너 (같은 사람) 정말 싫어.
정답 1)
해설 なんか:~등, ~따위, ~같은 것.
大嫌(だいきら)い: 아주 싫음, 아주 질색임
05.
문제 일본 한자는 익히면 익(힐수록) 다양한 책을 읽을 수 있게 됩니다.
정답 4)
해설 ~ば~ほど: ~하면 ~할수록. 覚(おぼ)える: 기억하다
06.
문제 아들이 피망을 (먹으려) 들지 않아요.
정답 2)
해설 ~(よ)うとする:~하려(고) 하다.
07.
문제 A:「왜 5시까지 돌아오겠다는 약속을 어긴 거야?」
B:「하지만, 오빠가 괜찮다고 (한 걸요).」
정답 3)
해설 もん(=もの): [だって、でも]등의 뒤에서, 상대편의 비난에 대하여, 응석이 섞인 투로 자기의 주장을 나타냄. ~한걸 뭐. ~한걸요.
08.
문제 그런 심한 말을 하면 그녀가 우는 것도 (당연해).
정답 1)
09.
문제 일본에서 맛있었던 음식(이라고 하면), 튀김이 생각납니다.
정답 3)
10.
문제 네가 제출한 리포트는 오타(투성이)야. 다시 고쳐 쓰도록 해.
정답 4)
해설 だらけ:(명사에 붙어)~투성이
直(なお)す: 고치다, 바로잡다.
11.
문제 아파트 임대료가 1개월에 5만 엔(이라면), 생활비는 10만 엔 있으면 되겠네.
정답 2)
해설 生活費(せいかつひ): 생활비, 생계비
12.
문제 잠깐 이웃과 이야기하는 (사이에), 아이가 어디론가 가버렸어요.

정답 1)
해설 1) ~間(あいだ)に:~하는 동안(에), ~하는 사이(에)
13.
문제 레스토랑을 인터넷으로 (예약할 수 있게) 되어서 편리합니다.
정답 3)
해설 注文(ちゅうもん): 주문, 맞춤

問題2
다음 문장의 ★ 에 들어갈 답으로 알맞은 것을 1,2,3,4중에서 하나 고르시오.

14.
문제 너는 곧잘 잊으니까, 메모하지 않으면 잊어버릴지도 ★모른다.
정답 1)
해설 1) 兼(か)ねない: ~할지도 모른다. ~할 법하다.
15.
문제 새로운 역이 ★생기 면서 전채(전철) 시간이 바뀌었습니다.
정답 3)
해설 ~にともなって: ~를 따라서
16.
문제 딸이 대학에 합격 하기 ★를.
정답 2)
해설 2) ように:~하도록(하라고), 하기를
17.
문제 제이니 씨가 이렇게 귀여운 사람 ★이라고는 생각지도 못했다.
정답 3)
해설 なんて: 의외, 놀람, 비판의 뜻을 나타냄. ~이라니. ~하다니.
18.
문제 공부를 안 했으니까 테스트 ★결과가 나빠도 어쩔 수 없다.
정답 4)

問題3
다음 문장을 읽고 19에서 23안에 들어갈 답으로 알맞은 것을 1,2,3,4 중에서 하나 고르시오.

해석 감기에 걸려 집에서 쉬고 있는데, 엄마한테서 핸드폰으로 문자가 왔다. 19 놀랍게도 걱정돼서 집까지 오신다는 내용이었다. 오전 중에 병원을 다녀왔는데,

의사 20 (말에)의하면 이번 감기는 다른 사람에게 전염되기 쉽다고 한다. 엄마 21 니까 의사가 한 말을 설명해 드려도 절대로 오실 것이다. 하지만, 감기를 옮길 수는 22 없는 일이니까 약을 먹고 지면 괜찮아질 거라고 문자를 보냈다. 혼자 살고 있기 때문에 부모로시는 걱정될 것이다. 금방 23 좋아질 테니 내일 아침에 괜찮다는 문자를 보내야겠다.

19.
정답 2)
20.
정답 3)
21.
정답 4)
22.
정답 1)
해설 1) わけにはいかない: ~할 수는 없다.
23.
정답 2)

■ 청해

問題1
문제1에서는 먼저 질문을 들으세요. 그런 다음, 대화를 듣고 보기의 1부터 4중에서 가장 알맞은 것을 하나 고르시오.

01.
해석 남: 실례합니다. A풀장에 가려고 하는데 길 좀 알려주시겠어요?
여: A풀장이요? A풀장은 두 정거장 전이예요.
남: 아, 그래요? 잘못 내렸군요.
여: 그러게요. 하지만 여기서 A풀장까지 가는 버스가 있을 거예요.
남: 그래요?
여: 5번 버스정류장에서 외국어대학 방면 버스나, 7번 버스정류장에서 시청 방면 버스를 타시면 돼요.
남: 어느 쪽이 빠른가요?
여: 글쎄요. 어느 쪽이든 같지만, 바로 오는 버스가 5번이니까 그 쪽을 타는 게 좋을 것 같아요.
남: 아, 그래요? 감사합니다.
문제 남자가 길을 묻고 있습니다. 남자는 이제부터 어떻게 할까요?
정답 2) 이제부터 5번 버스를 탑니다.

해설 ~に乗(の)る:~(탈것)에 타다.
02.
해석 남: 오랜만이야, 잘 지내지?
여: 그럼, 잘 지내. 너도 좋아 보이네. 퇴근길이야?
남: 응. 그래. 실은 전에 다니던 회사는 그만두고 새 직장에 들어갔어.
여: 그래? 전에는 인터넷쇼핑 회사였지?
남: 응. 그랬는데, 별로 안 맞아서. 그 뒤로 컴퓨터관계, 은행, 공장에서도 일했었어.
여: 그렇구나. 그래서 지금은 어디서 일해?
남: 책을 많이 파는 곳에서 일하고 있어.
문제 남자와 여자가 이야기하고 있습니다. 남자는 지금 어디에서 일하고 있습니까?
정답 4) 서점

03.
해석 남: 히로시마시청입니다.
여: 여권을 만들고 싶은데 무엇을 들고 가야 합니까?
남: 여권사이즈 사진 두장이랑, 운전면허증 등의 신분을 증명할 수 있는 것을 준비해서 창구로 오십시오.
여: 사진은 제가 원하는 것으로 해도 상관없습니까?
남: 사진은 최근 3개월 이내에 찍은 거라야 합니다.
여: 시청에 사진 찍는 곳은 있습니까?
남: 여기에는 없습니다만, 시청 옆에 사진관이 있으니 거길 이용하세요.
여: 신청서는 거기에 가서 작성하면 됩니까?
남: 네. 창구에서 신청서를 받으셔서 작성해 주세요.
여: 신청을 하고 나면 얼마 만에 됩니까?
남: 2,3주일이면 됩니다.
여: 감사합니다.
문제 여자가 시청직원에게 여권에 대해서 물어보고 있습니다. 여자는 이제부터 무엇을 해야 합니까?
정답 1) 여권 사이즈 사진을 찍는다.
해설 パスポート: 여권 撮(と)る: 찍다.

問題2
문제2에서는 먼저 질문을 들으세요. 그리고 문제를 보세요. 읽는 시간이 주어집니다. 그런 다음, 대화를 듣고 문제용지의 1부터 4중에서 알맞은 답을 하나 고르시오.

04.
해석 여: 있잖아, 토요일은 무슨 일 있었어?
남: 토요일? 무슨 일 있었냐고?

여:	역시 잊고 있었구나. 오후 12시에 역 앞 광장에 서라고 약속 했었잖아.
남:	뭐? 그거 다음 주 화요일 약속 아니었어?
여:	자 이걸 봐바. 여기에 토요일, 오후12시, 역 앞 광장 이라고 쓰여 있잖아.
남:	아, 진짜네. 미안!
여:	정말이지..
문제	여자와 남자가 이야기하고 있습니다. 두 사람은 왜 만날 수 없었습니까?
정답	3) 남자가 약속 일시를 착각했기 때문입니다.
해설	日時(にちじ): 일시, 날짜와 시각

05.

해석	남: 왜 그래? 무슨 일 있었어?
	여: 읽고 싶은 책이 있었는데, 못 빌렸어.
	남: 그랬구나. 그런데, 오늘은 금요일이니까 휴관 일도 아닐 테고. 도서카드를 안 들고 간 거야?
	여: 아니, 카드는 없어도 학생증이 있으면 되는데.
	남: 그럼 어째서?
	여: 그게 그 책이 대출 중이었어.
	남: 그랬구나. 하지만, 도서관에 가기 전에 홈페이지에 들어가서 검색하면 좋았을 텐데.
	여: 그렇긴 한데. 갑자기 읽고 싶어져서.
	남: 그랬구나. 안됐네..
문제	남학생이 여학생과 이야기하고 있습니다. 여학생이 책을 빌리지 못한 이유는 무엇입니까?
정답	4) 누군가가 빌려갔기 때문에.
해설	ネット: 인터넷 借(か)りる: 빌리다.

06.

해석	남: 저, 내일 오후에 테니스를 치고 싶은데 장소는 비어 있습니까.
	여: 네. 비어 있습니다. 네트랑 볼이랑 라켓을 빌려 드립니다만,
	남: 그럼, 네트만 빌릴 수 있습니까?
	여: 네. 코트가 1시간에 500엔이고 네트가 300엔입니다.
	남: 만약에 볼이 필요해 지면 (그때) 빌리는 것도 가능한가요?
	여: 가능합니다만, 볼은 구입하셔야 합니다.
	남: 하나에 얼마입니까.
	여: 300엔입니다.
	남: 에, 그렇게 비싸요? 알겠습니다. 저희가 들고 오겠습니다.
	여: 그럼, 성함과 연락처를 가르쳐주세요.
문제	남자가 공원에서 테니스를 치기 위해 관계자와 이야기하고 있습니다. 남자는 무엇을 들고 가야 합니까?

정답	1) ボールとラケット 볼과 라켓

問題3
문제3에서는 문제용지에 인쇄된 내용이 없습니다. 먼저 대화를 들으세요. 그런 다음, 질문을 듣고 알맞은 답을 1부터 4중에서 하나 고르시오.

07.

해석	여: 선생님 취업일로 상담 드릴게 있습니다만 지금 괜찮으세요?
	남: 지금? 곧 회의가 있어.
	여: 그럼, 회의가 끝난 후라도 상관없습니다만.
	남: 회의가 길어질 것 같아. 내일 오전 중은 어때? 하지만 빨리 하는 편이 좋지?
	여: 네, 가능하다면 빠른 편이 좋습니다만 선생님이 편하신 시간에 맞추겠습니다.
	남: 그럼, 내일 아침 일찍. 오후부터 수업이 있어서 말이야.
	여: 네. 알겠습니다. 내일 아침에 찾아 뵙겠습니다.
문제	학생이 선생님과 이야기하고 있습니다. 학생은 언제 선생님을 만날 수 있습니까?
정답	4) 明日の朝 내일 아침.
해설	長引(ながび)く: 오래 걸리다. 지연되다. 길어지다. 都合(つごう): 형편, 사정

問題4
문제4에서는 그림을 보면서 질문을 들으세요. 그런 다음, 알맞은 답을 1에서 3중에서 하나 고르시오.

08.

문제	남: 설날에 지인을 만났습니다. 뭐라고 말할까요?
정답	1) 새해 복 많이 받으세요. 금년에도 잘 부탁드립니다.
해설	知(し)り合(あ)い: 서로 앎. 또는 아는 사이.

09.

문제	여: 전화 왔지만 바빠서 대화할 수가 없습니다. 뭐라고 말할까요?
정답	3) (지금은) 바쁘니까, 바로 회신하겠습니다.
해설	折(お)り返(かえ)し: (부사적으로) 되짚어, (받은) 즉시

10.

문제	남: 친구가 함께 여행 가자고 했습니다만 약속이 있어서 거절하려고 합니다. 뭐라고 말할까요?
정답	2) 미안. 약속이 있어. 다음에 같이 가.
해설	誘(さそ)われる: 誘う의 수동형. 권유하다. 권하다.

11.

문제	여: 일본어능력시험에 합격하였습니다. 선생님께 뭐라고 말할까요?

문제해설 437

문제해설 日本語能力試験 N3·N4 일본어능력시험

정답 1) 선생님 덕분에 합격했습니다.

問題5
문제5에서는 문제용지에 인쇄된 내용이 없습니다. 먼저 문제를 들으세요. 그런 다음, 문제의 답으로 알맞은 것을 1부터 3중에서 하나 고르시오.

12.
문제 남: 저기 프린트 배부하는 거 도와주지 않을래?
정답 2) 네. (제가)도와드릴까요?
해설 ちょっと: (감동사)부르는 말. 여보세요. 이봐요.

13.
문제 여: 저기 짐 때문에 지나갈 수가 없습니다만
정답 1) 죄송합니다. 몰랐습니다.

14.
문제 여: 누구, 의견이나 질문 있으십니까?
정답 3) 그 건에 대해서 발언해도 되겠습니까?

15.
문제 저기 일본어로 작문을 했는데, 틀린 곳은 없는지 확인 좀 해줄래?
정답 1) 미안한데 지금은 바빠서 겨를이 없어. 다른 사람한테 부탁해 볼래?
해설 手(て)が離(はな)せない: 일손을 놓을 수 없다.
　　　3)気が向かない: 마음이 내키지 않다

독해연습

問題1
다음 문장을 읽고 질문에 답하시오. 가장 알맞은 답을 1·2·3·4 중에서 하나 고르시오.

해석 학생 여러분께
　　　우리에게 있어서 소중한 지구환경 보호라는 목적을 위하여, 우리 대학에서도 작은 것부터 실천하려고 합니다.
　　　따라서 이하 항목을 학교의 전체 목표로써 실시하고자 하오니, 협력하여 주시기 바랍니다.
　　　1. 에어컨 온도는 여름26도, 겨울23도로 사용합시다.
　　　2. 통학은 버스나 전철, 지하철을 이용 합시다.
　　　3. 화장실 전기는 사용할 때에 켜고, 사용 후에는 끕시다.
　　　4. 교실이나 연구실에서 마지막으로 나오는 사람이 반드시 전기와 에어컨을 끕시다.
　　　　　　　　　　　　　　　　　　　이상
　　　　　　　　　　　　　　　　　사쿠라대학학장

01.
문제 학생이 협력하지 않아도 되는 것은?
정답 4) 학교에 자가용으로 통학해도 된다.
해설 協力(きょうりょく): 협력　　消(け)す: 끄다.

問題2
다음 문장을 읽고 질문에 답하시오. 가장 알맞은 답을 1·2·3·4 중에서 하나 고르시오.

해석 최 성혁 님
　　　항상 저희 호텔을 이용해 주셔서 진심으로 감사드립니다. 고객님께서는 5월15일에 1박이 예정되어 있습니다만, 금번 시청 조사에서 지진설비에 대한 문제점이 발견되어, 5월 10일부터 10일간 휴업에 들어가 수리를 시행하고자 합니다. 갑작스러운 일로 대단히 죄송합니다만, 아무쪼록 양해해 주시기 바랍니다. 필요 하시다면 다른 호텔을 안내 해 드리겠습니다. 또한 수리 후에는 5월20일부터 정상영업을 할 예정입니다. 무료숙박권을 보내드리오니 이용해 주시기 바랍니다.
　　　　　　　　　　　　　　　　후지야마호텔
　　　　　　　　　　　　　　지배인 데라시마카요

02.
문제 후지야마 호텔이 최 씨에게 가장 알리고 싶은 것은 무엇인가?
정답 3) 5월15일에는 후지야마 호텔에 숙박할 수 없다.
해설 地震(じしん): 지진　設備(せつび): 설비
　　　泊(と)まる: 숙박하다. 묵다. 자다.

03.
문제 후지야마호텔이 최 씨에게 한 것은 어떤 것인가?
정답 2) 희망하면 다른 호텔을 소개한다.

04.
문제 ▨에 들어갈 말은 어떤 것인가?
정답 4) 또

問題3
다음 문장을 읽고 질문에 답하시오. 가장 알맞은 답을 1·2·3·4 중에서 하나 고르시오.

해석 배계
　　　연일 따뜻한 날이 이어지고 있습니다만, 여러분은 어떻게 지내고 계십니까?
　　　각설하고, 이번에 공사 중이었던 집이 완공되어, 아래 주소로 이사를 하게 되었습니다. 아주 평범한 집입니다만, 길 반대쪽이 사쿠라로 유명한 히가시공원이라 창 밖의 풍경이 꽤 마음에 듭니다. 여러분께도 꼭 보여드리고 싶어서 이번에 저희 집에서 꽃구경파티를 열고자 합니다. 이번을 계기로 문화재 학부 1회생이 모일 수 있으면 합니다. 4월10일(월) 점심때쯤 기다리고 있을 테니, 가족들도 꼭 함께 와주십시오. 또한, 버스로 오시는 경우에는 히가시공원역앞정류장까지 모시러 가겠습니다. 근처에 주창이 없으므로 양해해 주시기 바랍니다.

경구(삼가아룁니다)
시모야마쓰구노부

05.
문제 시모야마상은 왜 이 엽서를 보냈습니까?
정답 1) 새 집에 초대하고 싶어서.

06.
문제 <u>오시는 분들</u>은 누구인가?
정답 3) 시모야마상의 동급생.
해설 おいで:(「になる」「なさる」「です」 등이 딸림. 「行く」 来る」 「居る」 「出る」 등의 높임말) 가심. 오심. 계심. 나가심. 나오심.

問題4
다음은 수퍼마켓의 광고 전단지이다. 다음 문장을 읽고 질문에 답하시오. 가장 알맞은 답을 1·2·3·4 중에서 하나 고르시오.

해석 봄 대감사 세일
세일기간 4월28일~5월5일(8일간)
도시락 하나 구입 시 100엔 할인
바로 당첨되는 스피드 추첨.
(지불금액 500엔당, 고급여관, 녹차가 당첨되는 추첨권을 1회 뽑을 수 있습니다.)

07.
문제 다음 회화의 (   )안에 들어갈 표현은?
A:「수퍼에 도시락 사러 갈 건데.」
B:「그럼, 300엔짜리 김 도시락 사다 줘.」
A:「알았어. 나는 400엔짜리 연어도시락이니까, 지금이면 (   )이네.」
정답 3) 500엔

08.
문제 바르게 말하고 있는 사람은 누구인가?
정답 1) 타카시: 400엔 도시락을 2개 사고, 스피드 추첨으로 고급여관에 당첨됐다.
해설 割引(わりびき): 할인

11

실전테스트

■ 문자 · 어휘

問題1
_____ 친 낱말의 읽는 방법으로 알맞은 것을 1,2,3,4 중에서 하나 고르시오.

01.
문제 인터넷상에서 디지털카메라를 <u>대금상환</u>으로 주문했으니까 도착하면 돈 좀 내줘.
정답 4)
해설 代(だい)引(び)き: 대금상환

02.
문제 윤 선생님 <u>부부</u>는 사이가 좋기로 유명하다.
정답 2)
해설 夫妻(ふさい): 부처. 부부.
仲(ちゅう·なか): 버금 중 [동의어] あいだがら

03.
문제 <u>출혈</u> 대서비스라고 광고지에 쓰여 있어서 가봤는데 그다지 좋지 않았다.
정답 3)
해설 出血(しゅっけつ): 출혈. (비유적으로)인원·금전의 손해·희생.
出血大サービ: 적자를 각오한 대 서비스

04.
문제 12월은 회사랑 친구들과 <u>송년회</u>가 많아서 바쁘다.
정답 4)
해설 忘年会(ぼうねんかい): 망년회.

05.
문제 다양한 <u>도형(그림)</u>으로 된 퍼즐이 어른들에게 인기가 있는 것 같습니다.
정답 1)
해설 図形(ずけい): 도형.

06.
문제 오늘 시합은 비로 인해 다음 주로 <u>연기</u>되었습니다.
정답 2)
해설 延期(えんき): 연기.
延(えん·のびる·のばす·のべる): 늘일 연

07.
문제 이 핸드폰은 <u>판매개시</u>한지 1주일 만에 100만대나 팔렸대.

정답 4)
해설 販売(はんばい): 판매. 開始(かいし): 개시. 売(う)れる: 팔리다.

08.
문제 비와호(호수)는 일본에서 제일 큽니다.
정답 1)
해설 湖(こ・みずうみ): 호수 호

問題2
____ 친 낱말을 한자로 옮긴 것으로 알맞은 것을 1,2,3,4 중에서 하나 고르시오.

09.
문제 지정된 좌석에 앉아 주십시오.
정답 2)
해설 してい(指定): 지정   旨(し・むね・うまい): 뜻 지
    疋(ひき, 匹): 짐승・새・물고기・벌레 등을 세는 말, 마리
    脂(し・あぶら): 기름 지

10.
문제 삼촌께서는 병원에서 외과의사로 근무하고 계십니다.
정답 4)
해설 げか(外科)
    2) 内科(ないか): 내과.
    3) 整形(せいけい): 성형.

11.
문제 어느 누구라도 결점은 있어.
정답 3)
해설 けってん(欠点): 결점

12.
문제 매일 아침에 빵과 우유를 먹고 일하러 갑니다.
정답 1)
해설 ぎゅうにゅう(牛乳): 우유 汗(かん・あせ): 땀 한

13.
문제 그 사람한테 너무 실망했다
정답 4)
해설 しつぼう(失望): 실망.   3) 矢(し・や) 화살 시

14.
문제 이곳은 금연입니다. 담배를 피우지 마십시오.
정답 3)
해설 禁煙(きんえん): 금연.   禁酒(きんしゅ): 금주.

問題3
(   )에 들어갈 낱말로 알맞은 것을 1,2,3,4 중에서 하나 고르시오.

15.
문제 반찬은 냉장고에 있으니까 전자레인지에 (데워서) 먹어.
정답 1)
해설 温(あたた)める: 따스하게(따뜻하게)하다. 데우다. 덥히다.

16.
문제 계산대에서 (영수증) 받는 거 잊지 마.
정답 4)
해설 レシート: 영수증. レジ: 계산대.
    2) レバー[lever]: 레버, (기계 조작용의)손잡이, (자동차의 변속 장치의 손잡이 등)

17.
문제 A:「아까, 조금 (흔들렸)지?」
    B:「뉴스에서 지진이 났다고 했었어.」
정답 4)
해설 揺(ゆ)れる: 흔들리다. 地震(じしん): 지진.

18.
문제 오늘은 좋아하는 가수의 CD가 (발매)되니까 CD숍에 가야지.
정답 3)
해설 発売(はつばい): 발매.

19.
문제 갑자기 비가 내려서 세탁물이 (젖어)버렸다.
정답 1)
해설 降(ふ)り出(だ)す: (비・눈이)내리기 시작하다.
    濡(ぬ)れる: 젖다.

20.
문제 주차할 때에는 반드시 (백미러)를 보고 주변의 안전을 확인하세요.
정답 1)
해설 駐車(ちゅうしゃ): 주차.
    確(たし)かめる: 확인하다. 분명히 하다.
    バックミラー: 백미러.

21.
문제 학생 때 수학을 너무 (못해서) 성적이 나빴다.
정답 2)
해설 苦手(にがて): 다루기 벅찬 상대. 잘하지 못함.
    苦(く・くるしい・にがい・くるしむ・くるしめる・にがる)쓸 고, 땅 이름 호
    3) 得手(えて): 가장 능한 일, 재주, 장기, 특기
    4) 苦味(にがみ): 쓴맛, 씁쓸한 맛

22.
문제 밥이 다 됐으니까 (밥주걱)으로 뒤섞어 줄래?
정답 4)

해설 混(ま)ぜる: 섞다. 혼합하다. (휘저어)뒤섞다.
　　　炊(た)く: 밥을 짓다.
　　　3) おたま: 국자.　4) しゃもじ: 밥주걱.

23.
문제 오늘은 밥 먹은 후에 (디저트)로 케이크를 먹읍시다.
정답 2)

24.
문제 사토상은 나한테 너무도 소중한 (친구)입니다.
정답 3)
해설 親友(しんゆう): 친우. 친구. 벗.

25.
문제 대학생 때는 주말에 아침부터 밤까지 편의점에서 (아르바이트)를 했었다.
정답 1)
해설 4) 怠(なま)け者(もの): 게으름뱅이

問題4
_____와 비슷한 의미를 지닌 것을 1,2,3,4 중에서 하나 고르시오.

26.
문제 다음 주까지 이 단어를 외워오세요.
정답 4)
해설 覚(おぼ)える: 느끼다. 기억하다.
　　　暗記(あんき): 암기.

27.
문제 밀린 일을 한 번에 처리하다.
정답 2)
해설 いっぺんに: (부사)한 번에. 한꺼번에.
　　　片付(かたづ)ける: 정돈하다. (어떤 일을)처리하다. 끝내다.

28.
문제 그끄저께 전화로 예약한 사람입니다만.
정답 1)
해설 さきおととい: 그끄저께. 삼작일.

29.
문제 제니씨는 컴퓨터에 정통합니다.
정답 3)

30.
문제 옆 사람이 영화가 끝나자 갑자기 울기 시작해서 놀랐다.
정답 4)
해설 とたんに: 바로 그 순간. 하자마자.
　　　泣(な)き出(だ)す: 울기 시작하다.

問題5
다음 낱말의 사용방법으로 가장 알맞은 것을 1,2,3,4 중에서 하나 고르시오.

31.
문제 ずるい
정답 1) 방 정리를 동생한테 시키는 약삭빠른 형.
해설 ずるい: 꾀바르다. 교활하다. 약삭빠르다.

32.
문제 できあがる
정답 3) 요리가 다 되었으니까 내려오너라.
해설 できあがる: 다 되다. 완성되다.

33.
문제 干す
정답 2) 저기, 수건 너는 걸 도와줘.
해설 干(ほ)す: 말리다. 널다.

34.
문제 ゆずる
정답 1) 어르신께는 자리를 양보합시다.
해설 譲(ゆず)る: 양보하다.

35.
문제 ななめ
정답 4) 위험하니까 비스듬히 가로질러서는 안 됩니다.
해설 ななめ: 비스듬함. 경사짐.
　　　横断(おうだん): 횡단. 가로지름.

■ 독해·문법

問題1
다음 문장의 (　) 안에 들어갈 답으로 알맞은 것을 하나 고르시오.

01.
문제 여권에 (관한) 질문은 이 전화번호로 연락주세요.
정답 3)
해설 に対して: ~에 대하여

02.
문제 아내한테 늦게까지 술을 먹지 (말라)는 말을 듣습니다
정답 1)

03.
문제 아들은 항상 공부하는 (척하면서) 만화를 읽고 있다.
정답 2)
해설 ~ふりをする: ~하는 체하다.

문제해설 日本語能力試験 N3・N4 일본어능력시험

04.
문제 돈을 지불하지 않으시면 상품은 드릴 수 (없습니다).
정답 4)

05.
문제 나날이 따뜻해(지는 가운데) 선생님께서는 어떻게 지내시고 계시는지요?
정답 2)
해설 参(まい)る: (行く)의 겸사말. 가다.

06.
문제 화장실에 간 (사이에) 보고 싶었던 부분이 끝나버렸습니다.
정답 3)
해설 ~うちに:~하는 동안(하는 사이에).

07.
문제 A:「감기에 걸려서 (쉬었으면) 합니다만..」
B:「알겠어요. 몸조리 잘 하세요.」
정답 1)
해설 休(やす)ませる: 休(やす)む의 사역형. ~하게 하다.

08.
문제 저는 아침형(인간)이라서 밤늦게까지 (깨어 있는) 건 힘듭니다.
정답 2)
해설 朝方(あさがた): 아침형(인간)

09.
문제 형은 일본에서 10년이나 산 (것치고는) 일본어를 잘 못한다.
정답 4)
해설 ~にしては: ~하는 것치고는

10.
문제 모두가 알 수 있(도록) 설명해 주세요.
정답 1)
해설 ~ように: ~하도록(~하라고)/ ~하게

11.
문제 그런 건 아이들(조차) 아는데 왜 모르는 거니.
정답 3)
해설 ~さえ: ~하는 조차

12.
문제 그녀의 말이 사실이(라면) 그건 큰일이야.
정답 3)

13.
문제 윤씨의 (강점)은 일본어. 한국어, 영어를 말할 수 있다는 것입니다.
정답 1)
해설 つよみ: 강점. 이점. 장점.

問題2
다음 문장의 __★__ 에 들어갈 답으로 알맞은 것을 1,2,3,4중에서 하나 고르시오.

14.
문제 최근에 읽은 이 소설은 재미있 는데 따분하다 ★고 (고도) 할 수 없지요.
정답 3)

15.
문제 내년에 후쿠오카로 전근 가 ★게 되었다.
정답 2)
해설 ~ことになる: ~하기로 되다

16.
문제 바이올린은 켜기 는 ★켜는 데 그렇게 잘 하는 건 아니에요.
정답 3)
해설 ~ことは(~する): ~하기는 ~한다.
    それほど: 그렇게. 그 정도. 그만큼.

17.
문제 음료는 먼저 (가져다)드릴 까요? ★아니면 나중으로 하시겠습니까?
정답 1)
해설 それとも: (어느 하나를 고를 때 쓰는 말) 그렇지 않으면. 아니면.

18.
문제 내가 한국에 있는 ★동안 (집에) 꼭 놀러 오세요.
정답 2)

問題3
다음 문장을 읽고 19에서 23안에 들어갈 답으로 알맞은 것을 1,2,3,4 중에서 하나 고르시오.

해석 물건으로써의 성질이 변하지 19 않았더라도 사람과의 관계가 없어지고 아무도 사용하는 이가 없어졌을 20 때, 물건은 쓰레기가 되어 버립니다. 아직 사용하지 않은 연필이라 하더라도 당신이 「더 이상 이 연필은 필요 없어」 21 라고 생각하면 그 연필은 쓰레기통에 버려져 쓰레기가 되고 맙니다. 물건으로써 이용된다 하더라도 우리가 불필요하다고 21 치부해버림으로써 쓰레기가 됩니다. 물건은 사람의 의식 속에서 쓰레기가 되고 마는 것입니다. 22 이와 같이 생각해 보면 물건으로써 원래부터 쓰레기인 것은 거의 없다는 것을 알 수 있습니다. 그럼에도 23 불구하고 대량으로 쓰레기를 계속 내놓은 것이 현대의(지금의) 일본입니다.

19.
정답 3)
해설 かかわり(係(わ)り・関(わ)り): 관계, 연관
20.
정답 1)
21.
정답 2)
해설 2) みな(見做)す: 간주하다
22.
정답 4)
해설 3) これとなく: 넌지시
23.
정답 1)

■ 청해

問題1
문제1에서는 먼저 질문을 들으세요. 그런 다음, 대화를 듣고 보기의 1부터 4중에서 가장 알맞은 것을 하나 고르시오.

01.
해석 여:여기. 저번에 말했던 CD.
    남:고마워요. 저 다음 주까지 빌려도 되요? 내일부터 기말시험이라서.
    여:네 천천히 들으세요. 다 듣고 나면 박씨한테 전해주시겠어요? 박씨도 들어보고 싶대요.
    남:알겠습니다. 그리고 내 여자 친구도 들어보고 싶어 하는데...
    여:네 그러세요. 디스크에는 상처내지 말아 주세요.
    남:감사합니다. 조심해서 듣겠습니다.
문제 남자와 여자가 이야기하고 있습니다. 남자는 CD를 듣고 난 후 어떻게 해야 합니까?
정답 3) 박 씨한테 건네준다.
해설 期末(きまつ): 기말.
    渡(わた)す: 건네다. 넘기다.
    返(かえ)す: (빌린 것을) 돌려주다.
02.
해석 여:여보세요 지금 수퍼에 있어. 페트병으로 된 오렌지주스, 작은 게 없는데 어떻게 할까?
    남:음. 그럼 큰 거 세3병사와.
    여:사과주스라면 작은 게 있는데.
    남:그래? 그럼 오렌지주스는 관두고 사과주스를 두 병만 사와.
    여:알았어. 그리고 과자는 필요 없어?
    남:응. 필요 없어. 먹고 싶으면 사오던지.
    여:알았어. 내 것만 사갈게.
문제 남자와 여자가 이야기하고 있습니다. 여자는 무엇을 삽니까?
정답 2) 사과주스 2병과 과자
03.
해석 여:사토 씨. 어디 가?
    남:부모님이 놀러 오셔서 공항까지 마중 가는 중이야.
    여:그래? 그럼 돌아오는 길에 잠시 들릴래? 왜 저번에 읽고 싶다던 책 빌려줄게.
    남:아 맞다. 내일 가도 돼? 오늘은 부모님을 안내해야 해서.
    여:그럼 내일 저녁은 어때? 나도 점심때는 아르바이트가 있어서 말이야.
    남:그래? 그럼 지금 가도 돼?
    여:응 괜찮아. 하지만 공항가야 하잖아.
    남:괜찮아. 아직 시간여유 있어.
문제 남자와 여자가 이야기하고 있습니다. 남자는 이제 어떻게 합니까?
정답 4) 여자 집에 책을 받으러 간다.
해설 貸(か)す: 빌려 주다. 사용하게 하다.
    迎(むか)え: 맞이함. 마중 감.
    出(で)かける: 나가다. 나서다. 떠나다.

問題2
문제2에서는 먼저 질문을 들으세요. 그리고 문제를 보세요. 읽는 시간이 주어집니다. 그런 다음, 대화를 듣고 문제용지의 1부터 4중에서 알맞은 답을 하나 고르시오.

04.
해석 남:있잖아. 최근에 무 알코올 와인이 출시된 거 알아?
    여:에? 그래? 몰랐어.
    남:무 알코올이라고 해서 포도주스일 거라 생각했는데 와인 맛이 나는 거 있지. 마셔볼래?
    여:하지만 아직 일이 있어서.
    남:그러니까, 이 와인은 일이 있는 사람이라도 술을 못 마시는 사람이라도 OK라니까.
    여:됐어. 와인은 좋아하는데 안 취한다니, 술도 아니잖아.
    남:그래? 맛있는데. 그럼 혼자서라도 마셔야지.
문제 여자와 남자가 이야기하고 있습니다. 여자는 왜 와인을 마시지 않습니까?
정답 2) 이제부터 일이 있기 때문입니다.
해설 飮(の)める: 飮む(마시다. 술을 마시다)의 가능형.

문제해설 443

05.
해석 여: 저는 유학생입니다. 현재 동경에서 살고 있습니다. 어릴 때는 꽃집 주인이 되는 것이 꿈이었습니다. 하지만 지금은 방송국 아나운서가 되고 싶습니다. 가능하면 프로스포츠 아나운서가 되고 싶습니다. 유명한 야구선수와 축구선수 등과 인터뷰를 하고 싶습니다. 어젯밤에는 제가 좋아하는 스포츠선수와 데이트를 하고, 그리고 결혼하는 꿈을 꿨습니다. 정말 행복한 꿈이었고, 그 꿈이 이루어지도록 열심히 노력할 것입니다.
문제 여자가 말합니다. 이 여자의 장래의 꿈은 무엇입니까?
정답 3) 아나운서가 되는 것입니다.
해설 お花屋(はなや)さん: 꽃집 주인.

06.
해석 남: 드라마를 본 감상 말인가요? 유명한 분들이 많이 나오시죠. (그래서) 더 재미있는 드라마일 거라 생각했습니다만. 책도 구입해서 읽었어요. 제가 이 작가를 너무 좋아하는데, 특히 이 작품이 가장 마음에 들어요. 그래서 드라마도 기대하고 있었습니다만. 하긴 드라마가 책보다 재미있었던 적은 별로 없으니까, 그런거겠죠. 솔직히, 좀 기대를 하고 있었어요.
문제 드라마를 본 감상을 남자가 인터뷰에서 대답하고 있습니다. 남자는 드라마를 보고 어떻게 느꼈습니까?
정답 1) 책이 더 재미있었다.

問題3
문제3에서는 문제용지에 인쇄된 내용이 없습니다. 먼저 대화를 들으세요. 그런 다음, 질문을 듣고 알맞은 답을 1부터 4중에서 하나 고르시오.

07.
해석 남: 저기 몸 상태는 어때?
여: 응 많이 좋아졌어. 그저께도 오고 오늘도 와 준거야?
남: 그게 오늘은 근처에 왔다가. 자 이거.
여: 뭐야? 이게?
남: 선물이야. 병원 침대에 누워있으면 지루할 것 같아서. 다음 주까지 제출할 리포트 확인 받고 싶어서 말이야.
여: 에. 왜 환자한테?
남: 나 혼자서 하는 보고는 불안해서, 그리고 같은 팀이잖아?
여: 그건 그렇지만. 과장님께서는 이 일을 알고 계셔?
남: 응. 알고 계셔. 과장님이 손도 머리도 움직일 수 있고, 몸 상태도 괜찮은 모양이라며….
여: 정말이지 과장님은. 모처럼 푹 쉬어야지 하고 생각했는데.
남: 자, 원망하려면 과장님을 원망하시고. 잠시 마실 거라도 사올게.
문제 병원에서 남자와 여자가 이야기하고 있습니다. 남자는 병원에 무엇을 하러 왔습니까?
정답 2) 리포트를 도움 받기 위해 왔다.

問題4
문제4에서는 그림을 보면서 질문을 들으세요. 그런 다음, 알맞은 답을 1에서 3중에서 하나 고르시오.

08.
문제 남: 택시를 탔습니다만 길이 혼잡해서 차가 움직이질 않습니다. 택시에서 내리고 싶습니다. 뭐라고 말합니까?
정답 1) 괜찮으니까 여기서 내려주세요.
해설 乗(の)る: (탈것에)올라타다.
混(こ)む: (많은 사람으로)붐비다. 복작거리다. 혼잡을 이루다.
降(お)りる: (아래로)내리다. 내려오다. 내려가다.

09
문제 여: 엘리베이터에 탔습니다만, 내릴 층의 버튼에 손이 닿지 않습니다. 뭐라고 말합니까?
정답 2) 죄송하지만 3층 좀 눌러주시겠어요?
해설 届(とど)く: 닿다. 미치다. 이르다.
押(お)す: 밀다. 누르다.

10
문제 남: 우체국에서 소포를 부치는데 언제 도착하는지 알고 싶습니다. 어떻게 말할까요?
정답 1) 이거 언제 도착합니까?
해설 小包(こづつみ): 소포.

11.
문제 여: 밤에 돌아오는 길에 같은 맨션에 사는 사람을 만났습니다. 뭐라고 말할까요?
정답 3) 안녕하세요. 이제 들어오세요?

問題5
문제5에서는 문제용지에 인쇄된 내용이 없습니다. 먼저 문제를 들으세요. 그런 다음, 문제의 답으로 알맞은 것을 1부터 3중에서 하나 고르시오.

12.
문제 남: 요즘 일이 바빠서(많아서), 밤에 별로 잠을 못 자.

정답 3) 무리하지 마.

13.
문제 여:이 백화점이 지어진 지 반년밖에 안 된대.
정답 1) 그렇구나. 그래서 아직 새 거구나.
해설 ~たばかりだ: ~한지 얼마 안 된다.

14.
문제 여:자녀분의 키는 몇입니까?
정답 2) 150센티입니다.

15.
문제 남:자네 최근에 지각이 잦아.
정답 2) 죄송합니다. 앞으로 조심하겠습니다.

독해연습

問題1
다음 문장을 읽고 질문에 답하시오. 가장 알맞은 답을 1·2·3·4 중에서 하나 고르시오.

해석 누군가의 병문안을 갈 때 들고 갈 선물로는 어떤 것을 들고 가면 좋을까요? 입원하고 있으니까 같은 병실에 있는 사람을 배려해서 음식이나 냄새 나는 것은 피하는 게 좋겠죠. 과일 등이 좋을 것 같습니다. 그리고 꽃도 좋아하겠지만 백합은 병문안에 적합하지 않습니다. 백합은 지는 모양이 그리 좋지 않기 때문입니다. 가끔 식물을 들고 오는 사람이 있는데, 식물은 뿌리를 내린다는 의미가 있어서, 병원에 계속 입원하게 된다 라는 의미에서 별로 권하고 싶지 않습니다. 으뜸은, 과일 등이 가장 좋겠죠.

01.
문제 위 문장에서 추천하는 것은 무엇인가?
정답 1) 과일을 들고 가는 것.
해설 お見舞(みま)い: 문안. 위문. 문병.
　　　ゆり: 백합
　　　根(ね)を張(は)る: 뿌리를 뻗다. 뿌리를 내리다.

問題2
다음 문장을 읽고 질문에 답하시오. 가장 알맞은 답을 1·2·3·4 중에서 하나 고르시오.

해석 절전 협조문
　　　절전은 무리가 없는 범위 내에서 시행하는 것이 중요합니다. 특히 건강과 안전에 관계된 기기는 절전을 시행할 경우 십분 주의합시다.

【조명에 대하여】
가정에서 사용하는 전구를 LED전구로 교체하는 것 외에, 사무실의 형광등을 2개에서 1개로 줄이거나 점등을 하지 않는 방법도 절전에 효과가 있습니다만, 안전과 건강 면에서 주의가 필요합니다. 어두운 곳에서는 다칠 가능성이 있습니다.
【엘리베이터 등】
엘리베이터도 어느 정도 절전에 유효합니다만, 전체 소비전력에서 보면 그 효과는 제한적입니다. 특히, 모든 엘리베이터를 정지하면 고령자나 휠체어 사용자의 통행을 방해하게 되므로 주의합시다.
【에어컨 등】
에어컨 설정온도(20도)를 내리고 다른 난방기기를 활용하는 것은 절전에 유효적입니다만, 장기간 사용하는 기기는 열, 습기, 먼지로 등으로 인해 연기나 불이 나기 쉬우므로 주의해주세요.

02.
문제 절전 시 주의해야 하는 것은 무엇인가?
정답 1) 무리가 없는 범위 내에서 시행.
해설 節電(せつでん): 절전
　　　範囲(はんい): 범위
　　　車椅子(くるまいす): 휠체어

03.
문제 조명과 에어컨의 설명으로 바른 것은?
정답 2) 조명을 어둡게 하면 다칠 수 있으므로 주의하기 바란다.
해설 暖房(だんぼう): 난방　　照明(しょうめい): 조명
　　　怪我(けが): 다침. 부상.
　　　有効(ゆうこう): 유효. 효력이 있음.
　　　湿気(しっけ): 습기.

04.
문제 안에 들어갈 알맞은 말은?
정답 4) 그 효과는 제한적이다.

問題3
다음 문장을 읽고 질문에 답하시오. 가장 알맞은 답을 1·2·3·4 중에서 하나 고르시오.

해석 우리가 여행할 때 자주 애용하는 교통수단 중에 비행기가 있다. 예전에는 졸업여행이라고 하면 전차를 타고 부근에 위치한 온천이나 경치가 좋은 곳으로 가거나 했었다. 최근에는 외국으로 가는 사람들이 늘고 있다. 그것의 가장 큰 원인이 비행기이다. 공항에 가서 비행기를 타고 친구와 이야기를 나누고 식사를 하는 사이에 (예정지에)도착해 버린다. 아주 짧은 시간

으로 떠나는 것이 가능하다. 게다가 짐을 들고 타지 않아도 된다. 비행기를 타기 전에 맡기는 것이 가능하기 때문이다. 비행기를 타는 즐거움은 비행기 안에만 있는 것이 아니다. 공항에서도 즐길 수 있는 것이 많이 있다. 예를 들어 공항에 빨리 가서 쇼핑을 할 수도 있다. 그리고, 그 나라의 토산물이나 먹거리를 구입할 수도 있다. 어떤 때는 자동차를 판매하고 있는 공항도 있어서 대형 백화점 같다는 느낌도 든다. 최근에는 공항에서 느긋하게 샤워를 하거나, 편하게 쉴 수 있는 장소도 구비되어 있다. 예전에는 공항에 가서 비행기만 타기 위한 장소였던 곳이 지금은 조금씩 보통은 살 수 없는 것들을 살 수 있는, 공항에서의 시간을 즐길 수 있는 장소로 변화고 있다. 여러분도 공항과 비행기 양쪽 모두를 즐기길 바래요.

05.
문제 비행기가 편리한 이유는 무엇입니까?
정답 4) 짧은 시간으로 가고 싶은 곳으로 갈 수 있기 때문에.

06.
문제 공항에서 무엇을 할 수 있습니까?
정답 2) 공항에서는 느긋하게 쉬거나 쇼핑을 하거나 할 수 있습니다.

問題4
다음 문장을 읽고 질문에 답하시오. 가장 알맞은 답을 1·2·3·4 중에서 하나 고르시오.

해석 정 씨는 저녁을 먹은 후에 배가 아파왔습니다. 병원에 가고 싶지만 오늘은 일요일입니다. 그래서 시청에서 받은 「야간, 토요일, 휴일진료 알림」을 보고, 지금 갈 수 있는 병원을 찾았습니다. 지금은 오후 8시입니다. 정 씨의 집에서 병원까지는 어느 곳도 15분 이내입니다.

「야간, 토요일, 휴일진료 알림」

	진료과목	병원명	진료시간
평일 야간	내과 외과 소아과	고다마 클리닉	20時~25時
	치과	야마다치과	19時~5時
토요일	내과 외과	미야모토시민병원	17時~24時
	내과 치과 소아과	스즈키내과 치과의원	17時~24時
일요일 · 공휴일	내과 외과 소아과	의사회병원	9時~19時
	치과	야마모토치과의원	9時~13時
	내과 소아과	가와시마내과	19時~24時

접수는 진료종료시간 20분전입니다. 보험증과 현금 또는 카드를 지참하세요.

07.
문제 정 씨가 갈 수 있는 병원은 어디인가?
정답 4) 가와시마내과
해설 外科(げか): 외과　　　内科(ないか): 내과
小児科(しょうにか): 소아과　診療(しんりょう): 진료

08.
문제 정 씨가 가져가야 하는 것은 무엇인가?
정답 2) 보험증
해설 保険証(ほけんしょう): 보험증

12

실전테스트

■ 문자·어휘

問題1
___ 친 낱말의 읽는 방법으로 알맞은 것을 1,2,3,4 중에서 하나 고르시오.

01.
문제 아들의 꿈은 국제적으로 유명한 학자가 되는 것입니다.
정답 1)
해설 国際的(こくさいてき): 국제적　ゆめ(夢): 꿈

02.
문제 온 종일 컴퓨터 화면을 보고 있었더니 너무 피곤하다.
정답 3)
해설 画面(がめん): 화면

03.
문제 맛있는 회가 먹고 싶다.
정답 4)
해설 刺身(さしみ): 회

04.
문제 이 전철은 시즈오카역을 통과하므로 주의하여 주시기 바랍니다.
정답 1)
해설 通過(つうか): 통과

05.
문제 회비로 5000엔 받습니다.
정답 2)
해설 会費(かいひ): 회비

06.
문제 이 안에 있는 책은, 뭐든지 1권에 100엔입니다.
정답 4)
해설 冊(さつ): 권
冊(さつ・さく・さっ・ざく・ふみ)책 책

07.
문제 옆집 부부는 <u>신혼</u>이래.
정답 1)
해설 新婚(しんこん): 신혼

08.
문제 앞 좌석에 앉아 있는 여자는 마치 <u>여배우</u> 같다.
정답 3)
해설 座(すわ)る: 앉다.
女優(じょゆう): 여배우 俳優(はいゆう): 배우

問題2
_____ 친 낱말을 한자로 옮긴 것으로 알맞은 것을 1,2,3,4 중에서 하나 고르시오.

09.
문제 할머니께서는 <u>치료</u>를 위해 입원하고 계신다.
정답 3)
해설 ちりょう(治療): 치료

10.
문제 이 라디오카세트는 태국<u>제</u>입니다.
정답 1)
해설 1) 製(せい)지을 제
2) 制(せい)절제할 제
3) 幣(へい): 화폐 폐
4) 勢(せ・せい・いきおい)형세 세

11.
문제 늘 가는 편의점에서 아르바이트 <u>구인</u>을 하고 있었어.
정답 2)
해설 きゅうじん(求人): 구인 コンビニ: 편의점

12.
문제 <u>각국</u>의 축구대표가 동경에 모였습니다.
정답 4)
해설 かっこく(各国): 각국 集(あつ)まる: 모이다. 모여들다.
サッカー: 축구
4) 時速(じそく): 시속

13.
문제 너라면 잘 할 수 있을 거니까 <u>자신감</u>을 가지고 발표해.
정답 1)
해설 自信(じしん)を持(も)つ: 자신감을 가지다.

14.
문제 <u>차고</u>에 세워뒀으니까 타고 가려면 타고 가도 돼.
정답 4)
해설 しゃこ(車庫): 차고 倉庫(そうこ): 창고

問題3
( )에 들어갈 낱말로 알맞은 것을 1,2,3,4 중에서 하나 고르시오.

15.
문제 사고 때문에 전차가 (정각)에 도착하지 못 했다.
정답 1)
해설 定刻(ていこく): 정각, 정시.
4) 時速(じそく): 시속

16.
문제 편지를 (속달)로 부쳤으니까 빨리 도착할 거야.
정답 3)
해설 速達(そくたつ): 속달

17.
문제 엄마는 지금부터 나갔다 올 테니 세탁물을 (개서) 정리해줘.
정답 4)
해설 畳(たた)む: 개다. 개키다.
片付(かたづ)ける: 정돈하다. 정리하다.

18.
문제 밥이랑 반찬을 (전자레인지)에 데워서 먹는다.
정답 4)
해설 暖(あたた)める:
電子(でんし)レンジ: 전자레인지

19.
문제 밥을 먹고 난 후 양치질을 하지 않으면 (충치)가 생긴다.
정답 2)
해설 歯をみがく: 양치질을 하다.
虫歯(むしば): 충치. 歯医者(はいしゃ): 치과의사.

20.
문제 저기, 아이들이랑 같이 (거실)에서 텔레비전이라도 봐.
정답 1)
해설 リビング: 거실

21.
문제 남편은 매일 밤늦게까지 술을 마시고 (취해서) 들어온다.
정답 3)
해설 酔(よ)っぱらう: 만취하다.

22.
문제 차를 끓였으니 (찻잔)을 4개 들고 와.

문제해설 日本語能力試験 N3・N4 일본어능력시험

정답 4)
해설 2) 小皿(こざら): 작은 접시
3) とっくり: (잘쑥하고 아가리가 좁은)술병.
4) 湯(ゆ)のみ: 찻잔.

23.
문제 결혼(반지)를 변기에 떨어뜨렸는데 물을 내리고 말았다.
정답 3)
해설 車輪(しゃりん): 차륜, 수레바퀴

24.
문제 운동을 하고 나면 몸에서 (땀 냄새가 납)니다.
정답 4)
해설 ~くさい: ~의 냄새가 나다.

25.
문제 여자친구와 드라이브하고 있었는데 갑자기 차 (엔진)이 멈추고 말았다.
정답 2)
해설 エンジン: 엔진   ブレーキ: 브레이크

問題4
____와 비슷한 의미를 지닌 것을 1.2.3.4 중에서 하나 고르시오.

26.
문제 금년에는 가능한 한 낭비를 줄이고 돈을 모으도록 해야지.
정답 3)
해설 省(はぶ)く: 줄이다. 생략하다.
貯(た)める: 돈을 모으다.
むだ(無駄): 보람이 없음, 쓸데없음, 헛됨

27.
문제 타인의 말을 잘 들어주는 사람은 여자들에게 인기가 있다.
정답 1)
해설 好(す)かれる:(好き의 수동형) もてる: 인기가 있다.

28.
문제 아버지는 라면에 후추를 많이 쳐서 먹는 것을 좋아하십니다.
정답 1)
해설 ふる: 뿌리다. 치다.   かける: 뿌리다. 치다.

29.
문제 날씨는 오늘 저녁부터 점차 나빠지겠습니다.
정답 4)

해설 次第(しだい)に: 점차. 차츰.

30.
문제 오늘 아침은 빨리 일어나야 해서 자명종을 5시 반에 맞추고 잤습니다.
정답 2)
해설 目覚(めざ)まし: 目覚まし時計의 준말.

問題5
다음 낱말의 사용방법으로 가장 알맞은 것을 1.2.3.4 중에서 하나 고르시오.

31.
문제 たまに
정답 2) 대게 일요일은 집에 있습니다만 가끔 영화를 보러 갑니다.
해설 たまに: 일이 드물게 일어나는 모양. 모처럼. 이따금

32.
문제 ついに
정답 1) 몇 년이나 그리고 있던 그림이 드디어 완성되었다.
해설 ついに: 마침내. 드디어. 결국

33.
문제 げっぷ
정답 4) 사이다를 많이 마셨더니 트림이 많이 나왔다.
해설 げっぷ: 트림

34.
문제 ずうずうしい
정답 3) 모두가 줄 서 기다리고 있는데 아주머니가 옆에서 뻔뻔스럽게 들어왔다.
해설 ずうずうしい: 뻔뻔스럽다. 낯두껍다.

35.
문제 あまる
정답 3) 일본어 시험이 간단해서 시간이 많이 남았습니다.
해설 あまる: 남다.

■ 독해 · 문법

問題1
다음 문장의 ( ) 안에 들어갈 답으로 알맞은 것을 하나 고르시오.

01.
문제 다나카씨는 일이 (빠른) 반면 실수가 많다.

정답 4)
해설 ~反面(はんめん): (부사적으로)다른 한편, 반면.
02.
문제 오늘 저녁7시에 대학의 학생 홀(에서) 졸업파티가 열립니다.
정답 2)
해설 ~において:(어떤 일이 이루어지는 장소/ 시간을 나타냄)~에 있어서. ~에서.
03.
문제 잘 못 부르는 형의 노래를 2시간이나 (듣고 있자니) 너무 괴로웠다.
정답 3)
해설 聞(き)かされる: 聞く의 수동형.
04.
문제 A:「선생님께서는 (술은 드세요?)」
B:「네. 마십니다.」
정답 3)
해설 お(ご)~になる의 꼴로 동사의 연용형이나 동작을 나타내는 한자어에 붙음. ~하시다.
05.
문제 어제는 너무 피곤해서 텔레비전을 켠 (채로) 자버렸습니다.
정답 1)
해설 ~たまま: ~한 채로.
06.
문제 요즘 남자는 일과 (함께) 가족도 소중히 해야 하는 시대이다.
정답 4)
해설 ~ともに: 함께, 같이.
07.
문제 죄송합니다만 화장실을 좀 (사용해도) 되겠습니까?
정답 2)
해설 使(つか)わせる: 使う의 사역형.
08.
문제 내일 반드시 해야 할 일 (등)은 여기에 메모해 둘게.
정답 4)
해설 なんか: (부사 등의 용법과 거의 같음): ~등. ~들. ~따위.
09.
문제 오늘은 빨리 자고 내일 일찍 일어나서 (운동해야지).
정답 1)
해설 ~ことにする:~하기로 하다.
10.
문제 이 나라는 저녁 8시가 (되어도) 어두워지지 않는 계절이 있다고 합니다.

정답 3)
해설 なっても: 되어도. 季節(きせつ): 계절
11.
문제 가격이 비싸다고 해서 반드시 좋은 (것은 아니다).
정답 2)
해설 値段(ねだん):
~限らない: ~반드시~한 것은 아니다.
12.
문제 그 피아니스트의 손가락의 (움직임)은 대단하다.
정답 1)
해설 動(うご)く: 움직이다, 이동하다
13.
문제 이제부터 다양한 것에 흥미를 가지는 어르신들이 (늘지 않겠어?)
정답 1)
해설 興味(きょうみ): 흥미

問題2
다음 문장의 ★ 에 들어갈 답으로 알맞은 것을 1,2,3,4중에서 하나 고르시오.

14.
문제 녹음된 노래를 듣고 ★나서야 비로소 내가 노래를 못 부른다는 것을 알았다.
정답 4)
해설 ~はじめて: 비로소.
15.
문제 오늘은 저번 주에 일본에서 ★막 도착한 비디오를 같이 봐요.
정답 1)
해설 ~(た)ばかり: ~한지 얼마 안 되는
16.
문제 바이올린은 켜기 ★는 켜지 만 그렇게 잘하지는 않는다.
정답 4)
해설 ~ことは(~する): ~하기는 ~한다
       それほど: 그렇게, 그 정도, 그만큼
17.
문제 그는 시험 전날에도 공부 ★하기 는 커녕 친구들과 술 마시고 있었다.
정답 3)
해설 ~どころか: 커녕.
18.
문제 내 아내는 청소는 ★물론이고 요리도 잘합니다.
정답 2)

문제해설 日本語能力試驗 N3·N4 일본어능력시험

問題3
다음 문장을 읽고 19에서 23안에 들어갈 답으로 알맞은 것을 1,2,3,4 중에서 하나 고르시오.

해석 유기된 동물을 보호하기 위해 무엇을 하면 좋을지 사회의 관심이 19 높아지고 있습니다. 많은 동물이 매정한 주인 20 에게 버림을 받아 죽어가고 있습니다. 21 그뿐만 아닙니다. 살아있는 동물로써 취급하는 것이 아니라 양복이나 음식물처럼 팔리고 있습니다. 동물들은 매일 이른 아침부터 밤늦게까지 유리케이스 안에서 생활합니다. 태어나서 얼마 되지 않는 동물에게는 22 반드시 좋은 환경이라고 말할 수 없습니다. 게다가 어떤 동물이든 새끼는 귀엽습니다만, 성장을 하거나 나이가 들면 23 바로 유기하는 사람이 있습니다. 어떤 동물도 생명은 하나입니다. 그 생명을 소중히 하는 사회가 속히 오도록 바랄 뿐입니다.

해설 捨(す)てられる: 捨(す)てる의 수동형. 버림 받다.
     望(のぞ)む: 바라다. 원하다.
     環境(かんきょう): 환경.

19.
정답 3)
해설 捨(す)てられる: 捨(す)てる의 수동형. 버림 받다
20.
정답 1)
해설 飼(かい)主(ぬし): 가축이나 애완 동물을 기르는 사람
21.
정답 4)
22.
정답 2)
해설 環境(かんきょう): 환경
23.
정답 3)

■ 청해

問題1
문제1에서는 먼저 질문을 들으세요. 그런 다음, 대화를 듣고 보기의 1부터 4중에서 가장 알맞은 것을 하나 고르시오.

01.
해설 남:단어는 좀처럼 외워지지 않아. 뭐 좋은 방법 알고 있어?
     여:음. 나는 그림이랑 같이 외우고 있어.
     남:그거 그림을 찾아야 되는 거지? 그건 힘들어.
     여:그래? 인터넷 같은 데서 찾아보면 많이 있어.
     남:그렇긴 한데 역시 그림 찾는 건 힘들어.
     여:그럼 소리 내어 읽으면서 빨간 볼펜으로 석는 건 어때?
     남:빨간 볼펜으로?
     여:엄마가 예전에 독일어를 공부할 때 그 방법으로 하셨대. 빨강색이 꽤 기억에 남는대. 나도 적으면서 외울 때는 그 방법으로 외워.
     남:그래? 그 방법이 제일 빠를 지도 모르겠네. 다음에 해봐야지.
문제 남학생과 여학생이 단어를 외우는 방법에 대해서 이야기하고 있습니다. 남학생은 어떻게 합니까?
정답 2) 빨간 볼펜으로 적어서 외운다.
해설 覚(おぼ)える: 익히다. 기억하다.
     探(さが)す: 찾다.

02.
해설 여:이번 설날에 친정에 가. 친정에 들고 갈 선물은 이미 샀는데, 사촌 거는 뭘 들고 가면 좋을 지 고민이야.
     남:산촌이 몇 살 이야?
     여:10살.
     남:음. 음식은 기호가 다르고. 가격이 비싼 건 아저씨 아주머니가 마음 쓰실 테고, 공부랑 관련된 건 사촌이 싫어할 테니까. 그래. 가족이 함께 즐길 수 있는 것은 어때?
     여:그래. 그게 좋겠다. 그렇게 해야겠어.
문제 남자와 여자가 사촌에게 들고 갈 선물에 대해서 이야기하고 있습니다. 여자는 무엇을 들고 갑니까?
정답 4) 게임

03.
해설 여: 여보세요 HMS여행의 가토오입니다.
     남: 여보세요 저번에 항공권 예약으로 전화했던 야마시타입니다만.
     여: 야마시타씨군요. 잠시만 기다리십시오. 야마시타씨. 대단히 죄송합니다만 예약하신 NAN항공의 자석이 만석입니다만, OS항공 쪽이라면 좌석이 비어있습니다.
     남: NAN항공이 제일 좋은데. OS항공은 도착이 오전인가요?
     여: 네. 오전 11시에 도착합니다. 어떻게 하시겠습니까?
     남: 11시? 빨라도 괜찮으니까 다른 항공회사는 없어요?
     여: ETL항공이 9시에, JEU항공이 9시 반에 도착하는 비행기가 있습니다.

남: 알겠습니다. 그럼 9시반 걸로 부탁합니다.
문제 남자와 여자가 전화로 이야기하고 있습니다. 남자는 어떤 항공회사의 비행기를 탑니까?
정답 4) JEU항공
해설 航空(こうくう): 항공

問題2
문제2에서는 먼저 질문을 들으세요. 그리고 문제를 보세요. 읽는 시간이 주어집니다. 그런 다음, 대화를 듣고 문제용지의 1부터 4중에서 알맞은 답을 하나 고르시오.

04.
해석 여: 저, 구좌를 개설하고 싶은데요.
남: 신분증은 가지고 계세요?
여: 외국인등록증은 있습니다.
남: 그리고 인감은 있으세요?
여: 인감이요? 그건 없습니다만
남: 정말 죄송합니다만 가타카나라도 괜찮으니까 이름을 알 수 있는 인감을 만들어주시겠습니까?
여: 알겠습니다. 그밖에 필요한 것은 없습니까?
남: 그리고 일본에는 어느 정도 체류하셨습니까?
여: 6개월입니다.
남: 알겠습니다. 외국인은 4개월 이상 체류한 분만 구좌를 개설할 수 있습니다.
여: 그럼 괜찮은 거네요.
남: 네. 그럼 인감이 준비되시면 다시 들려주세요.
문제 여자가 은행 창구에서 은행원과 이야기하고 있습니다. 여자가 지금 구좌를 개설 할 수 없는 이유는 무엇입니까?
정답 1) 도장(인감)이 없어서.
해설 身分証(みぶんしょう): 신분증
印鑑(いんかん): 도장(인감)
口座(こうざ): 구좌
滞在(たいざい): 체재, 체류.

05.
해석 저는 먹는 걸 아주 좋아합니다. 맛집 이야기를 들으면 바로 가고 싶어집니다. 이렇게 먹는 걸 좋아하는 저지만, 예전에는 못 먹는 음식이 있었습니다. 어릴 때부터 케이크나 과자 같이 단 음식을 좋아했습니다. 야채와 고기, 생선도 좋아했습니다. 하지만 매운 걸 잘 못 먹었습니다. 특히 카레는 좋아하는 음식입니다만, 어린이용 단맛 카레 이외의 매운맛 카레는 못 먹었습니다. 매운 음식을 좋아하는 아내와 결혼하고 난 후, 다양한 음식을 먹고 매운 음식의 참 맛을 알게 되었습니다. 지금은 매운 음식도 먹을 수 있게 되었습니다.

문제 남자가 말하고 있습니다. 남자는 예전에 무엇을 못 먹었습니까?
정답 3) 매운 음식

06.
해석 남: 이 프린터기는 관리도 간단합니다.
여: 에, 그래요? 편리하군요.
남: 네. 단, 주의하실 점은 이 녹색 커버 부분은 절대로 물에 젖지 않도록 해주세요. 물에 젖으면 프린터기의 전원을 켤 때 열이 발생해서 화재가 날 우려가 있으니까 주의해 주세요.
여: 그래요? 알겠습니다. 이 부분을 청소할 때는 어떻게 하면 될까요?
남: 커버를 열고 마른 수건으로 닦아 주세요.
여: 알겠습니다.
문제 남자 점원이 여자 고객에게 프린터기의 사용방법을 설명하고 있습니다. 여자가 해서는 안 되는 일은 무엇입니까?
정답 1) 녹색커버 부분을 물에 적신다.
해설 1) ぬら(濡)す: 적시다   2) 当(あ)てる: 대다
3) 布(ぬの): 천

問題3
문제3에서는 문제용지에 인쇄된 내용이 없습니다. 먼저 대화를 들으세요. 그런 다음, 질문을 듣고 알맞은 답을 1부터 4중에서 하나 고르시오.

07.
해석 남: 마이클선수, 오늘도 홈런 칠까?
여: 칠거야. 최근에 컨디션도 괜찮은 것 같고.
남: 맞아. 그리고 발도 빠르잖아.
여: 맞아 맞아. 홈런만 치는 타자가 아니잖아.
남: 도루하는 것도 보고 싶어.
여: 그래. 근데 마이클선수 요즘 잡지모델도 하고 있는 모양이야.
남: 그래?
여: 그 사진 정말 멋있어. 원래 꽃 미남에다가 스타일도 좋고. 그래서 좋아.
남: 그러고 보니 요즘 마이클선수 칭찬만 하던데 그거 때문이야?
여: 맞어.
문제 병원에서 남자와 여자가 야구이야기를 하고 있습니다. 여자는 마이클선수의 어떤 점이 좋다고 말하고 있습니까?
정답 4) 잘생기고 스타일이 좋은 점.

問題4

문제4에서는 그림을 보면서 질문을 들으세요. 그런 다음, 알맞은 답을 1에서 3중에서 하나 고르시오.

08.
문제 남:친구 집에서 식사대접을 받았습니다. 뭐라고 말합니까?
정답 2) 많이 먹었습니다. 잘 먹었습니다.
해설 御馳走(ごちそう): 음식을 대접함.

09.
문제 여:관광이 끝나고 버스에서 내릴 때 버스가이드한테 뭐라고 말합니까?
정답 3) 감사합니다.
해설 降(お)りる: (탈것에서)내리다.

10.
문제 남:친구가 길에서 다쳤습니다. 걷질 못할 걸 같습니다. 119번에 전화해서 뭐라고 말합니까?
정답 1) 구급차를 부탁합니다.
해설 救急車(きゅうきゅうしゃ): 구급차.

11.
문제 여:햄버거 가게에서 주문한 것을 들고 갑니다. 뭐라고 말합니까?
정답 2) 들고 갈 겁니다.
해설 持(も)ち帰(かえ)り: 가지고 돌아감. 들고 돌아감.

問題5

문제5에서는 문제용지에 인쇄된 내용이 없습니다. 먼저 문제를 들으세요. 그런 다음, 문제의 답으로 알맞은 것을 1부터 3중에서 하나 고르시오.

12.
문제 남:역시 비행기는 빨라. 벌써 오키나와에 도착해.
정답 3) 응. 역시 비행기야.
해설 さすが: 역시, 과연.

13.
문제 여:저번 달 이 아파트에서 이사 갔어요.
정답 1) 에, 어디로?

14.
문제 여:부탁할 게 있습니다만.
정답 2) 네. 뭔가요?

15.
문제 남:이전에 부탁한 프로젝트는 어떻게 돼가? 진척되고 있어?
정답 3) 네. 착착.

독해연습

問題1

다음 문장을 읽고 질문에 답하시오. 가장 알맞은 답을 1·2·3·4 중에서 하나 고르시오.

해석 2015年7月20日
토요타자동차 판매영업부 귀중
(주) SB일렉트로닉스
영업부 니시다 토무
전일에는 새로 발매된 승용차 팜플렛과 가격표를 보내주셔서 감사 드립니다. 영업부에서 검토하였습니다만 근년에 들어 경기가 좋지 못한 탓에 당사도 지출을 줄이고 있는 관계로, 금년에는 신차를 구입하는 것보다 기존의 차를 수리해서 사용하기로 하였습니다. 양해해 주시면 감사하겠습니다. 내년에 다시 검토할 생각입니다. 앞으로도 잘 부탁드립니다.

01.
문제 편지의 내용으로 알맞은 것은 어떤 것인가?
정답 2) SB일렉트로닉스는 새 차를 사지 않는다.
해설 御中(おんちゅう): 귀중(편지에서 상대편의 관청, 단체, 회사명 뒤에 붙이는 말)
わが社: 우리회사. 당사. 景気(けいき): 경기.

問題2

다음 문장을 읽고 질문에 답하시오. 가장 알맞은 답을 1·2·3·4 중에서 하나 고르시오.

해석 Q:금년의 일본 휴대폰 상황에 대해서 말씀해 주세요.
A:두 가지 포인트가 있을 것으로 보고 있습니다. 먼저 첫 번째는, 스마트폰의 보급으로 인해 소위 말하는「통신네트워크」가 문제시 되는 해가 될 것입니다. 스마트폰이 발매된 것은 수년전의 일입니다만 현 시점에 와서 그 보급의 속도가 빨라지고 있습니다. 벌써 휴대폰 판매(시장)의 50%를 차지하고 있습니다. 이로 인해 스마트폰을 이용한 인터넷통신의 데이터량이 증가할 것입니다. ①이 문제에 대해서는 이전부터 나오고 있었습니다만, 드디어 실제 사용자에게 직접적인 영향이 나오기 시작한 것입니다. 어떻게 이 위기를 극복하는 지가 휴대폰회사에 있어서 커다란 과제가 될 것입니다. 남은 한가지 포인트도 스마트폰과 관련 있습니다. 스마트폰의 보급으로 휴대폰도 컴퓨터처럼 되었습니다. 이 점에는 ②몇 가지 의미가 있습니다. 먼저 한 대의 스마트폰에 컴퓨터를 대신할 정도의 능력이 탑재되었다는 의미, 그리고 휴대폰의

생산방법 및 판매방법이 컴퓨터와 동일한 양상을 보이고 있다는 의미입니다. 여러 회사로부터 기술과 부품을 사서 그것들을 빠르고 싼 가격으로 해외에서 조립하여 전 세계로 판매하는 형태입니다. PC의 세계에서는 20년 정도 전부터 이 형태로 바뀌었습니다. 휴대전화기는 별세계라고 생각했습니다만 드디어 그런 시대가 도래하였습니다. 싸고 다양한 종류의 스마트폰이 해외로부터 점점 일본으로 들어올 것이고, 일본 제조업체도 해외 시장에 많은 제품을 투입하게 될 것입니다.

02.
문제 ① 이 문제 란 어떤 문제인가?
정답 3) 인터넷통신의 데이터 량
해설 ネット: 인터넷　普及(ふきゅう): 보급
影響(えいきょう): 영향
占(し)める: 차지하다. 점유하다.

03.
문제 ② 몇 가지 의미에 대한 설명으로 알맞은 것은?
정답 1) 스마트폰이 컴퓨터와 거의 동일한 능력을 탑재하고 있음.
해설 組(く)み立(た)てる: 조립하다.
値段(ねだん): 가격.

04.
문제 ▨ 안에 들어갈 단어는 무엇인가?
정답 4)
해설 1) がんがん: 큰 목소리로 시끄럽게 지껄이는 모양. 꽥꽥
2) とんとん: 단단한 것을 가볍게 두드리는 소리. 똑똑
3) ぐんぐん: (사물이)힘차게 진행되거나 성장하는 모양. 부쩍부쩍. 쭉쭉.
4) どんどん: 순조롭게 나아가는 모양. 척척 착착 술술

問題3
다음 문장을 읽고 질문에 답하시오. 가장 알맞은 답을 1・2・3・4 중에서 하나 고르시오.

해석 발신인:
수신인:
참　조:
건　명:
송　신:
미쓰히로씨에게
전일에는 모처럼 파티에 초대해 주셨는데 참석하지 못하여 죄송했습니다. 메일로 결석한다고 연락을 드렸습니다만, 구체적인 사정을 말씀 드리지 못하였습니다.전일, 같은 일본어학교에 다니는 친구 정 씨의 부모님이 한국에서 오셔서, 당일 정 씨가 공항으로 마중 가기로 되어있었습니다만, 갑작스럽게 병이 나는 바람에 제가 정 씨를 대신해서 다녀오게 되었습니다. 간다는 약속을 드리고도 갑자기 갈 수 없게 되어 정말 죄송했습니다. 다시 기회가 있으면 꼭 불러 주십시오. 정 씨의 부모님으로부터 한국에서 가져온 선물을 많이 받았습니다. 신기한 것들이 많이 있어서 히로미츠 씨에게도 조금 나눠 드리고 싶습니다. 다음 주 시간 있으세요? 그럼 연락 기다리겠습니다.
케이슌
※おすそ分け : 다른 사람에게 받은 것의 일부를 나누어 주는 것

05.
문제 파티에 갈 수 없었던 이유로 맞는 것은?
정답 2) 병이 난 정 씨를 대신해서 친구 부모님을 마중 갔기 때문에.

06.
문제 본문의 내용과 다른 것은?
정답 2) 다음 파티에는 반드시 간다고 전하고 있다.

問題4
다음 문장을 읽고 질문에 답하시오. 가장 알맞은 답을 1・2・3・4 중에서 하나 고르시오.

07.
문제 사고건수에 대한 것으로 맞는 것은? 그래프를 보고 답하시오.
정답 1) 사고건수는 平成17년부터 줄어들고 있다.

08.
문제 사고로 인한 사망자수에 대한 것으로 맞는 것은? 그래프를 보고 답하시오.
정답 3) 平成13년과 平成22년을 비교해 보면, 사고로 인한 사망자수가 2000명 이상 줄었다.

13

■ 실전테스트

▍문자・어휘

問題1
＿＿＿ 친 낱말의 읽는 방법으로 알맞은 것을 1,2,3,4 중에서 하나 고르시오.

01.
- 문제 선물은 예쁜 종이로 포장되어 있었다.
- 정답 1)
- 해설 包(つつ)む: 싸다, 두르다

02.
- 문제 그는 춤이 특기이다.
- 정답 4)
- 해설 得意(とくい): 숙달되어 있음, 자신이 있음

03.
- 문제 새로운 별이 발견되었다.
- 정답 1)
- 해설 1) 発見(はっけん): 발견   発見する: 발견하다

04.
- 문제 이 그래프는 인구변화를 나타내고 있습니다.
- 정답 4)
- 해설 変化(へんか): 변화
        表(あらわ)す:(모습 모양)나타내다, 드러내다
        1) しめ(示)す: 보이다, 가리키다

05.
- 문제 다음 주에 있을 회의 건으로 야마다상한테 전화 왔었어요.
- 정답 1)
- 해설 会議(かいぎ): 회의   件(けん): 건, 사항, 사건

06.
- 문제 통근에 아주 시간이 걸립니다.
- 정답 2)
- 해설 2) 通勤(つうきん): 통근   3) 通訳(つうやく): 통역
        4) 通信(つうしん): 통신

07.
- 문제 이 해안은 바위가 많다.
- 정답 2)
- 해설 海岸(かいがん): 해안   2) 岩(がん·いわ):바위 암

08.
- 문제 노력하는 것은 중요하다고 생각합니다.
- 정답 3)
- 해설 3) 努力(どりょく): 노력

問題2
_____ 친 낱말을 한자로 옮긴 것으로 알맞은 것을 1,2,3,4 중에서 하나 고르시오.

09.
- 문제 기계가 정상인지 아닌지 체크하였다.
- 정답 4)
- 해설 機械(きかい): 기계
        4)正常(せいじょう): 정상

10.
- 문제 건강진단(검진)에서 혈액검사를 받았다.
- 정답 3)
- 해설 3) 血液(けつえき): 혈액   4) 血圧(けつあつ): 혈압

11.
- 문제 엄마가 아이 뒤를 따라 뛰고 있다.
- 정답 2)
- 해설 2) 追(お)う: 따르다, 뒤쫓아가다

12.
- 문제 전차에서 내릴 때에 우산을 잊고 내렸다.
- 정답 3)
- 해설 3) 降(お)りる: (아래로)내라다, 내려오다
        4) 降(ふ)る: (비 눈 등이)내리다, 오다

13.
- 문제 대학에 들어간 이후로 신장에 변화가 없다.
- 정답 3)
- 해설 3)身長(しんちょう): 신장
        変(か)わる: 변하다, 바뀌다

14.
- 문제 이 이야기는 누구나 안다.
- 정답 1)
- 해설 1) 物語(ものがたり): 전설, 설화, 산문형식의 문학작품

問題3
( )에 들어갈 낱말로 알맞은 것을 1,2,3,4 중에서 하나 고르시오.

15.
- 문제 새 차를 사기 위해 판매점에서 (카탈로그)를 받아 왔다.
- 정답 1)
- 해설 1) カタログ: 카탈로그
        2) オーダー: 오더, 주문, 발주
        3) レシート: 영수증

16.
- 문제 다나카씨의 복장은 굉장히 고급스러운 (느낌)이 난다.
- 정답 4)
- 해설 服装(ふくそう): 복장, 옷차림
        上品(じょうひん): 고급품, 품위가 있음
        4) 感(かん)じ: 감각, 인상, 기분

17.
- 문제 이 주변에서 아파트를 빌리려면, 매월 (집세)로 5만 엔이 필요하다.
- 정답 4)

해설 3) 会費(かいひ): 회비   4) 家賃(やちん): 집세
18.
문제 테스트를 시작할 테니 사전을 가방 속에 (넣으)세요.
정답 3)
해설 2) 閉(と)じる: (열린 것이)닫히다
    3) しまう: 치우다
19.
문제 일본 젊은이들의 (최신) 패션을 알고 싶다.
정답 2)
해설 2) 最新(さいしん): 최신
    3) 最中(さいちゅう): (동작이나 상태가)한창인 때
20.
문제 읽지 않는 신문이나 잡지를 포개어 끈으로 (묶어서) 버렸다.
정답 1)
해설 重(かさ)ねる: 겹치다
    1) しば(縛)る: 묶다
    4) あ(編)む: 엮다, 뜨다, 편집하다
21.
문제 급한 용무가 생겨서 레스토랑 예약을 (취소)했다.
정답 3)
해설 用事(ようじ): 볼일, 용무
    3) キャンセル: 캔슬, 해약, 계약 취소
22.
문제 내 방은 동(향)이다.
정답 2)
해설 1) 沿(そ)い: 《명사에 붙어, 그것으로부터 떨어지지 않고, 나아가거나 나란히 있거나 함을 나타냄》 ~을 따라서
    2) 向(む)き: 방향
23.
문제 어제 영화 볼 때, (감동)해서 울었다.
정답 4)
해설 1) 歓迎(かんげい): 환영
    2) 応援(おうえん): 응원
    4) 感動(かんどう): 감동
24.
문제 서두르다가 (무심코) 다른 버스를 타고 말았다.
정답 3)
해설 2) ぐっすり: 깊은 잠을 자는 모양. 푹
    3) うっかり: 깜빡, 멍청히, 무심코
    4) がっかり: 실망(낙담)하는 모양, 낙심하다
25.
문제 모리씨는 열심히 공부해서 (훌륭한) 의사가 되었다.
정답 1)

해설 一生懸命(いっしょうけんめい): 목숨을 걸고 일함, 열심임
    1) りっぱな: 훌륭함, 위엄이 있고 아름다움

問題4
_____와 비슷한 의미를 지닌 것을 1,2,3,4 중에서 하나 고르시오.

26.
문제 이번 일은 너무 힘들다.
정답 1)
해설 きつい: 심하다, 고되다
    1) 大変(たいへん): 큰일, 큰 변고
    3) つまらない: 시시하다, 하찮다
27.
문제 오늘은 너무 피로하다.
정답 2)
해설 くたびれる: 지치다, 피로하다
    2) 疲(つか)れる: 지치다, 피로해지다
28.
문제 휴가가 끝나면, 다시 연락하겠습니다.
정답 3)
해설 明(あ)ける: (어느 기간이)끝나다
29.
문제 이 가게는 항상 (손님들로)북적인다.
정답 3)
해설 混雑(こんざつ): 혼잡
30.
문제 이 스포츠의 룰은 단순하다.
정답 2)
해설 3)単純(たんじゅん): 단순
    ルール: 룰, 규칙, 규정

問題5
다음 낱말의 사용방법으로 가장 알맞은 것을 1,2,3,4 중에서 하나 고르시오.

31.
문제 落(お)ち着(つ)く 침착하다
정답 4) 화재 시에는 침착하게 행동하자(해야지).
해설 火事(かじ): 화재
    落(お)ち着(つ)く: (일 마음 등이)안정되다, 진정되다
32.
문제 はかる 달다
정답 2) 밀가루나 버터를 정확히 달아서 케익을 만들었다.
해설 計(はか)る: (무게를)달다, (길이를)재다

문제해설 455

4) 電卓(でんたく):「電子式でんししき卓上たくじょう計算機けいさんき」의 준말, 전자식 탁상 계산기

33.
문제 ユーモア 유머
정답 2) 기무라씨는 유머가 있어서 함께 있으면 즐겁다
해설 ユーモア: 유머

34.
문제 未来(みらい) 미래
정답 1) 지구의 미래를 위해서 환경문제에 대해 생각해 보자.
해설 環境問題(かんきょうもんだい): 환경문제

35.
문제 そっくり 꼭 닮은 모양
정답 4) 남편과 아들아이는 얼굴뿐만 아니라 목소리까지 빼 닮았다.
해설 そっくり: 전부, 모조리, 고스란히

■ **독해·문법**

問題1
다음 문장의 (　) 안에 들어갈 답으로 알맞은 것을 하나 고르시오.

01.
문제 A:「다나까씨는 오늘도 아르바이트죠?」
　　 B:「오늘은 (아르바이트가)없(다고) 했어요.」
정답 2)
해설 って: 〈引用의 格助詞「と」와 같음〉
　　 …(이)라고, 〈「…という」의 압축된 표현〉
　　 …라고 하는, …하다는

02.
문제 나는 야마다씨를 만(날 때마다) 항상 멋진 분이라고 생각한다.
정답 3)
해설 1) ~うちに: 어떤 상황이 진행하는 동안
　　 3) ~たびに: ~할 때마다 ~할 적마다

03.
문제 책을 읽고 있었더니 (어느 새) 5시간이나 지나 버렸다.
정답 4)
해설 経(た)つ : 시간이 지나다, 경과하다

04.
문제 오늘은 7시에 동경 역에서 친구와 (만나)기로 되어 있어서 슬슬 나가보겠습니다.
정답 2)

해설 そろそろ: 어떤 일이 일어나는 시기에 접어드는 모양

05.
문제 의사가 담배를 (피지 말라)고 하는데, 좀처럼 끊을 수가 없다.
정답 1)
해설 1) 止(や)める: 그만두다, 끊다, 중지하다
　　 なかなか: 《흔히, 부정어가 따르며》 쉽사리, 좀처럼

06.
문제 야마다 선생님이 강연 (하시는) (동안), 모두 열심히 이야기를 들었다.
정답 3)
해설 3) あいだ(間): 공간적 및 시간적인)간격, 동안, 사이
　　 講演(こうえん): 강연

07.
문제 A:「가방매장이 어디죠?」
　　 B:「5층에 있습니다.」
정답 1)
해설 売(う)り場(ば): 파는 곳, 매장
　　 1) ございます: 《「ある」의 공손한 표현》 있습니다.

08.
문제 A:「뭐 먹을까?」
　　 B:「난 스파게티랑 커피」
　　 C:「나는 배가 안 고프니까 커피(만) 마실래」
정답 4)
해설 1) だけ: 한정 한도를 나타냄, ~만, ~뿐

09.
문제 공부해서 어느 정도 일본어를 말할 수 있(게 되어서) 일본어 수업이 재미있어졌다.
정답 1)
해설 授業(じゅぎょう): 수업

10.
문제 A사의 상품이 허리 통증에 어느 정도 효과가 있는 (지에 대해서) 자세히 알고 싶다.
정답 2)
해설 腰(こし): 허리　　痛(いた)み: 아픔, 통증
　　 効果(こうか): 효과

11.
문제 어제 여동생이랑 스프를 만들었는데, 소금 양을 잘 못 맞추어서 맛이 너무 (진했다).
정답 3)
해설 3) 濃(こ)い: (빛깔 맛 냄새 등이) 진하다.
　　 ~すぎる: 《동사의 연용형이나 형용사 및 형용동사의 어간에 붙음》 지나치다

12.
문제 A:「어머, 지갑이 없어.」
　　 B:「에, 정말이에요?」

A:「아, 있어요. 있어요.」
B:「정말, 놀래 (키지 좀 마세요). 그래도 다행이네요.」

정답 1)
해설 財布(さいふ): 지갑

13.
문제 오늘 아침부터 이가 너무 아프다. 얼른 치과에 (가면 되겠지)만, 가기 싫다.
정답 3)
해설 歯医者(はいしゃ): 치과

問題2
다음 문장의 ★ 에 들어갈 답으로 알맞은 것을 1,2,3,4중에서 하나 고르시오.

14.
문제 A:「그럼, 내일은 콘서트회장 입구에서 5시에 모일까요?」
B:「콘서트는 7시부터니까, 그렇게 일찍 가도 ★아직 열려있지 않을 거예요.」
정답 3)
해설 入り口(いりぐち): 입구

15.
문제 지금 다른 학생과 말씀중이시 니까 ★조금만 기다리세요.
정답 1)
해설 いらっしゃる:「来る」「行る」「居る」의 높임말

16.
문제 아버지도 나도, 오늘은 우산이 없어도 괜찮겠지 ★하고 외출 했 는데 비를 맞았다.
정답 2)
해설 1) ~だろう: 말하는 이의 추량/의문 등을 나타냄. ~할 거이다. ~하겠지.

17.
문제 어제 동물원에 갔더니, 저번 달에 ★막 태어난 새끼 사자를 볼 수 있었습니다.
정답 3)
해설 3) ~(た)ばかり: 한지 얼마 안 되는

18.
문제 정:「이 「이해」라는 말은 어떤 의미 입니까?」
아리:「아, 아마도 「알다」와 ★같은 의미였던 것 같습니다만.」
정답 4)
해설 りかい(理解): 이해
確(たし)か: (副)분명히, 틀림없이, 아마
2) ~という: ~라는, ~라 하는

問題3
다음 문장을 읽고 19에서 23안에 들어갈 답으로 알맞은 것을 1,2,3,4 중에서 하나 고르시오.

해석 말하는 자동판매기
여러분은 자동판매기가 말하는 것을 듣는다면 믿을 수 있습니까? 거의 모든 사람은 자동판매기가 말할 리가 없다며 웃을 겁니다. 19-a 그런데, 말하는 자판기는 진짜 19-b 있습니다. 우리집 근처에는 자동판매기가 한 대 있습니다. 보통의 음료 자판기로 보입니다만, 20 이 자판기는 말을 할 수가 있습니다. 예를 들면, 아침에 자동판매기 옆에 서면, 「안녕하세요」하고 말을 걸기도 하고, (음료를)산 후에는 「다녀오세요」라고 말을 하였습니다. 그리고, 밤에 음료를 산 사람에게 「수고 하셨습니다」라고 21 말하는 것을 본 적도 있습니다. 처음에는 너무 놀랐습니다. 기계가 말하는 것은 만화나 영화 에서만 가능한 일이라 생각했기 때문입니다. 내가 자주 보는 만화 중에는, 기계도 인간처럼 말하기도하고 걷기도 합니다. 22 그럼에도 자판기가 말을 걸다니, 마치 만화 세계에 있는 것 같다고 생각했습니다. 지금은 자동판매기가 「다녀오세요」라고 말하는 것에도 익숙해져서, 마음속으로 「다녀오겠습니다」하고 대답합니다. 만약 걷는 자판기가 나온다 해도, 더 이상은 23 놀라지 않을 지도 모릅니다.

19.
정답 1)
해설 1) ところが: 그런데, 그러나
自動販売機(じどうはんばいき): 자동판매기(= 自販機)

20.
정답 3)
해설 飲み物(のみもの): 마실 것

21.
정답 1)
해설 買(か)う: 사다

22.
정답 3)
해설 話をかける: 말을 걸다
それなのに: 그런데도, 그럼에도

23.
정답 4)
해설 2) 言(い)い返(かえ)す: 되풀이하여 말하다, 대답하다
4) おどろかない: 驚(おどろ)く 놀라다의 부정

問題4

다음의 (1)에서 (4)의 문장을 읽고, 질문에 답하시오. 답은 1,2,3,4에서 가장 알맞은 것을 하나 고르시오.

해석 아사히시는 시민전원이 힘을 합하여 깨끗한 마을 가꾸기, 기분 좋은 생활을 할 수 있도록 새로운 규칙을 만들었다. 그 규칙에는 다음의 3가지를 금지하고 있다. ① 쓰레기통등의 정해진 장소 이외에 쓰레기를 버리는 것 ② 걸으면서 담배를 피는 것 ③ 지정 장소 이외에 자동차를 세우는 것이다. 지키지 않을 경우에는, 돈(벌금)을 내게 하는 것도 있다고 한다.

24.
문제 이 규칙에 대해, 올바른 것은 어떤 것인가?
정답 2) 길을 걸으면서 담배를 피워서는 안 된다.
해설 規則(きそく): 규칙

해석 좋은 병원이란, 어떤 병원일까? 의사가 말을 잘 들어주는 (병원), 최신 기계가 있는지 없는지 와 같이 사람에 따라 생각이 다르다. 결국, 자신이 안심할 수 있는 병원이 좋은 병원이라고 말할 수 있을 것이다. 그럼, 어떻게 하면 좋은 병원을 찾을 수 있을까? 사람에게 물어보거나, 책이나 잡지, 인터넷 등에서 찾아보거나 (하는 등) 방법은 얼마든지 있다. 그러나 최종적으로 선택하는 것은 자기자신이다. 좋은 병원을 선택하기 위한 기준을 자신이 확실히 가지고 있는 것이 중요하다.

25.
문제 이 문장에서, 병원을 선택할 때에 중요한 것이 무엇이라고 말하고 있는가?
정답 4) 그 병원이 좋다고 스스로 확신하는 것
해설 選(えら)ぶ: 택하다 紹介(しょうかい): 소개

해석 아래의 메일은 스즈키씨가 와다씨에게 보낸 것이다.
수신:wada@nihonnote.co.jp
건명:「신학기용 문구」
일본 노트사
영업부 와다 씨
늘 신세 많이 지고 있습니다. 전일 보내드렸던 「신학기용 문구」 카탈로그를 받아보았습니다. 상의 드리고 싶은 것이 있으니, 저희 쪽으로 와 주실 수 있겠습니까? 편하신 날짜를 알려주십시오. 잘 부탁 드립니다.

가와므라 백화점
문구담당 스즈키미도리

26.
문제 스즈키씨가 와다씨에게 이 메일을 보낸 목적은 무엇인가?
정답 3) 문구 설명 차 언제 방문해 줄 수 있는지 문의 하는 일
해설 文房具(ぶんぼうぐ): 문방구(문구)

해석 당신이 그린 그림이 우표가 됩니다!
가와다미술관 개관 10주년을 기념하여, 기념우표를 2종류 발매합니다. 그래서, 우표에 사용할 그림을 모집하겠습니다. 테마는 「평화」와 「환경」두 가지 입니다. (둘 중에) 하나를 선택하여 응모해 주세요. 종이는 지정된 크기(20×25cm)를 사용해 주세요. 그림 도구, 색연필 등 어떤 것을 사용하여도 관계없습니다. 그림이 선택된 분께는 5만엔을 (상금으로)드립니다.
구체적인 것은 미술관 홈페이지(http://www.knwada.art.or.jp)를 참조하세요.
가와다미술관

27.
문제 응모하는 사람은 어떻게 해야 합니까?
정답 2) 두개의 테마 중 하나를 선택해서 그림을 그려 보낸다.
해설 選(えら)ぶ: 고르다, 뽑다, 택하다

問題5

다음의 (1)에서 (2)의 문장을 읽고, 질문에 답하시오. 답은 1,2,3,4에서 가장 알맞은 것을 하나 고르시오.

해석 최근 근처에 있는 꽃집이 폐점하였다. 20년 이상이나 「동네(를 대표하는) 꽃집」으로 사랑 받아 온 곳이다. 이 꽃집이 문을 연 것은 내가 아직 초등학교도 들어가기 전이었다. 나한테 있어서 ① 꽃집과의 추억은 그대로 나의 어린 시절 추억과 겹친다. 가족 생일이나 집에 손님이 올 때는 엄마랑 함께 이곳에서 꽃을 샀었다. 초등학교를 졸업할 때는 이런 일도 있었다. 우리 반 모두가 돈을 내어서 담임선생님께 꽃다발을 드리기로 하였다. 「감사한 마음을 표현하기 위해, 여태껏 본적 없는 큰 (꽃다발)을 드리자」라고 우리는 서로 이야기하였다. 그러나, 초등학생의 용돈으로 모아진 돈은 적었다. ② 우리는 두근두근 하면서 「가장 좋아하는 선생님께 드릴 거니까 가능한 큰 꽃다발을 만들어 주세요」라고 부탁했다. 꽃집아저씨는 싫은 내색도 없이, 특별히 큰 장미다발을 만들어 줬다. 30년 이상이나 예쁜 꽃다발을 만들어 오시면서, 따뜻한 추억을 만들어 주신 아저씨께 「감사합니다. 수고 많으셨습니다」라고 말하고 싶다.

28.
문제 ① 가게의 추억이 그대로 어릴 적 추억과 겹친다고 했는데, 그것은 어떤 추억입니까?

정답 3) 특별한 일이 있을 때, 자주 이 가게에서 꽃을 샀던 일
해설 思い出(おもいで): 추억
重(かさ)なる: 포개어지다, 거듭되다

29.
문제 ② 우리는 두근두근 하면서 라고 했는데, 왜 두근두근 했는가
정답 4) 돈이 조금밖에 없는데, 아저씨께 무리한 부탁을 했기 때문에
해설 どきどき: 두근두근

30.
문제 이 문장을 적은 사람이 가장 전하고자 한 것은 무엇인가?
정답 2) 좋은 추억을 만들어 준 꽃집 아저씨에 대한 감사의 기분
해설 伝(つた)える: 전하다   感謝(かんしゃ): 감사

해석 환경문제에서는 「리사이클」이라는 말을 자주 듣는다. 리사이클이란 불필요한 것을 부셔서 다른 물건으로 만드는 것이다. 예를 들면, 다 읽은 신문지로 화장지를 만들기도 한다. 물건을 버리면 쓰레기가 되지만 리사이클 하면 쓰레기를 만들지 않게 된다. 그러나, 리사이클이 형태를 바꾸는 데에 비용이 들어가고 에너지도 사용한다. 또한 「재사용」이라는 방법도 있다. 재사용이라는 것은 물건을 부수지 않고, 몇 번이고 사용하는 것을 말한다. 예를 들면, 마시고 난 페트병을 씻어서 다시 사용한다. 그래서, 재사용하는 페트병은 몇 번이고 사용할 수 있도록, 조금 두껍고 튼튼하게 만들어져 있다. 독일에서는 한 병의 페트병을 대게는 15~30회 정도 사용한다고 한다. 이전에는 비용과 에너지라는 점에서 리사이클보다 재사용 쪽이 좋다고(효율적이다고) 생각되어 왔다. 그러나 실제로 조사한 결과, 경우에 따라서는 재사용하는 쪽이 비용이나 에너지가 든다는 것을 알게 되었다. 그래서 최근에는 어느 쪽이 환경에 좋다고 단순히 말할 수 없게 되고 있다.

31.
문제 이 문장에서는 리사이클이란 어떤 것이라고 말하고 있는가?
정답 1) 쓸모없게 된 물건에서 새 물건을 만드는 것
해설 リサイクル: 리사이클, 재활용
2) 壊(こわ)す: 부수다, 깨뜨리다

32.
문제 페트병의 재사용에 대해서 이 문장에서 말하고 있는 것은 무엇인가?

정답 4) 재사용 하는 것은 튼튼하게 만들어졌다.
해설 再利用(さいりよう): 재사용

33.
문제 이 문장에서는 리사이클과 재사용을 비교해서 어떻게 말하고 있는가
정답 3) 리사이클과 재사용 중에 어느 쪽이 환경에 좋은지 간단히 결정할 수 없다.
해설 2) 減(へ)る: 줄다, 적어지다

問題6
다음 문장을 읽고 질문에 답하시오. 답은 1,2,3,4에서 가장 알맞은 것을 하나 고르시오.

해석 최근 장기간 근무한 회사를 그만두고 메밀국숫집을 시작하는 사람이 늘고 있다고 한다. 금년 4월, 부인과 둘이서 나카무라 역 앞에 작은 가게를 연 「메밀국숫집 신슈」의 주인 모리씨도 그 중 한 사람이다. 「수입은 줄었지만 지금은 하길 잘했다고 생각합니다.」라고 모리씨는 말한다. 메밀국숫집을 여는 사람이 많은 것은 왜 일까? 메밀국숫집은 튀김집이나 생선초밥집, 중국요리집이나 프랑스요리집등에 비하면, 사용하는 재료의 종류도 적고, 요리법도 그다지 어렵지 않다. 또한, 최근에는 건강에 신경 쓰는 사람들이 늘어서, 외식을 할 때는 메밀과 같이 몸에 좋은 음식을 선택하는 사람도 많아지고 있기 때문이다. 모리씨 부부는 지인이 하는 메밀국숫집에서 1년 정도 일을 도와주면서 요리법을 공부하고, 자신의 가게를 연 것이다. 그러나 항상 한결 같은 맛의 맛있는 메밀국수를 만드는 것은 정말 어렵다고 한다. 「메밀국수 신슈」의 폐점은 오전10시지만, 모리씨는 아침 6시에 나와서 준비를 시작한다. 그리고 가게가 끝나고 나서도 매일 밤 맛있는 메밀국수를 만들기 위해 열심히 연구하고 있다. 「손님의 「맛있었어요」하는 말을 들으면, 피곤도 싹 가셔요.」라고 말하는 모리씨. 그 옆에서 「힘들어요. 남편이랑 싸워도 가게에서는 웃어야 하니까요」라며 부인은 웃는다. 샐러리맨 시절에는 할 수 없었던 경험을 하고 있는 모리씨는, 지금 메밀국숫집의 경험을 진심으로 즐기고 있는 모습니다. 이런저런 어려움도 있겠지만, 이것도 인생에 있어서의 하나의 선택일 것이다.

34.
문제 「모리씨도 그런 한 사람이다」라고 하고 있는데, 그것은 어떤 의미인가?
정답 1) 모리씨도 회사를 그만두고 메밀국숫집을 연 사람 중에 한 사람이다.

해설 そば屋: 메밀국숫집

35.
문제 「메밀국숫집을 하는 사람이 많다」라고 하고 있는데, 그 이유기 무엇이라고 말하는가?
정답 3) 메밀국수는 다른 요리에 비하면 간단히 만들 수 있고, 외식 중에 인기가 있기 때문에

36.
문제 「힘들어요」라고 하는데, 여기서 힘든 건 무엇인가?
정답 4) 무슨 일이 있어도 가게에서 웃는 얼굴로 있어야 한다는 것

37.
문제 모리씨는 지금 메밀국숫집을 연 것에 대해 뭐라고 말하는가?
정답 3) 특별히 힘들거나 어려운 일이 없기 때문에, 하길 잘했다

問題7
오른쪽 페이지는 「디지털카메라교실」 안내문이다. 이것을 읽고 아래의 질문에 답하시오. 답은 1,2,3,4에서 가장 알맞은 것을 하나 고르시오.

해석 디지털카메라교실 안내
디지털카메라를 사용한 적이 있는 분도 없는 분도, 이 교실에 참가하면 즐거움이 늘어납니다. 분명 당신이 찍은 사진을 누군가에게 보여주고 싶어질 겁니다.
・내용: 사진을 잘 찍는 방법을 알기 쉽게 가르쳐 드립니다. 풍경 등을 찍어서 그 사진을 엽서로 인쇄합니다.
  * 디지털카메라가 있는 분은 지참하세요. 없는 분에게는 빌려 드립니다.
  * 엽서는 저희가 준비합니다.(무료)
・강사: 야마모토다카시(사진가)
・일시: 8월23일(토) 10:00 -15:00
・집합장소 히마와리 사진관
・촬영은 근처 오오다공원에 갑니다.
・참가비: 1인 500엔(당일 지불해 주세요)
・정원: 20명
・참가대상 초등학교 5학년 이상
  (초등학생은 어른 가족과 함께 참여해 주세요)
・신청방법: 엽서에 ①주소 ②성명(초등학교와 학년도) ③전화번호 ④디지털카메라 대여를 희망하는지 신청해 주세요. 가족이 신청하는 경우에는 전원 엽서를 주세요.
・마감: 8월 8일(금) (당일 소인이 있는 것에 한 해 유효함)
・기타: 활동하기 편한 복장으로 참여해 주세요. 점심은 지참해 주세요.(공원 주변)

38.
문제 이 안내에 의하면 참사사가 반느시 가셔와야 할 것은 무엇인가
정답 3) 점심 만
해설 参加者(さんかしゃ): 참가자
昼食(ちゅうしょく): 중식(점심)

39.
문제 초등학교 6학년인 고바야시이치로군은, 이 교실에 참가하려고 한다. 디지털카메라가 없기 때문에, 사진관에서 빌릴 참이다.
신청엽서에 적는 방법으로 바른 것은?
정답 1) 디지털카메라 교실에 참가를 신청합니다
① 中川市大田2-5-1
② 小林花子, 小林一郎(6年生)
③ 031-849-8713
④ 카메라를 빌리겠습니다

■ 청해

問題1
문제1에서는 먼저 질문을 들으세요. 그런 다음, 대화를 듣고 보기의 1부터 4중에서 가장 알맞은 것을 하나 고르시오.

01.
해석 여1: 있잖아요 엄마. 아버지는 어떤 스웨터를 좋아 할 것 같아?
여2: 그러게. 목의 둘레는 파인 게 편하다고 그랬어.
여1: 에, 그렇구나. 색은, 흰색이랑 검정, 어느 쪽을 좋아해?
여2: 그러게. 검정은 별로 안 좋아 하는 것 같아.
여1: 그럼 이걸로 하자.
문제 백화점에서 여자가 어머니와 아버지 생신선물을 고르고 있습니다. 여자는, 어떤 스웨터를 구입합니까?
정답 4) 목주변이 파인 흰색 스웨터
해설 誕生日(たんじょうび): 생일

02.
해석 여1: 있잖아요 엄마. 아버지는 어떤 스웨터를 좋아 할 것 같아?
여2: 그러게. 목의 둘레는 파인 게 편하다고 그랬어.
여1: 에, 그렇구나. 색은, 흰색이랑 검정, 어느 쪽을 좋아해?

여2: 그러게. 검정은 별로 안 좋아 하는 것 같아.
여1: 그럼 이걸로 하자.
문제 풀장 접수처에서 남자가 관계자와 이야기합니다. 이후 남자는 얼마를 지불합니까?
정답 2) 600엔
해설 受付(うけつけ): 접수, 접수처
係(かか)りの人: 관계자
支払(しはら)い: 지불

03.
해설 남:(삐) 여보세요 스즈키예요. 저번 주 파티에 와 줘서 고마워. 그런데, 그 날 우리 집에 모자 두고 갔지? 보낼 테니까, 주소를 알려줄래? 아 참, 그런데 지금 팩스가 고장 났으니까 메일로 부탁해. 그리고, 파티 때 (찍은)사진도 현상했으니까, 같이 보낼게. 그럼 또 연락할게.
문제 해석자동응답 전화 메시지를 듣고 있습니다. 메시지를 들은 사람은 이후 무엇을 합니까?
정답 2) 주소를 메일로 보낸다
해설 留守番電話(るすばんでんわ): 자동 응답 전화(자동응답기)
住所(じゅうしょ): 주소

04.
해설 남: 선생님, 연구회 포스터는 회장 건물 입구랑 정면에 붙였습니다만, 그 2군데가 맞습니까?
여: 아, 고마워. 그렇게 하면 될 거야. 그리고, 다음 연구회 안내를 배부해야 하니까 복사도 해둬. 그 다음, 발표자가 마실 음료도.
남: 음료는 어제 사서 냉장고에 넣어 뒀습니다.
여: 아 고마워.
남: 복사는 몇 부 정도 필요하세요?
여: 그러게. 20부정도 부탁할게. 회장 컴퓨터는 내가 세팅할 테니까. 복사가 끝나면 회장으로 가져다 줘.
남: 네 알겠습니다.
문제 대학에서 남학생과 선생님이 오늘 있을 연구회 준비에 대해서 이야기 합니다. 남학생은 이후 무엇을 해야 합니까?
정답 3) 복사를 한다.
해설 研究会(けんきゅうかい): 연구회
コピー: 복사

05.
해설 남: 아침에 라디오를 듣는데 옛날 노래가 나와서.
여: 에, 어떤 곡이었는데?
남: 그게 말이야, 도대체 생각이 나질 않아. 신경 쓰여 죽겠어. 대학시절에 자주 듣던 노랜데.
여: 꽤나 옛날 이야기네. 그럼, 그 라디오국에 전화해서 물어보면 알 수 있는 거 아냐?
남: 응. 하지만, 뭐라고 물어보면 될까? 노래를 부를 수 있으면 좋으련만.
여: 그러게. 아, 그 라디오국 홈페이지에 곡명이 올라와 있지 않을까?
남: 아, 그렇겠네. 고마워.
문제 남자와 여자가 이야기합니다. 남자는 이제 어떻게 합니까?
정답 4) 라디오국의 홈페이지에 들어간다.
해설 ラジオ: 라디오   ホームページ: 홈페이지

06.
해설 남: 과장님 다나까씨가 전화해서 열이 있어서 오늘은 쉬겠다고 합니다.
여: 아 그래? 최근에 바빴으니까. 아, 내일 다나까씨랑 둘이서 히카리전기 회의에 참석하기로 했었죠. 그 준비는 어떻게 되고 있어요?
남: 저는 준비를 끝냈습니다. 다나까씨는 집에서 하겠다고 했습니다.
여: 그래요? 그럼, 다나까씨한테 전화해서 서류(준비)가 되었는지 좀 물어봐 줘요. 혹 아직이면. 어서 준비해 달라고 해줄래요?
남: 네.
여: 그리고, 내일 올 수 있는지도 물어봐 줄래요? 무리일 것 같으면 미안하지만, 혼자서 다녀와줘요.
남: 네, 알겠습니다.
문제 회사에서 남자와 여자가 이야기합니다. 남자는 먼저 무엇을 해야 합니까?
정답 1) 다나카씨에게 전화를 건다.
해설 電話(でんわ)をかける: 전화를 걸다

問題2
문제2에서는 먼저 질문을 들으세요. 그런 다음, 대화를 듣고 보기의 1부터 4중에서 가장 알맞은 것을 하나 고르시오.

07.
해설 남: (삐) 아, 가토인데요. 오늘 4시반에 다나까씨와 셋이서 만나기로 약속했었습니다만, 1시간 정도 늦을 것 같습니다. 사고가 나서 벌써 30분이나 전차가 역에 선 채로 있어요. (그리고) 아까 연락이 왔는데 다나까씨는 수업이 빨리 끝나서 4시에는 도착할 거랍니다. 죄송해요. 어쨌든 서둘러 가겠습니다.

문제	자동 응답 전화의 메시지를 듣고 있습니다. 가토씨는 몇 시쯤에 도착할 거라고 말합니까?
정답	4) 5시반

08.
해석	여: 있잖아, 다나까군는 축구 좋아해? 남: 응. 볼을 사용하는 스포츠 좋아. 축구나, 농구 같은. 야마다씨는? 여: 나? 나도 어릴 때부터 축구를 좋아해서 지금도 가끔 보러 가고 그래. 남: 그래? 뭐 하는 스포츠 없어? 여: 으 응. 스포츠는 보기만 해. 다나까군은 하는 스포츠있어? 남: 나는 고등학교시절에 테니스를 했었는데, 최근에는 탁구를 하고 있어. 해보니까, 꽤나 재미있어. 여: 에, 그렇구나. 나도 해볼까?
문제	여자와 남자가 이야기 합니다. 남자는 지금 어떤 스포츠를 하고 있습니까?
정답	1) 탁구
해설	1) 卓球(たっきゅう): 탁구 2) サッカー: 축구 3) バスケット: 「バスケットボール」의 준말, 농구

09.
해석	남: 여러모로 신세를 많이 졌습니다. 여: 짧은 (시간)이었지만, 즐거웠어. 남: 저도 그렇습니다. 만들어 주신 요리는 정말 맛있었습니다. 게다가 일본의 관습도 가르쳐 주셔서, 감사했습니다. 여: 나야말로, 마이크씨한테는 아이들과 잘 놀아줘서…. 남: 저한테는 형제가 없어서 잊지 못할, 최고의 추억이 되었습니다. 여: (가니까)섭섭해지네. 또, 놀러와요. 남: 네 감사합니다. 돌아가면 메일로 사진을 보내겠습니다. 여: 고마워. 그럼 메일 기대할게(즐겁게 기다릴게).
문제	남자 유학생이 신세를 진 사람과 이야기 합니다. 유학생은 무엇이 최고의 추억이라고 합니까?
정답	3) 아이들과 놀았던 것
해설	お世話: 신세 ~お世話になる 신세를 지다 習慣(しゅうかん): 습관

10.
해석	남: 저기, 미나미 방송국입니다만, 인터뷰 좀 해주시겠습니까? 여: 아, 네. 남: 이 그룹 콘서트에는 자주 오세요? 여: 네, 가끔 와요. 저는 이 그룹 노래 나쁘지는 않다 하는 정도 인데요, 어쨌든 친구가 매번 같이 가자고 해서. 남: 친구분은 이 그룹의 팬이세요? 여: 네, CD를 전부 가지고 있어요. 노래도 좋아하지만 특히 그룹 리더한테 푹 빠져서 온 방안이 리더 포스터고, 그리고, 댄스가 너무 멋지다고 하더군요. 남: 아, 그래요? (인터뷰) 감사합니다.
문제	남자 아나운서가 여자에게 인터뷰하고 있습니다. 왜 이 그룹의 콘서트에 왔습니까?
정답	1) 誘(さそ)われる: 誘う '권유하다', '권하다'의 수동형
해설	夢中(むちゅう): 열중함, 몰두함

11.
해석	남: 자 쌉니다 싸요. 이 사과 오늘은 특별히 한 개 50엔에 드립니다. 싼 가격의 비밀은 표면에 난 상처. 벌레 먹은 상처가 아닙니다. 이 사과 저번 태풍에 낙과해서, 표면에 다소 상처나 뭐가 묻어있습니다만, 맛은 일반 사과와 전혀 다를 게 없습니다. 그리고 농약을 사용하지 않았기 때문에 안심할 수 있어요. 자 어떠세요?
문제	슈퍼마켓에서 점원이 사과 설명하고 있습니다. 사과는 왜 쌉니까?
정답	2) 태풍으로 낙과하여 상처가 났기 때문에
해설	台風(たいふう): 태풍 傷(きず)つく: 다치다, 부상하다

12.
해석	남: 오늘 하나코 신나했어. 엄마가 고양이 모양 빵 사줬다고. 여: 하나코, 그 빵을 너무 좋아하는데, 멀리 있는 수퍼밖에 안 팔아서. 근처에 있는 수퍼가 뭐든 싼데. 남: 최근에 당신이 멀리 있는 수퍼에 걸어가는 게, 건강을 위해서라 생각했었어. 사실은 하나코를 위한 거였구나. 여: 아니, 꼭 그래서가 아니라…. 있잖아, 하나코한테 나중에 고양이 빵 사줄 테니까 라고 하면, 물건을 사는 동안 착하게 있어줘. 남: 아, 알겠다. 그렇게 하면, 차분히 시장을 볼 수 있겠구나. 여: 맞아. 어린 아이랑 함께 가면, 정말 힘들어.
문제	부부가 이야기합니다. 여자가 먼 곳에 있는 슈퍼마켓에 가는 이유는 무엇입니까?
정답	3) 하나코가 고양이 모양을 한 빵을 좋아하기 때문에

해설 健康(けんこう): 건강   猫(ねこ): 고양이

問題3
문제3에서는 문제용지에 인쇄된 내용이 없습니다. 먼저 대화를 들으세요. 그런 다음, 질문을 듣고 알맞은 답을 1부터 4중에서 하나 고르시오.

13.
해석 여: 저기 부탁이란 게 뭐죠?
      남: 저기 다나까씨는 노래나 피아노를 가르치고 있다고 들었는데요. 실은 다음 달 지인의 결혼식이 있어서 제가 피아노를 연주하고 친구가 축가를 부르게 되었어요. 하지만, 제가 그렇게 잘 치는 편이 아니라서 걱정입니다만…. 저기 시간 되실 때 가르쳐주시지 않겠습니까?
문제 여자와 남자가 이야기 중 입니다. 남자는 여자에게 무엇을 부탁하고 있습니까?
정답 4) 피아노를 배우는 것
해설 弾(ひ)く: ピアノを弾く

14.
해석 여: 여기는 수퍼의 채소코너 입니다. 여길 봐 주세요. 신기한 채소들이 있습니다. 이 황색의 채소, 뭐라고 생각하세요? 모양은 오이인데요…. 조금 먹어 보겠습니다. 음, 오이 맛입니다. 맛있습니다. 실은 기술이 발전하여 간단하게 채소의 색깔을 바꿀 수 있게 되었다고 합니다. 재미있습니다. 그런데, 이런 채소들은 그다지 잘 팔리지 않습니다. 가격은 일반 채소들과 다를 게 없습니다만, 역시 맛있어 보이지 않는 걸까요? 그것이 원인일지도 모르겠습니다.
문제 아나운서는 무엇에 대해 리포트하고 있습니까?
정답 2) 특이한 색의 야채
해설 野菜(やさい): 야채, 채소
      珍(めずら)しい: 드물다, 신기하다

15.
해석 다들 친구는 많으면 많을수록 좋다고 자주 말하지요. 나는 예전부터 그 점에 대해 의문점을 느끼고 있었습니다. 왜 친구가 그렇게 많이 필요한지 모르겠습니다. 수가 적어도, 서로에게 마음을 터놓고 무엇이든 말할 수 있는 교재를 하는 것이, 이상적인 게 아닐까요. 친구가 많으면 한 사람 한 사람 진실되게 마주대하는 것이 어렵게 될 것이라 생각합니다.
문제 남자는 어떤 교제방법이 좋다고 말합니까?
정답 4) 소수의 친구들과 깊게 교제한다
해설 浅(あさ)い: 얕다

付き合う(つきあう): 사귀다, 교제하다
深(ふか)い: 깊다

問題4
문제4에서는 그림을 보면서 질문을 들으세요. 그런 다음, 알맞은 답을 1에서 3중에서 하나 고르시오.

16.
문제 회사에서 후배가 먼저 귀가합니다. 선배한테 뭐라고 말합니까?
정답 3) 먼저 실례하겠습니다.
해설 後輩(こうはい): 후배   先輩(せんぱい): 선배

17.
문제 앞 사람의 손수건을 주웠습니다. 뭐라고 말합니까?
정답 3) 손수건 떨어졌어요.
해설 ハンカチ: 손수건   拾(ひろ)う: 줍다

18.
문제 사전을 깜박했기 때문에 같은 반 친구에게 빌리려고 합니다. 뭐라고 말합니까?
정답 1) 사전, 빌려주지 않을래.
해설 貸(か)す: 빌려 주다, 사용하게 하다
      借(か)りる: 빌리다

19.
문제 사진을 찍어 달라고 근처에 있는 사람에게 부탁합니다. 뭐라고말합니까?
정답 1) 사진 좀 찍어주시겠어요?
해설 撮(と)る: 찍다
      写真(しゃしん)を撮る: 사진을 찍다
      頼(たの)む: 부탁하다, 의뢰하다

問題5
문제5에서는 문제용지에 인쇄된 내용이 없습니다. 먼저 문제를 들으세요. 그런 다음, 문제의 답으로 알맞은 것을 1부터 3중에서 하나 고르시오.

20.
문제 커피 한 잔 더 어떠세요?
정답 3) 주세요.
해설 ~杯: 잔
      いただきます: 「もらう」의 겸사말, 얻다

21.
문제 언제 일본에 오셨습니까?
정답 1) 3개월 전에 왔습니다.
해설 まいります: 「来る」의 겸사말

日本語能力試験 N3・N4 일본어능력시험

22.
문제 오랜만입니다. 건강하시죠?
정답 3) 덕분에

23.
문제 감기는 어때? 괜찮아?
정답 2) 아직 상태가 안 좋아

24.
문제 저, 내일 있을 테스트 반드시 쳐야 합니까?
정답 2) 반드시 (시험)치세요.

25.
문제 이 일, 꼭, 저한테 시켜 주시지 않겠습니까?
정답 1) 네, 부탁 드립니다.
해설 3) 引き受け(ひきうけ): 인수

26.
문제 있잖아, 다나카군 일 들었어?
정답 2) 무슨 일 있었어?

27.
문제 부장님 죄송합니다만, 이 서류 좀 봐주시겠어요?
정답 2) 회의 후라면 괜찮아.
해설 会議(かいぎ): 회의

28.
문제 내일 3시에 찾아 뵈어도 괜찮으십니까?
정답 3) 조금 더 일찍 올 수 없어요?
해설 伺(うかが)う: 듣다, 묻다의 겸사말

심화학습

■ 문자・어휘

問題1
밑줄 친 낱말의 읽는 방법으로 알맞은 것을 1,2,3,4 중에서 하나 고르시오.

01.
문제 어제부터 귀 상태가 안 좋아, 이비인후과에 갔다 올게.
정답 3)
해설 耳鼻科(じびか): 이비인후과
　　　耳(じ・みみ):귀 이鼻(び・はな):코 비

02.
문제 이곳은 관계자 외 출입금지입니다.
정답 1)
해설 関係者(かんけいしゃ): 관계자
　　　立(た)ち入(い)り禁止(きんし): 출입금지

03.
문제 필요한 부분을 전부 기입하고 나면 확인 버튼을 클릭하세요.
정답 2)
해설 確認(かくにん): 확인
　　　ボタン: 버튼　　　クリック: 클릭

04.
문제 목적지까지 쾌적한 비행되시길 바랍니다.
정답 4)
해설 快適な(かいてきな): 쾌적한

05.
문제 주말에 아들과 유원지에 다녀왔다.
정답 3)
해설 遊園地(ゆうえんち): 유원지

06.
문제 일본의 소비세는 5퍼센트입니다.
정답 1)
해설 消費税(しょうひぜい): 소비세

07.
문제 이벤트로 인해 이 주변도로는 혼잡합니다.
정답 3)
해설 混雑(こんざつ): 혼잡

08.
문제 냉장고에 넣지 말고 상온에서 보존하세요.
정답 4)
해설 常温(じょうおん): 상온　　保存(ほぞん): 보존

問題2
밑줄 친 낱말을 한자로 옮긴 것으로 알맞은 것을 1,2,3,4 중에서 하나 고르시오.

09.
문제 이 고기는 이제 구워졌을 라나
정답 1)
해설 や(焼)ける: (불)타다. 구워지다.

10.
문제 이곳은 아무도 살지 않는 무인도입니다.
정답 3)
해설 2) 鳥(ちょう・とり):새 조
　　　3) 島(とう・しま): 섬 도
　　　4) 鳴(めい・なる・なく・ならす): 울 명

11.
문제 요즈음 승마가 인기 있대요.

정답 2)
해설 じょうば(乗馬): 승마

12.
문제 이런 고급레스토랑엔 처음 왔습니다.
정답 2)
해설 こうきゅう(高級): 고급

13.
문제 먹기 전에 유통기한을 확인 해.
정답 4)
해설 賞味期限(しょうみきげん): 유통기한.

14.
문제 선생님께서는 매일 다망한 나날을 보내고 계신다.
정답 3)
해설 多忙(たぼう): 다망. 대단히 바쁨.

問題3
(   )에 들어갈 낱말로 알맞은 것을 1,2,3,4 중에서 하나 고르시오.

15.
문제 일본에 가면 온천(여관)에 묵어보세요.
정답 2)
해설 温泉(おんせん): 온천   旅館(りょかん): 여관
泊(と)まる: 숙박하다. 묵다.

16.
문제 어두워졌기 때문에 자동차 (라이트)를 켰다.
정답 1)
해설 暗(くら)い: 어둡다.   ライト: 빛, 조명.

17.
문제 남자친구의 이야기가 재미없어서 그만 (하품)이 나와 버렸다.
정답 3)
해설 つい: 무심코, 그만.   あくび: 하품

18.
문제 그렇게 멋진 사람과 데이트를 하다니 (부럽다).
정답 2)
해설 うらやましい: 부럽다.

19.
문제 나중에 먹으려고 냉장고에 넣어둔 과자가 (썩어) 있었다.
정답 4)
해설 腐(く)る:(음식물이나 생물 조직이 변질하여)썩다. 상하다.

20.
문제 A:「이 스웨터를 (세탁소)에 맡겨줘.」
B:「에? 직접 들고 가.」

정답 3)
해설 クリーニング: 세탁소

21.
문제 밖에서 술에 취한 아저씨들의 (싸우)는 소리가 들린다.
정답 1)
해설 喧嘩(けんか): 싸움.
喧(けん・かまびすしい)떠들썩할 훤

22.
문제 초고 리포트를 깨끗이 (정서)한다.
정답 1)
해설 清書(せいしょ): 청서, 정서(淨書)

23.
문제 술에 물을 타서 마시는 것을 (미즈와리)라고 합니다.
정답 2)
해설 水割(みずわ)り: 미즈와리. (위스키 등에)물을 타서 묽게 함.
ストレート: 스트레이트. 물을 타지 않은 술.

24.
문제 다음에 (렌터카)를 빌려서 드라이브 가지 않을래요?
정답 3)
해설 レンタカー: 렌터카 借(か)りる: 빌리다

25.
문제 취직하고 싶은 회사에 (이력서)를 넣었더니 면접하러 오라고 연락이 왔다.
정답 3)
해설 就職(しゅうしょく): 취직
履歴書(りれきしょ): 이력서   面接(めんせつ): 면접

問題4
_____와 비슷한 의미를 지닌 것을 1,2,3,4 중에서 하나 고르시오.

26.
문제 남동생은 돈을 벌어서 유럽 산 자동차를 산 것 같다.
정답 1)
해설 もうける: 벌다. 이익을 보다.
1) 稼(かせ)ぐ: (돈벌이를 위해)부지런히 일하다.
4) 貯(た)める: 돈을 모으다.

27.
문제 이 무역회사는 금년에 처음으로 흑자를 기록했다.
정답 4)
해설 貿易(ぼうえき): 무역   黒字(くろじ): 흑자
利益(りえき): 이익   赤字(あかじ): 적자

28.
문제 딸의 회사에 대한 사고방식이 무르다(안이하다)고 느꼈다.

정답 2)
해설 甘(あま)い: 엄하지 않다. 무르다. 만만하다.

29.
문제 야마모토 씨는 지금 살고 있는 집보다 큰 집으로 <u>이사했다</u>고 합니다.
정답 3)
해설 引(ひ)っ越(こ)し: 이사
移(うつ)る: (위치, 장소, 지위, 소속 등이) 바뀌다. 이동하다.

30.
문제 불필요한 민폐메일이 많이 와 있어서 <u>지웠다</u>.
정답 3)
해설 消(け)す: 지우다   削除(さくじょ): 삭제

問題5
다음 낱말의 사용방법으로 가장 알맞은 것을 1,2,3,4 중에서 하나 고르시오.

31.
문제 やり取り
정답 1) 그녀와 자주 메일을 <u>주고 받습니다</u>.
해설 やり取(と)り: (물건이나 말을) 주고받음.
   3) 結果(けっか): 결과
   4) 生活費(せいかつひ): 생활비

32.
문제 あいまい
정답 4) 마음을 결정할 수 없기 때문에, <u>애매</u>하게 대답해 두었다.
해설 あいまい: 애매. 모호.
   1) ひげ: 수염

33.
문제 ほほえむ
정답 2) 돌아가신 할아버지에 대한 추억은 늘 상냥하게 웃고 계시는 모습이다.
해설 ほほえむ: 미소짓다.

34.
문제 ぴかぴか
정답 3) 목걸이가 반짝반짝 빛나고 있다.
해설 ぴかぴか: 윤이 나며 반짝이는 모양. 번쩍번쩍.

35.
문제 問い合わせる
정답 1) 시합장소에 대해서는 대학에 <u>문의했다</u>.
해설 問(と)い合(あ)わせる: 조회하다. 문의하다. 알아보다.

■ 독해 · 문법

問題1
다음 문장의 (   ) 안에 들어갈 답으로 알맞은 것을 하나 고르시오.

01
문제 그녀의 직장은 남자랑은 (전혀) 인연이 없다.
정답 3)
해설 まったく: (부정어와 함께 쓰여) 전혀.
   めったに: 좀처럼

02.
문제 창문이 조금 열려있어. 그러니까 추울 (수밖에).
정답 1)
해설 ~わけだ: ~할만도 하다.

03.
문제 토마토랑 피망 주세요. (그리고) 양배추도.
정답 2)
해설 その上: 또한. 게다가. 그리고

04.
문제 A: 「이 케이크 오래된 거 아냐?」
   B: 「오래됐을 (리가 없어). 오늘 아침에 샀으니까.」
정답 2)
해설 ~わけがない: ~할 리가 없다.

05.
문제 네가 하는 말은 (전혀) 이해가 안 돼.
정답 4)
해설 まるで: (부정어가 따름) 전혀.

06.
문제 당신만은 내편일거라 생각했었는데. 당신(마저) 날 의심하는 거예요?
정답 1)
해설 まで: 동작이나 사항이 미치는 정도를 나타냄. ~까지. ~마저.

07.
문제 이 시험의 결과는 다음 주 홈페이지(에) 발표됩니다.
정답 3)
해설 ~において: 어떤 일이 이루어지는 장소, 시간을 나타냄. ~에 있어서. ~에서.

08.
문제 비밀이야기를 했는데, 모든 사람이 잘 들리(도록) 큰 소리로 말하게 했다.
정답 1)

해설 ~ように: ~하도록 ~하라고 ~하게
09.
문제 개 산책을 시키(는 김에) 수퍼에서 저녁 장을 봤다.
정답 2)
해설 ~ついでに: 하는 김에.
10.
문제 이 가게는 아침 일찍 가면 (갓 구운) 빵을 살 수 있다.
정답 4)
해설 焼きたて: 갓 구운
たて:(동사의 연용형에 붙어)그 동작이 끝난 직후임을 뜻함.
11.
문제 이 채소는 날것으로 (먹어도) 맛있고, 기름에 볶아서 먹어도 맛있습니다.
정답 4)
해설 ~まま:~한 채로.
12.
문제 당신의 말 한 마디가 없었더라면 머지않아 (포기했을 거)예요.
정답 3)
해설 ~ところだった: ~할 뻔하다.
13.
문제 놀기만 하는 장남에 반해 차남은 성실히 공부한다.
정답 3)

問題2
다음 문장의 ★ 에 들어갈 답으로 알맞은 것을 1,2,3,4중에서 하나 고르시오.

14.
문제 모리타 씨는 최근 수영을 시작한지 얼마 안 돼서 그런지 ★너무 재미있나 봐요.
정답 3)
해설 ~たばかり: ~(시간, 기간)얼마 안 되는
たまらない: 더없이 좋다. 더할 나위 없이 좋다.
15.
문제 입원할 거라고 생각했었는데 입원 ★안하고 끝나서 안심했다.
정답 2)
해설 4) す(済)む:끝나다, 완료되다,해결되다
16.
문제 이 콘서트 티켓은 아무리 비싸다고 ★해도 5천 엔은 안 해요.
정답 1)
해설 1) といっても: ~라고 해도

17.
문제 만약 다시 태어날 수 있다 ★면 부잣집에 태어나고 싶다.
정답 4)
해설 生(う)まれ変(か)わる:다시 태어나다, 환생하다

問題3
다음 문장을 읽고 18에서 22안에 들어갈 답으로 알맞은 것을 1,2,3,4 중에서 하나 고르시오.

해석 우리 딸은 금년에 스물 살이고, 규슈에 있는 대학에서 일본어 선생님이 되는 공부를 하고 있습니다. 대학 근처에 있는 아파트에서 생활하고 있습니다. 독녀라서 어떻게 생활하는지, 밥은 잘 챙겨 먹는지 18 걱정됩니다. 친구랑 놀러 간 19 김에 딸의 아파트에 들렀습니다. 그 방안에는 옷은 20 벗은 채로, 요리에 사용한 그릇도 21 그대로 방치되어 있었습니다. 저는 딸에게 매일 자신의 방은 자신이 청소하도록 시켰습니다만, 딸은 말을 해도 듣질 않았습니다. 이제 스물 살이니까 조금은 22 야무져졌으면 좋겠습니다. 누굴 닮았는지….

18.
정답 3)
해설 よ(寄)る:다가서다, 접근하다, 들르다
19.
정답 2)
20.
정답 1)
해설 脱(ぬ)ぎっぱなし: 아무 데나 벗어 두다
21.
정답 3)
22.
정답 1)
해설 しっかり: 확실한 모양, 똑똑히, 확실히

■ 청해

問題1
문제1에서는 먼저 질문을 들으세요. 그런 다음, 대화를 듣고 보기의 1부터 4중에서 가장 알맞은 것을 하나 고르시오.

01.
해석 여:어제 집에 전화했었는데 왜 안 받았어?
남:에? 몰랐었어. 몇 시쯤?

	여:오후 1시 넘어서였을 거야. 남:어제는 오전에 세탁이랑 청소를 하고 12시 반쯤에 외출했었어. 여:그럼 1시쯤에는 집에 없었어? 남:응. 친구랑 영화 약속이 있었으니까 그 때는 영화관 앞에 있었을 거야.
문제	여자와 남자가 이야기하고 있습니다. 여자가 전화했을 때 남자는 무엇을 하고 있었습니까?
정답	1) 영화관 앞에 있었다.

02.

해석	여:그럼 이제부터 미술관으로 들어갑니다. 자유롭게 견학하세요. 4시에 다시 이 매표소 앞으로 모이세요. 아 다나카 군. 티켓 좀 사오지 않을래? 입장료는 2만 엔 있으면 충분할 거야. 자 이걸로 부탁해. 남:선생님 단체 입장료가 500엔 이긴 한데, 여기에 단체는 20명부터라고 적혀있어요. 여:에. 10명부터가 아니라? 남:네. 그런 것 같아요. 여:단체가 아니면 얼마지? 남:어른이 2000엔, 학생은 1500엔 이에요. 여:그러면 어른 한 명과 학생 15명이니까, 2만 엔으론 부족하네.
문제	미술관 매표소 앞에서 선생님과 학생이 이야기하고 있습니다. 선생님은 학생에게 얼마를 더 줘야 합니까?
정답	2) 4500円
해설	入場料(にゅうじょうりょう): 입장료 見学(けんがく): 견학 足(た)りる: (수량, 힘 등이) 충분하다. 족하다.

03.

해석	여:제 의견은 경제를 이야기 형태로 설명하자는 것입니다. 남:하지만, 이 책을 읽는 대상은 어른이잖아요? 이야기식이면 오히려 어렵다고 생각하지 않을까요. 그림이나 도형을 많이 넣는 것은 어때요? 여:그러네요. 하지만 경제를 전부 이야기 식으로 설명하는 점이, 이 책을 기획하는 데 있어서 가장 중요한 점이라고 생각해요. 경제가 어렵다고 느끼는 사람이 많고 내용이 생활에 직접 관련된 것도 많이 있어요. 그렇기 때문에 이야기 식으로 설명해서 이해를 돕는 거죠. 남:알겠습니다. 좋은 기획이니 많은 사람이 읽는 책으로 만듭시다.

	여:네. 그렇게 되도록 열심히 하겠습니다.
문제	남자와 여자가 책 기획에 대해서 이야기하고 있습니다. 여자가 중요하게 생각하는 것은 무엇입니까?
정답	1) 전부 이야기 식으로 설명하는 것
해설	物語(ものがたり): 이야기함, 또는 그 내용, 전설, 설화

問題2

문제2에서는 먼저 질문을 들으세요. 그리고 문제를 보세요. 읽는 시간이 주어집니다. 그런 다음, 대화를 듣고 문제용지의 1부터 4중에서 알맞은 답을 하나 고르시오.

04.

해석	외국인 유학생의 경우 일본인 학생보다도 빨리 준비를 해야 합니다만, 매년1월이 되면 취직상담을 하러 옵니다. 일본인 학생은 3학년 쯤에 준비를 시작해서 여러 회사에 이력서를 보냅니다. 그러나 유학생의 경우 거의가 귀국할지 말지를 고민하거나, 졸업논문으로 바빠서 졸업하기 직전에 돼서야 서둘러서 하는 경우가 많습니다. 허둥대지 않도록 미리 준비하도록 권장하고 있으며 학부에도 주의하도록 하고 있습니다만, 매년 같은 일이 반복되는 것이 현실입니다.
문제	대학의 직원이 말하고 있습니다. 대학의 직원이 말하고자 하는 것은 무엇입니까?
정답	2) 취직활동을 빨리 시작하는 편이 좋다.
해설	就職活動(しゅうしょくかつどう): 취직활동 　　　　　　　　　　　　 = 就活(しゅうかつ) 帰国(きこく): 귀국 繰(く)り返(かえ)す: 되풀이하다. 반복하다.

05.

해석	여:선생님 저 다음 주 귀국해야 합니다. 남:무슨 일 이예요? 여:어머니께서 입원하셨다는 연락이 왔습니다. 남:그래요? 이제 일본으로는 안 돌아와요? 여:다시 오고 싶습니다만, 어머니께서 거동하실 수가 없어서 아버지 혼자서 가게를 보고 계세요. 남:어머니 병세가 그렇게 안 좋으세요? 여:그런 것 같습니다. 남동생이 하나 있습니다만 아직 어려서 가게 일을 돕기에는 어렵기 때문에 제가 가서 돕기로 했습니다. 남:그래요? 또 기회가 있으면 다시 오세요.
문제	여자는 왜 귀국해야 합니까? 학교에서 선생님과 유학생 여학생이 이야기하고 있습니다. 여자는 왜 귀국해야 합니까?
정답	2) 가게 일을 돕기 위해서

06.

해석 남:요전에 역 앞에 생긴 수퍼마켓에 가봤어?
여:응 오픈한날 가봤는데 별로 안 좋았어.
남:그랬어? 오늘 저녁 장 보러 갈 생각이었는데.
여:채소랑 생선은 나쁘지 않은데, 고기가.
남:왜? 비쌌어?
여:가격은 나쁘지 않았는데 별로 좋은 고기가 없었어. 그 때 산 돼지고기는 냄새도 심하게 났었어.
남:그래? 그럼 고기는 다른 데서 사는 게 좋겠네.

문제 남자와 여자가 새로 생긴 수퍼에 대해서 이야기하고 있습니다. 여자는 이 수퍼마켓의 어떤 점이 안 좋다고 말하고 있습니까?

정답 4) 좋은 고기가 없다.

해설 駅前(えきまえ): 역 앞
スーパー:スーパーマーケット의 준말. 수퍼마켓
野菜(やさい): 채소

問題3
문제3에서는 문제용지에 인쇄된 내용이 없습니다. 먼저 대화를 들으세요. 그런 다음, 질문을 듣고 알맞은 답을 1부터 4중에서 하나 고르시오.

07.
남자가 내일 있을 축구시합에 대해서 여자와 이야기하고 있습니다.

해석 남:내일은 우리 팀이 이길까?
여:강하지? 상대 팀.
남:응, 작년에 우승한 팀이니까.
여:그래? 우리 팀은 작년에 1회전에서 졌었지?
남:그랬는데. 작년에는 터무니없이 졌었지만, 그 전에는 무승부였고 게다가 금년에는 좋은 선수가 몇 명이나 입단했으니까 저번처럼은 아닐 거야.
여:으-음. 그렇구나. 좋은 선수가 들어왔다면 이길지도 모르지.
남:그래. 이기면 좋겠다.

문제 여자는 어떻게 생각하고 있습니까?

정답 3) 우리 팀이 이길지도 모른다.

해설 優勝(ゆうしょう): 우승 選手(せんしゅ): 선수
引(ひ)き分(わ)け: 무승부

問題4
문제4에서는 그림을 보면서 질문을 들으세요. 그런 다음, 알맞은 답을 1에서 3중에서 하나 고르시오.

08.
문제 남:신세 진 분의 댁에 갈 때 과일을 사갔습니다. 과일을 건넬 때 뭐라고 합니까?
정답 3) 보잘것없지만.
해설 つまらない: 시시하다. 하찮다. 보잘것없다.

09.
문제 여:리스트에 자신의 이름이 없습니다. 뭐라고 합니까?
정답 1) 저기 제 이름이 리스트에 없습니다만.

10.
문제 남:역 앞에서 주차할 장소를 찾고 있는 사람이 있습니다. 뭐라고 합니까?
정답 2) 주차장은 저쪽입니다.
해설 停(と)める: 세우다.
駐車場(ちゅうしゃじょう): 주차장

11.
문제 여:극장에서 아무도 앉지 않는 좌석을 발견했습니다. 뭐라고 말합니까?
정답 3) 여기 비어 있습니까?

問題5
문제5에서는 문제용지에 인쇄된 내용이 없습니다. 먼저 문제를 들으세요. 그런 다음, 문제의 답으로 알맞은 것을 1부터 3중에서 하나 고르시오.

12.
문제 남:죄송합니다. 그 쪽으로 가고 있는데요, 지하철 사고로 약속시간에 댈 수 없겠습니다만.
정답 1) 그렇습니까? 몇 시쯤 될 것 같습니까?

13.
문제 오늘은 양배추가 한 개에 50엔, 쌉니다.
정답 2) 그럼 2개 주세요.

15.
문제 남:저기 내일 유원지로 놀러 가지 않을래??
정답 3) 미안. 다음 주에 시험이 있어서.

16.
문제 남:수고했어요. 지금 커피 끓일 거니까 좀 쉬세요.
정답 1) 네, 감사합니다.

저자 약력

윤호숙
한국외국어대학교/대학원 일본어과 졸업
일본 히로시마대학 일본어교육학과 일본어 문법·문체 전공 박사
현 사이버한국외국어대학교 일본어학부 교수

寺田庸平 (테라다 요헤이)
日本 別府大学文学部文化財学科 卒業
한국외국어대학교 교육대학원 일본어교육전공 卒業(석사)
현 홍익대학교 교양외국어학부 조교수
& 사이버한국외국어대학교 일본어학부 강사

일본어능력시험 N3·N4
日本語能力試験 N3·N4

중판 발행   2023년 2월 28일

저자   윤호숙·테라다 요헤이
발행   제이앤씨
등록   제7-220호

주소   서울특별시 도봉구 우이천로 353
전화   (02)992-3253(대)
팩스   (02)991-1285
전자우편   jncbook@daum.net
홈페이지   http://www.jncbms.co.kr
책임편집   김선은

ⓒ 윤호숙·테라다 요헤이 2023

ISBN 978-89-5668-940-1   13910   **정가** 28,000원

* 이 책의 내용을 사전 허가없이 전재하거나 복제할 경우 법적인 제재를 받게 됨을 알려드립니다.
** 잘못된 책은 구입하신 서점이나 본사에서 교환해 드립니다.